Sabine Bieberstein, Daniel Kosch (Hg.)
Auferstehung hat einen Namen

Sabine Bieberstein, Daniel Kosch (Hg.)
AUFERSTEHUNG HAT EINEN NAMEN
Biblische Anstöße zum Christsein heute

Festschrift für Hermann-Josef Venetz

EDITION EXODUS
Luzern 1998

Danksagung

Die Herausgabe dieser Festschrift wurde durch die großzügige Unterstützung von Institutionen und privaten Förderern ermöglicht. Die Edition Exodus dankt allen Gönnerinnen und Gönnern.

Alle Rechte vorbehalten:
© Genossenschaft Edition Exodus, Luzern 1998
Redaktion: Odilo Noti
Umschlag: Bernard Schlup (Gestaltung) /
Ateliers Jaune Kurt Bläuer (Satz und Lithos)
Satz: atelier hupa, CH-4312 Magden
Druck: Fuldaer Verlagsanstalt, Fulda
ISBN 3-905577-25-9

INHALT

Vorwort IX

Die Auferstehung und das Leben

Klaus Bieberstein
Der lange Weg zur Auferstehung der Toten. Eine Skizze zur
Entstehung der Eschatologie im Alten Testament 3

Christoph Uehlinger
Totenerweckungen – zwischen volkstümlicher Bettgeschichte und
theologischer Bekenntnisliteratur 17

Regula Strobel
An jenem Tag wurde in Jerusalem ein Auferstandener gekreuzigt.
Aufständische Gedanken zu Auferstehung aus feministischer Perspektive .. 29

Sabine Bieberstein
Aufrechte Frauen und das Reich Gottes. Zum literarischen
Zusammenhang von Lk 13,10–21 37

Daniel Kosch
Auferstehung mitten am Tage 47

Gerd Theißen
Auferstehungsbotschaft und Zeitgeschichte. Über einige politische
Anspielungen im 1. Kapitel des Römerbriefes 59

Max Küchler
«Was sucht ihr den Lebenden bei den Toten?» Gedanken zur Neugierde
an einem leeren Grab der Verheißung 69

Pietro Selvatico
Die Auferweckung Jesu – ein Mirakel? 83

Johannes B. Brantschen
Wir erwarten die Auferstehung der Toten und das ewige Leben 93

Hans Hirschi
Auferstehung als religionspädagogische Herausforderung 101

Richard Friedli
Reinkarnation und Auferstehung. Hindu-christliche Differenz oder
Äquivalenz? 109

Das Reich Gottes und seine Gerechtigkeit

Urs Eigenmann
Geist in Wirklichkeit. Aspekte einer Reich-Gottes-Spiritualität
und -Mystik 119

Silvia Schroer
Frauengeschichte hat ein Recht auf Namen 129

Clemens Thoma
Der treue und verläßliche Verwalter (Lk 12,42–44) im rabbinischen
Zusammenhang 137

Adrian Schenker
Sind wir unnütze oder nichtsnutzige oder unbeholfene, hilflose Knechte?
Die Bedeutung von *achreios* in Lk 17,10 141

Kuno Füssel
Auch mit Dämonen läßt sich reden, man muß es nur können.
Eine Auslegung von Mk 1,21–28 147

Christian Kissling
Der Weinbergbesitzer und die Gerechtigkeit 157

Benedikt T. Viviano
Bemerkungen zur Struktur des Johannesprologs 167

Die Kirche und die Gesellschaft

Franz Annen
Die Volksversammlung Gottes 179

Walter Kirchschläger
«Unfehlbarkeit» als ekklesiologische Dimension in den urchristlichen
Gemeinden. Eine Anfrage 195

Norbert Greinacher
Ist die Kirche noch zu retten? Die Bedeutung von Religion und der Sitz
im Leben der institutionalisierten Kirche in der säkularisierten
Gesellschaft von heute 205

Odilo Noti
Kleines Plädoyer für eine messianische Religiosität. Katholische
Hilfswerke in einem veränderten kirchlichen Umfeld – Versuch einer
vorläufigen Standortbestimmung 221

Knut Walf
Gemeindeethos und aktuelles Kirchenrecht 231

Stephan H. Pfürtner
Wie ich mir Kirche wünsche 239

Dietmar Mieth
Ehe und Ehelosigkeit im Zeichen der Auferstehung 249

Urs Jecker
«Zerstört mir mit Eurem Gott nicht meine Sprache». Ein Plädoyer
für bewußteres theologisches Reden 257

Othmar Keel
Musikalische Meditation zu «König David» von René Morax und
Arthur Honegger 265

Adrian Holderegger
Politik aus christlicher Inspiration. Die schwierige Vermittlung
christlicher Visionen – ein Essay 277

Barbara Ruch
«Ehrfurcht gebührt allem Lebendigen und seinem
Wachstum» (R. C. Cohn) 287

Anhang

Daniel Kosch
Dem Leben auf der Spur. Zum Werk von Hermann-Josef Venetz 299

Wichtige Veröffentlichungen von Hermann-Josef Venetz 305

Autorinnen und Autoren 309

VORWORT

Am 28. April 1998 wird Hermann-Josef Venetz 60 Jahre alt. Zu diesem runden Geburtstag gratulieren Kollegen und Kolleginnen, ehemalige Assistentinnen und Assistenten, Schüler und Schülerinnen, Freundinnen und Freunde.

So breit und vielfältig wie das Wirken von Hermann-Josef Venetz an der Universität, in der Erwachsenenbildung, als Radio-Prediger oder als langjähriger Präsident des Schweizerischen Katholischen Bibelwerks ist, so breit und vielfältig sind auch die Beiträge dieser Festschrift. Und so unpassend es gewesen wäre, eine rein akademisch-exegetische Festschrift zu konzipieren, so wenig würde ein Band dem Geehrten gerecht, der frei wäre von wissenschaftlicher Auseinandersetzung mit Fragen rund um Bibel, Theologie und Kirche. Denn gerade die Vermittlung, das Gespräch und die Begegnung zwischen Wissenschaft und Alltagserfahrung, zwischen Kirche und Gesellschaft, zwischen Bibel und Leben prägen seine Arbeit und machen seine Vorlesungen spannend, seine Predigten glaubwürdig und seine Kurse faszinierend.

Den Titel «Auferstehung hat einen Namen» haben wir einer Predigt von Hermann-Josef Venetz entnommen. Daß viele Beiträge um das Stichwort «Auferstehung» kreisen, hat nicht nur mit der neu entflammten Diskussion des Themas zu tun, sondern auch damit, daß das Interesse am Leben in seinem ganzen Reichtum, daß der Einsatz für das bedrängte und beschädigte Leben und daß die widerständige Hoffnung auf ein «Leben in Fülle» (Joh 10,10) zu den Grundlinien seiner Theologie und seiner Arbeit gehören. Und daß von dieser Auferstehung und diesem Leben nur gesprochen werden kann, wenn auch Namen und Personen, Gesichter, Geschichten, konkrete Situationen und Konflikte ernst genommen und benannt werden, betont Hermann-Josef Venetz immer wieder. Die lange Reihe der Namen, die Paulus in den Korintherbriefen und in der Grußliste am Ende des Römerbriefes erwähnt, die Begebenheit, als Jesus den Mann mit der gelähmten Hand in die Mitte ruft, die sozialgeschichtlichen Hintergründe der Evangelien und die Situation in den Gemeinden im Bannkreis des Paulus erwähnt er häufig, während er gegenüber einer rein begrifflichen und abstrakten Form von Theologie und theologischer Rede ein gesundes Mißtrauen hat.

Mit diesem Buch wollen der Verlag, die Autorinnen und Autoren sowie wir als Herausgeberin und Herausgeber Hermann-Josef Venetz für seine Arbeit danken, die uns in vielfältiger Weise geholfen hat und hilft, dem Leben auf der Spur zu bleiben.

Sabine Bieberstein, Daniel Kosch

DIE AUFERSTEHUNG UND DAS LEBEN

Klaus Bieberstein

DER LANGE WEG ZUR AUFERSTEHUNG DER TOTEN

Eine Skizze zur Entstehung der Eschatologie im Alten Testament

Die Erwartung der Auferstehung der Toten ist Ziel und Gipfel eines historisch gewachsenen Aussagensystems, das innerhalb der alttestamentlichen Literatur in einem über sechs Jahrhunderte nachvollziehbaren theologischen Reflexionsprozeß entstanden und mit dieser Option als Schlußstein erst in den jüngsten Schriften der hebräischen Bibel zu einem vorläufigen Abschluß gekommen ist. Ob diese Erwartung zu teilen sei oder ob sie den Bogen des Aussagbaren nicht überspanne, war noch im Judentum zur Zeit Jesu umstritten, und darin nähert sich unsere, nur noch in ihren historischen Wurzeln christlich geprägte Gesellschaft der Situation jener Zeit wieder an. Die Sagbarkeit und Nachvollziehbarkeit theologischer Aussagen stand und steht zur Debatte, ihr angemessenes Verständnis aber ist nicht ohne eine Rückbindung an jenen Reflexionsprozeß möglich, als deren Gipfel sie dient. Daher sei im folgenden mit wenigen Pinselstrichen[1] der Versuch unternommen, jenen Reflexionsweg diachron nachzuvollziehen, dessen vorläufigen Abschluß das strittige Bekenntnis markiert.

Die eschatologische Brille

Traditionell ist die Rede von der Auferstehung der Toten in der christlichen Dogmatik ein Teilthema des Traktates *de novissimis*, der vom Weg der Toten, vom Ende der Welt, dem allgemeinen Gericht und folgenden neuen Leben in ewiger Freude oder Verdammnis handelt. Abraham Calovius übertrug 1677 seine lateinische Bezeichnung ins Griechische, er sprach, soweit bekannt, erstmals von *Eschatologia*, und über Friedrich Schleiermacher hat das Kunstwort allgemeinen Eingang in die theologische Terminologie und sein Anliegen durch Johannes Weiß und Hugo Greßmann auch eine ihm gebührende Aufnahme in die exegetische Forschung unseres nun zu Ende gehenden Jahrhunderts gefunden.

Allerdings wird diese Benennung zumindest im alttestamentlichen Kontext inzwischen als problematisch empfunden. Denn ein für ein gewachsenes Lehr-

---

1 Eine ausführlichere Darstellung, die auch auf alternative Positionen und abweichende Datierungen strittiger Belege eingeht, soll in Bälde in einem monographischen Rahmen erfolgen. Aufgrund der Datierungsproblematik und der Frage des Verhältnisses zwischen Psalmen und prophetischen Texten wurde auch die Einbeziehung der Psalmen weitgehend zurückgestellt.

gebäude geprägter Begriff kann gegenüber seinen frühen Vorläufern nur als unangemessen gelten. Zwar wurde in zahlreichen Versuchen, die Entstehung der alttestamentlichen Eschatologie zu erfassen, schon viel Tinte verschrieben, um jenen Moment zu bestimmen, ab dem es angebracht sei, von «letzten Dingen» zu reden[2], und man hat sich innerhalb der exegetischen Zunft zunehmend darauf verständigt, erst von jenem Moment an von «Eschatologie» zu sprechen, in dem die Erwartung einer grundlegend neuen Welt greifbar wird, doch ist diese Debatte im Grunde nicht ertragreich verlaufen. Denn was als grundlegend Neues erwartet wurde, hat sich in der alttestamentlichen Prophetie von Phase zu Phase kontinuierlich gesteigert. So bedeutete schon Amos' Ansage eines Unheil bringenden «Tages JHWHs» für seine Zuhörerschaft etwas unerhört Neues (Am 5,18–20), und dasselbe darf auch von der vermutlich ersten Ankündigung eines Weltgerichts in nachexilischer Zeit (Jes 13,1b–16.22b) ebenso wie von Deuterojesajas universaler Heilsbotschaft (Jes 43,19) gelten. Wer sich die Definition des grundlegend Neuen aber von der späten, voll ausgebildeten Eschatologie vorgeben läßt, die mit der Auferstehung der Toten und der Ausrottung aller Frevler die Marke zu einer neuen Welt setzt, trägt anachronistische Kategorien an frühere Phasen der Vorstellungen heran, die ihnen nicht gerecht werden können. Daher soll an dieser Stelle von entsprechenden Definitions- und Abgrenzungsversuchen bewußt abgesehen, nur das Ziel der Entwicklung als «Eschatologie» bezeichnet und in einem offenen Vorgehen der Versuch unternommen werden, zumindest skizzenartig einzelne Grundmodelle als Wegmarken in der Entwicklung der Vorstellungen zu nennen.

Das Kommende als Krieg

Die schriftliche Überlieferung prophetischer Verkündigung setzt mit Amos ein. Die Spruchsammlung des Amosbuches in ihrer frühesten Form enthält vier paarweise gestaltete Völkersprüche mit der Ansage kriegerischer Interventionen JHWHs gegen Israels Feinde (1,3–8.13–15; 2,1–3), deren Schadensspektrum von der Eroberung der Hauptstadt (1,5) und dem Abbrennen der Paläste (1,4.7.14; 2,2) über die Deportation des Königs und der Oberen (1,15) bis zu ihrer Tötung (1,8; 2,3) und von der Verschleppung der Bevölkerung (1,5) bis zu ihrer Ausrottung (1,8) reicht.

Diese vier Ansagen über Israels Feinde – deren kommendes Unheil noch vorschnell als Heil für Israel verstanden werden konnte – bilden indes keine in sich abgeschlossene Einheit, sondern gipfeln in einem fünften Spruch, der auch Israel Unheil ansagt und jede Hoffnung auf ein Entkommen zunichte

---

[2] Eine Anthologie wichtiger Diskussionsbeiträge von 1929 bis 1974 bietet Horst Dietrich Preuß (Hg.), Eschatologie im Alten Testament (WdF 480; Darmstadt 1978); ergänzend Goswin Habets, Eschatologie – Eschatologisches: Heinz-Josef Fabry (Hg.), Bausteine Biblischer Theologie. Festgabe für G. Johannes Botterweck zum 60. Geburtstag dargebracht von seinen Schülern (BBB 50; Köln / Bonn 1977) 351–357 und Magne Sæbø, Eschaton und Eschatologia im Alten Testament in traditionsgeschichtlicher Sicht: Jutta Hausmann, Hans-Jürgen Zobel (Hgg.), Alttestamentlicher Glaube und Biblische Theologie. Festschrift für Horst Dietrich Preuß (Stuttgart u. a. 1992) 321–330.

macht (2,6–9.13–16; ebenso 5,19). Zwar wird dabei das über Israel kommende Unheil nur vage skizziert, doch trägt es ebenso wie in den folgenden Unheilsansagen den Charakter eines Krieges: Bogenschützen halten nicht stand (2,15), neun von zehn Soldaten fallen (5,3), Häuser werden geplündert (3,11) und zerstört (3,15; 6,11), nur wenige überleben (5,3) und werden deportiert (4,2–3; 5,5.27; 6,7; 7,11.17).

Selbst wenn in der Korbvision schließlich das «Ende» (8,2) angesagt wird, ist, dem kriegerischen Kontext entsprechend, allenfalls das Ende der Eigenstaatlichkeit Israels, aber kein Ende der Geschichte oder gar des Kosmos gemeint. Denn die angesagten Aktionen richten sich stets nur gegen einzelne Völker und nicht gegen die ganze Schöpfung, und die angekündigten Deportationen signalisieren darüber hinaus, daß es eine Zeit «danach» geben wird, deren Beschaffenheit aber außer Sichtweite bleibt.

Das Kommende als Theophanie

Neben der Erwartung eines Krieges wird das Kommende schon in den Visionsberichten des Amosbuches gelegentlich auch als Heuschreckenplage (7,1–3), Feuer (7,4–6) und Erdbeben (9,1) und somit zumindest auf der Bildebene als Naturkatastrophe beschrieben, was in frühen redaktionellen Zusätzen des Amosbuches noch verstärkt fortgeführt wird: JHWH brüllt, und die Vegetation vertrocknet (1,2), er hält den Regen zurück (4,7), läßt die Sonne schon zu Mittag untergehen (8,9) und die Erde beben (8,8; 9,5).

Ebenso beschreiben auch andere Schriftpropheten und ihre redaktionellen Bearbeitungen in vorexilischer und – insbesondere wenn es um die Verarbeitung der erlittenen Katastrophe geht – bis in exilische Zeit das über Israel und Juda kommende oder gekommene Unheil primär zwar als Krieg, der zur Flucht oder Deportation seiner Einwohnerschaft (Mi 2,10; Jer 6,11–12; 9,15.18; 15,14; 16,13; 17,4; 20,4–6; Ez 4,13; 5,10.12; 6,8–9) und zur Verödung der Städte (Hos 10,8; Jes 3,26; Zef 1,13; Jer 4,7.20.26.29; 9,10.18; 10,22) führt, in deren Ruinen Schakale hausen (Jer 9,10; 10,22). Sie flechten in ihre Kriegsbilder aber auch Zeichen des Unheils in der Natur ein, die den Rahmen des rein Kriegerischen klar überschreiten. Dabei handelt es sich nur zum Teil um Verödungen von Fluren und Kulturen, wie sie zumindest bedingt noch als Kriegsfolgen vorstellbar sind (Beispiel Jes 5,10). Vielmehr reichen die Zeichen des Unheils mitunter auch weit über die Ebene vorstellbarer Kriegsfolgen hinaus: Heißer Ostwind läßt Quellen versiegen (Hos 13,15) und versengt das Land (Jer 4,11–12), Stürme ziehen auf (Jes 29,6; Zef 1,15), die Erde (Jes 5,25; 29,6; Hab 3,6; Jer 4,24), Fische, Vögel und die Tiere des Feldes (Ez 38,20) erbeben, die Vögel des Himmels verschwinden (Jer 4,25; 9,9; 12,4), Sonne und Mond verbergen sich (Hab 3,10–11), und Finsternis senkt sich über das Land (Zef 1,15; Jer 4,23).

Schließlich können typische Kriegsphänomene wie die Flucht oder Deportation der Bewohner (Hos 8,13; 9,3.6.17; Jes 5,13; Jer 13,19), die Verwüstung der Städte (Hos 9,6; Jes 5,9; 32,14; Mi 3,12), ihre Bewohnung durch verwilderte

Tiere (Jes 5,17; 32,14) und die Verödung des Landes (Hos 2,11.14; 4,3; Jes 5,10; 32,10.12–13) sowie darüber hinausgreifende Naturphänomene wie das Verschwinden der Vögel des Himmels und der Fische des Meeres (Hos 4,3), die Verdunkelung der Sonne und die Verfinsterung des Landes (Mi 3,6) gelegentlich auch ohne explizite Nennung kriegerischer Vorgänge begegnen.

Diese kosmischen Phänomene können als charakteristisch für Theophanieschilderungen gelten, wie sie von Jörg Jeremias beschrieben und auf das Siegeslied des Heerbannes als «Sitz im Leben» zurückgeführt wurden.[3] Zwar haben Klaus-Dietrich Schunk, Meïr Weiss und Hanns-Martin Lutz auf unterschiedliche Weisen versucht, die Vorstellungen von Krieg und Theophanie gegeneinander auszuspielen[4], doch gehören die beiden Redeweisen zusammen wie zwei Seiten einer Medaille. Schließlich beschreibt schon Ri 4,4–22 den erfolgreichen Krieg gegen Jabin von Hazor, ohne den Boden des Realistischen zu verlassen, während das anschließende Siegeslied Ri 5,2–31 (insbesondere 5,4–5 und 5,20) weit über das militärische Geschehen hinausgreift und den lokalen Krieg als ein Ereignis von kosmischer Dimension interpretiert: JHWH zog aus von Seïr, die Erde bebte, die Wolken troffen, und vom Himmel her kämpften die Sterne. Offenkundig verhalten sich die Erzählung zum Lied oder der Krieg zur Theophanie wie die Realität zu interpretierender Rhetorik.

Das Kommende als Gericht

Das Kommende wurde nicht nur als Krieg erwartet und rhetorisch interpretierend als Theophanie überhöht, sondern zugleich theologisch als Strafgericht verstanden, was prophetischen Unheilsansagen der vor- und frühexilischen Zeit allgemein die Bezeichnung «Gerichtsprophetie» eingebracht hat. Doch sind in dreierlei Hinsichten einschränkende Bemerkungen nötig.

Erstens setzt ein Gericht nach unserem modernen Verständnis einen Ankläger, einen Angeklagten und einen Richter in drei verschiedenen Personen voraus. Davon kann in den einschlägigen prophetischen Texten aber keine Rede sein. Denn die Anklage, das Urteil und der Vollzug der Strafe liegen bei JHWH allein.

Zweitens sind die hebräischen Wurzeln špṭ und dīn in vielen älteren Übersetzungen mit «richten» höchst unzutreffend wiedergegeben. Beide bezeichnen nämlich primär nicht das Walten eines Richters, sondern eines souveränen Regenten, der zugunsten der Bedrängten und zuungunsten der Bedränger unmittelbar eingreift, um die ausgewogene Rechtsordnung wiederherzustellen.[5]

---

3   Jörg Jeremias, Theophanie. Die Geschichte einer alttestamentlichen Gattung (WMANT 10; Neukirchen 1965) 142–147.
4   Klaus-Dietrich Schunk, Strukturlinien in der Entwicklung der Vorstellung vom Tag Jahwes: VT 14 (1964) 319–330; ders., Der «Tag Jahwes» in der Verkündigung der Propheten: Kairos NF 11 (1969) 14–21; Meïr Weiss, The Origin of the «Day of the Lord» Reconsidered: HUCA 37 (1966) 29–60; Hanns-Martin Lutz, Jahwe, Jerusalem und die Völker. Zur Vorgeschichte von Sach 12,1–8 und 14,1–5 (WMANT 27; Neukirchen-Vluyn 1968) 130–146.
5   Herbert Niehr, Herrschen und Richten. Die Wurzel špṭ im Alten Orient und im Alten Testament (FzB 54; Würzburg 1986); ders., Art. šāpaṭ: ThWAT VIII (1994/95) 408–428.

Daher sind beide Verben im ersten Fall besser mit «zum Recht verhelfen» (1 Sam 24,16) und im zweiten Fall deutlicher mit «zur Rechenschaft ziehen» (1 Sam 3,13) zu übersetzen oder – wenn unklar bleibt, ob die betroffenen Personen Bedränger oder Bedrängte sind – neutral als «regieren» (Jes 51,5) wiederzugeben, was mitunter zu erheblichen Nuancierungen führt. So enthält Jes 2,4 bzw. Mi 4,3 keine Warnung, JHWH werde die Völker «richten», sondern eine Verheißung, er selbst werde sie «regieren», was ihnen erlaubt, ihre nutzlos gewordenen Schwerter in Pflugscharen umzuschmieden.

Drittens spielt die primär monarchische und erst sekundär forensische Sprache in den Unheilsansagen der vorexilischen Schriftprophetie nur eine sehr untergeordnete Rolle. Denn zumeist wurde nicht in forensischen, sondern in personalen Kategorien, in Begriffen unmittelbaren Zorns, der Heimsuchung und der Vergeltung, argumentiert. Zwar wurde das erwartete Ungewitter schon in frühen Spruchsammlungen Hoseas auch mit $\bar{rib}$ bezeichnet (4,1.4; 12,3), was als «streiten» zu übersetzen ist, und bei Jesaja und Jeremia klingt am Rande bereits gelegentlich forensische Sprache an (Jes 3,13–14; Jer 2,9.35; 4,12), doch spricht erst das Ezechielbuch in seinen verschiedenen Schichten im juristischen Sinne regelhaft vom «zur Rechenschaft ziehen».[6]

Offenbar wurde JHWHs Eingreifen erst nach der ersten Teildeportation 597 konsequent durchdacht in forensischer Sprache gefaßt und auf diese Weise nicht nur als Krieg und Theophanie beschrieben, sondern als ordnender Eingriff eines Regenten – als juristisches Rechtshandeln JHWHs – interpretiert.

Das Kommende als Weltgericht

Mit der zweiten Deportation und der Zerstörung Jerusalems 586 liefen die Unheilsansagen gegen Juda aus: Wo nichts mehr zu zerstören war, ließ sich mit Zerstörungen auch nicht mehr drohen. Nur noch gegenüber den Völkern der näheren Umgebung, gegen Ammon, Moab und Edom, gegen Sidon und Tyrus sowie gegen Ägypten und Babylon als neuer Heimat der Deportierten lebt die Sprache der alten Unheilsansagen in letzten Ausläufern noch bis in frühnachexilische Zeit (Hag 2,22; Sach 9,1–7; 11,6; Mal 1,2–5) fort.

So wird dort das Kommende nach wie vor in konventioneller Form als Krieg gezeichnet: Städte werden zerstört, Götterbilder, Priester und Nobilitäten verschleppt (Jes 20,3–4; Jer 43,12; 48,7; 49,3), die Bevölkerung flieht (Jes 15,5.7; 21,14–15; Jer 48,6; 49,24.30.59) oder wird deportiert (Jer 43,11; Ez 29,12; 30,17–18.23.26; 32,9), und die Ruinen dienen Herden zur Weide (Jes 17,2) oder werden von Schakalen bewohnt (Jer 49,33). Auch werden die kriegerischen Ereignisse in traditioneller Sprache durch Unheil in der Natur überhöht: Das Land verödet (Jes 15,6 passim), Flüsse vertrocknen (Ez 30,12), Löwen fallen über die Entronnenen her (Jes 15,9), Hunger und Seuchen greifen um sich (Jer 27,8;

---

6 $špṭ$ Qal: Ez 7,3.8.27; 11,10.11; 16,38; 18,30; 33,20; 36,19; Nif'al: Ez 17,20; 20,35–36. Dabei ist $špṭ$ nur in Ez 18,30; 20,35–36; 33,20 im Sinne einer individuellen Auslese, in 34,17.20.22 hingegen als «vermitteln zwischen» zu interpretieren.

44,13), Unwetter ziehen auf (Jer 25,32), die Sonne vergißt ihren Aufgang, die Gestirne verlieren ihr Licht (Ez 32,7–8), und Finsternis legt sich über das Land (Jes 5,30; 13,10). Und im Falle Ammons und Edoms wird das Unheil im Ezechielbuch wieder in forensischer Sprache explizit als von JHWH verfügtes Gericht interpretiert (21,35; 35,11).

Auch für den erwarteten Fall der Weltmacht Babylon (Jes 13–14; Jer 50–51) werden noch einmal die gewohnten Bilder aufgeboten. Doch geht Jes 13,1b–16.22b schließlich wegweisend über den üblichen Rahmen hinaus. Zwar bleibt zunächst unklar, wie weit der Kreis (13,9) der zu vertilgenden Sünder reicht, doch bleibt das Unheil hinsichtlich der Frevler im Folgenden nicht nur auf Babel begrenzt, sondern wird auf den gesamten Erdkreis (13,11) entschränkt, und eine Unheilsansage gegen eine Nation mutiert – vermutlich erstmals – unversehens zum Weltgericht.

Die Wende zur Heilsprophetie

Indem sich das Unheil nicht mehr unmittelbar auf Juda bezieht, sondern sich wider die umliegenden Völker und über die Weltmacht Babylon schließlich wider den gesamten Erdkreis richtet, wandelt sich das prophetische Wort unter der Hand in eine indirekte Ansage potentiellen kommenden Heils für Juda. Zwar hat es in der exegetischen Forschung nicht an Versuchen gefehlt, entsprechende Heilserwartungen auch schon in der vorexilischen Prophetie sowie in vorexilischen Bearbeitungen von Prophetenbüchern nachzuweisen. Schließlich setzt schon Am 5,18–20 seitens seiner Zuhörerschaft zweifellos die Erwartung eines helfenden Eingreifens JHWHs voraus. Doch war die zweifellos latent vorausgesetzte Heilserwartung in der vorexilischen Schriftprophetie seit Amos dominant von der gegenteiligen prophetischen Verkündigung überlagert und trat als tragendes Thema erst seit exilischer Zeit ins Zentrum der prophetischen Verkündigung.

Das in exilischer und frühnachexilischer Zeit nächstliegende und am häufigsten belegte Motiv der Heilserwartung ist die Heimkehr der Deportierten aus der Diaspora. Sie ist zwar oft nur anspielungsweise genannt und bleibt – soweit in der Kürze der Texte erkennbar – zumeist auf die Rückkehr der aus Jerusalem Verschleppten zum Zion begrenzt, doch beziehen Jer 3,18 und 31,7–12 auch die Versprengten des Nordreiches ein, Ez 37,15–22 läßt programmatisch die Verschleppten der beiden Teilreiche in ihre jeweilige Heimat zurückkehren, und Jer 50,19 stellt sogar eine israelitische Kolonisierung von Gilead und Basan in Aussicht.

Nur sehr gelegentlich und demnach keinesfalls zwingend ist mit der erwarteten Renaissance Judas die Hoffnung auf einen heilsvermittelnden Statthalter JHWHs verbunden.[7] Zwar hatte Deuterojesaja gegen Ende der babylonischen

---

7 Aus terminologischen Gründen soll hier vorsichtshalber nicht von einem «messianischen Herrscher» die Rede sein.

Herrschaft Kyros als JHWHs Gesalbten bezeichnet (Jes 45,13), Haggai seine Erwartungen in frühnachexilischer Zeit auf Serubbabel als Sproß aus Davids Haus gerichtet (2,20–23) und Sacharja seine Hoffnung auf eine Dyarchie von Serubbabel und Josua als Hohempriester gesetzt (4,1–6b.10d–11.13–14) und vermutlich nach Serubbabels Ausscheiden auf Josua als allein verbliebenem Träger der Hoffnung konzentriert (3; 6,9–14[8]). Doch wurde, wie schon in spätexilischer, so auch in der folgenden Zeit nur noch in allgemeinen Worten in Davids Hütte (Jes 16,5) ein Statthalter aus Davids Haus (Hos 3,5; Jes 9,5–6; 11,1–10; Jer 23,5–6; 30,8–9; 33,15–17; Ez 34,23–24; 37,24–25) oder ein anderer, nicht eigens als davidisch bezeichneter Herrscher (Mi 5,1.3[9]) erwartet, auf die Benennung einer bestimmten lebenden Person aber verzichtet und die akute Naherwartung der frühnachexilischen Phase – soweit die genannten Belege nicht ohnehin noch aus exilischer Zeit stammen – dezent zurückgestellt, um erst in hasmonäischer Zeit in Opposition zur Kumulation des Königtums und Hohenpriestertums unter Jonathan (1 Makk 10,20) mit der Erwartung eines zweiten, dem königlichen Herrscher übergeordneten priesterlichen Messias (1 QSa 2,11–21; CD 12,23–13,1; 14,18; 20,1; TestSim 7,1–2; TestJud 21,2; TestDan 5,10; TestJos 19,4) wiederaufzuflackern, denen zur Komplettierung der Trias mitunter eine dritte, prophetische Gestalt beigesellt wurde (1 QS 9,11; 4 QTest 5–13).[10]

Zwei weitere, immer wiederkehrende Motive der kommenden Heilszeit sind die Ausgießung des Geistes über JHWHs Volk, über das Haus Jakobs, die Heimgekehrten und über Jerusalem (Jes 4,4; 32,15; 44,3; Ez 11,19; 36,26–27; 39,29; Hag 2,5; Joel 3,1–2; Sach 12,10) sowie die Stiftung eines neuen (Jer 31,31–34), ewigen Bundes JHWHs mit seinem Volk (Jes 55,3; 61,8; Jer 32,40; 50,5; Ez 16,60.62; 37,26), eines Bundes des Friedens (Ez 34,25; 37,26) und eines seinem Volk zugute kommenden Bundes mit den Tieren (Hos 2,20).

Besonders weit gespannt ist schließlich das Spektrum jener Motive, mit denen die anschließende Heilszeit beschrieben wird: Sie wird Abrüstung und Frieden bringen (Hos 2,20; Jes 2,4 bzw. Mi 4,3), den Spott der Völker beenden (Ez 34,29; 36,20), sie der Herrschaft des Gottesvolkes unterwerfen (Am 9,12; Zef 2,7–9) und ein Reich der Gerechtigkeit sein (Jes 29,20–21; 32,1–2.15–18). Am häufigsten aber wird sie in bukolischen Bildern geschildert (Am 9,14; Hos 2,23–24; Jes 30,23–24; 65,21–22; Mi 4,4; Ez 34,26–27; 36,29–30.33–36; Hag 2,19; Joel 2,19.22–26), die sich über das Aufblühen der Wüste (Jes 32,15; 41,18–19; 43,19–20; 51,3; 65,10) hinaus auch zur Erwartung irrealer Fruchtbarkeit steigern

---

8 Sach 6,9–14 bezog sich, wie insbesondere 6,13 zeigt, ursprünglich (auch) auf den davidischen Messias Serubbabel und wurde erst nach dessen Ausscheiden oberflächlich (allein) auf Josua übertragen.
9 Weitere, in ihrer Datierung mehrheitlich umstrittene Belege bieten Ps 2; 72; 89; 110; 132.
10 Zur Messiaserwartung Ursula Struppe (Hg.), Studien zum Messiasbild im Alten Testament (SBAB 6; Stuttgart 1989); Martin Karrer, Der Gesalbte. Die Grundlagen des Christustitels (FRLANT 151; Göttingen 1991); James H. Charlesworth, The Messiah. Developments in Earliest Judaism and Christianity (Minneapolis 1992); Florentino García Martínez, Messianische Erwartungen in den Qumranschriften: JBTh 8 (1993) 171–208; Gerbern S. Oegema, Der Gesalbte und sein Volk. Untersuchungen zum Konzeptualisierungsprozeß der messianischen Erwartungen von den Makkabäern bis Bar Koziba (Schriften des Institutum Iudaicum Delitzschianum 2; Göttingen 1994); John J. Collins, The Scepter and the Star. The Messiahs of the Dead Sea Scrolls and Other Ancient Literature (AnchB Reference Library 14; New York 1995).

(Am 9,13; Jes 7,22) und im Hinblick auf die Tierwelt zwischen Ausrottung der wilden Tiere (Ez 34,25.28; 35,9) und Frieden mit und unter den Tieren (Jes 11,6–8; 65,25) schwanken.

Der Trend zur Individualisierung

Nicht minder wegweisend als die skizzierte Wende zum Heil war der seit exilischer Zeit erkennbare Trend zur Individualisierung der prophetischen Verkündigung. Dabei ging es nicht um eine Ablösung einer vorexilischen Kollektivhaftung durch eine nachexilische individuelle Vergeltung im strafrechtlichen Sinne. Schließlich hatte auch das vorexilische Strafrecht eine individuelle Vergeltung gelehrt. Vielmehr ging es um einen Paradigmenwechsel der prophetischen Verkündigung allein, die sich nun nicht mehr global auf das Volk bezog, sondern individuell zur Umkehr rief, mit individueller Strafe drohte und individuelle Heilsmöglichkeiten anbot.

Auch scheint dem Paradigmenwechsel – obwohl unter der Zerstörung Jerusalems und der Deportation Schuldige und Unschuldige gleichermaßen zu leiden hatten – kein Aufbegehren gegen das gottverfügte Schicksal, keine Anfrage an die Gerechtigkeit Gottes, zugrunde gelegt zu haben. Zwar wurde das geflügelte Wort von den sauren Trauben der Ahnen und den stumpfen Zähnen der Erben (Ez 18,2; Jer 31,29; vgl. Klgl 5,7) von neuzeitlichen Kommentatoren immer wieder in diesem Sinne als Zynismus interpretiert, dabei aber übersehen, daß ausgerechnet das betroffene Volk in Ez 18,19 das traditionelle Prinzip der über Generationen wirkenden kollektiven Schuld gegen den Propheten verteidigt.

Nicht das gebeugte Volk, sondern der Prophet stellt, wie Adrian Schenker treffend dargelegt hat[11], angesichts seiner lähmenden Folgen das Prinzip der kollektiven und sich über Generationen erstreckenden Schicksalsverfangenheit in Frage und verkündigt die Chance einer jederzeit möglichen individuellen Umkehr, was in unmittelbarer Konsequenz nicht nur in Bezug auf die Generationenfolge (Ez 33,10–20; Jer 31,29–30; Dtn 24,16), sondern auch auf synchroner Ebene (Ez 14,12–20) zu einer Individualisierung der prophetischen Gerichtsverkündigung mit der für die entstehende Eschatologie weichenstellenden Konsequenz führt, daß JHWHs kommende Strafe nun nicht mehr in traditioneller Form als Krieg angesagt werden kann, der Gerechte und Frevler gleichermaßen träfe, sondern ein anderer Modus der Strafe erforderlich wird, der eine individuelle Scheidung ermöglicht.

Vermutlich unter dieser Option bietet Ez 9 mit der Vorstellung einer Markierung der Gerechten vor dem allgemeinen Töten einen ersten Versuch, das klassisch-kriegerische Bild einer mordenden Soldateska mit dem neuen Postulat einer individuellen Vergeltung zu verbinden. Doch wurde die Erwartung

---

11 Adrian Schenker, Saure Trauben ohne stumpfe Zähne. Bedeutung und Tragweite von Ez 18 und 33.10–20 oder ein Kapitel alttestamentlicher Moraltheologie: Pierre Casetti, Othmar Keel, Adrian Schenker (éd.), Mélanges Dominique Barthélemy. Etudes bibliques offertes à l'occasion de son 60ᵉ anniversaire (OBO 38; Fribourg/Göttingen 1981) 449–470.

eines mittels Krieg vollzogenen Gerichts schließlich weitgehend durch ein zu individueller Sonderung fähiges Gericht abgelöst oder zumindest ergänzt: Ez 20,33–38 spricht von einer Sammlung und Auslese in der Wüste, Jes 1,25 und Mal 3,3 erwarten von einer künftigen Wende zum Heil die in Jer 6,27–30 noch für unmöglich gehaltene Läuterung des Metalls, und Sach 13,7–9 verbindet das bukolische Bild der Auslese der Schafe mit dem metallurgischen Bild der Läuterung des Volkes durch Feuer. Ez 13,9 und Jes 4,3 führen ein Buch ein, in dem aufgeschrieben wird, wer in das Land kommen und in Jerusalem wohnen wird, und Mal 3,16 rekurriert mit Dan 7,10 und 12,1 auf eine Liste der Gottesfürchtigen, die am Tag des Gerichts eine individuelle Scheidung ermöglicht. Nach Am 9,10 werden die überführten Sünder im Volk durch das Schwert sterben, auch nach Jer 25,31 werden die Schuldigen dem Schwert übergeben, nach Jes 65,11–12 werden die Götzendiener einzeln niederknien und mit ihm gerichtet werden, und nach Mal 3,19 werden die Abtrünnigen und Frevler ebenso wie nach Jes 66,24 verbrannt.

Der Trend zur Universalisierung

Gleichzeitig mit dem Trend zur Individualisierung läßt sich auch der oben schon angesprochene, nur scheinbar gegenläufige, im Grunde aber komplementäre Trend zur universalen Ausweitung der Gerichtserwartung verfolgen.

Diese Ausweitung des Gerichts auf die ganze Völkerwelt mag sich zum einen daraus ergeben haben, daß das feindliche Wirken der Völker, nachdem das Gericht über Juda und Jerusalem nun einmal ergangen war, nicht mehr als Strafe JHWHs interpretiert, sondern als eigenmächtiges Walten, als Selbstläufer und letztendlich als Bedrohung gegenüber dem von JHWH inzwischen begnadigten Gottesvolk gewertet werden mußte (Ez 38–39; Jdt 1–3), das der Verwirklichung des gottgewollten Heils entgegensteht. Doch wird die Universalisierung des erwarteten Geschehens und sein Bezug auf alle Völker nicht nur als Kehreffekt der Wende zum Heil, sondern mindestens gleichwertig auch in konsequenter Weiterführung des Monotheismus zu sehen sein, wie er in der Verkündigung Deuterojesajas zum Durchbruch gelangt war. Schließlich tritt die Tendenz zur Universalisierung des Heils auch dort besonders deutlich zutage, wo JHWH (in Weiterführung von Ps 47?) unter dem Einfluß Deuterojesajas in hymnischen Texten wie den Thronbesteigungspsalmen 96,13 und 98,9 oder in Ps 82,1.8 zum richtenden Regenten über die ganze Welt avanciert und in einer abermaligen Steigerung schließlich nicht nur die «Könige der Erde» sondern auch das «Heer der Höhe» (Jes 24,21) und das «Heer des Himmels» (Jes 34,4) heimsuchen wird.

Dieser Trend zur Universalisierung tritt einerseits in Anknüpfung an das vorexilische Bild des feindlichen, zumeist von JHWH selbst veranlaßten Aufzuges einzelner Völker gegen Zion zutage. Doch unterscheiden sich die folgenden Belege insofern von den oben genannten früheren prophetischen Unheilsworten, als der Aufmarsch der Völker nun im Rückgriff auf vermutlich schon vorexilische Traditionen (Ps 46,6–7; 48,5–6) fast ausnahmslos mit dem Scheitern der Angreifer endet und so die künftige Unverwundbarkeit der Gottesstadt demonstriert. Ez 38,8.12 und 39,27–28 setzt in frühnachexilischer Zeit in einem vergleichsweise geschlossenen Bild die Sammlung des Gottesvolkes bereits voraus, beschreibt den Ansturm Gogs, interpretiert sein Scheitern als Gericht (39,21) und schließt mit einer sich über mehrere Monate erstreckenden Massenbestattung (39,11–20) und einem jahrelangen Verbrennen der Waffen (39,9–10) als Vorspiel des dann hereinbrechenden, mit der Geistaussendung verbundenen (39,29) endgültigen Heils. Noch weiter tritt die kriegerische Dimension in Joel 4,1–3.9–20 zurück. Zwar werden die Heiden ausdrücklich zum Krieg ins «Tal Josaphat» gerufen (4,9–10), doch findet dort nur noch eine Gerichtssitzung statt (4,12), die von Theophaniemotiven begleitet wird (4,15–16) und die Heilszeit eröffnet (4,17–21). Bereits frühhellenistisch ist schließlich Sach 12,2–9, wo die Niederschlagung des von JHWH initiierten Ansturms der Völker gleichfalls die folgende Heilszeit begründet.

Noch deutlicher kommt der universale Anspruch JHWHs in der umgekehrten Erwartung einer allgemeinen Völkerwallfahrt zum Zion zum Ausdruck. Nun war die Vorstellung, daß fremde Völker mit Gaben zum Tempel nach Jerusalem kommen, schon vorexilischen Texten nicht ganz fremd (Ps 72,8–11), sie erhielt mit dem Durchbruch des Monotheismus aber einen neuen Rahmen und mit dem Motiv der Heimkehr der Versprengten aus der Diaspora einen neuen Anknüpfungspunkt. So wird mitunter erwartet, die Völker würden mit den Versprengten Israels kommen, um sie zurückzubringen (Jes 14,2; 49,22–23). Zwar geht es dabei nicht immer um die JHWH-Verehrung der Völker, sondern nur um die Umkehrung der Machtverhältnisse der Exilssituation, denn die Völker kommen in den genannten Fällen nicht, um JHWH zu verehren, sondern um Israel sklavisch zu dienen (so auch Jes 60,3–7.10–11; 61,5). Doch wird daneben häufiger noch eine Zuwendung der Heiden zu JHWH erwartet, die ihn entweder in ihrer Heimat verehren (Jes 19,19–22; Zef 2,11; Mal 1,11) oder zu diesem Zweck nach Jerusalem kommen (Jes 2,2–3 bzw. Mi 4,1–2; Jes 45,14–15; 66,23; Zef 3,9–10; Sach 8,20–23; 14,16–19; Ps 68,30.32; 86,9; 102,23; ferner Jes 25,6; 55,5; 56,6–7; 60,13; Jer 3,17; 12,16–17; Hag 2,7; Tob 3,13).

Zwar schließen sich die beiden konträren Vorstellungen des feindlichen Völkeransturms und der friedlichen Völkerwallfahrt vorderhand aus, doch fehlt es nicht an Synthesen. Mi 4,11–14 ist Teil einer Spruchsammlung aus frühnachexilischer Zeit, die mit der Völkerwallfahrt 4,1–2 beginnt, mit dem Gericht 4,3 zu Heilsschilderungen 4,3–5 überleitet, nach dem Motiv der Sammlung 4,6–7.10 und der Verheißung eines neuen Königtums 4,8 mit dem Völkeransturm schließt und offenbar mehr ein Potpourri verschiedener Traditionen als eine in sich ausgewogene Komposition bietet. Umgekehrt läßt Sach 14 schließlich in einer einmaligen Kombination der Traditionen auf einen zunächst erfolgreichen feindlichen Völkeransturm ein vernichtendes Völkergericht und zum Abschluß eine friedliche Völkerwallfahrt folgen.

Doch führt der Trend zur Universalisierung über die Beteiligung der Völker hinaus zur Einbeziehung der gesamten Schöpfung, wozu die traditionellen, oben schon mehrfach genannten Begleitphänomene der Theophanie im Bereich der Natur wie Erdbeben, Sturm und die Verdunkelung der Gestirne den Ansatzpunkt zur sich steigernden Ausgestaltung eines umfassenden Kosmodramas bieten, in dem, weit über Völkeransturm und Völkerwallfahrt hinaus, die Erde zerbirst (Jes 24,19), der Himmel wie eine Buchrolle aufgerollt wird (Jes 34,4) und Himmel und Erde vergehen (Jes 51,6).

Die Auferstehung der Toten

Die langsame Überhöhung und der Versuch, heterogene Konstellationen unterschiedlicher Herkunft zu einem in sich stimmigen Gesamtbild zu verbinden, wird greifbar, er führt in der aufkeimenden apokalyptischen Literatur zu immer weiter ausgreifenden Gemälden, und es war, im Ausziehen der beiden beschriebenen Linien – *erstens* der Option eines letztgültigen Heils als Ziel der individuellen Geschichte und *zweitens* der im Monotheismus begründete Zug einer immer weitergehenden Universalisierung – nur noch eine Frage der Zeit, bis in einem interpretierenden Zusatz (Jes 25,8) auch die Vernichtung des Todes angesagt und schließlich in Rücksicht auf die *dritte* Option – das Prinzip einer individuellen Vergeltung, wonach die Gleichung von Tun und Ergehen in jedem einzelnen Leben aufgehen muß – ein geradezu denknotwendiger Schritt, daß nicht nur die Mächte des Himmels, der Erde und des Todes (Jes 24,21; 25,8; 34,4), sondern auch die unter der Erde ruhenden Verstorbenen in das Gesamtbild des Kommenden einbezogen wurden.

Doch lag deren fällige und schließlich sogar überfällige Integration nicht nur in der bislang beschriebenen dreifachen Fluchtlinie der universellen Eschatologie als Vorstellungskomplex zum Ziel der Weltgeschichte. Denn auch die Entwicklung der individuellen Eschatologie als Vorstellungskreis zu Tod und Jenseits des einzelnen Lebens führte – unter denselben theologischen Optionen – konvergierend und doch weitgehend unabhängig zum selben Ziel. Zwar ist hier nicht der geeignete Ort, auch deren Entwicklung in angemessener Breite zu referieren[12], doch mag – als Vorgeschichte zum entscheidenden Schritt – eine knappe Rückblende auf die Entwicklung der Jenseitsvorstellungen angebracht sein, innerhalb derer drei Phasen zu unterscheiden sind.[13]

12 Noch immer ausgezeichnet Ulrich Kellermann, Überwindung des Todesgeschicks in der alttestamentlichen Frömmigkeit vor und neben dem Auferstehungsglauben: ZThK 73 (1976) 259–282. Aus der Fülle der neueren Literatur seien ferner auswahlweise genannt Hans C. C. Cavallin, Leben nach dem Tode im Spätjudentum und im frühen Christentum: ANRW II 19,1 (1979) 240–345; Marie-Theres Wacker, Weltordnung und Gericht. Studien zu 1 Henoch 22 (FzB 45; Würzburg 1982) 258–288; Michael S. Moore, Resurrection and Immortality. Two Motifs Navigating Confluent Theological Streams in the Old Testament (Dan 12,1–4): ThZ 39 (1983) 17–34; Hildegard Gollinger, «Wenn einer stirbt, lebt er dann wieder auf?» (Ijob 14,14). Zum alttestamentlich-jüdischen Hintergrund der Deutung des dem Kreuzestod nachfolgenden Erfahrung der Jünger mit dem Bekenntnis zur Auferweckung Jesu: Lorenz Oberlinner (Hg.), Auferstehung Jesu – Auferstehung der Christen (QD 105; Freiburg u. a. 1986) 11–38.
13 Diese entsprechen den ersten drei der vier Schritte nach Bernhard Lang, Life After Death in the Prophetic Promise: J. A. Emerton (Hg.), Congress Volume Jerusalem 1986 (VT.S 40; Leiden u. a. 1988) 144–156 und ders., Colleen McDannell, Der Himmel. Eine Kulturgeschichte des ewigen Lebens (es 1586; Frankfurt 1990) 19–39.

Während der ersten, schwerpunktmäßig vorexilischen, aber noch weit in nachexilische Zeit hinein verfolgbaren und weitgehend nur noch mittels archäologischer Befunde sowie im Spiegel späterer Polemik rekonstruierbaren Phase hatte noch eine rege Beziehung zwischen den Hinterbliebenen und den zwar als schwach (Jes 14,10) und fürsorgebedürftig, zugleich aber auch als göttlich (1 Sam 28,13; Jes 8,19–20) und wissend gedachten Verstorbenen bestanden, die in Speisenniederlegungen in und vor Gräbern (Dtn 26,14; Tob 4,17; Sir 30,18 G)[14], in der Errichtung von Stelen zur Anrufung der Toten (2 Sam 18,18), vermutlich in der Verehrung von Ahnenstatuetten[15], in Totenmählern (Jer 16,5; Ps 106,28) und vielleicht sogar monatlichen Totenopfern (1 Sam 20,5.18.24–26)[16], vor allem aber in der Nekromantie (1 Sam 28,3–25; Jes 8,19; 19,3; 29,4; Dtn 18,10–11; 2 Kön 21,6; 2 Kön 23,24; Lev 19,31; 20,6.27; 1 Chr 10,13; 2 Chr 33,6; ferner möglicherweise Jes 28,15; 65,4 G und 2 Chr 16,12)[17] ihren Ausdruck fand.

Doch wurden diese Kontakte mit der Totenwelt in einer zweiten, schwerpunktmäßig nachexilischen Phase im Kontext der Forderung nach einer ausschließlichen Verehrung JHWHs abgedrängt und ausgegrenzt, Nekromantie wurde als Magie abgelehnt (besonders deutlich Jes 8,19), Berührungen mit Toten wurden als verunreinigend tabuisiert (Lev 21,1–3.11; 22,4; Num 5,2; 6,6–7; 9,6–7.10; 19,11–16; 31,19), und zwischen Hinterbliebenen und Verstorbenen entstand eine unüberbrückbare Kluft. Die Ahnen wurden unerreichbar, sie hatten am Schicksal der Lebenden keinen Anteil mehr (Jes 63,16; Ijob 14,21; Koh 9,5–6.10) und galten selbst als von JHWH getrennt (Ps 6,6; 30,10; 88,6; 115,17; Jes 38,18; Sir 17,27–28).

Daß sich diese sich verschärfende Ausgrenzung des Todes und der Toten gegenüber der gegenläufigen, in der Konsequenz des Monotheismus liegenden Ausweitung der Zuständigkeit JHWHs auf alle Bereiche des Himmels und der Erde nicht auf Dauer durchhalten ließ, sondern in einer dritten, nachexilischen Phase von einer sukzessiven Integration der Toten in die JHWH-Verehrung eingeholt werden mußte, liegt auf der Hand, und es ist wohl der Beachtung wert, daß auch diese Einholung unter dem Leitstern der drei oben im Blick auf die allgemeine Eschatologie formulierten Optionen erfolgt ist: Erstens wurde, oben als «Trend zur Universalisierung» bezeichnet, im Zuge der monotheistischen Ausweitung der Zuständigkeit JHWHs nach Himmel und Erde auch das Totenreich zu JHWHs Domäne. Zweitens verlangte, oben als «Trend zur Individualisierung» beschrieben, das Prinzip der individuellen Vergeltung angesichts seines alltäglich erfahrenen Scheiterns nach einer theologischen Lösung, die im Sinne der dritten, oben als «Wende zum Heil» bezeichneten Option nur in einen Protest wider die Todesgrenze münden konnte, die ein erfülltes Leben verunmöglicht hat.

14 Archäologische Befunde Elizabeth Bloch-Smith, Judahite Burial Practices and Beliefs about the Dead (JSOT.S 123; Sheffield 1992) 103–108, literarische Belege Karel van der Toorn, Family Religion in Babylonia, Syria and Israel. Continuity and Change in the Forms of Religious Life (Studies in the History and Culture of the Ancient Near East 7; Leiden u. a. 1996) 208–209.
15 van der Toorn (Anm. 14) 218–225
16 van der Toorn (Anm. 14) 211–218.
17 Josef Tropper, Nekromantie. Totenbefragung im Alten Orient und im Alten Testament (AOAT 223; Kevelaer/Neukirchen–Vluyn 1989).

Ijob hat seine Rehabilitation noch in diesseitigen Kategorien von Wohlstand und Nachkommenschaft erfahren (42,10), doch findet nicht jedes Leben ein «Happy End». Andere Texte verlängern den Bogen von Tun und Ergehen noch einmal in die folgende Generation (Sir 44,10–15), doch muß auch ihr Rettungsversuch angesichts der Kinderlosigkeit Gerechter scheitern (Jes 56,3–5) und kann der Option, daß Gerechtigkeit stets individuell erfolgen und der Bogen zwischen Tun und Ergehen innerhalb eines Lebens aufgehen müsse, ohnehin nicht genügen, sondern verlangt nach einer dritten Alternative, die gegen den vorzeitigen Tod anrennt und so eine Lösung des erwarteten Bogens, eine Auflösung der Spannung und Einlösung der Gerechtigkeit ermöglicht.

Als Anknüpfungspunkte und Brücken zur Überwindung der Todesgrenze dienten zunächst der Gedanke, daß JHWH den Verschnittenen anstelle von Nachkommen selbst ein ewiges Andenken bereite (Jes 56,5), sodann die Erwartung, daß die Gottverbundenheit der Gerechten auch mit dem Tod nicht abreiße (Ps 73,23–26) werde, ferner Bitten um und Dank für Rettung aus Todesnot (Ps 16,10; 30,4; 49,16; 56,14; 68,21; 71,20; 86,13; 116,3–4.8–9; 118,18)[18] und schließlich Aussagen zur Wiedererstehung des Volkes: Während Hos 6,1–3 mit der Vorstellungswelt der Vegetation operiert, formuliert Ez 37,1–6.7b–8a.10b–14[19] im Bild einer individuellen Wiederbelebung individueller Totengebeine. Zwar läßt sich, von diesem Zeugnis ausgehend, auch Jes 26,19 noch als Sammlung und Wiederbelebung des versprengten Volkes verstehen, und vermutlich hat der Autor den Vers auch so gemeint ...

> Deine Toten werden leben, die Leichen stehen wieder auf; wer in der Erde liegt, wird erwachen und jubeln. Denn der Tau, den du sendest, ist ein Tau des Lichts, die Erde gibt die Toten heraus.

... doch hat er in seiner enigmatischen Kürze «Lücken» gelassen, die von Leserinnen und Lesern in einer erneuten Lektüre im Sinne einer individuellen Auferstehung der Gerechten gefüllt werden konnten, wie sie in Dan 12,2.13 und 2 Makk 7,9.11.14.23.29 erstmals unbestreitbar bezeugt wird.

> Von denen, die im Land des Staubes schlafen, werden viele erwachen, die einen zum ewigen Leben, die anderen zur Schmach, zur ewigen Abscheu. (Dan 12,2)

> Du aber geh nun dem Ende zu! Du wirst ruhen, und am Ende der Tage wirst du auferstehen, um dein Erbteil zu empfangen. (Dan 12,13)

Daß es bei der Ausformulierung des Auferstehungsgedankens nicht nur um eine – verständliche – Neugier nach dem Jenseits des Todes, sondern um die Einlösung der Gerechtigkeit ging, zeigt sich darin, daß äthHen 22[20] für die Scheol als «Zwischenlager» der Toten bis zu ihrer Auferweckung vier Kam-

---

18 Noch immer grundlegend Christian Barth, Die Errettung vom Tode in den individuellen Klage- und Dankliedern des Alten Testaments (Zollikon 1947).
19 Literarkritik nach Rüdiger Bartelmus, Ez 37,1–14, die Verbform w'qatal und die Anfänge der Auferstehungshoffnung: ZAW 97 (1985) 366–389.
20 Wacker (Anm. 12) 35–233.

mern vorsieht, eine angenehme für die bereits belohnten Gerechten und drei finstere Gruben für die Sünder, eine für bislang unbestrafte Sünder, eine für ungesühnte Ermordete und schließlich eine für bereits bestrafte Sünder, und von den vier Gruppen vielleicht die erste, sicher aber nur die zweite und dritte, nämlich die bislang unbestraften Sünder einerseits und die ungesühnten Ermordeten andererseits, zum Gericht wiederauferweckt werden, weil allein ihre «Rechnung» noch offen ist und der Bogen der Gerechtigkeit der Auflösung harrt.[21]

So steht die hoffnungsvolle Aussage einer Auferstehung der Toten im Kontext des Protests gegen den unzeitigen Tod, der unerfülltes Leben wider alle Gerechtigkeit beendet, und in diesem Kontext, in dieser Funktion, bewahrt die Rede von der Auferstehung der Toten drei indispensable erkenntnis- und handlungsleitende Optionen: Es war die erkenntnis- und handlungsleitende Option letztendlichen Heils, das keinen und keine Einzelne übergeht und über die beiden Geleise der Individualisierung und Universalisierung zugleich mit innerer Konsequenz zur Ausformulierung der strittigen Rede von der Auferstehung der Toten geführt hat.

An dieser Stelle breche ich ab. Wohl wäre noch manches zu differenzieren und hinsichtlich des hermeneutischen Rahmens solcher Aussagen zu ergänzen gewesen. Doch in diesem Moment hat unser Zug mitten im angeregten Gespräch mit dem Jubilar – das diesem Beitrag zugrundeliegt – den Bahnhof Olten erreicht, und ich möchte ihm mit diesen Zeilen für sein stimulierendes Ausformulieren humaner Optionen danken.

---

21 Auch 2 Makk 7,14.23 (ferner 7,9.11.29); 12,43–44; äth Hen 46,6; 51,1–5; 92,3–4; 102,4–5; 103,4; PsSal 3,11–16; TJud 25,4 und Lk 14,4 kennen nur eine Auferstehung der Gerechten. Dagegen lehren Dan 12,2; Liber Antiquitatum Biblicarum 3,10; 4 Esra 7,31–42; syrBar 49–51; TBen 10,8–10 und Apg 24,15 eine allgemeine Auferstehung, wodurch sie die Dichotomie von Sündern und Gerechten relativieren. Unspezifiziert verbleiben Dan 12,13 und syrBar 21,23–24; 42,7.

Christoph Uehlinger

TOTENERWECKUNGEN – ZWISCHEN VOLKSTÜMLICHER BETTGESCHICHTE UND THEOLOGISCHER BEKENNTNISLITERATUR

Auferstehung – oder Bewahrung des Lebens vor dem vorzeitigen Tod?

Die Rede von einer «Auferstehung der Toten» ist im altkirchlichen Credo verankert, aber notorisch mißverständlich. Im Alten oder Ersten Testament wird «Auferstehung» – jedenfalls als post-mortaler, Individuen betreffender Vorgang – kaum zur Sprache gebracht. Die meisten ersttestamentlichen Schriften stehen dem Tod ausgesprochen *illusionslos* gegenüber: Er markiert dort den Übergang in eine Art Dämmerzustand, wo der Mensch keiner eigenen Aktivität, nicht zuletzt auch keines Gotteslobs mehr fähig ist («Die Toten preisen Yhwh nicht ...» [Ps 115,17]), einen Zustand, auf den – mit der Desartikulation der Gebeine – nach einiger Zeit das vollständige Erlöschen der Personalität folgt. Zwar kannte auch das alte Israel/Juda die Vorstellung von der piepsenden Vogelnatur verstorbener ‹Seelen› (vgl. Jes 8,19; 29,4; 38,14; 59,11; Ez 13,20?), assoziierte mit dieser sehr partiellen Existenzweise aber nicht etwa Hoffnung, sondern Flüchtigkeit und kümmerlich-kraftlose Hilflosigkeit. Archäologie und religionsgeschichtliche Forschung haben in den vergangenen zwei Jahrzehnten unser Bild vom Umgang der alten Israelit(inn)en und Judäer(innen) mit ihren Toten zwar erheblich präzisieren und die Existenz verschiedener Praktiken des sogenannten Totenkults (besser: der Totenversorgung, vgl. Dtn 26,14), der Verehrung von Ahnen und mächtigen Totengeistern (vgl. Ps 16,2–6), der Nekromantie usw. nachweisen können.[1] Da diese Praktiken in der Bibel jedoch abgelehnt werden, haben sich davon nur Spurenelemente erhalten, und mit der Hoffnung auf post-mortale «Auferstehung» hat das alles kaum zu tun. Entrückungsvorstellungen, wie sie mit Henoch (Gen 5,24) und Elija (2 Kön 2,1–11) verbunden werden, sind dadurch charakterisiert, daß sie den Tod gewissermaßen ‹überspringen›; auch hier kann von «Auferstehung» keine Rede sein. Noch Qohelet, einer der jüngsten und empiristischsten ersttestamentlichen Denker, plädierte im Blick auf das postmortale Ergehen des Menschen für skeptische Zurückhaltung (vgl. nur 3,18–22) und zog – nicht verifizierbaren, deshalb möglicherweise illusionären – Jenseitsträumen symposiastische Glückserfahrung *hic et nunc* vor (vgl. dazu auch Jes 22,13 und – im Zitat – 1 Kor 15,32). Er dürfte sich damit gleichermaßen gegen neumodische Jenseitsfigura-

---

[1] Einen Überblick vermittelt das von Herbert Niehr herausgegebene Themenheft «Der Umgang mit dem Tod in Israel und Juda» (ThQ 177 [1997] Heft 2) mit Beiträgen von Robert Wenning, John F. Healey, Karel van der Toorn und Thomas Podella.

tionen aus dem ptolemäischen Ägypten und esoterische Spekulationen der älteren jüdischen Apokalyptik gewandt haben.

Erst akute *Martyriumserfahrungen* im Makkabäeraufstand brachten die frühjüdische Religion dazu, ernsthafter über individuelle postmortale Kompensationsprozesse für gefallene ‹Gerechte› nachzudenken, wobei sich diese Reflexion in Verbindung mit der Versorgung von «Gräbern der Gerechten» (vgl. Tob 4,17) entwickelt haben dürfte. Die einschlägigen ersttestamentlichen Texte sind nicht sehr zahlreich und auffälligerweise fast immer im Modus des Streitprinzips gehalten, wonach «Auferweckung» bzw. «Auferstehung» keinesfalls allen zuteil werden kann (Jes 26,19 ist Antithese zu V. 14; Dan 12,2f; 2 Makk 7,14; 12,43–45; Weish 2f). Wo die Rede von der «Auferstehung» diese Dimension des theologisch motivierten Protests gegen Bedrückung und Bedrücker verliert, droht sie den Boden der Schrift unter den Füßen zu verlieren.

Weitaus mehr als an einer «Auferstehung» zeigt sich der Realismus des Ersten Testaments an der Bewahrung des Lebens *vor* dem Tod interessiert. Besondere Dramatik erhält diese Option in den sogenannten *Erweckungserzählungen*. Diese gehören im weiteren Sinne zur großen Gruppe der Wundergeschichten. Indem Erweckungserzählungen aber die Grenze des Todes überschreiten und das geläufige Wort vom «Land ohne Wiederkehr» widerlegen, sind sie für uns ‹moderne› und ‹aufgeklärte› Leserinnen und Leser wohl noch etwas irritierender als Heilungserzählungen. Daß Menschen aus dem Tod zurückgeholt worden seien, will uns nicht in den Kopf, und schnell kommt deshalb die kritisch-rationalisierende Rede auf «Scheintod». Begegnungen mit der komplexen Realität des Wodu-Christianismus in Haiti, dessen Zombifizierungs- und Erweckungsrituale auch mit modernsten Methoden arbeitende Anthropologen und Sozialmedizinerinnen bis heute ratlos lassen, haben mich gelehrt, mit solchen ‹Entmythologisierungen› etwas zurückhaltender zu sein. Totenerweckungen werden je nach kulturellem Symbolsystem als mehr oder weniger plausibel oder real wahrgenommen. Erzählungen darüber sind deshalb nur verständlich, wenn wir sie im Kontext ihres u. U. fremdartigen kulturellen Horizontes situieren.[2] Frühjüdischer Mentalität dürfte die Vorstellung, daß ein Menschenleben dem vorzeitigen Tod abgerungen, eine unzeitig verstorbene Person ins Leben *zurück*geholt wurde, eher plausibler und glaubhafter erschienen sein als der lange Zeit umstritten und fraglich gebliebene Glaube an eine individuelle «Auferstehung».

Ich möchte im folgenden zwei ersttestamentliche Erweckungserzählungen herausgreifen, die nicht nur untereinander literarisch und motivgeschichtlich eng verwandt sind, sondern darüber hinaus im Neuen Testament von Lukas in zwei Erzählungen (Lk 7,11–17 [vgl. 4,25ff] und Apg 9,36–43) aufgenommen und variiert werden. Jede der vier biblischen Erzählungen setzt die jeweils ältere(n) voraus und versieht sie mit neuen Akzenten. Aus Platzgründen muß ich an dieser Stelle auf die Kommentierung der beiden lukanischen Erzählun-

---

2 Vgl. Bernd Kollmann, Jesus und die Christen als Wundertäter. Studien zu Magie, Medizin und Schamanismus in Antike und Christentum (FRLANT 170), Göttingen 1996.

gen verzichten, die ein bibeltheologischer Durchgang zum Thema natürlich gleichgewichtig zu berücksichtigen hätte.[3]

Die große Frau aus Schunem und der «Gottesmann»

Die älteste biblische Erweckungserzählung steht in *2 Kön 4,8–37*. Auf den ersten Blick scheint der «Gottesmann» *Elischa* der entscheidende Protagonist der Erzählung zu sein. Bei näherem Hinsehen zeigt sich aber, daß die wesentlichen Handlungsbögen immer durch Initiativen einer zweiten Hauptperson, der namenlos bleibenden *Frau aus Schunem*, eingeleitet werden: ein bemerkenswertes Gefälle, das auch Neutestamentlern vertraut ist. 2 Kön 4,8–37 dürfte auf eine zunächst mündlich umgelaufene, volkstümliche «Gottesmann»-Erzählung zurückgehen, deren ursprünglicher Wortlaut allerdings nicht mehr genau rekonstruierbar ist. Immerhin erlaubt die literarkritische Analyse des masoretischen Textes und seiner antiken Varianten[4] die Unterscheidung einer älteren Grundschicht (die einer Sammlung von Elischageschichten angehört hat, bei denen Frauen eine wichtige Rolle spielen) und redaktioneller Erweiterungen (die zuerst bei der Integration der Frauensammlung in einen umfangreicheren Elischa-Zyklus, dann bei der Verbindung des letzteren mit der Elija-Überlieferung hinzugefügt worden sein dürften).

Da die Einheitsübersetzung von 2 Kön 4 zahlreiche erbauungsliterarische Glättungen und Eintragungen bietet und kaum als textgetreue Wiedergabe beurteilt werden kann, sei hier zunächst eine bewußt holprige eigene Übersetzung der (hypothetisch rekonstruierten) *Grundschicht* der Erzählung geboten:

(8) Eines Tages kam Elischa in Schunem vorbei. Dort lebte eine würdige Frau, die ihn bedrängte, Brot zu essen, und so oft er vorbeikam, kehrte er dort zum Brotessen ein. (9) Da sagte sie zu ihrem Mann: «Schau doch, ich weiß, daß es ein heiliger Gottesmann ist, der ständig bei uns vorbeikommt. (10) Wir wollen ein kleines, gemauertes Obergemach errichten und ihm dort ein Lager, einen Tisch, einen Stuhl und einen Leuchter hinstellen. Wenn er dann zu uns kommt, wird er dorthin einkehren.»

(11) Als Elischa eines Tages wieder dorthin kam, kehrte er in das Obergemach ein und legte sich dort hin. [...] (15b) Und er rief nach ihr, und sie stellte sich in der Tür hin. (16) Da sagte er: «Zu diesem Zeitpunkt übers Jahr wirst du einen Sohn liebkosen.» Sie aber sagte: «Nein, mein Herr, belüge/beschmeichle deine Dienerin nicht!» (17) Doch die Frau wurde schwanger und gebar einen Sohn, zu dem Zeitpunkt übers Jahr, den Elischa ihr genannt hatte.

---

3 Vgl. hierzu neben Kollmann (Lit.!) etwa Thomas L. Brodie, Towards Unravelling Luke's Use of the Old Testament: Luke 7.11–17 as an Imitatio of 1 Kings 17.17–24: NTS 32 (1986) 247–267; Gottfried Nebe, Prophetische Züge im Bilde Jesu bei Lukas (BWANT VII/7), Stuttgart 1989; Stephanie M. Fischbach, Totenerweckungen. Zur Geschichte einer Gattung (FzB 69), Würzburg 1992.

4 Trotz Divergenzen in Einzelheiten zeigen die einschlägigen Untersuchungen weitgehende Übereinstimmung in der Unterscheidung von Grundschicht und Fortschreibung(en): vgl. Hermann-Josef Stipp, Elischa – Propheten – Gottesmänner. Die Kompositionsgeschichte des Elischazyklus und verwandter Texte, rekonstruiert auf der Basis von Text- und Literarkritik zu 1 Kön 20.22 und 2 Kön 2–7 (ATSAT 24), St. Ottilien 1987 (mit Hinweisen auf ältere Studien von A. Schmitt, E. Würthwein u.a.).

(18) Das Kind wuchs heran, und eines Tages ging es zu seinem Vater hinaus zu den Schnittern. (19) Da sagte es zu seinem Vater: «Mein Kopf, mein Kopf!» Dieser sagte dem Knecht: «Trag es zu seiner Mutter!» (20) Der trug es und brachte es zu ihr, und es saß (bzw. schlief) auf ihren Knien bis zum Mittag und starb. (21) Da ging sie hinauf und legte es auf das Lager des Gottesmannes, schloß hinter ihm zu und ging hinaus. (22) Sie rief nach ihrem Mann und sagte: «Schick mir doch einen von den Knechten und eine von deinen Eselinnen, daß ich zum Gottesmann eile und gleich zurückkomme.» (23) Er sagte: «Warum gehst du heute zu ihm? Es ist weder Neumond noch Sabbat.» Sie aber sagte nur: «Es geht gut!», (24) sattelte die Eselin und sagte ihrem Knecht: «Treib tüchtig an und geh. Halte mich beim Reiten nicht fest, außer ich sage es dir.»

(25) So ging sie und kam zum Gottesmann auf den Karmelberg. Sie packte ihn bei seinen Füßen […] (28) und sagte: «Habe ich (etwa) von meinem Herrn einen Sohn erbeten? Habe ich nicht gesagt: Du wirst es mir nicht wohlig machen!?» […] (30b) Da stand er auf und folgte ihr, […] (33) ging (*ins Haus?) und schloß die Tür hinter ihnen beiden. […] (34) Er stieg hinauf (ins Obergemach? auf die Liege?) und legte sich über das Kind. Er hielt seinen Mund auf dessen Mund, seine Augen auf dessen Augen, seine Hände auf dessen Hände. Er lag auf ihm, und der Leib des Kindes wurde warm. […] (36b) Dann sagte er zu ihr: «Nimm deinen Sohn!» […] (37b) Sie hob ihren Sohn auf und ging hinaus.

Elischa und die namenlos bleibende Schunemiterin sind offensichtlich die Hauptfiguren der Erzählung. Beide werden durch außergewöhnliche Titel charakterisiert: Der Erzähler bezeichnet Elischa als «Gottesmann», d. h. mit einem Titel, der im Ersten Testament meist Schamanen und Wundertätern gilt. Die Frau nennt ihn gar einen «heiligen Gottesmann». Das Adjektiv «heilig» zielt nicht etwa auf besondere moralische Qualitäten einer Person, sondern unterstreicht ihren besonderen Sozialstatus: Die Person lebt in Distanz zur profanen Alltagswelt, von der sie eine sakrale Aura absondert, sie gehört ganz einer Gottheit. Nur selten werden im Ersten Testament Menschen als «heilig» bezeichnet; meist sind es «Heilige (Frauen)» (q^{e}dešot), die sogenannten Kultprostituierten. Wenn die Frau in der ersten Rede zu ihrem Mann die Wendung «heiliger Gottesmann» verwendet, potenziert sie also die Elischa umgebende numinose Aura.

Die Schunemiterin wird vom Erzähler als ʾišah g^{e}dolah, wörtlich «große Frau», tituliert. Das Adjektiv «groß» bezieht sich zunächst ebenfalls auf den Sozialstatus der Frau: Sie ist relativ wohlsituiert, wie die Tatsache zeigt, daß sie problemlos einen Gast auch für längere Zeit bewirten und in ihrem Haus ein gemauertes Obergemach einrichten kann, in das sie mit Tisch, Stuhl und Leuchter weit mehr als nur die nötigsten Möbel stellt. Das Ehepaar verfügt außerdem über mehrere Diener und über mehrere Esel, beides keineswegs selbstverständlich. Der Gang der Erzählung macht freilich deutlich, daß die Frau nicht nur im ökonomischen Sinne «groß», d. h. wohlhabend, ist. Gleiches gälte ja auch von ihrem Mann, den der Erzähler aber bewußt nicht als «groß» charakterisiert. Als «groß» erweist sie sich vor allem durch ihr Verhalten, durch außergewöhnliche Initiative, Energie und Beharrlichkeit: *Sie* ist es, die den Gottesmann geradezu nötigt, in ihrem Haus zum Essen zu bleiben, wo die ‹normale› Rollenverteilung doch davon ausginge, daß der Fremde darum bittet, als Gast aufgenommen zu werden, und zwar als Gast im Haus des Mannes. Ihr außergewöhnliches Verhalten hat Erfolg: Elischa kommt von nun an immer wieder in ihr Haus, will die Begegnung mit *ihr* offenbar nicht missen. *Sie* ist es, die ihrem Mann den Vorschlag macht, ihr Haus um ein ständiges Gastzimmer zu erweitern, damit der Gottesmann nicht nur zum Essen bleibt, sondern auch im Haus übernachten kann. *Sie* ist es, die angesichts des toten Kindes unverzüglich die nötigen Vorkehrungen trifft, das Kind zu bewahren, und die den Gottesmann zum Eingreifen bewegt.

Ein Kind ohne Vater? Volksmundig Zweideutiges

Das Gastzimmer-Motiv ist durchaus doppeldeutig: Man könnte vermuten, daß es sich für einen (offenbar zölibatär lebenden) «heiligen Gottesmann» nicht ziemte, mit anderen Menschen zusammen im gleichen Raum zu übernachten. Dadurch, daß die Frau für Elischa ein eigenes Obergemach einrichtet, schafft sie die Voraussetzung dafür, daß er über Nacht bleiben kann. Das Obergemach bietet darüber hinaus aber auch die Möglichkeit, daß der Gottesmann und die Frau sich in der Nacht allein begegnen können – eine Möglichkeit, die der Gottesmann offenbar bei der ersten sich bietenden Gelegenheit nutzt: «Er rief nach ihr, und sie stellte sich in der Tür hin» (V. 15b). Hier liegt die Initiative auffälligerweise beim Gottesmann. Die Frau betritt aber – jedenfalls nach dem Wortlaut der vorliegenden Erzählung – das Obergemach nicht, sondern bleibt in der Tür stehen. Tut sie dies nur aus frommer Scheu, weil sie dem heiligen Mann nicht zu nahe treten will? Wohl kaum, wie die Fortsetzung zeigt. Der Gottesmann kündigt der Frau an, daß sie übers Jahr ein Kind bekommen wird, sie aber wehrt mit entschiedenen, starken Worten ab: «Nein, mein Herr, nicht ...» Ein so entschiedenes doppeltes Nein gibt es nur noch an zwei anderen Stellen im Ersten Testament (Ri 19,23; 2 Sam 13,12), und beide Male soll damit eine Vergewaltigung verhindert werden! Unsere Stelle geht nicht so weit, formuliert aber durchaus sexuell zweideutig: Die Wurzel *KZB* heißt nicht «etwas vortäuschen» (Einheitsübersetzung), sondern entweder «belügen, betrügen» oder «schmeicheln» (*KZB* II pi., etymologisch verwandt mit akkadisch *kazabu* «füllig sein», *kuzbu* «Fülle, weibliche Scham», *kuzzubu* D «schön tun, schmeicheln», vgl. den Frauennamen *kåzbi* in Num 25,15.18)[5]. Nur hier begegnet das Verb in Verbindung mit der Präposition *b^e*, die als wörtliche Übersetzung «schmeichle nicht mit deiner Dienerin» oder «beschmeichle deine Dienerin nicht» nahelegt. Daß die Frau sich der Geburtsverheißung geradezu erwehrt, wirft auf diese ein schiefes Licht. Keine Spur davon, daß die Aussicht auf eine Schwangerschaft den verborgenen sehnlichsten Wunsch der Frau treffen würde, wie Exegeten oft gemeint haben: Diese Frau hat ihre Schwangerschaft mit Sicherheit nicht gesucht (vgl. V. 28a)!

Ist Elischa etwa gar der Vater des Kindes, das da geboren werden soll? Die amerikanische Exegetin Mary E. Shields hat diesbezüglich jüngst ihren Ver-

---

5 Vgl. Walter Baumgartner u.a., Hebräisches und aramäisches Lexikon, Lfg. II, Leiden 1974, 446.

dacht geäußert[6] – und ich gestehe freimütig, nur dank ihrer Überlegungen überhaupt auf das Problem aufmerksam geworden zu sein.[7] Bei wundersamen Geburtsverheißungen die Frage nach der biologischen Vaterschaft zu stellen, ist unter Theologen und Exegeten bekanntlich verpönt, wenn nicht geradezu tabu. Aber bevor man eine Frage als unsachgemäß zurückweist, sollte man sie zumindest gestellt und geprüft haben. Stellt man sie einmal im Blick auf die Erzählung von 2 Kön 4, dann fällt auf, wie hier Zweideutigkeiten in Vokabular und Rollenbild mit scheinbar beiläufig gesetzten Präzisierungen konkurrieren, die den Verdacht einer Vaterschaft des Gottesmannes entkräften wollen.

Zu den *Zweideutigkeiten* gehören neben den bereits genannten noch folgende: das Zurücklegen des toten Kindes auf das Lager des Gottesmannes, das energische Packen der Füße des Gottesmannes durch die Schunemiterin (wobei zu bedenken ist, daß mit den «Füßen» eines Mannes im Hebräischen seine Geschlechtsorgane bezeichnet werden können), die vorwurfsvolle Frage «Habe ich etwa *von meinem Herrn* einen Sohn erbeten?» (V. 28a), vor allem aber die geradezu irritierende Aussage der Frau in V. 28b, die noch einmal auf ihren Widerstand Bezug nimmt: «Habe ich nicht gesagt: du wirst es mir nicht wohlig machen!?» Das nur hier im Kausativ verwendete Verb ŠLH hi. heißt keineswegs «(falsche) Hoffnung machen» (Einheitsübersetzung), auch nicht allgemein «beruhigen», wie das Wörterbuch als Alternative vorschlägt, sondern «jemanden in den Zustand des Wohlbefindens und der Behaglichkeit versetzen».[8] Die Rede der Schunemiterin in V. 28 läßt keinen Zweifel daran, daß die Frau den Gottesmann für die Geburt des Kindes verantwortlich macht.

Sicher: All diese Details *müssen nicht* zwingend in bezug auf eine sexuelle Affäre zwischen dem Gottesmann und der Frau gedeutet werden, aber sie *können* es – und genau das definiert anzügliche Zweideutigkeit. Ihre relative Häufung kann kein Zufall sein und mußte bei antiken Leserinnen und Lesern der Erzählung derartige Hintergedanken wachrufen. Dies zeigen *e contrario* die konkurrierenden Präzisierungen, die Frau habe sich «in der Tür hingestellt» (während der Gottesmann auf dem Bett lag), die Bezeichnung des Mannes der Schunemiterin als «Vater» des Kindes (der sich des schreienden Bengels freilich rasch und fast leichtfertig entledigt), und schließlich die Tendenz der Fortschreibungen, die Frau und den Gottesmann in eindeutige Distanz zueinander zu bringen (s. u.).[9]

---

6 Mary E. Shields, Subverting a Man of God, Elevating a Woman: Role and Power Reversals in 2 Kings 4: Journal for the Study of the Old Testament 58 (1993) 59–69. Vgl. auch Fokkelien van Dijk-Hemmes, The Great Woman of Shunem and the Man of God: A Dual Interpretation of 2 Kings 4:8–37, in: Athalja Brenner (ed.), A Feminist Companion to Samuel and Kings, Sheffield 1994, 218–230.

7 Damit bestätigt sich exemplarisch, was Fokkelien van Dijk im eben genannten Aufsatz schrieb: «The fact that the patriarchal order has to be promoted so emphatically and that it needs to be reaffirmed time and again, indicates that this order is not a matter of course and that it requires ideo-literary support. For women, the confrontation with such reiterated reaffirmation often implies a painful encounter. Nevertheless, it is exactly this painful encounter that enables women to see through the comical packagings which sometimes encase the patriarchal message» (a.a.O. 228).

8 Ähnlich John Gray, I & II Kings. A Commentary (OTL), London ²1970, 498. Vgl. die analoge Verwendung der Wurzel im ugaritischen Keret-Epos *ašlw bspʿnh* «ich werde behaglich sein/Ruhe finden im Glanzblick ihrer Augen» im Kontext eines erotischen Gedichts (KTU 1.14 III 45).

9 Vielleicht ist auch die in der Einheitsübersetzung (und oft) als «im nächsten Jahr um diese Zeit» wiederge-

Unter rein *narratologischen* Gesichtspunkten handelt die Erzählung von einer Beziehung zwischen Gottesmann und Frau, die lokal durch das Obergemach (zu dem der «Berg» in Opposition steht), personal durch das (verheißene, gestorbene, wiedererweckte) Kind vermittelt wird. Auf der Textoberfläche betrachtet ist der Gottesmann derjenige, der den Sohn – gegen den Willen der Frau! – durch eine ‹Verheißung› – das Wort scheint angesichts des Widerstandes der Frau kaum angemessen – ‹erzeugt› und nach dessen Tod auch wiederbelebt. Der Mann der Schunemiterin tritt nicht als Erzeuger in Erscheinung, und seine ‹Vaterschaft› (man vergleiche etwa die Rolle Jakobs in der Josefsgeschichte) hat wenig Profil: Kaum schafft ihm das Kind Probleme, schickt er es zu seiner Mutter ... Seine Beteiligung beschränkt sich auf die (nur implizit vorausgesetzte) Billigung der Hauserweiterung[10] und die Bereitstellung eines Knechts und einer Eselin. Seinen Einwand, es sei doch keine Festzeit und deshalb kein Termin für einen Besuch beim Gottesmann, entkräftet die Frau mit einem souveränen «Ist schon gut!» (V. 23). Alle Haupthandlungen geschehen ohne aktive und wissende Beteiligung ihres Mannes, geradezu *malgré lui*. Er erscheint so wie ein ahnungsloser, etwas blauäugiger und von seinen Geschäften absorbierter Verwalter ... Kein Wunder, hat ihn der Fortschreiber zu einem impotenten Alten verzeichnen können (V. 14b).

Ein Letztes: daß die Erweckungsszene den Gottesmann *schamanistisch-‹magische› Therapiemethoden* anwenden läßt, die in mesopotamischen und anderen antiken Texten Parallelen haben, ist schon anfangs dieses Jahrhunderts beobachtet worden.[11] Die Grunderzählung geht ganz unverhohlen davon aus, daß der mit sakraler Aura umgebene Gottesmann über therapeutische Potenz verfügt. Ihre diesbezügliche Unbefangenheit steht in scharfem Kontrast zu deuteronomisch-deuteronomistischen Verurteilungen ‹magischer› Praktiken (Dtn 18,9–12; vgl. 2 Kön 21,6; 23,24ff). Kein Zweifel: diese Erzählung hatte ihren ursprünglichen Sitz im Leben nicht im Kreis von dialektischen Theologen, sondern war zunächst eher eine Art ‹Dorfgeschichte› – im mündlichen Vorstadium vielleicht gar eine Gottesmann-Burleske. Bei der Verschriftung der Grundschicht wurde sie zu einer Elischa-Legende umgeformt, die aber, wie wir gesehen haben, manche Zweideutigkeit noch deutlich erkennen läßt.

---

gebene Terminangabe von V. 16 und 17 zu den eine Vaterschaft Elischas ausschließenden Präzisierungen zu zählen. Die zusammengesetzte Wendung *lammo ʿed (ha-zäh) kaʿet ḥayyah* begegnet sonst nur noch in Gen 18,14 (nur *kaʿet ḥayyah* in V. 10) und wird in Gen 17,21 P als *lammo ʿed ha-zäh ba-šanah ha-ʾaḥärät* "zu diesem Termin im andern (= nächsten) Jahr» interpretiert. Das Element *kaʿet ḥayyah* dürfte allerdings ursprünglich nicht ein zwölfmonatiges Kalenderjahr, sondern eine «Lebenszeit» (so wörtlich ʿet ḥayyah), nämlich die Zeit der Schwangerschaft, während der ein Leben entstehen kann, meinen. Davon abgesehen kennen auch andere antike Literaturen die am Tag der Empfängnis ergehende Zusage einer Geburt «im Umlauf eines Jahres», vgl. etwa Od. 11,248ff.

10 Man bedenke, was dies semantisch (*bayit* «Haus» bezeichnet im Hebräischen auch die Familie) und sachlich (Wohngemeinschaft) bedeutet.

11 Vgl. hierzu zuletzt Bob Becking, «Touch for Health ...». Magic in II Reg 4,31–37 with a Remark on the History of Yahwism: ZAW 108 (1996) 34–54.

Ein Wunder! – samt einigen theologischen Retuschen

Die fortgeschriebene Elischaerzählung umfaßt umfangreichere *Erweiterungen* v. a. in den V. 12–15a, 25b–27, 29–32a und 35–36a. Sie sind u. a. dadurch erkennbar, daß der Fortschreiber nicht mehr von einem «Kind», sondern von einem «Jungen» spricht und mit Elischas Diener *Gehasi* einen zusätzlichen Akteur auftreten läßt. Die fortgeschriebene Erzählung setzt gegenüber der Grundschicht mehrere *dramatisierende Akzente*: Der Gottesmann weiß erst gar nicht, warum die bekümmerte(!) Schunemiterin zu ihm gekommen ist. Er schickt Gehasi mit seinem Stab zu dem toten Jungen (hat der Bearbeiter vielleicht übersehen, daß die Mutter den Jungen im Obergemach eingeschlossen hatte?), aber die Ferntherapie mit dem Zauberstab scheitert. Elischas Erweckungsritual wird um einen (wohl anti-dämonisch zu verstehenden) Reinigungsgang im ganzen Haus erweitert, worauf die Berührungstherapie wiederholt wird und erst jetzt zum Erfolg führt. Dramatisiert wird auch, wenn die Fortschreibung ausdrücklich festhält, daß der Junge tot auf dem Bett gelegen habe und bei seinem Erwachen erst siebenmal nieste. Derartige Akzentuierungen dürften darin begründet sein, daß die Erzählung nun als Teil eines größeren Zyklus von Legenden vom wundertätigen Gottesmann Elischa überliefert wurde.[12] So weist z.B. der Zusatz in V. 12–15 ganz klar auf 2 Kön 8,4–6 voraus.

Im Vergleich zur Handlungskonstellation der Grundschicht modifiziert die Fortschreibung die Begleitumstände des Geburtsorakels ganz gewaltig: Die Geburt des Sohnes ist nun eine *Wundertat*, mit der der Gottesmann sich für die ganze Aufregung erkenntlich zeigt, die sich die Schunemiterin um Elischa und Gehasi gemacht hat (V. 13a). Von einem Wunsch der kinderlos gebliebenen Schunemiterin nach Nachkommenschaft verlautet zwar nach wie vor nichts; die Idee, sie mit einem Sohn zu belohnen, stammt von Gehasi. Aber die Zweideutigkeiten der Grundschicht verlieren doch weitgehend ihr Gewicht. Sie werden den Leseerwartungen einer wunderbaren Geburtslegende eingepaßt und gewissermaßen normalisiert, die Geburt des Sohnes zur reinen Wundertat stilisiert.

Gleichzeitig ist nicht zu übersehen, daß das Verhältnis von Gottesmann und Schunemiterin in der Fortschreibung ein anderes geworden ist. Dies zeigt sich nicht nur an der Einfügung Gehasis, der wie ein Dolmetscher oder Wesir buchstäblich zwischen die beiden Hauptfiguren gestellt wird (wo die verzweifelte Schunemiterin die körperlichen Schranken nicht mehr respektiert, will Gehasi gleich dazwischentreten). Die *Distanzierung* zeigt sich auch daran, daß der Gottesmann in den Fortschreibungspassagen die Frau nicht mehr direkt anspricht, sondern nur indirekt (sozusagen per Bote) mit ihr verkehrt, was schon in V. 12ff, wo die Frau ja direkt vor dem Gottesmann steht, ein sehr eigenartiges Bild ergibt. Wenn die Frau in V. 15b in der Tür stehen bleibt, so scheint dies nun in der Fortschreibung durch numinose Scheu vor dem Heiligen motiviert zu sein. Schließlich fällt auch auf, daß der Gottesmann seinem

---

12 Vgl. André Lemaire, Joas, roi d'Israël, et la première rédaction du cycle d'Elisée, in: C. Brekelmans & J. Lust (eds.), Pentateuchal and Deuteronomistic Studies (BEThL 94), Leuven 1990, 245–254.

Diener gegenüber die «vornehme Frau» zweimal geradezu abfällig als «diese Schunemiterin da» bezeichnet (V. 12a, 25b, 36a) – gerade so, als ob diese ihm mit ihrem frommen Eifer (so stellt sich nun ihre forsche Entscheidungskraft dar) lästig geworden sei.

Was die magisch-schamanistischen Aspekte der Erweckungsepisode betrifft, so hat die Fortschreibung diese, wie gesagt, in den Dienst ihrer legendarischen Dramatisierung genommen und weiter ausgeführt. Darüber, wie sich Elischas schamanistische Kompetenz zur lebenswirkenden Macht Yhwhs (oder einer anderen Gottheit) verhalte, ließ die Erzählung bislang gar nichts verlauten. Offensichtlich war dies weder ihr Problem noch ihr Thema. Erst ein zweiter, mehr punktuell eingreifender Redaktor stellte die Totenerweckung ausdrücklich in den Horizont der Yhwh-Religion, wenn er Elischa in V. 33 zu Yhwh beten läßt. Die Notiz ist freilich von lakonischer Kürze: Offensichtlich formuliert hier nicht ein Erzähler, sondern ein um Orthodoxie besorgter («deuteronomistischer») Theologe. Das Motiv des die Totenerweckung vorbereitenden Gebets wird er aus 1Kön 17 übernommen haben, wie denn auch die andere Nennung Yhwhs in V. 30a, die wörtlich aus der Sukzessionserzählung 2 Kön 2,2.4 übernommen ist, die Kenntnis der Elija-Erzählungen und deren spätdeuteronomistische Verbindung mit dem Elischa-Zyklus voraussetzt.

Die fremde Witwe und der Prophet des lebensrettenden Gottes: ein Kapitel deuteronomistischer Befreiungstheologie

Daß die Erzählung *1Kön 17,17–23*, die von der Erweckung des Sohnes einer im phönizischen Sarepta lebenden Witwe durch *Elija* handelt, eine Imitation von 2 Kön 4,8–37 – bzw. einer eng damit verwandten Variante – darstellt, ist breiter Konsens der historisch-kritischen Forschung.[13] Zeitlich gehört 1 Kön 17,17–23 vor die zweite der eben genannten Fortschreibungen der Elischa-Erzählung, wobei aus redaktionsgeschichtlichen Gründen nur eine nachexilische Entstehungszeit in Frage kommt. Kenntnis des älteren Zyklus vom Gottesmann Elischa, der mittlerweile als eine Art Klassiker überliefert wurde, ist vorauszusetzen. Kompositorische Gesichtspunkte und der Rückbezug auf 2 Kön 4 in 2 Kön 8 zeigen, daß die Totenerweckung in Schunem im Rahmen dieses Zyklus als Elischas mächtigste Wundertat galt. Der deuteronomistische Erzähler von 1 Kön 17, dem Elija als der bedeutendste israelitische Prophet nach Mose galt, wollte seinen ‹Helden› wohl ein der Machttat Elischas mindestens ebenbürtiges Erweckungswunder wirken lassen. Elija («mein Gott ist Yhwh») ist jedoch, was seine literarische und religiöse Rolle betrifft, kein Gottesmann wie Elischa, sondern eine prophetische Bekennergestalt, in der die monotheistische Verehrung von Yhwh allein und die Absage von allem nicht-israelitischen

---

13 Umgekehrte Abhängigkeit nimmt Fokkelien van Dijk an, deren Einschätzung in bezug auf die intertextuellen Verbindungen im Endtext durchaus zutrifft: «The stories about Elisha seem to be parodic offshoots of stories about Elijah. The same narrated events are recounted in a grotesque way; the narration becomes more fanciful when it concerns Elisha» (a.a.O. [Anm. 6] 228).

Baalsdienst emblematischen Ausdruck gefunden haben. Es kann deshalb nicht überraschen, daß das Erweckungsszenario in 1 Kön 17 einen andern als den schamanistisch-magischen Verlauf von 2 Kön 4 nehmen wird.

Die Erweckungserzählung von 1 Kön 17 enthält bei näherem Zusehen eine Reihe von *Unstimmigkeiten*, die sich nicht wie beim vorherigen Beispiel literarkritisch auf verschiedene Schichten verteilen lassen, sondern als mechanische(?) Übernahmen aus einem – schriftlich oder mündlich überlieferten, mit der erhaltenen Elischaerzählung von 2 Kön 4 wohl nicht ganz identischen – Vorlagetext zu erklären sind: Die Frau, bei der Elija längere Zeit zu Gast ist, wird als arme, dem Hungertod nahe Witwe eingeführt, die nur dank einer im Namen Yhwhs gewirkten Wundertat Elijas am Leben bleibt (17,8ff; vgl. dazu 2 Kön 4,1–7). Gleichwohl soll ihr Haus ein eigens für den Propheten reserviertes Obergemach gehabt haben. Daß Elija den todkranken Jungen auf sein eigenes Bett im Obergemach legt und er sich dann mehrmals über ihn beugt, dürfte ebenso einem Vorlagetext entnommen sein. Ganz eigenartig aber klingt, was die Frau angesichts ihres nicht mehr atmenden kranken Sohnes zu Elija sagt:

> Was haben wir gemeinsam, Gottesmann. Du bist zu mir gekommen, um meine Schuld (*'awoni*) in Erinnerung zu rufen und meinen Sohn zu töten! (V. 18a)

Man mag Letzteres als Überreaktion im Munde einer verzweifelten Mutter und Witwe für narrativ plausibel halten, der Hinweis der Frau auf ihre Schuld entbehrt jeder begründenden Vorbereitung im literarischen Kontext. Daß und wie die Frau schuldig geworden sein soll, wird nämlich nirgends gesagt und ist bisher, so weit ich sehe, auch von den Exegeten nicht erklärt worden. Ich möchte vorschlagen, den rätselhaften Satz als Versatzstück aus einem Vorlagetext zu verstehen. Die Annahme liegt nahe, daß in jenem Vorlagetext der Vater des Kindes ein anderer als der später verstorbene Ehemann gewesen sein muß und sich das Wort von der Schuld ursprünglich auf die außereheliche Zeugung des Kindes bezog. Aber wie dem auch sei: Im vorliegenden Text hat das Motiv natürlich eine andere Funktion. Sexuelle Zweideutigkeiten liegen dieser Erzählung völlig fern, und daß der Prophet mit der Schuld der Frau etwas zu tun haben könnte, ist ohnehin ausgeschlossen: 1 Kön 17 kennt keine Geburtsepisode, der Sohn ist ja längst da, als Elija die Witwe kennenlernt.

Im vorliegenden Kontext hat das Wort von der Schuld m. E. die Funktion, die Verzweiflung der Frau zu unterstreichen: Obwohl sie doch bisher ganz gerecht gehandelt hat, meint sie, ihr Unglück auf einen geradezu dämonischen *'awon* (eine Schuldsphäre) zurückführen zu müssen, und glaubt, die bisher lebensspendende Gegenwart des Gottesmannes habe sich in tödliche Bedrohung gewandelt. Diese diffus-manische *Bedrohungsangst* dürfte nach der Vorstellung des Erzählers u. a. damit zusammenhängen, daß die Frau als Phönizierin – sie lebt in Sarepta – ihr Unglück weder (theologisch) korrekt zu interpretieren noch darauf (theologisch) angemessen zu reagieren weiß. Ihre scheinbar ausweglose Angst wird nun vom deuteronomistischen Theologen begrifflich und narrativ entdramatisiert und sozusagen auf theologischem

Wege ‹aufgehoben› – durchaus ein Beispiel für ‹aufgeklärte› und ‹aufklärende›, antike narrative ‹Befreiungstheologie› (wenn auch mit einer leicht sexistischen Schlagseite: anders als in 2 Kön 4 geht in 1 Kön 17 die Initiative zur Rettung nicht von der Frau, sondern ganz einseitig von Elija aus).[14]

Die entscheidende Wendung wird dadurch eingeleitet, daß Elija zu Yhwh *betet*. Für den monotheistischen Bekenner (bzw. den Erzähler) ist klar, daß Yhwh Gutes wie Böses wirkt, daß er aber das loyale Gebet erhören und durch das Gebet u. U. umgestimmt werden kann. Das erste Gebet Elijas (V. 20) bringt die theologische Korrektur der von der Witwe in V. 18 geäußerten Bedrohungsangst: Deren Ursache und Lösung liegt nicht bei Elija, sondern nur bei Yhwh. Anstelle des «du bist gekommen, *meine* Schuld in Erinnerung zu rufen und meinen Sohn zu töten» der Frau betet Elija: «Yhwh, mein Gott, willst *du* auch über die Witwe ... Böses bringen und ihren Sohn töten». Das Gebet läßt Yhwh die freie Initiative, will ihn aber gleichzeitig für die Not der Witwe haftbar machen. Das zweite Gebet (V. 21b) wechselt in den Modus der klagenden Bitte: «Yhwh, mein Gott, es möge doch der Lebensatem dieses Kind zu ihm zurückkehren!» Der anschließende Vers registriert den Erfolg des Gebets bzw. des Fürbitters: «Yhwh hörte auf die Stimme Elijas, und der Lebensatem des Kindes kehrte zu ihm zurück, und es lebte» (V. 22). Elija gibt das Kind der Mutter zurück, und diese beschließt die Erzählung mit einer Akklamation:

> Jetzt weiß ich, daß du ein Gottesmann bist
> und daß das Wort Yhwhs in deinem Munde wahrhaftig ist! (V. 24)

Damit wird auch deutlich, daß die Frau von ihrer Bedrohungsangst geheilt und – wie die Leserinnen und Leser der Erzählung – zu vertiefter ‹theologischer› Erkenntnis geführt worden ist: «Gottesmann» ist ihr nun nicht mehr Chiffre für einen unberechenbaren Machtträger, der ebensogut töten wie lebendig machen könnte. Vielmehr hat die Erzählung durch ihre paradigmatische Inszenierung des wirksam erhörten Gebetes auch den religiösen Rollentitel mit neuem Inhalt gefüllt: *Gottesmann* ist einer, dessen lebensrettendes Gebet von Yhwh wirksam erhört wird. Der zweite Satz akklamiert die Wahrhaftigkeit des von Elija vermittelten Yhwh-Wortes: Im Nahkontext bezieht er sich auf die im Botenspruch von V. 14ff implizierte Überlebensverheißung an Witwe und Sohn, darüber hinaus erklärt er Elija zum wahren *Propheten*. Die beiden Rollentitel werden einander angenähert, beide haben ihr Maß an der authentischen Beziehung zu Yhwh, dem eigentlichen Wunderwirker und Lebensretter.

Als arme Witwe gehört die Frau von Sarepta zu den klassischen *personæ miseræ*, denen Gottes besondere Sympathie gilt; auch bezüglich der sozialen Verortung der Totenerweckung ist die Version von 1 Kön 17 also gegenüber 2 Kön 4 gewissermaßen ‹bereinigt› worden. Angesichts ihres unverkennbar

---

14 Vgl. Jopie Siebert-Hommes, The Widow of Zarephath and the Great Woman of Shunem, in: B. Becking & M. Dijkstra (eds.), On Reading Prophetic Texts. Gender-Specific and Related Studies in Memory of Fokkelien van Dijk-Hemmes (Biblical Interpretation Series 18), Leiden 1996, 231–250.

deuteronomistischen Horizonts ist jedoch vor allem die geographisch-kulturelle Verortung der Frau in Sarepta bemerkenswert. Die arme phönizische Witwe, die zu einer richtigen Einschätzung des Yhwh-Propheten Elija findet, ist *Paradigma einer ‹guten Kanaanäerin›* und als solche das exakte Anti-Stereotyp zu Isebel, der phönizischen Königstochter und Gemahlin Ahabs, der großen Gegenspielerin Elijas in 1 Kön 18f und 21.[15] Dieser kleine Riß in der Fremdenfeindlichkeit, bes. Kanaanäerfeindlichkeit des Deuteronomismus ist so auffällig, daß alle drei Synoptiker ihn bemerkt haben und in ihm eine Öffnung der Sympathie Gottes zu den ‹Heiden› vorgezeichnet fanden, wie sie – in der Nachfolge Elijas – auch vom Propheten Jesus von Nazaret verkündigt und praktiziert worden sein soll (Mk 7,24–30 Mt 15,21–28 Lk 7,11–17).

Hier sexuelle Zweideutigkeit und Schamanismus, frauliche Selbstbewußtheit und Humor – dort ‹theologische Aufklärung›: Man mag die urchigere Erzählung vom Gottesmann und der Schunemiterin der theologisch bereinigten von Elija und der Witwe von Sarepta vorziehen oder umgekehrt – man mag gar die verlorene Burleske bedauern: Im Buch der Bücher haben verschiedene Versionen ihr Lebensrecht, und das Spektrum der Versionen soll eine mindestens ebenso breite Vielfalt von Leserinnen und Lesern zum Weitererzählen einladen. Im Falle der biblischen Erweckungserzählungen steht freilich fest, daß ohne die Vorgabe der urchigeren, zweideutigen ‹Dorfgeschichte› keine der anderen Versionen je geschrieben worden wäre. Insofern haben wir hier ein treffliches Beispiel dafür, daß die Wurzeln der Theologie viel tiefer reichen als diese selbst.

Auch die tiefsinnigste Theologie tut gut daran, sich ihrer Wurzeln in den Erfahrungen und in der Erzählkultur des – nicht immer sehr frommen – Volkes immer wieder zu vergewissern. Ich kenne keinen Exegeten, der dies besser verstünde als Hermann-Josef Venetz, den diese Zeilen dankbar und in kollegialer Freundschaft grüßen und feiern sollen.

---

15 Vgl. Klaas A. D. Smelik, The Literary Function of 1 Kgs 17,8–24, in: Breukelmans, Lust (eds.), Pentateuchal and Deuteronomistic Studies (Anm. 12), 239–243.

Regula Strobel

AN JENEM TAG WURDE IN JERUSALEM EIN AUFERSTANDENER GEKREUZIGT

Aufständische Gedanken zu Auferstehung aus feministischer Perspektive

In theologischen Männerkreisen wird seit einiger Zeit wieder heftig über die Auferstehung Jesu und den Zustand des Grabes des hingerichteten Jesus von Nazaret diskutiert: War es leer? War es nicht leer?[1] Die Art, wie sich verschiedene Teilnehmer ins Gespräch einmischen, erweckt für mich den Eindruck, daß sie an der Auferstehungsfrage Wesentliches des christlichen Glaubens und den Sinn ihrer Existenz festmachen. Christlicher Glaube scheint bei ihnen zu stehen oder zu fallen mit der Antwort auf die Frage, ob Jesus wirklich auferstanden ist im Sinn eines individuellen Lebens nach seiner brutalen Hinrichtung.

Ich will im folgenden kurz aufzeigen, wie ich die Struktur dieses Denkens wahrnehme und warum ich aus feministischer Perspektive zu andern Überlegungen und Antworten komme. Im zweiten Teil sollen dann einige feministisch-theologische Gedanken über Auferstehung im Zentrum stehen.

Denkstrukturen in der aktuellen Debatte

Dieser erneuten und gleichzeitig schon bekannten Diskussion über Auferstehung liegen m. E. zwei Motivationen zugrunde: Das Problem der Sterblichkeit und die Wahrheits-/Sinnfrage der christlichen Botschaft.

Über die Schwierigkeit, Endlichkeit und Sterblichkeit menschlicher Existenz zu akzeptieren, und die damit verbundenen Sehnsüchte nach ewigem Leben, Auferstehung und Wiedergeburt haben Religionskritiker und Psychoanalytiker schon vieles geschrieben. Und innerhalb feministisch-theologischer Gespräche wird denn auch das menschliche Leben – wie alles andere der Welt – als eingebettet in den Zyklus oder die Spirale von Werden-Vergehen-Werden gesehen.

Etwas eingehender will ich mich mit dem zweiten Schwerpunkt auseinandersetzen.

---

[1] Vgl. die Debatte um Gerd Lüdemann, Die Auferstehung Jesu. Historie – Erfahrung – Theologie, Stuttgart ²1995.

Wahrheitsfrage

Die zweite Motivation in der Auseinandersetzung um die Auferstehung Jesu ist meines Erachtens die Frage nach der Wahrheit und der Sinnhaftigkeit der christlichen Botschaft, die für viele Menschen in Frage gestellt ist durch die Kreuzigung Jesu und die Beseitigung anderer Frauen und Männer, die für Gerechtigkeit eingestanden sind. Gibt es diesen Gott auf der Seite der Armen und Ausgebeuteten, den Jesus verkündet hat? Hatte Jesus mit seinem Leben und seiner Verkündigung doch recht, obwohl er so blutig hingerichtet wurde? Ist es richtig und lohnt es sich, im eigenen Leben auf dieselben Werte zu setzen wie er?

Die positive Beantwortung dieser Fragen hängt für viele mit der Auferstehung Jesu zusammen: Gott erweise sich mit der Auferstehung Jesu als Gott, der das Leben liebt, so wie es Jesus verkündet hat. Zweitens bestätige Gott mit der Auferweckung Jesu, daß Jesus von Nazaret richtig gehandelt und die Wahrheit verkündet habe. Das leere Grab dient in beiden Fällen als Bestätigung der Auferstehung Jesu.

In diesem Denken geht es um die Suche nach objektiven Fakten als Bestätigungen, Versicherungen angesichts von Unsicherheiten und Ungewißheiten: Ist Jesus auferstanden? Ja sicher, denn das Grab ist leer! Ist die Art und Weise des Handelns und Lebens Jesu richtig und wahr? Lohnt es sich, so zu leben? Ja, denn Gott hat es mit der Auferweckung Jesu bestätigt! Ist Gott wirklich auf der Seite der Armen und ihres Lebens? Ja, denn er hat Jesus auferweckt!

Die individuell verstandene Auferstehung Jesu wird in dieser Denkstruktur erstens zur Bestätigung und zum Wahrheitserweis eines bestimmten Gottesbildes. Zur Bestätigung eines Gottes, der den Gewalttätigen und Bösen nicht das letzte Wort läßt. Sie wird zweitens zur Bestätigung Jesu, seines Lebens und seiner Verkündigung. (Für viele ist die Auferstehung in diesem Zusammenhang auch eine Bestätigung, daß Jesus Sohn Gottes war/ist – und daß somit seine Botschaft wahr ist.) Mit der Bestätigung Jesu, seines Lebens und Handelns durch Gott in der Auferstehung ist auch die Frage beantwortet, ob wir uns auf Jesu Art und Weise zu leben und zu handeln einlassen sollen. Da Gott mit der Auferstehung bestätigt hat, daß Jesus recht hatte, ist klar, daß auch wir so leben sollen. Die Auferstehung Jesu wird damit drittens zur Legitimation und zur Begründung, so zu handeln wie Jesus und für die gleichen Werte einzustehen wie er: Die Wahrheit der biblischen Botschaft wird im göttlichen Machthandeln der Auferstehung legitimiert und ihre Autorität von da hergeleitet.

Auferstehung als Wahrheits- oder Machterweis Gottes?

Für verschiedene feministische Theologinnen ist solches Denken unerträglich. Da wird ein Gottesbild weitergegeben, das Gott so große Macht zuschreibt, daß er letztlich über die Brutalität der Menschen und den Tod siegt. Aber diese Macht Gottes erweist sich erst nach Jesu brutaler Hinrichtung. Da stellt sich unweigerlich die Frage, warum läßt Gott, der so mächtig sein soll, daß er Tote zum Leben erwecken kann, seine Macht erst nach der Kreuzigung spielen? Der Hinweis, daß dahinter irgendein unergründlicher, geheimnisvoller Plan Gottes stecke, wird von den meisten feministischen Theologinnen als blanker Zynismus empfunden und ebenso zurückgewiesen wie das damit verbundene Gottesbild.

Dieselbe Kritik trifft grundsätzlich auch das Bild des mitleidenden Gottes, der sich in Jesus bis zum letzten, der Hinrichtung am Kreuz, mit den Menschen solidarisch zeigt, danach Jesus aber nicht der Macht des Todes überläßt. Die Frage bleibt, weshalb auch in dieser Vorstellung Gott seine Macht über Tod und Todeskräfte erst nach dem Tod Jesu zum Zuge kommen läßt.

Die Auferstehung Jesu macht nichts wieder gut. *The travesty of suffering and death of Jesus is not redeemed by the resurrection.* Der Hohn des Leidens und des Todes Jesu ist nicht wettgemacht, nicht wieder gutgemacht durch die Auferstehung. So formulieren es die beiden US-amerikanischen Theologinnen Joanne Carlson Brown und Rebecca Parker[2]. Ähnliche Zitate lassen sich auch bei Carter Heyward und Dorothee Sölle finden. Das Bild eines mächtigen und erst noch guten und liebenden Gottes kann nicht gerettet werden dadurch, daß er den Gewalttätigen nicht das letzte Wort überläßt, daß er mindestens nach der Hinrichtung Jesu eingegriffen hat, ihn nachträglich bestätigt und ihm neues Leben geschenkt hat. Keine Auferstehung macht wieder gut, was an Leiden vorher geschehen ist – betreffe dieses Leiden nun Jesus oder alle anderen Menschen.

Hugo Assmann mag vielleicht recht haben, daß die Armen die Auferstehung erfanden.[3] Aber solange das Auferstehen, das Aufstehen mit Gottes Unterstützung erst nach dem Tod geschieht, hat der individuelle Auferstehungsglaube mindestens eine ebenso stark vertröstende und narkotisierende Wirkung wie eine hoffnungsvolle Dimension.

Auferstehung als Begründung für solidarisches Handeln heute – unbrauchbar

Wer heute Religionsunterricht erteilt und versucht, gegenüber Kindern und Jugendlichen solidarisches Handeln zu begründen, indem er/sie auf die Wahrheit des christlichen Glaubens verweist, die von Gott durch die Auferstehung Jesu bestätigt worden sei, merkt sehr schnell, daß eine solche Begründung und Legitimation schlicht unbrauchbar geworden ist. Die Sinnhaftigkeit, an der Realisierung christlicher Visionen wie jener des «Leben in Fülle für alle» mitzuarbeiten, läßt sich nicht aufzeigen durch den Hinweis auf Gottes mächtiges Handeln nach Jesu Tod.

Nur wenn diese Sinnhaftigkeit solidarischen Handelns für Menschen in ihrem eigenen Leben ein Stück weit erfahrbar ist/wird, besteht die Chance, daß

---

2 Joanne Carlson Brown, Rebecca Parker, For God So Loved the World? in: Joanne Carlson Brown, Carole R. Bohn (eds), Christianity, Patriarchy, and Abuse. A Feminist Critique, Pilgrim Press New York, 1992, 1–30, hier 27.
3 Hugo Assmann, Der Glaube der Armen im Kampf gegen die Götzen, in: H. Assmann u. a., Die Götzen der Unterdrückung und der befreiende Gott, Münster 1984, 149–194.

sie sich weiterhin darauf einlassen. Verkündigung bei Kindern, Jugendlichen und Erwachsenen hat deshalb meines Erachtens vor allem die Aufgabe, einerseits solche Erfahrungen im Leben der Menschen aufzuspüren und ernst zu nehmen und andererseits ein Umfeld zu schaffen, in dem solche Erfahrungen möglich werden und gemacht werden können.

Feministische Zugänge

Unter feministischen Theologinnen wird das Thema Auferstehung anders diskutiert. Einige der Gedanken möchte ich hier aufnehmen. In feministisch-theologischen Gesprächen über Auferstehung steht nicht etwas im Zentrum, das nach dem totalen physischen Tod passiert oder mit der Bewältigung unserer Endlichkeit zu tun hätte. Auferstehung ereignet sich mitten in unsern Leben immer wieder; die Geschichte Jesu – so formuliert es Doris Strahm – setzt sich fort in unsern Auferstehungsgeschichten.[4] Auferstehung zum Leben, Aufstehen für das Leben findet vor dem Tod statt, sowohl bei Jesus und seinen FreundInnen, wie auch bei vielen anderen Frauen und Männern überall auf der Welt und bei uns. Die Bibel (und zwar das erste wie das zweite Testament) enthält viele solcher Aufsteh-Geschichten, individuelle und gemeinschaftliche. Denken wir z. B. an das Aufstehen des Gelähmten (Mk 2,1–11), der Tochter des Jairus (Mk 5,35–42par), der gekrümmten Frau[5] (Lk 13,10–17) oder an den Sohn der Witwe von Sarepta[6] (1 Kön 17,17–24). Denken wir aber auch an das Aufstehen des unterdrückten Volkes Israel in Ägypten, im babylonischen Exil.

Auferstehung ereignet sich im Leben der Freundinnen und Freunde Jesu

Für Carter Heyward und andere feministische Theologinnen ist Auferstehung nicht als Ereignis in der Biographie von Jesus anzusiedeln, sondern als Ereignis im Leben der JüngerInnen zu begreifen[7]. Ein Ereignis, das sie aus der Erstarrung des Schocks über die Hinrichtung Jesu löste. Eine oder mehrere Erfahrungen, die sie wieder auf die sinnstiftenden Momente des gemeinsamen Lebens vor Jesu Kreuzigung setzen ließen. Solche Veränderungen im Leben von Jesu FreundInnen lassen sich auch in den Erzählungen von Jesu Auferstehung beobachten, obwohl diese häufig gar nicht «Auferstehung» zum Zentrum haben, sondern mit Hilfe des Auferstandenen interne Konflikte und Auseinandersetzungen zu klären suchen.[8]

Widmen wir uns der Erzählung von den zwei Jüngern, die kurz nach dem

---

4   Vgl. Ina Praetorius, Doris Strahm, Luzia Sutter Rehmann, «Manchmal stehen wir auf ...» Gespräch über Auferstehung, in: Evangelische Theologie 57 (1997) 225–241, 241.
5   Vgl. dazu den Beitrag von S. Bieberstein in diesem Band.
6   Vgl. dazu den Beitrag von C. Uehlinger in diesem Band.
7   Carter Heyward, Und sie rührte sein Kleid an. Eine feministische Theologie der Beziehung, Stuttgart 1987, 108.
8   Ich erkenne in den Auferstehungsgeschichten drei wiederkehrende Probleme und Fragen der Gemeinde, die in den Auferstehungsgeschichten durch den Auferstandenen selbst gelöst werden: jene um die Autori-

Schock der Hinrichtung Jesu Jerusalem Richtung Emmaus verließen (Lk 24,13–35). Was verändert sich bei ihnen?

Die beiden Jünger sind zunächst geprägt vom Schock der Kreuzigung Jesu, von der enttäuschten Hoffnung, daß dieser Prophet das Volk befreie aus der Unterdrückung, und von der Bestürzung, daß sein Leib nicht mehr im Grabe sei. Sie versuchen, mit diesen Realitäten umzugehen, suchen danach, wie die Hinrichtung Jesu interpretiert und verstanden werden kann.

Nach dem Gespräch mit dem Fremden, mit dem sie ein Stück Weg, Enttäuschung und Bestürzung geteilt haben, stellen sie sich den Notwendigkeiten der Gegenwart. Sie ergreifen die Initiative und laden den Fremden ein, mit ihnen die Unterkunft zu teilen, da es Abend und dunkel wird. (Und in der Dunkelheit in einem besetzten Land unterwegs zu sein, war und ist gefährlich, oft lebensgefährlich.) Sie, die als Begleiter eines Gekreuzigten bis zu einem gewissen Maß auch selbst bedroht waren, laden einen Fremden ein, die Herberge mit ihnen zu teilen, und bieten ihm damit ein Stück Schutz und Sicherheit.

Und dann beim Brotbrechen, beim Teilen des Lebensnotwendigen – wie sie es vor Jesu Hinrichtung oft miteinander und mit vielen Fremden, Ausgeschlossenen getan haben – erfahren sie Jesus als präsent in diesem Fremden, mitten unter ihnen. Sie nehmen wahr, daß dieses Teilen des Lebensnotwendigen (Unterkunft, Brot ...) in sich Sinn macht, nach der Hinrichtung Jesu wie auch vorher.

Das Teilen des Lebensnotwendigen wird hier durch nichts legitimiert oder begründet und auf keinen Auftrag oder Auftraggeber zurückgeführt. Es entspricht einfach der Situation und nimmt die Bedürfnisse und Notwendigkeiten des Moments, der Gegenwart wahr. – Ganz so, wie es auch vor der Hinrichtung Jesu jeweils geschah. Solches Handeln, das die Not der Gegenwart wendet und verändert, ist in sich sinnvoll und wird von allen Beteiligten als sinnmachend, sinnstiftend erfahren.

Weil dieses Handeln, durch das Jesus in den Texten des zweiten Testaments charakterisiert wird, weitergeführt wird, bleibt er präsent. Im Wahrnehmen der Not-Wendigkeiten wird Jesus und noch viel mehr seine Praxis davor bewahrt,

tät in den Gemeinden, jene um die Ausweitung der Verkündigung über Israel hinaus und jene des richtigen Verständnisses der Kreuzigung Jesu.

Zur Autoritätsfrage vgl. z. B. Joh 20,1–18. Hier wird eine eigenartige Situation konstruiert. Diejenigen, die zuerst am leeren Grab sind (Maria von Magdala und dann der Lieblingsjünger), gehen nicht hinein. Diejenigen, die hineingehen (Petrus und der Lieblingsjünger), begegnen dem Auferstandenen nicht. Nachdem die beiden Männer weg sind, begegnet der Auferstandene Maria von Magdala. In diesem Text wird noch nicht entschieden, wem von den dreien am meisten Autorität zukommen soll. Alle haben ihre Vorzüge: Maria von Magdala ist zuerst am Grab – und nachdem die Männer wieder weg sind, begegnet sie auch als erste dem Auferstandenen. Der Jünger, den Jesus liebte, gewinnt den Wettlauf zum Grab, aber läßt Petrus den Vortritt, hineinzugehen. Petrus geht als erster ins Grab.

Klarheit, wem mehr Autorität zukommt, wird in der Folge in Joh 21,1–23 geschaffen: Maria von Magdala, die dem Auferstandenen zuerst begegnete, ist verschwunden. Der Jünger, den Jesus liebte, erkannte Jesus zuerst und klärt Petrus darüber auf. Der Auferstandene fordert beim gemeinsamen Mahl aber Petrus auf, seine Schafe zu weiden und ihm nachzufolgen. Zur Beantwortung der Frage der Verkündigungsausweitung vgl. Mk 16,14–20 ebenso wie Mt 28,16–20: der Auferstandene sendet sie in alle Welt.

Lk 24,13–35 und 36–47 versucht zu klären, wie Jesus und seine Kreuzigung zu verstehen ist: als Prophet, auf dem die Hoffnung zur Befreiung Israels lag, der aber getötet wurde (19b–24) oder als Messias und Christus, der all dies erleiden mußte nach der Schrift (25–27 Messias; 44–46 Christus). Der Schluß bildet auch hier der Sendungsauftrag in alle Welt.

tot zu sein, in Vergessenheit zu geraten. Solches Handeln eröffnet dem Handeln Jesu Zukunft.

Schock und Enttäuschung bestimmen nicht mehr die ganze Existenz dieser beiden Jünger. Sie öffnen und vertrauen sich wieder dem an, was ihr Leben schon zur Zeit des Zusammenlebens mit Jesus geprägt und sinnvoll gemacht hat.

Auferstehung ist kein Ereignis nach der Hinrichtung Jesu sondern Lebenspraxis

Im feministisch-theologischen Gespräch wird Auferstehung einerseits mit vielen alltäglichen Erfahrungen in Verbindung gebracht: wieder Kraft spüren nach Zeiten der Niedergeschlagenheit; auf Beziehungen setzen nach Enttäuschungen; Menschen wieder vertrauen zu können nach Verletzungen; den Mut finden, in Bus oder Zug zu reagieren, wenn rassistische Sprücheklopfer sich lautstark breit machen; Lebensmöglichkeiten wahrnehmen und auskosten, die sich innerhalb der von Krankheiten/Behinderungen gesetzten Grenzen finden lassen ... Immer geht es hier um das Aufstehen ins Leben, in ein Leben vor dem Tod.

Andererseits wird Auferstehung aber auch in gemeinschaftlich-gesellschaftlichem Kontext diskutiert, auch hier als Auferstehung vor dem Tod, als ein Aufstehen gegen todbringende Mächte. Es geht um Veränderungen, die einzelne Menschen als Individuen betreffen und um Veränderungen des Leidens, der Bedrohungen und Verletzungen des Lebens der menschlichen Gemeinschaft der Gegenwart. Auferstehung bedeutet in diesem Denken, daß der Tod in jenen Momenten überwunden wird, in denen Menschen das Leben wählen, für das Leben einstehen, Todesdrohungen zurückweisen. Wenn Menschen sich für Gerechtigkeit, radikale Liebe, Solidarität und Befreiung entscheiden, passiert Auferstehung, werden Todeskräfte entmachtet. Weil sie sich diesen nicht mehr unterwerfen und unterordnen, sondern mit ihren Gedanken und ihrem Handeln transzendieren, überschreiten. Sie erfahren und machen es für andere erfahrbar, daß es noch etwas anderes gibt als grenzenlose Ausbeutung und unendliche Wichtigkeit der *shareholder values*: Leben! Luise Schottroff formuliert es ganz einfach: «Es ist die Veränderung, die sich in unserm Leben vollzieht, auf die es bei der Auferstehung Jesu ankommt.»[9]

Denn aufgrund der Texte, die uns überliefert sind, hat gerade auch Jesus solch tödliche Situationen der damaligen Zeit mit andern zusammen überwunden: Er hat sich über die herrschende Ausgrenzungspolitik hinweggesetzt und sie dadurch ein Stück weit überwunden, indem er sowohl mit armen Fischern wie mit reichen Ratsherren Umgang pflegte, mit Pharisäern, Frauen, Sündern und Zöllnern am selben Tisch saß und auch dem römischen Hauptmann offenbar seine Hilfe nicht versagte: Jesus ist vor seinem Tod aufgestanden für das Leben und hat andere ermutigt, die bestehenden Herrschaftsstrukturen zu überschreiten.

9 Luise Schottroff, Bärbel von Wartenberg-Potter, Dorothee Sölle, Das Kreuz. Baum des Lebens, Stuttgart 1987, 53f.

Solche Beobachtungen führten die beiden US-amerikanischen Theologinnen Joanne Carlson Brown und Rebecca Parker zur provokativen Aussage, die mich auch zum Titel dieses Artikels inspiriert hat: *On Good Friday, the Resurrected One was Crucified*[10] – Am Karfreitag wurde der Auferstandene gekreuzigt! Nicht der Gekreuzigte ist auferstanden, sondern der für das und zum Leben Auferstandene wurde gekreuzigt. Brown und Parker formulieren als Umkehrung zur herkömmlichen Aussage ebenso exklusiv *der* Auferstandene. Aber seitens feministischer Theologinnen, die sich zu christologischen Fragen geäußert haben, ist es Konsens, daß Jesus nicht der einzige Auferstandene ist, sondern ein Auferstandener. Einer, der wie viele Frauen und Männer vorher und seither für das Leben eingestanden ist. Und dieses Aufstehen fürs Leben und zum Leben findet nicht erst nach, sondern vor dem Tod statt.

Jesusbewegung als Auferstehungsbewegung

Aufgrund solcher Überlegungen ist es logisch, daß z. B. die brasilianische Theologin Ivone Gebara die Jesusbewegung als Auferstehungsbewegung begreift: *Resurrection has ...been the practice of the Jesus movement, that of the first Christian communities and that of others through the centuries.*[11] Auferstehung ist für Gebara verkörpert im persönlichen und gemeinschaftlichen Engagement für wirkliche Lebensqualität von Menschen, einzelnen, Gruppen und Völkern.

Für Gebara bedeutet Auferstehung neues Leben in verschiedener Hinsicht und in unterschiedlichen Situationen, aber immer verstanden als Wende zur Qualität menschlichen Lebens im Hier und Jetzt. Auferstehung meint das Transzendieren von Situationen, in denen Tod, Mord, Ungerechtigkeit oder die Zerstörung von Völkern, Gruppen und einzelnen Menschen präsent war. Ein Transzendieren dieser Situationen auf Leben, Lebensqualität und nicht auf den Tod hin.

In diese Auferstehungspraxis sind Frauen und Männer gleichermaßen involviert. Frauen und Männer sind AgentInnen der Auferstehung, die für das Leben einstehen, die aufdecken und denunzieren, wo Leben bedroht ist.

Gemäß den Texten des zweiten Testaments haben Jesus, seine FreundInnen/JüngerInnen sich und andere zum Leben angestiftet. In der Tischgemeinschaft mit solchen, die ausgegrenzt wurden, haben sie ihnen neues Leben ermöglicht. Sie haben dadurch aber auch offengelegt, daß durch Ausgrenzungen Leben verletzt und die Gemeinschaft/Gesellschaft zerstört wird.

In ihrem Umfeld und in der Begegnung mit andern haben die FreundInnen und JüngerInnen Jesu erfahren, was menschliches Leben, Leben in Fülle konkret heißt. Und von diesen Erfahrungen getragen und genährt, haben sie auch andere teilnehmen, teilhaben lassen können am Leben, das ihnen eröffnet und ermöglicht wurde.

10 Brown, Parker, a.a.O. 28.
11 Ivone Gebara, The face of Transcendence as a Challenge to the Reading of the Bible in Latin America, in: Elisabeth Schüssler Fiorenza (ed), Searching the Scriptures. A Feminist Introduction, Crossroad New York 1993, 172–185, hier 184.

Das Weiterleben dieser Praxis und der subversiven Vision, daß Leben, ja Leben in Fülle für alle und nicht nur einige gedacht ist, hängt meines Erachtens wesentlich damit zusammen, daß für Frauen und Männer und Kinder etwas von dieser Auferstehungspraxis leibhaftig erfahrbar wurde, daß Menschen in kürzeren und längeren Momenten spürten, was Leben, Leben in Fülle sein könnte.

In diesen Erfahrungen erweist sich das Handeln der Jesusbewegung für alle Betroffenen als richtig, als wahr und sinnhaftig. Da braucht es keine höhere Instanz und Autorität mehr, die dies bestätigt. Und wer auch nur kurze Zeit erfahren durfte, was Leben, Leben in Fülle ist, der/die kommt auf den Geschmack und deren/dessen Sehnsucht nach Veränderung der herrschenden und für viele tödlichen Zustände ist geweckt. Damit ist auch ein erster Schritt Richtung Aufstehen/Auferstehung geschehen. Denn tot ist und wird, wer das Bestehende nicht in Frage stellt.

Sabine Bieberstein

AUFRECHTE FRAUEN UND DAS REICH GOTTES

Zum literarischen Zusammenhang von Lk 13,10–21

Wenn ich aber die Dämonen
durch den Finger Gottes austreibe,
dann ist doch das Reich Gottes
zu euch gekommen.
(Lk 11,20)

Daß Jesu Heilungs- und Exorzismus-Praxis nicht von seiner Reich Gottes-Botschaft zu trennen ist und daß diese theologische Verbindung gerade im Lukasevangelium besonders ausgearbeitet ist, darauf ist immer wieder verwiesen worden.[1] Kaum Beachtung fand hingegen ein – m. E. bewußt komponierter – literarischer Zusammenhang im Verlauf des lukanischen Reiseberichts, der diese Verbindung von Heilungen und Reich Gottes-Botschaft – und auch von Heilungs- und Reich Gottes-*Praxis* – auf wunderschöne Weise narrativ entfaltet. Es ist dies die Geschichte der Heilung einer Frau, die sich seit achtzehn Jahren nicht mehr aufrichten konnte (Lk 13,10–13), eine Heilung, an der sich ein Streitgespräch über den Sabbat entzündet (Lk 13,14–17) und in deren Anschluß die beiden Gleichnisse vom Senfkorn und vom Sauerteig erzählt werden (Lk 13,18–21).

Eine Heilung

Schon die Heilungsgeschichte hat es in sich. In konzentrierter Form enthält sie alle wesentlichen Elemente einer Wundergeschichte[2], mit einer Einleitung, in der die beteiligten Personen eingeführt werden, einer Exposition, in der die Not charakterisiert wird, einem zentralen Teil, in dem das Wunder geschieht, und einem Schluß, der einer Reaktion auf das Wunder Raum gibt. Doch lädt die Art und Weise des Erzählens ein, bei jedem dieser Elemente noch etwas zu verweilen.

---

1 Vgl. grundlegend Ulrich Busse, Die Wunder des Propheten Jesu. Die Rezeption, Komposition und Interpretation der Wundertradition im Evangelium des Lukas (FzB 24), Stuttgart 1977, bes. 475–484.
2 Vgl. Gerd Theißen, Urchristliche Wundergeschichten. Ein Beitrag zur formgeschichtlichen Erforschung der synoptischen Evangelien (StNT 8), Gütersloh 1974.

Frauenerfahrungen

Nachdem in V. 10 die Situation beschrieben worden war, wird mit V. 11 der Blick der LeserInnen – oder das Ohr der HörerInnen – auf eine Frau gelenkt: *Und siehe, da war eine Frau ...* Diese Frau trägt, wie viele geheilte Frauen und Männer der Evangelien, keinen Namen. Allein ihre Krankheit ist es, die ihr eine Geschichte und etwas wie ein Gesicht verleiht. Und wenn wir in diesem Bild bleiben: Dieses Gesicht der Frau ist an dieser Stelle der Geschichte verdeckt. Denn da ist etwas, was die Frau daran hindert, sich ganz aufzurichten. Der Text nennt dies einen Schwäche- oder Krankheitsgeist.

Diese Ausdrucksweise läßt etwas von einem Bewußtsein dafür erahnen, daß es «etwas» ist, das diese Frau dermaßen niederdrückt, «etwas», das sie auf eine Weise gefangenhält, daß es in V. 16 mit einer Fesselung verglichen wird, ja, einer Fesselung durch Satan, von der die Frau gelöst werden müsse. Frauen aus den verschiedensten Kontexten haben immer wieder gerade an diese Ausdrucksweise angeknüpft, um das aufzuspüren und zu benennen, was sie selbst niederdrückt und am aufrechten Gang hindert. Die Zitate, die beispielsweise Andrea Bauer für ihre feministische Lektüre der Geschichte im europäischen Kontext zusammengestellt hat, «zeigen, daß viele Frauen heute sich mit dieser Erzählung verbunden wissen»[3]. Die Lektüre der Geschichte, wie sie Regene Lamb[4] vorgelegt hat, macht deren brennende Aktualität im brasilianischen Kontext deutlich. Systematische Ausgrenzung und Diskriminierung von Mädchen und Frauen, Verwehrung von Bildung, ungerechte und ausbeuterische Arbeitsverhältnisse, unzureichende Behandlung von Krankheiten, unterdrückende Beziehungsstrukturen, die Mehrfachbelastung von außerhäuslicher Arbeit und der Versorgung der Familie, das sind nur Beispiele dafür, was Frauen beugt und verkrümmt. Daß Frauen solche Verkrümmungen zur Sprache bringen, ist ein erster Schritt, daß sie deren Ursachen analysieren, ist ein zweiter Schritt auf dem langen Weg zur Einsicht, daß diese Verkrümmungen weder «naturgegeben» noch «gottgewollt», sondern ökonomischer, politischer, sozialer und gesellschaftlicher Natur sind.

Eine verkrümmte Frau also. Achtzehnjährige Verkrümmungen sind es, die diese Frau zu Boden drücken. Bei den antiken Lebenserwartungen der größte Teil eines Frauenlebens. Und, wie um die Endgültigkeit dieses Verkrümmtseins auszudrücken, unternimmt V. 11 drei Anläufe, es zu beschreiben – und beansprucht damit einen großen Raum in der Heilungsgeschichte: ein Schwächegeist – sie war verkrümmt – sie konnte sich nicht völlig aufrichten.

---

3   Andrea Bauer, Lukas 13,10–17. Die Heilung einer gekrümmten Frau. Passionsgottesdienst / Ostergottesdienst für Frauen, in: Eva Renate Schmidt, Mieke Korenhof, Renate Jost (Hgg.), Feministisch gelesen. Bd. 1, Stuttgart ²1989, 210–216, Zitat 212.
4   Regene Lamb, Wenn ich meinen Rücken beugen würde! Der alltägliche Kampf gegen Herrschaftsstrukturen. Eine Auslegung zu Lukas 13,10–17, in: Dorothee Sölle (Hg.), Für Gerechtigkeit streiten. Theologie im Alltag einer bedrohten Welt (FS Luise Schottroff), Gütersloh 1994, 71–75.

Eine Frau in der Synagoge: weder ausgeschlossen noch unsichtbar

Eine weitere Beobachtung: Diese Frau ist anwesend. Das ist zum ersten deshalb bemerkenswert, weil es zeigt, daß sie sich nicht zurückzieht und verkriecht, sondern am Synagogengottesdienst teilnimmt wie alle anderen auch. Zum zweiten ist es bemerkenswert, weil es der Text in keiner Weise problematisiert, daß sie *als Frau* in der Synagoge anwesend ist. Das wirft Fragen im Blick auf die Bilder und Vorstellungen über das zeitgenössische Judentum auf, die erkannt oder noch unerkannt in unseren Köpfen herumspuken. Der Text spricht weder davon, daß es irgend jemand außergewöhnlich gefunden hätte, daß diese Frau – und noch dazu als kranke Frau – am Synagogengottesdienst teilgenommen hätte, noch läßt er irgendeinen Hinweis auf eine Trennung der Gottesdienstversammlung in einen Männer- und einen Frauenbereich erkennen.

In der Tat haben neuere Untersuchungen[5] ergeben, daß hinsichtlich einer solchen Trennung, die vielerorts stillschweigend vorausgesetzt wird, Vorsicht geboten ist. Denn eine Durchsicht der archäologischen Befunde zeigt, daß es in Palästina nur geringe Hinweise auf Galerien in den (frühen) antiken Synagogen gibt und daß solche Hinweise in den ausgegrabenen Diasporasynagogen völlig fehlen. Und selbst wenn es solche Galerien gäbe, wäre ein solcher archäologischer Befund erst einmal «stumm», ist es doch keineswegs selbstverständlich, daß solche Galerien auch tatsächlich für Frauen bestimmt waren. Ähnliches gilt für Nebenräume. Es gibt keine Hinweise, die *positiv* beweisen würden, daß solche Nebenräume für Frauen bestimmt waren. So ist davon auszugehen, daß es in den antiken Synagogen noch keine generelle Geschlechtertrennung gab. Literarische Belege für eine solche Trennung existieren erst für eine wesentlich spätere Zeit.

Nur auf diesem Hintergrund ist auch die Szenerie unserer Heilungsgeschichte verstehbar: Die Frau ist in einer Weise anwesend und sichtbar, daß sie vom lehrenden Jesus wahrgenommen und herbeigerufen werden kann (V. 12). Nun derart ins Zentrum – der Synagoge wie auch unserer Aufmerksamkeit – gestellt, kann die Heilung geschehen.

Eine Befreiung zu aufrechtem Gang

Bemerkenswert ist dabei die Formulierung des Heilungswortes Jesu im Perfekt Passiv («Du bist befreit worden»), das auf zweierlei verweist: Zum einen erscheint die Befreiung als etwas, was bereits geschehen *ist* und in seiner Wirkung fortdauert und das der Frau von Jesus nun zugesprochen wird.[6] Zum an-

---

5 Vgl. bes. Bernadette J. Brooten, Women Leaders in the Ancient Synagogue. Inscriptional Evidence and Background Issues (BJSt 36), Chico, California 1982, 103–138 (mit weiterer Literatur). Vgl. grundsätzlich auch: dies., Jüdinnen zur Zeit Jesu. Ein Plädoyer für Differenzierung, in: ThQ 161 (1981), 281–285; Tal Ilan, Jewish Women in Greco-Roman Palestine. An Inquiry into Image and Status (TSAJ 44), Tübingen 1995.
6 Vgl. Walter Kirchschläger, Jesu exorzistisches Wirken aus der Sicht des Lukas. Ein Beitrag zur lukanischen Redaktion (ÖBS 3), Klosterneuburg 1981, 245.

deren kommt mit diesem *passivum divinum* Gott als Urheber dieser Befreiung in den Blick, der mit seiner lebenschaffenden Macht zugunsten der Frau eingreift. Dem entspricht auch die Reaktion der Frau: Der Lobpreis richtet sich nicht an Jesus, sondern an Gott selbst (V. 13)[7], und auch in der Antwort Jesu an den Synagogenvorsteher (V. 16) erscheint in der passivischen Formulierung «gelöst werden» bzw. «befreit werden» Gott als der eigentlich Handelnde[8].

Damit haben in dieser Geschichte einige grundlegende Verwandlungen und Umkehrungen stattgefunden, die auch in der Struktur des Textes zum Ausdruck kommen:

A   Situation: Synagoge, Sabbat, Jesus lehrt (V. 10)
   B   Frau mit Schwächegeist (V. 11)
      C   ist verkrümmt, kann sich nicht völlig aufrichten (V. 11)
         D   Jesus sieht und ruft sie (V. 12)
            E   Heilungswort (V. 12)
         D'   Jesus legt ihr die Hände auf (V. 13)
      C'   Frau wird sogleich aufgerichtet (V. 13)
   B'   Frau preist Gott (V. 13)
A'   Wiederaufnahme der Situation in der Synagoge (V. 14)

Die Situation in der Synagoge bildet einen Rahmen um die Heilungsgeschichte. Sie birgt auch das Konfliktpotential für das folgende Streitgespräch in sich. Dazwischen aber spielt sich das Drama der Befreiung ab, sorgfältig angeordnet um das Heilungswort, den Zuspruch Jesu an die Frau, der im Zentrum steht (E). Gerahmt ist dieser von verschiedenen Zuwendungsweisen Jesu zur Frau: Dem Sehen und Herbeirufen als erstem (D) und dem Händeauflegen als zweitem und bekräftigendem Schritt (D'). So wird aus einer Frau, die verkrümmt ist und sich nicht völlig aufrichten kann (C) eine aufgerichtete, aufrechte Frau (C'). Aus einer Frau, die dermaßen von einer Krankheit in Besitz genommen und niedergedrückt wird, daß dies das einzige ist, was über sie zu sagen ist (B), wird eine Frau, die öffentlich und laut Gott preist (B').

Die Formulierung des Heilungswortes Jesu läßt diese Heilungsgeschichte zur Geschichte einer Loslösung und Erlösung werden, und die Wandlungen, die an der Frau geschehen, erzählen die Geschichte einer Befreiung zu aufrechtem Gang und selbstbestimmtem Handeln.

Ein Streit

Das Konfliktpotential für die Fortsetzung der Geschichte (V. 14–17) verbirgt sich also schon im ersten Satz: Es ist Sabbat, man befindet sich in der Synagoge (V. 10). Ab V. 14 ist dann klar: Provoziert von dieser Heilung am Sabbat

---

7   Vgl. Elisabeth Schüssler Fiorenza, Lk 13:10–17. Interpretation for liberation and transformation, in: Theology Digest 36 (1989), 304.
8   Vgl. François Bovon, Das Evangelium nach Lukas, 2. Teilband: Lk 9,51–14,35 (EKK III/2), Zürich/Neukirchen–Vluyn 1996, 392.

stoßen hier zwei verschiedene Auffassungen über den Sabbat zusammen. Wohlgemerkt, es sind zwei verschiedene *jüdische* Auffassungen, und es besteht kein Anlaß, in antijüdischer Manier ein «falsches» und als jüdisch angesehenes Sabbatverständnis des Synagogenvorstehers gegen ein «richtiges», als nichtjüdisch oder gar christlich angesehenes Sabbatverständnis Jesu auszuspielen.[9] Sondern beide, sowohl der Synagogenvorsteher, als auch Jesus, bewegen sich im Kontext der jüdischen Sabbatdiskussion.

So hat der Synagogenvorsteher auf seine Weise Recht, wenn er in seinem Einwand auf das Gebot, sich am Sabbat jeglicher Arbeit zu enthalten, rekurriert (vgl. z. B. Ex 20,8–11). Denn bei der Heilung dieser Frau ging es ja nicht darum, sie aus akuter Lebensgefahr zu erretten; die Frau hätte, so besehen, nach den vergangenen 18 Jahren auch noch einen Tag später geheilt werden können.[10] So scheint es bei dem, was Jesus hier tut, auch noch um anderes zu gehen.

In der Tat klingen in der Entgegnung Jesu noch weitere Dimensionen des Sabbats an: In dem Beispiel der Tiere, die auch am Sabbat zur Tränke geführt werden (müssen), ist der Vergleichspunkt ebenfalls nicht der, sie aus einer Lebensgefahr zu befreien – wie dies z. B. in der Begründung der Sabbatheilung in Lk 14,5 der Fall ist. Sondern es geht darum, das zum Leben Notwendige zu ermöglichen und zur Verfügung zu stellen, also etwas zu tun, was wiederum zutiefst dem Sinn des Sabbats entspricht, der ja ein Tag des Aufatmens sein soll (vgl. Ex 23,12). Die Verwendung des Verbs «lösen» in V. 15–16 (die Tiere, die von der Krippe losgelöst werden, die Frau, die von der Fessel losgelöst wird) greift den Heilungszuspruch aus V. 12 wieder auf («Frau, du bist losgelöst worden ...»). Damit kommt zum einen in den Blick, wie konkret diese Erlösung (V. 12) oder besser: Befreiung der Frau verstanden wird. Zum anderen ruft diese Wortwahl eine weitere Begründung des Sabbats in Erinnerung: Israel sollte des Sabbats gedenken, weil Gott es aus der Sklaverei in Ägypten befreit hatte (vgl. z. B. Dtn 5,15). Befreiung von lebensfeindlichen Fesseln und positiv: Befreiung zu einem aufrechten Gang und Ermöglichung von Leben, das ist es, was in Jesu Tun zum Ausdruck kommt und das zutiefst dem eigentlichen Sinn des Sabbats entspricht.

Wie wenig es dem Text gerecht wird, das Tun Jesu generell einem jüdischen Sabbatverständnis gegenüberzustellen, zeigt auch die Bezeichnung, die die Frau in der Antwort Jesu erhält: Sie wird Tochter Abrahams genannt.[11] Mit dieser Bezeichnung wird die Frau in das Gottesvolk einbezogen, und es kommt die Geschichte dieses Volkes mit seinem Gott in den Blick, eine Geschichte, zu der als eine der grundlegendsten Erfahrungen jene eben erwähnte Erfahrung der Befreiung durch Gott gehört, so daß die soeben gezogene Verbindungsli-

---

9   Zur Problematik der antijüdischen Interpretation dieses Textes vgl. z. B. Schüssler Fiorenza: Theology Digest 36 (1989), 306–309.
10 Vgl. Elisabeth Schüssler Fiorenza, Zu ihrem Gedächtnis. Eine feministisch-theologische Rekonstruktion der christlichen Ursprünge, München / Mainz 1988, 170f sowie Dies.: Theology Digest 36 (1989), 306f.
11 Eine Durchsicht aller frühjüdischen Belege bis in die Talmudische Zeit bietet Turid Karlsen Seim, The Double Message. Patterns of gender in Luke-Acts, Edinburgh 1994, 43–55.

nie zum Sabbat als Erinnerung an die Befreiung aus der ägyptischen Sklaverei an dieser Stelle nochmals eine Bestätigung erfährt.

So vertieft also dieses Streitgespräch nochmals auf seine Art die Lektüre der Geschichte als eine Befreiungserfahrung, die Leben ermöglicht. Diese Befreiung von Fesseln, die als Fesseln des Satans bezeichnet werden, so daß die Schöpfungsordnung wiederhergestellt wird, führt zunächst bei der Frau selbst (V. 12) und sodann bei dem «ganzen Volk» (V. 17) zum Gotteslob und zur Freude. Auch darin kommt, so zeigt ein Blick in das Jubiläenbuch, eine wesentliche Dimension des Sabbats zum Ausdruck. Denn Israel soll den Sabbat halten, «zu essen und zu trinken und ihn zu segnen, der alles geschaffen hat, wie er gesegnet und geheiligt hat sich das Volk» (Jub 2,21). Was Jesus tut, führt nach alledem zum «Lobpreis Gottes als Schöpfer der Welt und Befreier ‹seines› Volkes»[12], ermöglicht es also, den Zweck des Sabbats zu erfüllen. Die ‹Taten› (V. 17), über die sich das Volk so sehr freut, erinnern wiederum an die machtvollen «Taten» Gottes, als er befreiend für sein Volk eingegriffen hat (vgl. z. B. Ex 34,10).

Zwei Gleichnisse

Eigentlich hätte schon dies alles genügt, um vom Leben zu erzählen. Lukas geht noch einen Schritt darüber hinaus und läßt eine weitere Dimension dessen aufleuchten, was hier geschieht. Er läßt nämlich der Heilungsgeschichte zwei Gleichnisse folgen, nach einem Übergang, wie er kürzer kaum sein könnte: «Er sagte nun» (V. 18). Es ist eine einfache Redeeinleitung, bei der nicht einmal das Subjekt des Sprechens, Jesus, mit Namen genannt wird. Weder wird ein späterer Zeitpunkt erwähnt noch ein neuer Ort eingeführt. Sondern die Szenenanlage ist so, daß klar ist: Man befindet sich noch immer in der gleichen Synagoge, am gleichen Sabbat, und es sind die gleichen Leute anwesend. In diese gleich gebliebene (literarische) Situation hinein sind also die beiden Gleichnisse gesprochen.

In den beiden Gleichnissen wird – in zwei verschiedenen Bildern – etwas über die Wirklichkeit des Reiches Gottes ausgesagt. Dabei geht es einerseits gewiß um das Wachsen und Raum-Greifen dieses Reiches Gottes. Beide Gleichnisse verwenden Bilder von Prozessen: Da ist zum einen der Wachstumsprozeß im Gleichnis vom Senfkorn, und da ist der Prozeß des Durchsäuerns des Teiges im Gleichnis vom Sauerteig. Was aber in den Bildern genannt wird, sind der Anfangs- und der Endpunkt dieses Prozesses: Im Senfkorngleichnis ist dies das Senfkorn, das in die Erde gelegt wird, auf der einen, und der Baum, in dem die Vögel nisten können, auf der anderen Seite. Was dazwischen liegt, wird nur mit einem einzigen Verb beschrieben: «Und es wuchs» (V. 19). Im Sauerteiggleichnis ist es der Sauerteig – von dem die Leserinnen

---

12 Schüssler Fiorenza, Gedächtnis (1988), 171.

und Hörer wissen, daß es nur eine kleine Menge ist –, der einer großen Menge Mehl gegenübergestellt wird, die am Ende ganz durchsäuert ist.

Unscheinbare und kaum wahrnehmbare Anfänge, so können wir versuchen, die Botschaft dieser Gleichnisse nachzubuchstabieren, führen doch zu einem großen Resultat. Und verglichen mit den Anfängen ist das Resultat überwältigend und nahezu unbegreiflich. Und doch ist es wichtig, daß zwischen diesem Anfangs- und Endpunkt der Prozeß, der dazwischen liegt, zur Sprache kommt. Denn die «geradezu zwangsläufige Sicherheit»[13], mit der aus einem Senfkorn, einmal in die Erde gelegt, eine Senfstaude wird, und der machtvolle Prozeß, in dem ein wenig Sauerteig eine große Menge Mehl durchsäuert, laden zur Zuversicht ein.

So sprechen die beiden Gleichnisse mit einer ungeheuren Hoffnungskraft vom Reich Gottes. Von diesem Reich Gottes, und daraus schöpft sich auch die Kraft dieser Gleichnisse, wird nun in Bildern der Arbeit von Frauen und Männern gesprochen. Dabei sind sowohl der Mann, als auch die Frau, die diese Arbeit tun, sichtbar, und ihre Arbeit, die sie mit ihren Händen verrichten, wird transparent für die Wirklichkeit des Reiches Gottes.[14] Dies wiederum muß einerseits Auswirkungen haben auf die theologische Bewertung der Arbeit – und speziell der Frauenarbeit –, und andererseits muß sich theologisches Reden vom Reich Gottes immer wieder daran messen lassen, wie sehr es von den Alltagserfahrungen und der Arbeit von Frauen und Männern ausgeht.

Ein bewußt komponierter Zusammenhang

Es könnte auch Zufall sein, so ließe sich an dieser Stelle vielleicht einwenden, daß diese beiden Gleichnisse auf die Heilungsgeschichte folgen. Vielleicht haben die beiden Texte gar nichts miteinander zu tun. Oder die Heilungsgeschichte könnte genausogut im Zusammenhang mit dem vorhergehenden Gleichnis vom Feigenbaum (13,6–9) zu interpretieren sein – wie dies in der Tat in der Literatur häufig zu finden ist –, oder aber die beiden Gleichnisse könnten etwas mit der folgenden Rede über die enge Tür, durch die es hineinzugehen gilt, zu tun haben, eine Rede, in der immerhin auch das Reich Gottes zur Sprache kommt (13,22–30).

Ein Blick auf das gesamte Lukasevangelium zeigt aber, daß es niemals Zufall ist, in welchen literarischen Zusammenhang eine Perikope gestellt ist. Im Gegenteil: der Kontext ist ein wichtiger Schlüssel zur Interpretation. So ist das Summarium über die nachfolgenden galiläischen Frauen Lk 8,1–3 im Horizont des Abschnitts 8,1–21 zu interpretieren, in dem es um das Hören und Tun des Wortes Gottes geht. Oder die Maria-Marta-Perikope (10,38–42) schließt einen Abschnitt ab, in dem es (u. a.) um die Ablehnung und Aufnahme Jesu geht

---

13 Hermann-Josef Venetz, Von Klugen und Dummen, Waghalsigen und Feigen und von einem beispielhaften Gauner. Gleichnisse Jesu für heute, Düsseldorf 1991, 31.
14 Vgl. dazu Luise Schottroff, Lydias ungeduldige Schwestern. Feministische Sozialgeschichte des frühen Christentums, Gütersloh 1994, 120–137.

(9,51–10,42). Lukas komponiert also des öfteren mehrere Perikopen zu einer mal eher lockeren und mal engeren thematischen Einheit zusammen. Diese Einheiten sind einerseits aufgrund von Signalen auf der sprachlichen Oberfläche und andererseits durch inhaltliche Verbindungslinien aufzuspüren. So ist davon auszugehen, daß derart bewußt gestaltete Kompositionen bedeutungsrelevant sind, daß also die so zusammengefaßten Perikopen sich wechselseitig interpretieren helfen.

Um einen ähnlichen Fall handelt es sich auch bei unseren Perikopen. Als ein größerer literarischer Zusammenhang ist zunächst der sogenannte «Reisebericht» zu nennen, d. h. der Teil des Lukasevangeliums, in dessen Verlauf der Weg Jesu und seiner Jüngerinnen und Jünger von Galiläa nach Jerusalem erzählt wird (Lk 9,51–19,27). Dieser Reisebericht läßt sich aber noch weiter untergliedern, auch wenn die Art und Weise, wie er genau komponiert ist und was seine Gliederung zu bedeuten hat, nicht so ganz eindeutig zu bestimmen ist.[15] Sicher ist aber, daß es einige größere Einschnitte gibt, wie «Zwischenhalte», an denen jeweils wiederholt wird, daß man sich auf dem Weg nach Jerusalem befindet. Als ein solcher Zwischenhalt ist neben 17,22 und 19,28, das bereits das Ende des Reiseberichts markiert, auch 13,22 zu nennen, so daß mit dem Schluß unserer Perikope (13,21) auf jeden Fall ein Abschnitt des Reiseberichts zu Ende geht. In diesem Abschnitt gibt es nun mehrere kleinere oder auch größere Szenen, die jeweils als Zusammenhänge komponiert sind. Einen solchen Szenenbeginn stellt 13,10 dar, das nach längeren Redepartien, die szenisch kaum verankert sind, nicht nur einen neuen Ort des Geschehens, eine Synagoge, sondern auch einen neuen Zeitpunkt, nämlich den Sabbat, nennt. Das heißt, daß mit dem Beginn der Heilungsgeschichte auch eine neue Szene eröffnet wird, und an diese Heilungsgeschichte schließen sich nun die beiden Gleichnisse an, ohne neue szenische Einbettungen, nur getrennt – oder vielmehr verbunden – durch das «er sagte nun» Jesu (13,18).

Das kann durch eine weitere Beobachtung vertieft werden: Die Situierung zu Beginn der Heilungsgeschichte (13,10) zeigt Jesus als *Lehrenden* in der Synagoge. Die beiden Gleichnisse, die nach der Heilungsgeschichte erzählt werden, nehmen diese Situation des Lehrens wieder auf und füllen sie mit konkreten Inhalten. So wird das Lehren zu einem Reden vom Reich Gottes, und beides bildet einen Rahmen um die Heilungsgeschichte.

Daß wir hier einen bewußt komponierten Zusammenhang vor uns haben, zeigt auch ein Blick auf die Herkunft der verarbeiteten Traditionen: Während die Heilungsgeschichte aus dem lukanischen Sondergut stammt, sind die beiden Gleichnisse wie im Matthäusevangelium auch (Mt 13,31–33) der Redequelle Q, also der gemeinsamen Vorlage von Mt und Lk, entnommen. Und obwohl das Senfkorngleichnis auch innerhalb des markinischen Gleichniskapitels (Mk 4) überliefert ist, hat Lukas nicht diese Fassung des Gleichnisses übernommen und im Zusammenhang der anderen Gleichnisse belassen, sondern er hat die

---

15 Zur Gliederung des Reiseberichts ist immer noch grundlegend: Gerhard Sellin, Komposition, Quellen und Funktion des lukanischen Reiseberichts (Lk IX 51–XIX 28), in: NT 20 (1978), 100–135.

Q-Fassung als Doppelgleichnis vorgezogen und neben jene Heilungsgeschichte gestellt.

Das alles zeigt: Daß hier zwei Gleichnisse verbunden sind, ist ebensowenig Zufall wie ihre Kombination mit der Geschichte von der Heilung der gekrümmten Frau. Die Perikopen, die hier nebeneinander stehen, haben etwas miteinander zu tun.

Aufrechte Frauen und das Reich Gottes

Aus dieser Verbindung ergibt sich nun ein aufregender inhaltlicher Dialog. In diesem literarischen Zusammenhang betrachtet werden die beiden Gleichnisse zu einer Interpretation der vorangegangenen Wundergeschichte. Umgekehrt wird die Wundergeschichte zu einer inhaltlichen Füllung der beiden folgenden Gleichnisse. Konkret heißt das einerseits, daß die Heilung nicht «nur» eine Bedeutung für das Leben der Frau hat, sondern daß sie auf mehr weist, daß sie hinweist auf ein größeres Geschehen: das Reich Gottes, das mit jener unbeirrbaren Sicherheit Raum greift. Dieses Reich Gottes wiederum, so läßt die Verbindung der Gleichnisse mit der Wundergeschichte anklingen, ist nicht anders greifbar als in konkreten Erfahrungen von Heil-werden, eben Erfahrungen, wie sie jene verkrümmte Frau in der Begegnung mit Jesus in der Synagoge machte.

Wo Frauen wieder den aufrechten Gang gehen können, so können wir den Faden noch weiter spinnen, ist etwas vom Reich Gottes spürbar. Wo also das, was Frauen und Männern Verkrümmungen aufzwingt, beseitigt wird, scheint etwas von dieser Wirklichkeit des Reiches Gottes auf. Konkret: wo ungerechte Arbeitsverhältnisse beseitigt, wo Menschen nicht mehr wegen ihres Geschlechts, ihrer Hautfarbe oder ihrer Gesinnung diskriminiert und ausgegrenzt werden, wo Arme eine ausreichende medizinische Versorgung erhalten und Gesundheit nicht mehr vom Geld abhängt, wo Frauen in gerechten Beziehungen leben können und nicht mehr die gesamte Last der Sorge für die Kinder und des Lebensunterhalts der Familie tragen müssen, da wird etwas vom Reich Gottes Wirklichkeit. Und noch einmal umgekehrt: das Reich Gottes wird nicht auf andere Weise und anderswo Wirklichkeit als dort, wo solche Dinge geschehen. Damit ist dieser literarische Zusammenhang eine narrative Ausfaltung dessen, was Jesus in Lk 11,20 denen sagt, denen seine exorzistische Tätigkeit suspekt ist: «Wenn ich aber die Dämonen durch den Finger Gottes austreibe, dann ist doch das Reich Gottes zu euch gekommen.» Oder es geschieht hier das, was in der Botenrede Lk 10,9 gesagt wird: «Heilt die Kranken, die dort sind und sagt den Leuten: Das Reich Gottes ist euch nahe.»

Durch den literarischen Zusammenhang wird aber auch und nochmals stärker die verändernde Kraft der neutestamentlichen Wundergeschichten deutlich: Indem über die Heilungserfahrungen von Männern und Frauen erzählt wird, wird der Überzeugung Ausdruck verliehen, daß Gott selbst hier und jetzt für sein Volk befreiend eingreift und daß er mit seiner lebensspendenden

Macht stärker ist als die täglichen Erfahrungen des Todes. So gelesen wird diese Aufsteh-Geschichte zu einer Auferstehungsgeschichte, eine Geschichte, die von einer Auferstehungserfahrung mitten im Leben, «mitten am Tage»[16], erzählt, von einer Auferstehung zu einem Leben in Fülle hier und heute, von einer Auferstehung diesseits der Todesgrenze, und von der Praxis der Jesusbewegung, die diese Auferstehung hier und jetzt erfahrbar werden läßt.

Vielleicht ist damit auch etwas von dem getroffen, was Hermann-Josef Venetz am Schluß der Radiopredigt, die diesem Band den Titel gegeben hat, im Blick auf die Auferstehung gesagt hat: Man möge ihm nicht von einem Jenseits sprechen, das eher abstrakt und konstruiert sei. Auch nicht von einer unsterblichen Seele oder einem Astralleib oder ähnlichen Dingen. Sondern man möge erzählen von Jesus Christus: «ein Gleichnis, ein Wunderbericht, ein Abschnitt aus der Bergpredigt, die Geschichte von den Frauen und dem Engel am leeren Grab. Das genügt. Ja, das ist schon mehr als genug.»[17]

---

[16] Vgl. dazu das Gedicht von Marie-Luise Kaschnitz, in: Dies., Dein Schweigen – meine Stimme, Hamburg 1967, zitiert auch am Schluß des Beitrags von Daniel Kosch in diesem Band, sowie den vorstehenden Beitrag von Regula Strobel.

[17] Hermann-Josef Venetz, Auferstehung hat einen Namen. Radiopredigt Nr. 10, gesprochen im Schweizer Radio DRS 2 am 24. März 1996, hrsg. von den evangelischen und katholischen Mediendiensten Zürich, Zürich/Freiburg 1996, 10.

Daniel Kosch

AUFERSTEHUNG MITTEN AM TAGE

Der neue Streit um die alte Frage der Auferstehung

In den letzten Jahren ist die alte Diskussion um die Auferstehung Jesu neu entflammt. Das ist einerseits Gerd Lüdemann zu verdanken, der die FachtheologInnen wie eine breite Leserschaft mit teils provokativen Thesen zur Frage «Was mit Jesus wirklich geschah» konfrontiert hat. Eine davon lautet: «Das Grab Jesu war nicht leer, sondern voll, und sein Leichnam ist nicht entwichen, sondern verwest.»[1] Anderseits ist der Streit um die Auferstehung im Zusammenhang mit einem wiedererwachten Interesse am historischen Jesus zu sehen. Die ebenfalls alte Frage «Wer war Jesus wirklich?»[2] wird neu gestellt: In Zeitschriften wie «Focus» und «Spiegel» ebenso wie im hochkarätigen «Jesus-Seminar» in den USA oder unter renommierten Exegeten, die umfassende Jesusbücher vorgelegt haben.[3]

Dieses historische, teilweise reichlich positivistische Interesse an den «harten Fakten» steht in einem eigenartigen Kontrast zu einer wachsenden Bereitschaft anzuerkennen, «daß es mehr Dinge zwischen Himmel und Erde gibt, als unsere Schulweisheit sich träumen läßt»[4]. Diese Bereitschaft besteht nicht nur in neureligiösen Kreisen, die das wissenschaftlich-technisch-rationale Weltbild als eindimensional kritisieren und «mit ihren Collagen aus fernöstlichen Weisheitslehren, Theosophie, Quantenphysik, Meditation und Tiefenökologie» eine «neue Aufgeschlossenheit für das Mystische, Esoterische und Übernatürliche» anzeigen.[5] Vielmehr prägt sie auch den wissenschafts- und erkenntnistheoretischen Dialog zwischen Naturwissenschaft, Philosophie und Religion.[6]

In dieser unübersichtlichen Situation sind verschiedene Reaktionen möglich: Man kann sich für die Auffassung von Gerd Lüdemann oder für die Gegenthese entscheiden, man kann bezüglich des leeren Grabes pro und contra sorgfältig abwägen und die Frage offenhalten[7], oder man kann die Frage für

---

1 G. Lüdemann, Die Auferstehung Jesu, Stuttgart ²1994; ders., A. Özen, Was mit Jesus wirklich geschah, Stuttgart 1995, Zitat: 127.
2 So der Titel von K. Berger, Wer war Jesus wirklich, Stuttgart 1995.
3 Vgl. nur die Bücher von J. Gnilka, Jesus von Nazaret, Freiburg 1990; J. D. Crossan, Der historische Jesus, München 1994; E. P. Sanders, Sohn Gottes, Stuttgart 1996; J. Becker, Jesus von Nazaret, Berlin 1996; G. Theißen/A. Merz, Der historische Jesus, Göttingen 1996; vgl. insgesamt D. Kosch, Neues Interesse an Jesus, in: Diakonia 26 (1995) 353–357.
4 H. Weder, Glauben und Denken, in: Audretsch (s. u. Anm. 6) 146.
5 H. J. Höhn, GegenMythen. Religionsproduktive Tendenzen der Gegenwart, Freiburg 1994, Zitat 14.
6 Vgl. J. Audretsch (Hg.), Die andere Hälfte der Wahrheit. Naturwissenschaft. Philosophie. Religion, München 1992.
7 So Theißen, Merz (s. o. Anm. 3) 435–439.

historisch bzw. naturwissenschaftlich unentscheidbar erklären: «Die Unmöglichkeit von zu einer Theorie widersprüchlichen Sachverhalten kann von der Physik her nie bewiesen werden ... Physik kann uns bei der für das Christentum zentralen Frage, ob Christus wahrhaft von den Toten auferstanden ist, überhaupt nicht weiterhelfen.»[8] «Wo etwas Unvergleichbares ins Spiel kommt, verliert der Historiker die Sprache.» Gegenüber dem Bekenntnis zur Auferstehung Jesu als einem einzigartigen und damit analogielosen eschatologischen Ereignis müsse der Historiker «die eigene historische Inkompetenz eingestehen»[9].

Ein paar grundsätzliche Überlegungen

Bei meinem eigenen Nachdenken über die Problematik bin ich in Auseinandersetzung mit neuerer Literatur zu folgenden Auffassungen gekommen:

1. Die Auskunft des Neuen Testaments, daß Ereignisse und Erfahrungen von Jüngerinnen und Jüngern nach Jesu Tod das Bekenntnis provoziert haben «Er lebt!», ist ernst zu nehmen. Die entsprechenden Texte sind als Zeugnisse und nicht etwa als bloße «Konstruktionen» oder «Projektionen» zu behandeln.

2. Der durch sein befreiendes Handeln in Wort und Tat gedeckte Anspruch Jesu, in besonderer Weise Bote und Werkzeug der hereinbrechenden Gottesherrschaft zu sein, konnte erst im Rückblick auf sein ganzes Leben (das sein Sterben einschließt) definitiv bejaht werden. Denn so lange er lebte, blieb Innovation, aber auch Scheitern möglich.

3. Das Bekenntnis zu Jesus als «absolutem Heilbringer» (K. Rahner) mußte nicht nur angesichts des Kreuzestodes Jesu wiederholt und neu bekräftigt werden. Vielmehr war das im Vollsinn christologische Bekenntnis «zur eschatologischen Gültigkeit und Bleibendheit Jesu» erst nach Jesu Tod möglich, als das Leben Jesu «in definitiver Abgeschlossenheit» vorlag.[10]

4. Da ein solches Bekenntnis zu Jesus als «absolutem Heilbringer» – gerade angesichts seines Todes am Kreuz – menschlich gesehen eine radikale Torheit ist, muß es theologisch als Tat Gottes gedeutet werden. «Allein ein ‹neues Handeln› Gottes ... konnte das geschichtliche Leben Jesu über den Bruch seines Todes hinweg mit ‹dem Christus des kirchlichen Glaubens›, mit dem Bekenntnis: ‹Er ist wahrhaft auferstanden› verbinden ... Osterglaube setzt ein neues Handeln Gottes in bezug auf den gekreuzigten Jesus voraus.»[11]

5. Die neuen Erfahrungen nach dem Tod Jesu sind allerdings nicht mit Erfahrungen eines «leeren Grabes» oder von «Erscheinungen» gleichzusetzen,

---

8 G. Ludwig, Gibt es Widersprüche zwischen Physik und Offenbarung, in Audretsch (s. o. Anm. 6) 53f.
9 H. Weder, Das Kreuz Jesu bei Paulus, Göttingen 1981, 68f.
10 K.-H. Ohlig, Thesen zum Verständnis und zur theologischen Funktion der Auferstehungsbotschaft, in Verweyen (s. u. Anm. 14) 103.
11 E. Schillebeeckx, Menschen. Die Geschichte von Gott, Freiburg 1990, 171; I. Broer, Der Glaube an die Auferstehung Jesu und das geschichtliche Verständnis des Glaubens in der Neuzeit, in: Verweyen (s. u. Anm. 14) 58f; L. Oberlinner, «Gott (aber) hat ihn auferweckt». Der Anspruch eines frühchristlichen Gottesbekenntnisses, in: Verweyen (ebd.) 70–79.

denn erstens wären solche Erfahrungen allein nicht ausreichend, um die Glaubens- und Lebensentscheidung zu begründen, «die äußerste und radikalste Sinnfrage und -hoffnung mit Leben, Lehre, Tod und Person des jüdischen Wanderpredigers Jesus»[12] zu verknüpfen. Und zweitens sind andere Ausdrucksformen dieses «Osterglaubens» bzw. der «Gnadenerfahrung nach dem Tod Jesu» nicht nur denkbar, sondern im Neuen Testament auch historisch bezeugt.[13]

6. Es gibt also «Osterglaube ohne Auferstehung»[14]. Dies festzuhalten, ist aus zwei Gründen wichtig: Erstens, weil es unter dieser Voraussetzung unzulässig ist, jenen das «Christsein» oder den «rechten Glauben» abzusprechen, die wie Gerd Lüdemann das «leere Grab» bestreiten und die «Erscheinungsberichte» psychologisch erklären. Und zweitens, weil unter diesen Voraussetzungen «Osterglaube» auch für jene Menschen möglich ist, die die Vorstellung, daß «der Gott des Lebens ... *nach* dem Karfreitag *an* dem hingerichteten Jesus» handelte[15], mit ihrem Welt- und Gottesbild nicht vereinbaren können bzw. ihren Glauben von keinerlei «supranaturalen Fakten» abhängig machen wollen. Für diese Menschen gilt: «Die Basis des Osterglaubens ist im Leben und Sterben Jesu selbst zu suchen»[16].

7. Ob Menschen in unserem nachaufklärerischen bzw. postmodernen Kontext davon ausgehen, daß es ein auf wunderbare Art (und nicht aufgrund von Grabraub o. ä.) leeres Grab und Erscheinungen des Auferstandenen «wirklich» gegeben hat (sei es im Sinn eines einzigartigen, analogielosen Sachverhaltes oder im Sinn auch anderweitig bezeugter paranormaler, naturwissenschaftlich nicht beschreibbarer Phänomene), ist demzufolge eher eine Frage des Welt- und des Gottesbildes, als eine Frage des «rechten» oder «starken» Glaubens. In einem Bild gesprochen: auch Menschen, die nicht glauben, daß der Glaube das Matterhorn oder einen anderen «wirklichen» Berg auch nur einen halben Meter bewegen kann, können dennoch jenen Glauben haben, der Berge versetzt (Mk 11,23).

Der «Osterglaube» zwingt also auch jene skeptischen, zweifelnden oder radikal kritischen Menschen, die weder hinter die Entmythologisierungsdebatte zurückwollen, noch dem «Fegefeuer der Theorie»[17] mit einer postmodernen Relativierung des kritischen Denkens ausweichen mögen, nicht zu einem *sacrificium intellectus* oder zur Spaltung zwischen «Glauben» und «Denken». Diese Folgerung aus der durch Gerd Lüdemann wieder neu provozierten Debatte ist wichtig, zumal in einer Zeit, in der die kritische, aufklärerische Theologie in Gefahr ist, zwischen der Tendenz zum reaktionären Rückfall in vormoderne

---

12 K.-H. Ohlig, Zum Verständnis der Christologie. Die Rezeption Jesu auf der Basis der Sinnfrage, in: Diakonia 26 (1995) 304.
13 E. Schillebeeckx, Jesus. Die Geschichte von einem Lebenden, Freiburg ³1975, 335–351, Zitate: 348; vgl. auch K.-H. Ohlig, Fundamentalchristologie, München 1986, 76–89, bes. 83.
14 Vgl. den Titel von H. Verweyen (Hg.), Osterglaube ohne Auferstehung? Diskussion mit Gerd Lüdemann, Freiburg 1995.
15 H. Verweyen, «Auferstehung»: Ein Wort verstellt die Sache, in: ders. (s. o. Anm. 14) 129 «Position 1».
16 Ebd. 130 «Position 2».
17 E. Arens, Im Fegefeuer der Fundamentaltheologie, in: Orientierung 61 (1997) 152–156.

Muster einerseits und zur Ablösung der Moderne durch postmoderne Mythologien anderseits aufgerieben zu werden.

Erlösung diesseits der Todesgrenze

Daß es bei diesem Streit um die Auferstehung um mehr als um eine theoretische Auseinandersetzung geht und daß die Kritik an einem auf Auferstehungs-Erfahrungen jenseits der Todesgrenze fixierten Glaubensverständnis keinesfalls mit einem «Weniger» an Glauben oder an Frömmigkeit (bzw. «Spiritualität», wie man heute so gerne sagt) geht, können Dietrich Bonhoeffers Aufzeichnungen aus dem KZ verdeutlichen. Sein Eintreten für ein «diesseitiges Christentum» ist um so eindrücklicher und überzeugender, als er seine Briefe im Angesicht des eigenen Todes und im Wissen um das unermeßliche Morden und Sterben in den Konzentrationslagern und im Zweiten Weltkrieg geschrieben hat.

In einem dieser Briefe schrieb er zum Stichwort «Erlösungsreligion»:

> Bei den Erlösungen aus Ägypten und aus Babylonien, um die es im Alten Testament geht, handelt es sich um geschichtliche Erlösungen ... diesseits der Todesgrenze. ... Israel wird aus Ägypten erlöst, damit es als Volk Gottes auf Erden vor Gott leben kann. Die Erlösungsmythen [der anderen Religionen] suchen ungeschichtlich eine Ewigkeit nach dem Tod.[18]

Wer betont, daß Erlösung in der Bibel nicht erst jenseits der Todesgrenze stattfindet und daß nicht erst das Jenseits, sondern schon das Diesseits als Gottes gute Schöpfung ein Ort des Lebens, ja des Lebens in Fülle ist, muß aus diesem Grund weder bestreiten, daß es eine Auferstehung gibt, noch muß er zur bitteren Erkenntnis kommen, daß letztlich der Tod stärker ist als das Leben. Dietrich Bonhoeffer schreibt dazu:

> Nun sagt man, das Entscheidende sei, daß im Christentum die Auferstehungshoffnung verkündet würde, und daß also damit eine echte Erlösungsreligion entstanden sei. Das Schwergewicht fällt nun auf das Jenseits der Todesgrenze. Und eben hierin sehe ich den Fehler und die Gefahr. Erlösung heißt nun Erlösung aus Sorgen, Nöten, Ängsten und Sehnsüchten, aus Sünde und Tod in einem besseren Jenseits. Sollte dieses aber wirklich das Wesentliche der Christusverkündigung der Evangelien und des Paulus sein? Ich bestreite das. Die christliche Auferstehungshoffnung unterscheidet sich von der mythologischen darin, daß sie den Menschen in ganz neuer und gegenüber dem Alten Testament noch verschärfter Weise an sein Leben auf der Erde verweist. Der Christ hat nicht wie die Gläubigen der Erlösungsmythen aus den irdischen Aufgaben und Schwierigkeiten immer noch eine letzte Ausflucht ins Ewige, sondern muß das irdische Leben wie Christus («Mein Gott, warum hast Du mich verlassen?») ganz auskosten und nur indem er das tut, ist der Gekreuzigte und Auferstandene bei ihm und ist er mit Christus gekreuzigt und auferstanden. Das Diesseits darf nicht vorzeitig aufgehoben werden. Darin bleiben Neues und Altes Testament verbunden. Erlösungsmythen entstehen aus

18 D. Bonhoeffer, Widerstand und Ergebung, München ¹⁰1978, 166f.

den menschlichen Grenzerfahrungen. Christus aber faßt den Menschen in der Mitte seines Lebens.[19]

Diese Erinnerung an Bonhoeffer ist aus mehreren Gründen wichtig: Erstens zeigt sie, daß Kritik an einem jenseitigen Erlösungsverständnis sich nicht zwangsläufig einem blutleeren Rationalismus verdankt. Zweitens begegnen wir in der Gestalt und im Lebenszeugnis Bonhoeffers einer Verbindung von intellektueller Redlichkeit und dem tiefen Glauben, «von guten Mächten wunderbar geborgen» zu sein, die er auch angesichts des Todes durchgehalten hat. Und drittens verdeutlicht sein Handeln, daß der Glaube an den Gekreuzigten und Auferstandenen nicht den Weg zum Jenseits weist, sondern zu «Widerstand und Ergebung».

Die Notwendigkeit neuer Ostergeschichten

Diese grundsätzlichen Überlegungen und theologischen Einsichten können und müssen ergänzt werden durch Erfahrungen und Erzählungen. Auch für kritische Menschen sind Geschichten wichtig, weil sie Hörerinnen oder Leser in ganz anderer Weise in das Geschehen verwickeln, als dies bei Reflexionen oder Bekenntnissätzen der Fall ist. Deshalb benötigen wir neben den Abstraktionsversuchen der Theologie auch die Narrativität, «denn Wort Gottes ist das, was da im Geflecht von Meinungen und Stimmungen und Geschichten und Berufen und Auseinandersetzungen und Namen und Beziehungen geschehen ist»[20].

Um die prägende Kraft von Geschichten zu beweisen, bedarf es im Zusammenhang mit dem Thema «Auferstehung» keiner Ausführungen über die Bedeutung einer «narrativen Theologie». Es reicht völlig aus, darauf aufmerksam zu machen, wie stark die Grabes- und Erscheinungserzählungen das Verständnis dessen prägen, was «Ostern» bedeutet. Als «Osterevangelien» und «Ostergeschichten» werden selbst in der exegetischen Literatur, aber erst recht im Gottesdienst und im alltäglichen Sprachgebrauch ausschließlich die Schlüsse der Evangelien bezeichnet. Und dies, obwohl diese Texte selbst durchweg auf den Weg Jesu zurückverweisen und Kritik üben an einem auf das Grab oder den Himmel fixierten Osterglauben: In Galiläa, wo er lehrte und wirkte, sollen die Jüngerinnen und Jünger ihn suchen und finden (Mk 16,6f; Mt 28,7). Nicht bei den Toten sollen sie den Lebendigen suchen (Lk 24,5) und auch nicht zum Himmel emporschauen (Apg 1,11); im Brotbrechen gibt er sich zu erkennen (Lk 24,35). Erst als die weinende Maria von Magdala sich nicht mehr in die Grabkammer hineinbeugt, sondern sich um- und Jesus zuwendet, erkennt sie ihn (Joh 20,11–18).

Schon die Evangelien selbst scheinen gewisse Vorstellungen von «Auferstehung» zu «entmythologisieren» und zu kritisieren. Und sie laden zu einem

---

19 Ebd.
20 H.-J. Venetz, S. Bieberstein, Im Bannkreis des Paulus, Würzburg 1995, 13.

weiteren Verständnis des Begriffs «Ostergeschichten» ein. Die klassische Formulierung von Martin Kähler, das Markusevangelium sei «eine Passionsgeschichte mit ausführlicher Einleitung» kann erweitert werden zur Formel, die Evangelien seien insgesamt «nach hinten verlängerte Passions- und Ostergeschichten». Daraus wäre – ähnlich wie H.-J. Venetz[21] es für die Weihnachtserzählungen gemacht hat – die Forderung abzuleiten, an Ostern müßten auch andere Auferstehungsgeschichten erzählt werden.

Zum Beispiel Markus

Das Markusevangelium ist die älteste erhaltene Schrift des Neuen Testaments, in der ein solches Verständnis von «Ostern» breiter entfaltet wird. Liest man Markus von seinem Anfang her, fallen die frühen Verweise auf den Tod Jesu und die Hinweise auf, daß sein Leben und insbesondere seine Machttaten erst von seinem Tod her richtig verstanden werden können. Und wenn man das älteste Evangelium von seinem Schluß her liest, verweist es auf den nach Galiläa Vorausgehenden, was für seine Jüngerinnen und Jünger heißt: Es gilt, ihm nachzufolgen. Indem sie «auf Jesu Spur» gehen, begegnen sie ihm als dem Auferstandenen. Jesu Auferstehung bezeugen heißt nichts anderes als: ihm nachfolgen, auch nach Karfreitag. Diese «Nachfolge» führt nach «Galiäa», das heißt dorthin, wo Jesus begonnen hat, die Nähe des Reiches Gottes anzukündigen, dorthin, wo Jesus die Gleichnisse erzählt, wo er Kranke gesund gemacht und Besessene aus ihren falschen Abhängigkeiten befreit hat. Für jene, die sich auf Jesus einlassen, ist das von Gott verheißene «ewige Leben» dort zu finden, wo Jesus und seine Gottesbotschaft zum Zuge kommen. Von diesem Schluß her gelesen, wird das ganze Markusevangelium zu einer großen Erzählung vom Prozeß der Auferstehung. Dabei geht es keineswegs nur um die Auferstehung Jesu, sondern auch um die Auferstehung all jener, die von seinem Wort oder seinem Handeln berührt werden. Und es wird deutlich, daß der Tod nicht erst nach dem Sterben, sondern schon mitten im Leben besiegt wird:

– Der Tod in Form von Krankheit wird überwunden, wo Jesus der Schwiegermutter des Petrus die Hand reicht. Im Evangelium heißt es: «Er richtete sie auf», wobei im Griechischen das gleiche Wort verwendet wird, wie bei der Auferstehung Jesu, wo wörtlich zu übersetzen wäre: «er ist aufgerichtet worden» (Mk 1,29–31).

– Der Tod in Form von Lähmung wird überwunden, wo Jesus den Gelähmten in die Mitte ruft und ihm sagt: «Streck deine Hand aus» (3,1–6).

– Der Tod in der Resignation wird überwunden, wo das Reich Gottes im unscheinbaren Senfkorn entdeckt wird, das die Chance hat, größer zu werden als alle anderen Gewächse (4,30–32).

– Der Tod in Form von Berührungsängsten wird überwunden, wo die blut-

---

21 H.-J. Venetz, Kindheitsgeschichten für Erwachsene, in: Diakonia 7 (1976) 393.

flüssige Frau ihren ganzen Mut zusammennimmt, es wagt, Jesus anzufassen und dadurch geheilt wird (5,24–34).

– Der Tod in Form von Hunger wird überwunden, wo Brot und Fisch geteilt werden und es für alle reicht (6,35–44).

Diese Liste von Auferstehungsgeschichten ließe sich verlängern. Aber wichtig ist nicht die Vollständigkeit, sondern die Entdeckung, daß das österliche Leben Jesu längst vor dem Ostermorgen begonnen hat und daß das Evangelium dazu verhelfen kann, Auferstehungserfahrungen mitten im Alltag zu entdecken, wo bedrohtes Leben geheilt und befreit wird, wo Hunger und Durst gestillt werden, wo Hoffnung an die Stelle von Resignation tritt und der mutige Einsatz die Teilnahmslosigkeit überwindet.[22]

Mit der Einladung, Jesus nachzufolgen und der Verheißung, daß er sich dort zeigt, wo Menschen auf seinen Spuren leben, endet die Osterbotschaft des Engels. Was daraus geworden ist und bis heute wird, erzählt das Markusevangelium nicht mehr, denn genau an diesem Punkt geht der schriftliche Text des Evangeliums in das Leben seiner Leserinnen und Hörer über: In ihrer Nachfolge werden sie selbst dem Auferstandenen begegnen, werden sie sein Leben entdecken, können sie selbst Botinnen und Boten der neuen Welt Gottes werden, von der Jesus gesprochen und aus deren Kraft er gelebt hat.

Daß das leere Grab und die Erscheinungen des Auferstandenen für das christologische Bekenntnis des Markus keine «zusätzlichen Beweise» sind und daß dieses Bekenntnis für ihn seine Basis tatsächlich «im Leben und im Sterben Jesu selbst» hat, zeigen einerseits die Tatsachen, daß das Evangelium keinen Erscheinungsbericht enthält und mit dem abrupten Schluß «denn sie fürchteten sich» auch das leere Grab keineswegs eindeutig positiv deutet. Und anderseits wird diese These durch die Beobachtung bestätigt, daß das für Markus sehr wichtige Bekenntnis zu Jesus als «Sohn Gottes» keineswegs erst durch Ereignisse nach Jesu Tod ermöglicht, sondern paradoxerweise angesichts des Kreuzestodes vom heidnischen Hauptmann formuliert wird (15,39, vgl. bes. 1,1.11; 9,7; 14,61f). Dieser Befund gewinnt noch an Bedeutung, wenn man sich vor Augen hält, daß die Verbindung von «Auferstehung» und «Gottessohnschaft» Jesu schon in frühen christologischen Formeln vorkommt, z. B. in Röm 1,3f, wo kontrastiert wird: «dem Fleisch nach geboren als Nachkomme Davids, dem Geist der Heiligkeit nach eingesetzt als Sohn Gottes in Macht seit der Auferstehung von den Toten». Zwar darf man diese beiden unterschiedlichen Konzeptionen nicht direkt miteinander «verrechnen», aber es bleibt beachtenswert, daß das Markusevangelium für das rechte Verständnis von Jesus als «Sohn Gottes» zwar auf Jesu Weg von der Taufe durch Johannes bis ans Kreuz verweist, nicht aber auf Ereignisse nach seinem Tod.

---

22 Vgl. dazu auch den Beitrag von R. Strobel in diesem Band.

Ein Blick auf die Logienquelle

Zwar nicht als eigene Schrift erhalten, aber doch recht zuverlässig rekonstruierbar ist die sogenannte «Logienquelle Q», die gemeinsame Vorlage von Matthäus und Lukas. Es gehört zu den auffälligsten Differenzen zwischen dem gängigen Jesusbild und Q, «daß der Kreuzestod Jesu, der für unser Jesusbild unverzichtbar erscheint, ... nicht ausdrücklich zur Sprache kommt. Es fehlt jeder Hinweis auf die Vorgänge rund um die Passion und den Tod Jesu, aber auch von Jesu Auferweckung ist nicht die Rede.»[23]

Trotzdem wäre es voreilig, die «Christologie» von Q als «primitiv» zu bezeichnen oder den Kreisen, die die Logienquelle prägten, eine Art «vorösterlichen» Glauben zu unterstellen. Auch Q bekennt Jesus in exklusivem Sinn als «Sohn Gottes»: «Mir ist von meinem Vater alles übergeben worden; niemand weiß, wer der Sohn ist, nur der Vater, und niemand weiß, wer der Vater ist, nur der Sohn und der, dem es der Sohn offenbaren will» (Q 10,22). Schon 1972 hat P. Hoffmann[24] hinter diesem Wort die «‹Ostererfahrung› der Logienquelle» vermutet. Für die Hörerinnen und Hörer der Worte Jesu hat dieser Anspruch der durch den Sohn vermittelten Worte zur Folge, daß sich am «Hören und Tun» derselben (Q 6,46–49), an der Stellung zu seiner befreienden Praxis (7,22f) sowie am Bekenntnis zum Menschensohn (12,8f) das Bestehen im Endgericht entscheidet. Die Logienquelle bestätigt damit den Anspruch Jesu, «das positive oder negative Verhalten zu seinem Heilsangebot werde über das endgerichtliche Schicksal des einzelnen entscheiden»[25]. Dieser Anspruch Jesu dürfte eine der wichtigsten «vorösterliche(n) Vorgaben für den Auferstehungsglauben»[26] gewesen sein.

Der «Osterglaube» kommt in der Logienquelle gänzlich ohne Rekurs auf Ereignisse oder «Widerfahrnisse» nach Jesu Tod aus. Die Jesus und das Heil bzw. die äußersten Hoffnungen der Menschen in exklusivem Sinn miteinander verbindende Soteriologie in Q schlägt sich schon in der Form dieser Quelle nieder: Sieht man von der auf Jesus ausgerichteten Täuferüberlieferung ab, werden ausschließlich Reden und Worte Jesu überliefert, die zumindest ansatzweise in seiner «Biographie» verortet oder mit seiner heilenden und dämonenbannenden Praxis sowie mit seinem Schicksal in Zusammenhang gebracht werden. Dieter Lührmann hat diese Verbindung zwischen der Person Jesu, seinen Worten und dem soteriologischen Interesse treffend auf die Formel gebracht, daß die Logienquelle «von Jesus berichtet, weil sie von *Jesus* berichten will ... Jesu Worte werden überliefert, weil er in seinen *Worten* Heil gebracht hat und die Übernahme seiner Worte Heil schafft angesichts des erwarteten Gerichts.»[27]

---

23 D. Kosch, Q und Jesus, in: Biblische Zeitschrift 36 (1992) 32.
24 P. Hoffmann, Studien zur Theologie der Logienquelle, Aschendorff ³1981, 139–142.
25 A. Vögtle, Die «Gretchenfrage» des Menschensohnproblemes, Freiburg 1994, 10.
26 P. Fiedler, Vorösterliche Vorgaben für den Osterglauben, in: I. Broer, J. Werbick (Hgg.), «Der Herr ist wahrhaft auferstanden», Stuttgart 1988, bes. 26f.
27 D. Lührmann, Die Frage nach Kriterien für ursprüngliche Jesusworte – eine Problemskizze, in: J. Dupont (Hg.), Jésus aux origines de la christologie, Gembloux 1975, 67.

Ein Versuch, ausgehend von Form und Inhalt der Logienquelle nach den Erfahrungen zurückzufragen, die den «Osterglauben» ihrer Tradenten konstituierten, müßte folgende Vermutungen genauer prüfen:
– Auch nach dem Tod Jesu haben seine Anhängerinnen und Anhänger die Erfahrung gemacht, daß das «Hören und Tun seiner Worte» dem Leben ein Fundament gibt, das trägt und auch im Sturm Bestand hat (Q 6,46–49).

– Auch nach dem Tod Jesu wurde die Erinnerung an den Menschensohn, der keinen Ort hat, sein Haupt hinzulegen, und die Übernahme seines Lebensstils im Dienst der Verkündigung und anfanghaften Erfahrung des Reich Gottes als sinnvoll erfahren (Q 9,57–10,24).

– Auch nach Jesu Tod wußten sich die Jüngerinnen und Jünger von ihm gesandt und ermächtigt: «Wer euch aufnimmt, nimmt mich auf; und wer mich aufnimmt, nimmt den auf, der mich gesandt hat.» (Q 10,16)

– Auch das Schicksal der Schmähung und der üblen Nachrede (Q 6,23), des «In-die-Synagogen-geschleppt-Werdens», ja sogar des Sterbens bestehen sie – unterstützt vom Heiligen Geist – im Vertrauen auf die Sorge Gottes und darauf, daß der Menschensohn sich zu jenen bekennen wird, die sich vor den Menschen zu ihm bekennen (Q 12,2–12).

Auch über den Tod Jesu hinaus hat der Trägerkreis von Q trotz eigener Erfahrungen von Widerstand und Ablehnung bei der Weiterverkündigung seiner Befreiungsbotschaft und bei der Weiterführung seiner Befreiungspraxis soteriologisch auf den irdischen Jesus Bezug genommen, ohne sich dafür auf ein «neues Sehen» des Auferstandenen, auf das leere Grab oder auf ein Handeln Gottes «*nach* dem Karfreitag *an* dem hingerichteten Jesus» zu berufen. Eine solche Legitimation war für die Trägergruppe von Q, die «als Basileiabewegung der sozial Diskriminierten» charakterisiert werden kann[28], nach allem was wir wissen, nicht notwendig. Die Logienquelle ist ein wichtiger Beleg für einen «Osterglauben ohne Auferstehung». Wie später für Dietrich Bonhoeffer war schon für ihre Tradenten die «Nachfolge» (so der Titel des wichtigen Buches von Bonhoeffer) ein zentrales Stichwort zur Beschreibung christlicher Existenz. In der «Christpraxis» (E. Arens), im «Tun, was ich sage» erweist Jesus sich als der «Herr» (Q 6,46).

«Die bloße Anwesenheit Jesu ist Grund genug, sich ungefährdet zu glauben» (G. Theißen)

Schließen möchte ich mit einem Hinweis auf die Stillung des Seesturms (Mk 4,35–41). Die Vermutung, daß es sich bei diesem und ähnlichen Texten um «in das Leben Jesu zurückverlegte Ostergeschichten»[29] handelt, ist alt und durchaus begründet.

---

28 Myung-Soo Kim, Die Trägergruppe von Q, Ammersbeck 1990, 364.
29 R. Bultmann, Die Geschichte der synoptischen Tradition, Göttingen [10]1995, 246.

Für die Frage nach dem Verhältnis zwischen dem Osterglauben, dem irdischen Wirken Jesu und den Ereignissen und Erfahrungen nach seinem Tod ergeben sich aus dieser Wundererzählung zwei wichtige Einsichten:

– Die Erfahrung, daß Jesus sich als derjenige erweist, der die Bedrängten ihren Ängsten entreißt und aus dem Sturm ein Säuseln macht, so daß die Wogen des Meeres schweigen, wie es die Psalmen von Gott bekennen (Ps 107,28f), machen seine Jüngerinnen und nicht erst nach Jesu Tod und Auferstehung, sondern schon mitten in seinem irdischen Leben.

– Der Unglaube der Jünger besteht nicht etwa darin, daß sie Jesus kein Wunder zutrauen, sondern darin, daß sie ihn wecken, statt sich angesichts der schlafenden Gegenwart Jesu ungefährdet zu glauben[30]. Der Glaube, dessen Fehlen die Wundergeschichte kritisiert, gründet nicht in Jesu vollmächtiger Überwindung der Chaos- und Todes-Mächte (oder gar in der Ausserkraftsetzung der Naturgesetze), sondern in Jesu Vertrauen, daß nicht nur er selbst, sondern auch das Boot und seine Besatzung, ja sogar der Sturm, die Wellen und der Wind in Gottes Hand sind. Das Wunder der Sturmstillung erscheint als eine Art «Konzession» an jene, für die die schlafende Gegenwart Jesu nicht ausreicht.

Im Licht der aktuellen Auferstehungsdiskussion kann man den Text sogar als Kritik an einem Osterglauben verstehen, der sein Fundament in supranaturalen Fakten sucht und deshalb nach Auferstehungserfahrungen ruft. Eine solche Lektüre der Wundererzählung überspitzt ihre Aussage zweifellos. Immerhin kann sie sich darauf berufen, daß die Jünger dafür getadelt werden, daß sie Jesus «aufwecken». Dafür verwendet Markus ein Verb (*egeiro*), das auch im Zusammenhang mit der Auferstehung Jesu verwendet wird (Mk 16,6). Diesem kritisierten Jüngerverhalten wird ein Glaube gegenübergestellt, der auch im Sturm an Jesu Vertrauen auf den Schutz Gottes Maß nimmt. Diesen Schutz besingen schon die Psalmen: «Gott ist uns Zuflucht und Stärke, ein bewährter Helfer in allen Nöten. Darum fürchten wir uns nicht, wenn ... seine Wasserwogen tosen und schäumen.» (Ps 46,3f).

Rückblick

Die drei beigezogenen Texte (Markusevangelium Logienquelle, Sturmstillung) können und sollen den neuen Streit um die alte Frage der Auferstehung nicht entscheiden. Aber sie zeigen doch dreierlei auf:

1. Das leere Grab und die Erscheinungen des Auferstandenen bzw. ein Handeln Gottes *nach* dem Karfreitag *an* dem toten Jesus sind keine ausreichende Grundlage für den Osterglauben. Auch nach Ostern führt Jesu Spur «nach Galiläa», ist Nachfolge nur möglich in Erinnerung an sein Leben als Bote und Werkzeug der anbrechenden Gottesherrschaft (Markus).

---

30 Vgl. G. Theißen, Urchristliche Wundergeschichten, Gütersloh ⁵1987, 110.

2. Das Bekenntnis zum Menschensohn und das «Hören und Tun seiner Worte» können aufgrund der Erfahrungen mit der Befreiungsbotschaft und Befreiungspraxis Jesu auch ohne Rückgriff auf Erscheinungen oder ein leeres Grab zum Maßstab für das Gelingen des Lebens vor Gott und für das Bestehen im Endgericht werden (Logienquelle).

3. Der Ruf nach außerordentlichen Eingriffen Gottes in Jesus bezeugt keineswegs den «größeren» Glauben als das Vertrauen auf seine bloße Anwesenheit in Angst und Bedrängnis. Ein solcher Ruf kann sogar die kritische Frage hervorrufen: «Habt ihr noch keinen Glauben?» (Sturmstillung)

Das Erzählen von Ostergeschichten, die von Auferstehung und Erlösung «diesseits der Todesgrenze» handeln, ist auch vom Neuen Testament her keineswegs bloß ein Zugeständnis an die «Kleingläubigen» und «Hyperkritischen», sondern Ausdruck der schon im Neuen Testament vielfältig bezeugten Erfahrung, daß das Diesseits nicht vorzeitig aufgehoben werden darf, weil Christus den Menschen in der Mitte seines Lebens faßt (Bonhoeffer).

Diskreter, poetischer und biblischer als diese zwar notwendigen, aber sehr formalen Reflexionen faßt das bekannte Gedicht von Marie-Luise Kaschnitz[31] diese Erfahrung in Worte:

Manchmal stehen wir auf
Stehen wir zur Auferstehung auf
Mitten am Tage
Mit unserem lebendigen Haar
Mit unserer atmenden Haut.

Nur das Gewohnte ist um uns.
Keine Fata Margana von Palmen
Mit weidenden Löwen
Mit sanften Wölfen.

Die Weckuhren hören nicht auf zu ticken
Ihre Leuchtzeiger löschen nicht aus.

Und dennoch leicht
Und dennoch unverwundbar
Geordnet in geheimnisvolle Ordnung
Vorweggenommen in ein Haus aus Licht.

---

31 Aus dies., Dein Schweigen – meine Stimme, Hamburg 1967.

Gerd Theißen

AUFERSTEHUNGSBOTSCHAFT UND ZEITGESCHICHTE

Über einige politische Anspielungen im ersten Kapitel des Römerbriefs

Als der Römerbrief ca. 56/57 n. Chr. in Rom eintraf, hat er in der dortigen Gemeinde möglicherweise viel politischer gewirkt, als er auf seine theologischen Ausleger bis heute wirkt. Wir müssen nur voraussetzen, daß seine Hörer und Leser mit der Geschichte ihrer Gemeinde und der allgemeinen Zeitgeschichte vertraut waren und den Brief (ohne gelehrte Kommentare) spontan im Lichte ihrer Erfahrungen und ihres Wissens lasen und verstanden. Es lohnt sich der Versuch, den Anfang des Römerbriefs aus der Perspektive solcher Hörer bzw. Hörerinnen zu verstehen. Dabei stößt man auf eine Fülle möglicher Anspielungen und Assoziationen.[1]

Ein selbstbewußter Briefanfang

Paulus beginnt seinen Brief mit einem sehr «offiziell» klingenden Präskript:

> Paulus, Knecht Christi Jesu,
> berufen zum Apostel,
> auserwählt, das Evangelium Gottes zu verkündigen ...
> (Röm 1,1)

Er stellt sich als Apostel und «Gesandter» eines Herrschers vor, der ihm den Auftrag gegeben hat, «alle Völker» (Röm 1,5) zu unterwerfen. So viel Selbstbewußtsein ist privaten Briefen fremd. In ihnen wird nur kurz der Name des

---

[1] Um Mißverständnisse zu vermeiden, sei betont: Immer handelt es sich um «Anspielungen», d.h. um konnotativ mit anderen Aussagen verbundene Assoziationsmöglichkeiten und nicht um «Aussagen». Diese Anspielungen können auf verschiedenen Ebenen liegen. Sie können 1. von Paulus intendiert sein oder 2. von den Empfängern bewußt konnotiert worden sein. Was die Empfänger assoziierten, muß dabei von Paulus nicht beabsichtigt gewesen sein. Damit überschneidet sich eine zweite Unterscheidung: Die Anspielungen und Assoziationen können sich 1. direkt auf bestimmte politische Sachverhalte beziehen oder 2. nur indirekt durch bestimmte politische Sachverhalte gefärbt sein. Daher erhält man vier mögliche Formen von Anspielungen:

	direkte Bezugnahme auf einen Sachverhalt	indirekte Prägung durch einen Sachverhalt
Bewußt vom Autor intendiert	z. B. Herrschaftsbilder als Gegenbild zur Kaiserherrschaft	z. B. Götzendienst als Menschenverehrung und Kaiserkult
Bewußt vom Empfänger konnotiert	z. B. Assoziationen von «Apostel» und «Legat»	z. B. Mord und Totschlag als Ausdruck pol. Machtkampfs

Absenders und des Adressaten genannt. Die Formensprache des paulinischen Präskripts erinnert dagegen eher an die Amtssprache von Edikten, in denen der Absender mit allen seinen Titeln seinen Anspruch auf Autorität begründet. Man vergleiche etwa den Anfang eines Briefes des Claudius an die Alexandriner: «Tiberius Claudius Cäsar Augustus Germanicus Imperator, Pontifex Maximus, im Besitz der tribunizischen Gewalt, designierter Konsul, grüßt die Stadt Alexandria ...» (CPJ I 153)[2]. Den Inhalt seines Briefes gibt Paulus am Anfang als *euangelion* an: als eine «gute Nachricht», die einen königlichen Davididen betrifft, der zum Sohn Gottes eingesetzt wurde. Auch das konnte an amtliche Sprache erinnern. Nachrichten vom Geburtstag, von der Thronbesteigung oder der Genesung eines Kaisers konnten *euangelia* genannt werden.[3] Unabhängig davon, wie der Begriff *euangelion* philologisch abzuleiten ist, mußte er im Kontext des Römerbriefpräskripts (d. h. im Zusammenhang mit der Proklamation eines Herrschers) an die Sprache der Kaiserideologie erinnern.

Erinnerung an wohlvertraute Vorstellungen

Inhalt dieses *euangelion* ist eine Thronbesteigung: Paulus hat den Auftrag, die Erfüllung der in den heiligen Schriften enthaltenen Weissagungen als Evangelium zu verkünden, genauer als

> das Evangelium von seinem Sohn,
> der dem Fleisch nach geboren ist als Nachkomme Davids,
> der dem Geist der Heiligkeit nach eingesetzt ist als Sohn Gottes
> in Macht seit der Auferstehung von den Toten ...
> (Röm 1,3f)

Wahrscheinlich sollen Hörer und Hörerinnen mit diesen Worten an ihnen wohlvertraute Vorstellungen erinnert werden. Paulus formuliert in Anlehnung an vorgegebene Formeln; nirgendwo sonst spricht er von der Davidssohnschaft Jesu, nirgendwo sonst vom «Geist der Heiligkeit», nirgendwo sonst verbindet er die Sohn-Gottesschaft mit der Auferstehung.[4] Eine verwandte Vorstellung begegnet später im Matthäusevangelium. Es beginnt damit, die Herkunft Jesu aus davidischem Hause nachzuweisen (vgl. Mt 1,1–18), und endet mit seiner

---

    Für ein Gesamtbild der Religionspolitik des Claudius und ihres Zusammenhangs mit der paulinischen Mission vgl. D. Alvarez-Cineira, Die Religionspolitik des Claudius und die paulinische Mission, Diss. theol., Würzburg 1997/8.

2 V. A. Tcherikover, A. Fuks, Corpus Papyrorum Judaicarum, Bd 1–3, Cambridge Mass. 1957–1964, übersetzt bei Ch. K. Barrett, C. J. Thornton, Texte zur Umwelt des Neuen Testaments (UTB 1591), Tübingen 1991, Nr. 52.

3 Vgl. die Inschrift von Priene (OGIS II 458, auch in G. Pfohl, Griechische Inschriften als Zeugnisse des privaten und öffentlichen Lebens, München o. J. (1965) Nr. 118, S. 134f.) und die Belege bei Josephus, bell 4,618; 4,656. Nach Philo legGai 18 und 231 ist die Nachricht von der Genesung bzw. Thronbesteigung des Gaius Gegenstand eines *euangelizesthai* («eine gute Nachricht verkünden»).

4 Weitere Argumente für das Vorliegen einer vorpaulinischen Tradition finden sich bei U. Wilckens, Der Brief an die Römer, EKK VI, 1, Zürich/Neukirchen–Vluyn 1978, 56ff.

Auferweckung und Erhöhung zum Weltenherrn, dem alle Macht im Himmel und auf Erden gegeben ist (Mt 28,18–20). Ein Zwei-Stufen-Weg zur Herrlichkeit des Erhöhten ist auch hier erkennbar, nur daß seine Hoheit als «Sohn Gottes» schon mit der wunderbaren Geburt beginnt. Röm 1,3 zeigt ein älteres Stadium dieser «Zwei-Stufen-Christologie»: Als Nachkomme Davids ist Jesus noch nicht das, wozu er bestimmt ist – denn Davididen gab es viele, nur einer von ihnen sollte der «Messias» sein. Erst durch die Auferstehung wurde er postmortal zum «Sohn Gottes», und zwar *en dynamei* («in Macht» oder «in Wirklichkeit»), wie man aus der Gegenüberstellung von «Wort und Tat» in Röm 15,18 entnehmen kann: Denn die «Tat» besteht dort darin, daß *en dynamei* Zeichen und Wunder geschehen und *en dynamei* der Geist Gottes wirkt. Ebenso wird in Röm 1,4 durch den «Geist der Heiligkeit» verwirklicht, was die Propheten seit je her im Worte vorausverkündigt haben.[5]

Warum bringt Paulus am Beginn seines Römerbriefs diese christologische Formel? Zweifellos will er an etwas anknüpfen, was ihn und die ihm persönlich unbekannte römische Gemeinde verbindet. Die Botschaft vom Auferstandenen ist zwischen ihnen unumstritten. Sie gehört für alle Christen zum «Evangelium». Erst in 1,16f gibt Paulus eine neue soteriologische Definition des Evangeliums mit einer für ihn spezifischen Auslegung des Evangeliums als einer durch Glauben rettenden Kraft. Und erst in 3,21ff fügt er den polemischen Sinn dieser spezifisch paulinischen Evangeliumsverkündigung hinzu, die Abgrenzung gegen das Gesetz: Die rettende Kraft des Glaubens wird erst jetzt den «Werken des Gesetzes» entgegengesetzt. Paulus setzt also – rhetorisch geschickt – mit dem ein, was Konsens darstellt, und führt schrittweise zu dem, was zwischen ihm und anderen Judenchristen umstritten ist.

Eine Botschaft, die Unruhe stiftet

In Rom gehörte die Auferstehungsbotschaft innergemeindlich zum Konsens. Im Verhältnis zur Umwelt aber war sie Anlaß eines tiefgreifenden Dissenses. Ihretwegen hatte es schon in den 40er Jahren Unruhen in der jüdischen Gemeinschaft Roms gegeben, die zur Ausweisung der Unruhestifter durch Claudius geführt hatten. Sueton berichtet über sie in seiner bekannten Notiz: *Iudaeos impulsore Chresto assidue tumultuantis Roma expulit*[6] (Sueton, Claud 25,4). Das ist so zu verstehen, daß Claudius nicht «alle Juden» vertrieb, sondern nur «die Juden, die – angestiftet durch Chrestus – ständig Tumulte verursachten»[7]. Unter diesen Vertriebenen waren Aquila und Prisca. Paulus hatte sie nach ihrer Vertreibung in Korinth auf seiner ersten Missionsreise getroffen

---

5 *dynamis* kann die «wahre Stärke im Gegensatz zum bloßen Wort oder Schein» zum Ausdruck bringen. So 1 Kor 4,19f; 1 Thess 1,5; 2 Tim 3,5. Vgl. W. Bauer, Wörterbuch zum Neuen Testament, Berlin ⁵1963, s. v. *dynamis*.
6 «Die Juden vertrieb er aus Rom, weil sie, von Chrestus aufgehetzt, fortwährend Unruhe stifteten», vgl. die Übersetzung bei Ch. K. Barrett, C. J. Thornton, Texte zur Umwelt des Neuen Testaments (UTB 1591), Tübingen 1991, Nr. 9.
7 So H. Botermann, Das Judenedikt des Kaisers Claudius, Hermes Einzelschriften 71, Stuttgart 1996, 50–54.

(Apg 18,2). Durch sie war er über die Probleme in Rom bestens informiert. Ausgelöst waren diese Unruhen durch die Auferstehungsbotschaft. Denn von Jesus wird in der Suetonnotiz wie von einem lebenden Unruhestifter gesprochen. Dieser Unruhestifter mußte keineswegs in Rom anwesend sein. Allein die Nachricht von ihm als einem Lebenden konnte Unruhe hervorrufen.[8] Wenn Paulus am Anfang des Römerbriefs also eine christologische Formel zitiert, die er bei den römischen Christen als bekannt oder zumindest konsensfähig voraussetzt, so hat er seine Formulierung möglicherweise von Aquila und Prisca übernommen. Durch sie wußte er auf jeden Fall, welche Gestalt der Christusverkündigung er in Rom sachlich als Konsens voraussetzen durfte, aber auch, was zwischen Judenchristen und den anderen Juden umstritten war.

Er verbindet aber mit diesem «Zitat» noch weit mehr als die Beschwörung einer gemeinsamen Überzeugung. Während die Christusbotschaft einst zur Ausweisung von Christen geführt hatte, will er sie jetzt selbstbewußt am Ort der Ausweisung erneut proklamieren. Die «Heiden» in Rom, die einst die Auferstehungsbotschaft mit Repressionen beantwortet hatten, sollen nun zum Gehorsam ihr gegenüber geführt werden. Dies neue Selbstbewußtsein ist ansatzweise verständlich: Der Kaiser Claudius, der einst aufgrund der Auferstehungsbotschaft Christen aus Rom verbannt hatte, war am 13. 10. 54 gestorben, wahrscheinlich vergiftet durch seine Frau Agrippina (Tacitus, ann XII,67). Christus aber lebte «in Wirklichkeit». Der Anfang des Römerbriefs mußte auf seine Adressaten wie ein nachträglicher «Triumph» der Verfolgten über ihren Verfolger wirken. Das wird noch dadurch verstärkt, daß Paulus in Röm 1,13 auf die durch das Claudiusedikt entstandenen Schwierigkeiten anspielen könnte:

> Ihr sollt wissen, Brüder,
> daß ich mir schon oft vorgenommen habe,
> zu euch zu kommen,
> aber bis heute daran gehindert wurde ...
> (Röm 1,13)

Paulus war auf seiner ersten Europareise wahrscheinlich schon unterwegs nach Rom gewesen. Als er aber in Korinth durch Aquila und Prisca von den Schwierigkeiten der römischen Gemeinde hörte, gab er seine Reisepläne auf: Ein Besuch des konfliktumgebenen Heidenmissionars zu dieser Zeit hätte die Situation der in Rom noch lebenden (Heiden-) Christen erschwert. Wahrscheinlich dachten die Hörer und Hörerinnen des Römerbriefs spontan an diese durch das Claudiusedikt bedingten Schwierigkeiten, wenn Paulus von verhinderten Besuchsplänen in Rom sprach.

---

8   Vgl. den Nachweis bei H. Botermann, Judenedikt, 101, daß das Wort *impulsor* einen nicht anwesend gedachten Anstifter meinen kann, z. B. *Deus impulsor mihi fuit* («Gott ist mir Anstifter gewesen» Plaut Aul 737).

Skepsis gegenüber den «Vergöttlichten»

Darüber hinaus aber konnte der Anfang des Römerbriefs weitergehende Assoziationen auslösen: Kurz nach seinem Tod war Claudius vom Senat «konsekriert» worden. Er wurde per Beschluß unter die Götter aufgenommen. Diese Ehre war bisher nur Caesar (Sueton, Iul 84,2), Augustus (CIL I² p. 329) und Drusilla, einer Schwester des Gaius Caligula, zuteil geworden (Seneca, Dial XI, 17,5). Bei Augustus hatte der Senator Numerius Atticus eidlich versichert, er habe die Gestalt des verbrannten Augustus zum Himmel emporsteigen sehen (Sueton, Aug 100; Cassius Dio 56,46). Bei Drusilla fand sich der Senator Livius Geminus zu einem entsprechenden Schwur vor dem Senat bereit (Cassius Dio 59,11). Beide wurden für ihre staatstragenden Schwüre mit 250 000 Denaren belohnt. Wir haben Grund zu der Annahme, daß solche Eide und Versicherungen (und überhaupt die postmortale Divinisierung von Mitgliedern der Kaiserfamilie) schon damals auf gesunde Skepsis stießen.

Die Skepsis ist gut bezeugt für die kleine Gruppe der Gebildeten, für die Seneca – wohl noch im Jahre 54 n. Chr. – eine Spottschrift auf die angebliche Vergöttlichung des Claudius geschrieben hat: Die *Apocolocyntosis* oder den *Ludus de morte Claudii Neronis*.[9] Der Name *Apocolocyntosis* bedeutet «Verkürbissung» des Claudius, am besten wiederzugeben mit «Veräppelung», wobei der Titel schon den Gegenstand des Spottes anzeigt: Apocolocyntosis ist nämlich Verballhornung von Apotheosis, also der angeblichen «Vergöttlichung» des Claudius. Seneca schildert in seiner Satire, wie Claudius vergebens nach seinem Tod um Aufnahme in die Götterversammlung des Olymp nachsucht. Augustus selbst spricht sich gegen seinen unwürdigen Nachfolger aus. Anstatt in den Himmel aufgenommen zu werden, wird er in die Unterwelt geschickt, wo er Scharen der von ihm Ermordeten und zum Tode Verurteilten trifft. Nun könnte man einwenden, diese Satire sei nur für kleine Kreise am Hofe des Nero geschrieben. Ob sie über diese Kreise hinaus wirkte, sei unsicher. Sie ist jedoch nicht nur geistreiche Unterhaltung, sondern verfolgt politische Legitimationsabsichten: Sie soll die Ansprüche von Nachfahren des Claudius – Nero selbst war nur ein adoptierter Sohn des Claudius – durch Verspottung des verstorbenen Kaisers bekämpfen. Sie ist also auf eine gewisse Breitenwirkung aus. Darüber hinaus gibt es in ihr deutliche Hinweise darauf, daß auch das Volk der Apotheose von Kaisern und deren Familienmitgliedern skeptisch gegenüberstand. Über den Senator Livius Geminus lesen wir nämlich in dieser Satire: «Denn seitdem er im Senat geschworen hat, er habe Drusilla in den Himmel emporsteigen sehen, und ihm zum Dank für diese so freudige Kunde (*tam bono nuntio*) kein Mensch mehr glaubt, was er vermeintlich gesehen hat ...» (Seneca, Apoc 1,3). Hier wird eine allgemeine Skepsis gegenüber der Divinisierung verstorbener Mitglieder der Kaiserfamilie sichtbar. «Kein Mensch (*nemo*)» glaubt dem offiziellen Zeugen der «Himmelfahrt» der Drusilla. Nimmt man hinzu,

---

9 Vgl. A. Bauer (Hg.), Apocolocyntosis. Die Verkürbissung des Kaisers Claudius, RUB 7676, Stuttgart 1981 und A. A. Lund (Hg.), Apocolocyntosis Divi Claudii, Heidelberg 1994.

daß die Divinisierung des Claudius durch symbolische Akte wieder aufgehoben wurde – Nero ließ einen für ihn errichteten Tempel wieder abreißen[10] –, dann muß man zu dem Schluß kommen: Der gesunde Menschenverstand hatte Grund genug für Skepsis gegenüber dem Realitätsgehalt postmortaler Divinisierungen.

Das mußte insbesondere für eine Gruppe gelten, die für die Christen in Rom noch immer die wichtigste Bezugsgruppe war: für die Juden. Apotheose von Herrschern war für sie generell ein Greuel, besonders seit der Selbstapotheose des Gaius Caligula zwischen 37 und 41 n. Chr. Hatte doch diese Selbstapotheose zu einer tiefen Krise zwischen Judentum und *Imperium Romanum* geführt, als Caligula versucht hatte, den Jerusalemer Tempel in eine Stätte des Kaiserkults umzuwandeln. Wenn es also irgendwo in Rom kritische Stimmen zur Apotheose von Herrschern gab, so wurden sie unter Juden gewiß begierig aufgenommen.

Skepsis gegenüber der postmortalen Vergöttlichung des Mitglieds einer Königsfamilie konnte auch die Auferstehungsbotschaft der Christen treffen. Christen mußten deutlich machen, warum ihr *euangelion* vom Auferstandenen eine andere «gute Botschaft» (oder bonum nuntium) von der postmortalen Divinisierung der Claudier an Wahrheitsgehalt überbot. Hat Paulus etwa deshalb betont, daß er sich des Evangeliums nicht schäme – und daß er es allen schulde, Griechen und Barbaren, Weisen und Unweisen (Röm 1,14f)? Gewiß ist der Begriff «sich schämen» ein Stück geprägter Bekenntnissprache (vgl. Mk 8,38parr). Aber das schließt nicht aus, daß Paulus ein Zusammenhang zwischen den Schwierigkeiten der Botschaft in Rom und der ambivalent erlebten Apotheose von Kaisern bewußt war.

Auf jeden Fall haben Hörer und Hörerinnen des Römerbriefs wahrscheinlich solche Zusammenhänge gesehen: Die «gute Botschaft» von der Auferweckung des Gekreuzigten und die Apotheose der verstorbenen Kaiser waren strukturell verwandt: Hier wie dort stammen die Vergöttlichten aus einer königlichen Herrscherfamilie, in Rom aus dem julisch-claudischen Haus, in Judäa aus der davidischen Familie. Hier wie dort werden sie erst nach dem Tod in ihre volle göttliche Würde eingesetzt. Hier wie dort geschieht diese Erhebung unter die «Götter» aufgrund einer übernatürlichen Macht, die sich mit den betreffenden Menschen verbindet: bei den Kaisern ist das der «Genius» des Kaisers, bei Jesus das «Pneuma der Heiligkeit». Hier wie dort sprach man mit verwandten Worten von dieser «guten Botschaft». Dort hieß sie lateinisch *bonus nuntius*, hier griechisch *euangelion*. Gerade wegen dieser strukturellen Verwandtschaft mußte betont werden: Die Einsetzung Jesu zum Gottessohn ge-

---

10 Vgl. Suet Vesp 9: Danach errichtete Vespasian einen Tempel «für den unter die Götter aufgenommenen Claudius auf dem Caeliushügel, der von Agrippina begonnen, von Nero aber wieder fast gänzlich niedergerissen worden war». Nach Suet Claud 45 wurde Claudius «unter die Götter aufgenommen, eine Ehrung, die Nero vernachlässigte und dann ganz fallenließ». Wann diese Wende in der «Politik» Neros eintrat, ist schwer zu sagen. Möglicherweise jedoch schon sehr bald, denn nur für die Jahre 54–55 finden sich Münzen mit dem Titel «Neron fil. Divi», also Münzen, welche die Divinisierung des Vorgängers und Adoptivvaters voraussetzen und es Nero erlaubten, sich selbst einen Sohn des «vergöttlichten» Vorgängers zu nennen. Vgl. H. Mattingly, E. A. Sydenham, The Roman Imperial Coinage, London 1984, Bd 1, 150, Nr. 1–7.10.

schah *en dynamei*, d. h. in Wirklichkeit und Macht. Sie war mehr als eine staatstragende Fiktion. Es ist nicht ausgeschlossen, daß Paulus solche Zusammenhänge beim Formulieren des Römerbriefs bewußt waren. Wahrscheinlich aber ist, daß sie sich unabhängig von der Intention des Paulus den Empfängern des Römerbriefs aufdrängen mußten.

Eine Gerichtsrede und ihre Implikationen

Wenn man Präskript und Prooemium des Römerbriefs einmal so gelesen hat, wird man auch in der großen Gerichtsrede des Paulus (Röm 1,18ff) Assoziationen finden, die auf die politische Gesamtsituation in Rom deuten. Paulus gliedert seine «Gerichtsrede» in Röm 1,18–32 in drei Teile. Der erste formuliert den Vorwurf mangelnder Gotteserkenntnis (1,18–23), der zweite zeigt die Konsequenzen in exzessiv libidinösem Verhalten (1,24–27), der dritte in exzessiv aggressivem Verhalten auf (1,28–32). Paulus denkt hier an die allgemeine Situation aller Menschen. Aber es ist unbestritten, daß er bei seinen ganz allgemeinen Aussagen konkret vor allem Heiden im Blick hat. Und es ist daher auch nicht ausgeschlossen, daß in allen drei Teilen seiner Gerichtsrede das Verhalten der heidnischen Herrscherschicht sein allgemeines Bild von diesen «Heiden» gefärbt hat. Sein allgemeines Thema formuliert er in Röm 1,18:

> Der Zorn Gottes wird vom Himmel herab offenbart wider alle Gottlosigkeit und Ungerechtigkeit der Menschen, die die Wahrheit durch Ungerechtigkeit niederhalten.

Fragt man sich, wer in Rom die Wahrheit des Evangeliums «niedergehalten» hat, so liegt es nahe, an die kaiserliche Politik zu denken. Möglicherweise hatte Claudius zum ersten Mal kurz nach seinem Regierungsantritt auf die christliche Botschaft reagiert. Die Notiz des Cassius Dio über ein Versammlungsverbot der Juden und den Befehl, sie sollten bei ihrer väterlichen Lebensweise bleiben (Cassius Dio 60,6,6), könnte sich nämlich schon auf Unruhen aufgrund der christlichen Botschaft beziehen: Eine Diskussion über die Aufgabe jüdischer Traditionen wurde in den 30er und 40er Jahren vor allem durch Christen provoziert.[11] Als diese Unruhen nicht aufhörten und 48/49 erneut die Öffentlichkeit erreichten – vielleicht aufgrund des großen Auftriebs, den die Heidenmission durch das Apostelkonzil ca. 46/48 n. Chr. erhalten hatte –, kam es 49 n. Chr. zur Ausweisung von Judenchristen aus Rom. Die römischen Hörer und Hörerinnen konnten für sich leicht konkretisieren, wer die Wahrheit des Evangeliums immer wieder «aufhielt».

---

11 So die bestechende Deutung durch H. Botermann, Judenedikt, 103–140. Gegen diese Deutung spricht freilich, daß das «Versammlungsverbot» des Claudius mit einem «Befehl» verbunden wird, die traditionelle jüdische Lebensweise fortzusetzen. Zu dieser Lebensweise aber gehörten die Gottesdienste in den Synagogen. Es muß sich also um auffälligere «Versammlungen» gehandelt haben, z. B. öffentliche Bekundungen der Genugtuung über den Tod des Gaius Caligula. Solche öffentlich auffälligen «Versammlungen» aber haben kaum etwas mit den ersten Christen zu tun. Vgl. zum Problem die Diskussion bei D. Alvarez-Cineira (vgl. Anm. 1).

Der Abschnitt über die schuldhaft verlassene Gotteserkenntnis meint natürlich alle Heiden. Vorausgesetzt ist, daß Paulus weiß: Viele heidnische Philosophen und Weise sind zur Erkenntnis eines einzigen Gottes vorgestoßen. Der Monotheismus hatte auch in der griechisch-römischen Kultur viele Anhänger. Aber dennoch wurde diese monotheistische Grunderkenntnis nicht in konkrete Gottesverehrung umgesetzt: Nach wie vor verehrte man viele Götter nebeneinander.[12]

Besonders anstößig war, daß man dabei die «Herrlichkeit des unvergänglichen Gottes vertauschte mit dem, was (nur) gleich ist dem Bild eines vergänglichen Menschen und von Vögeln und vierfüßigen Tieren und Schlangen» (Röm 1,23). Auch hier ist über die allgemeine Polemik hinaus Konkretes im Blick, konkret der ägyptische Tierkult, vor allem aber die Apotheose von Menschen. Bei der Apotheose von Menschen aber war der Kaiserkult das nächstliegende Beispiel, an das die Leser und Leserinnen denken mußten. Nirgendwo sonst erfuhr der Zeitgenosse (zumal in Rom) so direkt (und wie bei Drusilla und Claudius in so leicht durchschaubarer Fragwürdigkeit) die Vertauschung von Schöpfer und Geschöpf (Röm 1,25).[13]

Die Folge solcher Vertauschung von Schöpfer und Geschöpf ist für Paulus eine exzessive Triebhaftigkeit, die den Menschen auf das Niveau von «Tieren» bringt. Wieder ist die ganze heidnische Welt im Blick. Wieder aber kann man fragen, ob nicht die Hörer und Hörerinnen des Römerbriefs im besonderen an die Kaiser denken mußten: Hier hatten sie die Vertauschung von Gott und Geschöpf direkt in Gestalt der Kaiserapotheose erlebt. Das Leben der Kaiser konnte als Beispiel für sexuelle Ausartungsbereitschaft wahrgenommen werden. Was Sueton in seinen Kaiserbiographien an Tratsch und Gerüchten gesammelt hat, kursierte gewiß schon vorher in Rom. Die Neigung aller Kaiser (mit Ausnahme des Claudius) zu homosexuellen Kontakten (neben heterosexuellen Beziehungen) war bekannt[14]: Die «Vertauschung der Geschlechtspartner» bei ihnen war für Paulus eine Folge der «Vertauschung von Schöpfer und Geschöpf». Da eigentlich erst Paulus (und das auch nur im Römerbrief) eine enge Beziehung zwischen religiöser und sexueller «Vertauschung» herstellt, kann man durchaus fragen: Ob es nicht

---

12 Josephus cAp II, 169, räumt ein, daß auch Pythagoras, Anaxagoras, Plato und die Stoiker das Wesen des einen Gottes erkannt haben, wirft ihnen aber vor, daß sie daraus nicht die Konsequenzen gezogen haben: «Aber diese, die nur für wenige philosophierten, hatten nicht den Mut, die Wahrheit ihrer Lehre in die für falsche Meinungen voreingenommene Menge hinauszutragen. Unser Gesetzgeber dagegen brachte seine Taten mit seinen Worten in Einklang.» Vgl. zum Problem Y. Amir, Die Begegnung des biblischen und des philosophischen Monotheismus als Grundthema des jüdischen Hellenismus, EvTh 38 (1978), 2–19.

13 Eine der engsten Parallelen zu Röm 1,23 bezieht sich in der Tat auf die Selbstapotheose des Kaisers Gaius Caligula. Philo schreibt am Anfang der 40er Jahre über ihn: «Was Gaius aber veränderte, war keine Kleinigkeit, sondern die größte Ungeheuerlichkeit, der Versuch nämlich, das geschaffene, vergängliche Wesen eines Menschen zum ungeschaffenen, unvergänglichen eines Gottes nach eigenem Belieben umzuformen. Das gerade hielten die Juden für die schlimmste Sünde. Denn eher könnte sich Gott in einen Menschen als ein Mensch in Gott verwandeln ...» (legGai 118). Der Gegensatz von «vergänglich» und «unvergänglich», «geschaffen» und (bei Philo nicht expressis verbis vorhanden) «ungeschaffen» bestimmt bei Paulus und Philo den Gedankengang.

14 Vgl. Suet Caes 49ff, Aug 68f, Tib 43ff, Cal 24f.36. Bei Claudius wird als Ausnahme hervorgehoben: «Für Frauen hatte er eine zügellose Leidenschaft, verkehrte aber gar nicht mit Männern» (Claud 33).

auch situationsbedingt ist, wenn er diesen Gedanken gerade in einem Brief nach Rom so pointiert formuliert?[15]

Auch der letzte Teil der Gerichtsrede greift allgemeine menschliche Laster an, trifft aber dabei eine Auswahl, die ein sehr viel dunkleres Bild menschlichen Fehlverhaltens entwirft als alle anderen paulinischen Lasterkataloge (vgl. 1 Kor 5,10; 6,9f; 2 Kor 12,20; Gal 5,19–21). Nur im Römerbrief gehört zur Entfaltung der «gesamten Ungerechtigkeit», in der sich die menschliche Abwendung vom Schöpfer niederschlägt, der «Mord», nur hier werden «Gottesverächter, Frevler und Übermütige» angegriffen, nur hier wird «Ungehorsam gegenüber den Eltern» angeprangert (vgl. Röm 1,28–31). All diese «Laster» passen besonders gut auf eine politische Elite, die ihre Machtkonflikte mit Mord und Totschlag austrägt, dabei auch nicht vor Verstößen gegen die Familienpietät zurückschreckt, und deren Treiben von den kleinen Leuten als «Frevel und Übermut» erlebt wurde. Auch der Herrschaftswechsel von Claudius zu Nero war nicht ohne Morde zugegangen. Agrippina, die ehrgeizige Mutter des Nero, hatte als ersten Junius Silanus umbringen lassen – nur weil er ein Urenkel des Augustus war und deshalb eine legitime Alternative zu ihrem Sohn Nero verkörperte (Tacitus, ann 13,1). Den Narkissus trieb sie in den Selbstmord (Tacitus, ann 13,1).[16] Schon im Jahre 55 n. Chr. ließ Nero seinen eigenen (Halb-)Bruder Britannicus umbringen – auch er ein möglicher Konkurrent (Tacitus, ann 13,15). Die Bilanz der (vergleichsweise zivilen) Regierungszeit des Claudius konnte damals in düstersten Farben gemalt werden. In der Unterwelt wird nach der Apocolocyntosis gegen ihn wegen des Mordes von 35 Senatoren, 221 römischen Rittern und unzähligen Bürgern «soviel wie Sand am Meer» verhandelt (Apoc 14,1). Bei den in Röm 1,28ff zusammengestellten Lastern könnte eine politische Elite im Blick sein – weniger ihre konkreten Taten, wohl aber

---

15 Der Gedanke einer Entsprechung zwischen religiöser und sexueller Verfehlung durch Vertauschung der jeweiligen Beziehungen findet sich außerhalb von Paulus nur in TestNaphth 3,2–5. Hier werden verschiedene Verkehrungen der natürlichen Ordnung als verschiedene Fälle der Verkehrung des Gesetzes parallelisiert:
   1. Die *kosmische* Ordnung: «Sonne und Mond und Sterne verändern ihre Ordnung nicht. So sollt auch ihr das Gesetz Gottes nicht verändern (*me alloiosete nomon theou*) durch Unordnung eurer Handlungen.» (V. 2)
   2. Die *religiöse* Ordnung: «Die Völker, die verführt wurden und den Herren verließen, veränderten ihre Ordnung (*alloiosan ten taxin auton*) und gehorchten Hölzern und Steinen, den Geistern der Verführung.» (V. 3)
   3. Die *sexuelle* Ordnung:
   a) Die sexuelle Ordnung zwischen Männern und Frauen: «Ihr aber (handelt) nicht ebenso, meine Kinder, da ihr doch an (Himmels-)Feste, Erde und Meer und an allen Schöpfungswerken den Herrn, der alles geschaffen hat, erkennt, damit ihr nicht werdet wie Sodom, das die Ordnung seiner Natur veränderte (*enellaxe taxin physeos autes*)» (V. 4).
   b) Die sexuelle Ordnung zwischen Menschen und Engeln: «Ebenso verkehrten die Wächter die Ordnung ihrer Natur (*enellaxan taxin physeos auton*), die der Herr auch bei der Flut verfluchte, deretwegen er die Erde von Besiedelung und Früchten leer machte.» (V. 5)
   Das *tertium comparationis* ist die Vertauschung der *taxis* (ein Begriff, der bei Paulus in Röm 1 fehlt). Das Beispiel einer Vergöttlichung des Menschen fehlt gerade. Auch die andere Parallele – SapSal 14,26 mit Kontext – stellt nicht wie Paulus einen so engen sachlichen Zusammenhang zwischen Vertauschung des religiösen Objekts und des Sexualpartners her.
16 Falls die in Röm 16,11 zu grüßenden christlichen Mitglieder im Hause des «Narkissos» diesen Günstling des Claudius meinen, der Ende 54 n. Chr. ein Opfer des Regierungswechsels geworden war, so könnte man mit einer überdurchschnittlich guten Information des Paulus über Claudius, seinen Tod und seine Divinisation rechnen.

ihr usuelles Verhalten! Daß Paulus einen Lasterkatalog gerade in einem Brief an die römische Gemeinde so gestaltet, ist vielleicht kein Zufall.

Ein Brief an eine Gemeinde im Zentrum der politischen Macht

Wir haben so weit nur den Anfang des Römerbriefs betrachtet. Auch im weiteren Verlauf dieses großen Briefes gibt es politische Aussagen, Anspielungen oder Bilder mit politischem Hintergrund.[17] Aber schon der Anfang kann vielleicht zeigen: Die Botschaft des theologischsten aller Paulusbriefe (und des Neuen Testaments überhaupt) wurde nicht in einen politisch «luftleeren» Raum gesprochen, sondern dieser Brief läßt erkennen, daß er an eine Gemeinde im Zentrum der politischen Macht adressiert ist. Die Auferstehungsbotschaft hatte hier schon früh in der Umwelt Irritationen ausgelöst. Paulus aber vertritt sie unbeirrt und mit demonstrativer Emphase gleich am Anfang seines Briefes.[18] Gerade weil sie eine Alternative zur staatstragenden Fiktion der postmortalen Kaiservergötterung war, war sie keine unpolitische Botschaft – mochte auch von Politik direkt mit keinem einzigen Wort die Rede sein. Sagte sie doch: Die Macht der Kaiser hört mit dem Tode auf. Ihre Apotheose ist nur Schein. Der einzige, der legitimerweise und wirklich durch den Tod hindurch zu göttlichen Ehren aufgestiegen war, war ein ganz anderer König: Jesus aus dem Stamme Davids. Er hatte sich erhoben, «um über die Völker zu herrschen». Auf ihm lagen die Hoffnungen der Heiden (Röm 15,12 = Jes 11,10 LXX). Er war der wirkliche Weltenherr, der alle Menschen nicht durch Gewalt und Truppen beherrschen wollte, sondern durch die Macht seines Evangeliums und der sich in ihr verwirklichenden universalen Gerechtigkeit.

---

17 Röm 10,6–8 könnte man als eine bewußte Kontrastierung der postmortalen Existenz des Auferstandenen mit anderen Gestalten verstehen, von denen man Himmelfahrt oder Höllenfahrt aussagt (wie in der Satire Apocolocyntosis von Claudius). In Röm 13,1–7 fällt auf, daß der Staat als eine von vielen Beamten verwaltete Aufgabe Gottes betrachtet wird, nicht aber als das Mandat eines einzigen Kaisers – und das in einem Brief nach Rom. 1 Petr 2,13–17 spricht dagegen unbefangen von der monarchischen Spitze des Staats.
18 Paulus nimmt in den Präskripten seiner Briefe nur im Galaterbrief 1,1 und Römerbrief 1,4 auf die Auferweckung Jesu Christi von den Toten Bezug.

Max Küchler

«WAS SUCHT IHR DEN LEBENDEN BEI DEN TOTEN?»

GEDANKEN ZUR NEUGIERDE AN EINEM LEEREN GRAB VOLLER VERHEISSUNG

> Wenn diese schweigen,
> schreien die Steine
> (Lk 19,40)

Wer heute vor dem Grab Jesu in der Grabeskirche von Jerusalem steht, sieht ein baufälliges, mit Eisenstangen und Metallzangen zusammengehaltenes Grabhaus, dessen Baufälligkeit und Überladenheit den meisten Pilgern und Pilgerinnen mehr die ärgerlichen Rivalitäten der christlichen Gruppen als den vitalen Ursprung des christlichen Glaubens bezeugen. Trotzdem drängen ununterbrochen Hunderte von Menschen in dieses zerfallende Denkmal, lassen sich im Vorraum, der Kapelle der Engel, die kritische Frage stellen: «Was sucht ihr den Lebenden unter den Toten?» (Lk 24,5), und dringen bis in die winzige hintere Grabkammer vor, in welcher seit des großen Konstantins Zeiten die «Stelle, wo er hingelegt war» (Mt 28,6) verehrt wird. Dort stehen sie vor einer Marmorplatte, die die Grabliege Jesu ihren neugierigen oder gläubigen Blicken entzieht!

Neugierde und Bestürzung ...

Diese Grabkammer ist weder ein Ort des Verweilens noch des Schauens. Die Entzogenheit und die Leere der Grabliege, aber auch die Enge des Raumes und die vielen nachdrängenden BesucherInneṅ treiben einen wieder hinaus in den Bereich der Lebenden. Ähnlich ging es schon jenen ersten Besucherinnen in Mk 16,1-8, die weder den Toten fanden, den sie salben wollten, noch am Ort der Grablegung trauernd verweilen konnten. Die Botschaft, die sie hörten und die sie fluchtartig in die Welt der Lebenden zurücktrieb, war zu ungeheuerlich: «Was sucht ihr den Lebenden bei den Toten? Er ist nicht hier; vielmehr: Er ist auferweckt!» (Lk 24,5f).

Die Parallele ist sicher gewagt, weil die Verschiebungen von bald zwei Jahrtausenden zwischen jenem denkwürdigen Besuch der drei jüdischen Frauen und dem heutigen Ansturm von BesucherInnen aus aller Welt liegen und unterdessen aus dem neuen Felsengrab des Josef von Arimatäa das tausendfach begangene «göttliche Gemach» der Anastasis-Kirche des Christentums geworden ist. Trotzdem charakterisieren zwei gleiche Dinge die beiden unterschiedlichen Szenen: Faszination und Verweis. Die Faszination, zum Ort des Ursprungs zu gehen und dort innezuhalten, und der Verweis, daß hier der Ursprung nurmehr in der Form der Abwesenheit des Toten und der Verwiesenheit auf die Lebenden zu finden ist. Diese zwei Aspekte von Neugier und Bestürzung, in denen sich zwei Eigenschaften des Heiligen (von R. Otto), das *Fascinosum* und das *Tremendum*, widerspiegeln, begleiten das Grabmal Jesu in den jahrhundertelangen Irrungen und Wirrungen, durch die es – wie alle anderen Orte der ‹Heiligen Stadt› – auch hindurch gegangen ist. Es selbst spielte dabei die Rolle des historischen Katalysators, der immer wieder neue Zyklen von Anziehung und Abweisung generierte, immer wieder Neugier und Frust sich abwechseln ließ ... wobei das Grab im Laufe der Geschichte selbst immer mehr an materieller Substanz verlor. Materiales Substrat und daran anknüpfende Botschaft stehen hier in einem so paradoxen Mißverhältnis, daß es eigentlich erstaunlich ist, weshalb das klägliche Substrat des Grabes nicht zugunsten der großartigen Botschaft vom Leben überhaupt aufgelöst wurde. Die Grabeskirche ist jedoch sozusagen die riesige Schutzpackung, welche die Byzantiner, die Kreuzfahrer, die Lateiner und die Griechen um jene kleinen Steinpartikel gelegt haben, die im Namen der Botschaft von der Auferstehung eben gerade nicht aufgelöst, sondern mit unglaublicher Zähigkeit festgehalten werden – wobei zugegebenermaßen diese Zähigkeit der Grund der Verschandelung des heiligen Ortes durch die Christen bis heute ist.

Auch die *archäologisch* formulierte Suche nach dem Grab Christi ist ein Teil dieser christlichen Faszination an den Steinen des Ursprungs. Als neugierige Beschäftigung mit einer *Sache* des Glaubens, kommt sie unweigerlich in die Auseinandersetzung mit der geglaubten *Person* und führt zugleich zu all jenen glaubenden Personen, die es im Laufe der Jahrhunderte nicht lassen konnten, Person und Sache beisammenzuhalten.

... am Ort der Konkretion des Glaubens

Die Geschichte der Grabeskirche ebenso wie die Erforschung des Grabes Jesu[1] sind in diesem Sinn ein Stück historischer *Rezeption* des Osterglaubens. Die neugierige Frage nach dem, was denn vom Grab Christi als dem Ort der jahrhundertealten Feier des fundamentalen christlichen Glaubens an die Auferste-

---

[1] Grundliteratur zur Grabeskirche: Martin Biddle, The Tomb of Christ. Sources, Methods, and a New Approach, in: Kenneth Painter, Churches Built in Ancient Times. Recent Studies in Early Christian Archaeology, London 1994, 73–147. – Klaus Bieberstein, Hanswulf Bloedhorn, Jerusalem. Grundzüge der Baugeschichte vom Chalkolithikum bis zur Frühzeit der osmanischen Herrschaft, Band 2 (BTAVO B 100,2) Wiesbaden 1994, 183–216 (alle vorausgehende Literatur). – Charles Coüasnon, The Church of the Holy Sepulchre in Jerusalem. Transl. from the original French by J.-P. B. and Claude Ross (The Schweich Lectures of the British Academy 1972) London 1974. – Herbert Donner, Pilgerfahrt ins Heilige Land. Die ältesten Berichte christlicher Palästinapilger (4.–7. Jahrhundert), Stuttgart 1979. – Gerhard Kroll, Auf den Spuren Jesu, Leipzig/Stuttgart "1990, 373–405.– Clemens Kopp, Die Heiligen Stätten der Evangelien, Regensburg 1959, 422–444.

Abkürzungen: BKV = Bibliothek der Kirchenväter, Kempten u. a., seit 1869; ELS = Donatus Baldi, Enchiridion Locorum Sanctorum. Documenta S. Evangelii Loca Respicientia, Jerusalem 1955 (ed. altera aucta et emendata).

hung des Herrn überhaupt noch vorhanden ist, führt einen zudem nicht nur in ungewohnte *Sachbereiche* der Literatur und der Archäologie, sondern auch zu all den unbekannten PilgerInnen und BeterInnen, Bauherren und Arbeitern, Priestern, Mönchen und Bischöfen, KöniginInnen und KaiserInnen, die im Laufe der Jahrhunderte eine erstaunliche Energie aufgebracht haben, hierhin zu kommen, hier zu beten, zu trauern und zu feiern, zu graben und zu bauen, einzureißen und wiederherzustellen, also auf unterschiedlichste Weise des Todes und der Auferstehung des Herrn zu gedenken, sie dem Vergessen zu entreißen und in Erinnerung zu behalten, ja sie als an einem Ort nachvollziehbar anzubieten, wobei – und dies kann durchaus als positiver Effekt verstanden werden – die darin aufscheinende historische Konkretion mit all ihren Erbärmlichkeiten einer *theologia gloriae* und deshalb der Selbstzufriedenheit tüchtig entgegenspricht.

Letzter Akt: Maximos Symaios – Der heilige Rest

Die letzte Nachricht eines Augenzeugen stammt aus dem ersten Jahrzehnt des letzten Jahrhunderts: 1808 zerstörte ein Brand große Teile der Grabeskirche. Die Galerien und die Kuppel der Anastasis verbrannten und beschädigten die Grabädikula. Die Hitze ließ die Hauptportale brennen, Pilaster und Säulen zerspringen und verwüstete Teile des Chors. Da die westliche Welt in den napoleonischen Kriegen und ihr Sinn nicht auf Geldgaben für die Grabeskirche stand, nutzten die Griechen die Gelegenheit für eine Restauration, welche die Kreuzfahrerzeit und das konkurrierende lateinische Element der vorausgehenden Bauten möglichst verdrängte. Der Mönch und Aufseher der Arbeiten, Maximos Symaios, hat in seinen griechischen Notizen über den Fortgang der Arbeiten den damals zum Vorschein kommenden Zustand des Grabes Jesu beschrieben:

> Da wurde die ganze Höhle (*spelaion*), die Heilige Grotte (*antron*) sichtbar, aus *meleki*-Stein, was «der königliche» heißt. Ihre Länge war drei Ellen, ihre Breite eineinhalb Ellen und ihre Höhe 4 Ellen [ca. 140x70x185 cm]. Von den übrigen Teilen, dem südlichen und nördlichen besteht nur die Seitenwand, während die östliche und die westliche und das Dach darüber (aus Mauern) erbaut sind. Der Boden ... ist aus gewachsenem Felsen[2].

Symaios kann zwar die Dimensionen des Grabhauses eruieren, auch wenn nur zwei Seitenwände bestehen und der Rest samt dem Dach offensichtlich späteres Mauerwerk ist. Von diesen kläglichen Überbleibseln nimmt er, wie schon seine Vorgänger, die bei einer solch außergewöhnlichen Gelegenheit die Gnadenhaftigkeit des Ortes auswerten wollten, viele Reliquienstücke mit! Unter dem «kaiserlichen Baumeister Komnenos von Mytilene», so prangt er auf der Inschrift über dem Eingang zum Grab, wird dann die Instandsetzung sehr

---

[2] Ed.: A. Papadopoulos-Kerameus, *Analekta Hierosolymitikes Stachylogias* Bd. III, Petersburg 1897 (Nachdruck Brüssel 1963) 117, 9–16.

schnell in Angriff genommen, und trotz des Protests der Franziskaner wird auch die beschädigte Grabädikula völlig neu in jenem «türkischen Rokokostil»[3] errichtet, der sich uns heute so ungewohnt aufdrängt!

Seit bald zweihundert Jahren also bewegt sich die alltägliche Abfolge ritueller Vergegenwärtigung und der alljährliche Zyklus der liturgischen Feste in griechischer, lateinischer und armenischer Zunge um diesen kläglichen Rest der Grabes- und Osterwirklichkeit.

Vorletzter Akt: Bonifatius von Ragusa – Das Wunder

Wenn wir einen Schritt weiter in die Geschichte zurück gehen, um die *zweitletzte* Beschreibung des Grabes durch einen Augenzeugen zu finden, bringt uns die Suche in die Mitte des 16. Jahrhunderts. Nach dem Erdbeben von 1545, das viele Beschädigungen mit sich brachte, errichteten die Franziskaner auch die Grabädikula neu. Der damalige Franziskaner Guardian Bonifatius von Ragusa (1551–1564) hat in seinem Brief *de aperto ss. Sepulcro* als Augenzeuge die Grabliege Jesu vor dem Neubau mit folgenden bewegten Worten beschrieben:

> Das heiligste Grab des Herrn, aus dem Felsen herausgehauen, bot sich unseren Augen offen an. Auf ihm waren zwei gemalte, übereinander angeordnete Engel zu erkennen; einer sprach auf einem Schriftband: «Auferstanden ist er! Er ist nicht hier», während der andere mit einem Finger auf die Grabstelle wies: «Hier ist der Ort, wo sie ihn hingelegt haben» [Mk 16,6]. Sobald diese Bilder den ersten Luftzug spürten, lösten sie sich zum größten Teil auf. Als eine der Alabasterplatten ... weggenommen werden mußte, erschien uns jene unaussprechliche Stelle offen, in welcher der Menschensohn drei Tage geruht hat ... Die Stelle leuchtete wie mit gleißenden Sonnenstrahlen vom heiligsten Blut des Herrn Jesus, das mit jenem Öl vermischt war, mit welchem er am Grab gesalbt worden war ... In der Mitte des heiligsten Ortes fanden wir ein Holz hingelegt, in ein kostbares Schweißtuch eingewickelt. Als wir es ehrfurchtsvoll in die Hände nahmen und küßten, wobei es der Luft ausgesetzt wurde, zerfiel das Schweißtuch unter unseren Händen zu nichts; nur einige Goldfäden blieben übrig.
>
> Dem kostbaren Holz waren auch Inschriften beigefügt, aber sie waren vom Alter so zerstört und verbleicht, daß man aus den einzelnen Worten keinen einzigen ganzen Satz zusammenstellen konnte. Einzig ganz oben auf einem Blatt konnte man folgende in lateinischen Großbuchstaben geschriebenen Worte lesen: HELENA MAGNI [CONSTANTINI MATER FECIT], «Helena, [die Mutter] des großen [Konstantin, hat dies gemacht]».[4]

Die Zerbrechlichkeit des aufgedeckten Grabes ist auffallend: Nur der Fels mit der Grabliege besteht, darauf ein Stück Holz und ein Blatt mit zwei Wörtern. Die Bilder lösen sich auf, vom Schweißtuch bleiben einige Goldfäden, die Inschriften sind verblichen. Und die frommen Restauratoren nehmen dies alles als Reliquien mit! Ein einfacher Kuppelbau wird über den Felsresten errichtet. Bernardino Amico hat 1609 davon getreue Zeichnungen und Pläne angefer-

---

3 Kroll, Auf den Spuren Jesu (Anm. 1), 404.
4 Liber de perenni cultu Terrae Sanctae [1577], ed. Venedig 1875, 279 = ELS 957, 4.

tigt, so daß uns das Zentrum der Passions- und Auferstehungsliturgie der beiden folgenden Jahrhunderte ganz gut vorstellbar ist.

Zweiter Akt: Konstantin IX. Monomachus – Verwüstung

In den vorausgehenden sechs Jahrhunderten bestand hier jenes Grabhaus Jesu, das die Kreuzfahrer des 12. Jahrhunderts von der Kirche des Kaisers Konstantin IX. Monomachus (1048) übernommen haben. Monomachus hatte die schwere Aufgabe, die nach dem Bericht des christlichen Historikers Jahja von Antiochien vom Fatimidenkalif al-Hakim «bis auf die Fundamente verwüstete Kirche der Heiligen Auferstehung» wieder zu errichten. Der beauftragte Kommandant hatte sich sogar «bemüht, die Reste des heiligen Grabes freizulegen und selbst dessen Spuren zu beseitigen. Er zerschlug es und zerstörte es größtenteils» (ELS 942). Der griechische Kaiser errichtete im Zentrum der monumentalen, oben offenen Rotunde über dem zerschlagenen Felsengrab ein Grabhaus Jesu, das nach dem lateinischen Bericht des Angelsachsen Saewulf (1102/3) «mit einer sehr starken Mauer umgeben und zugedeckt», also wohl wieder zu einem höhlenartigen Grab gestaltet wurde (ELS 945,2). Der griechische Pilgermönch Daniel (1106/8) beschreibt kurz danach eine kleine, sehr niedere Felsgrotte mit einer Felsbank im Innern. Das Äußere sei aus Marmor und mit zwölf Säulen geschmückt, obendrauf ein Türmchen mit einem silbernen Christus aus Frankreich. Daniel sah den gewachsenen Felsen nur noch durch drei Löcher in der Vorderwand der Grabliege (ELS 946,2). Mehr war an ursprünglichem Fels wohl nicht mehr vorhanden! Saewulf wie Daniel schreiben zwar schon zur Zeit der Kreuzfahrer, aber noch vor dem Bau der neuen Kathedrale, welche zwar die byzantinisch-griechischen Bauten in ihrer Gesamtkonzeption völlig veränderten, das Grabmonument aber beließen. Ein Jahrhundert lang feierten die lateinischen Herren des vorderen Orients und Hunderttausende von Pilgern aus dem Westen die Auferstehung des Herrn an dessen ‹befreitem› Grab.

Erster Akt: Konstantin der Große – «Tatsachen»

Vor Monomachus bestand das Grab Jesu mehr oder minder in der Form, die Konstantin der Große ihm im 4. Jahrhundert geben ließ. Die Verwüstungen beim Persereinfall (614) oder bei der Eroberung durch die Araber (638) hatten die ursprüngliche Anordnung nur soweit zerstört, daß die Christen sie jeweils in kurzer Zeit wieder herrichten und zum Ort ihrer enthusiastischen Osterfeiern (mit dem famosen Osterfeuer) machen konnten.

Hatten die Christen der bis jetzt rückwärts durchschrittenen 15 Jahrhunderte stets einen Vorgängerbau als Ausgangspunkt, so bestand das Problem der Christen zur Zeit Konstantins darin, daß sie auf nichts als ihre kollektive Erinnerung zurückgreifen konnten. Christliche Lokaltraditionen von heiligen

Grotten in Betlehem (Geburtsgrotte) und Jerusalem (Eleonagrotte; Grabgrotte) haben sicher das monumentale Bauprogramm Konstantins gelenkt. Und diese sagten offenbar, daß das Grab Jesu unter dem Forum und den zentralen Stadtbauten des Kaisers Hadrian aus dem 2. Jahrhundert liege. Jedenfalls gab Konstantin im Anschluß an das Konzil von Nizäa (325) den Befehl, die Gebäude des Hadrian vollständig abzutragen und dessen Steine und Hölzer und sogar den Auffüllschutt möglichst weit wegzuführen. Eusebius berichtet von diesem ganzen Unternehmen in seiner *Vita Constantini*[5]. Danach fand man unter dem Schutt «gegen alle Erwartung das hehre und hochheilige Zeugnis der Auferstehung des Erlösers». Diese «allerheiligste Grotte» bezeugte für die damalige Zeit «durch Tatsachen (*ergois*) die Auferstehung des Erlösers» (3,38). In einem Brief gibt der Kaiser dann dem Jerusalemer Bischof Makarius den Auftrag, in Zusammenarbeit mit dem Architekten Zenobius «diesen heiligen Ort mit herrlichen Bauten zu schmücken», welche «die schönsten Werke in jeder Stadt samt und sonders überstrahlen» (3,30f). Eusebius zögert nicht, diesen Bau «das neue Jerusalem zu nennen, jenem alten gegenüber, das – nach der schrecklichen Ermordung des Herrn – die Gottlosigkeit seiner Bewohner mit völliger Verwüstung büßen mußte» (3,33). Diese judenfeindliche Begründung[6] zeigt, daß nicht nur die Lage «anstelle» des *heidnischen* Tempels, sondern auch «gegenüber» dem zerstörten *jüdischen* Tempel für die Wahl des Ortes mitbestimmend war.

Von der Grotte als «Haupt» her wurde gegen Osten hin eine monumentale Anlage gestaltet, die nach rund zehn Jahren Bauzeit im Jahr 335 eingeweiht wurde (vgl. 4,43ff). Eusebius beschreibt die fünf Baueinheiten in westöstlicher Abfolge so ausführlich, daß – zusammen mit dem Madaba-Mosaik, den archäologischen Gegebenheiten und den liturgischen Texten (s. u.) – der Plan dieser großartigen Doppelkirche recht genau rekonstruiert werden kann:

> *Das Heilige Grab:* Zuerst schmückte er gleichsam als Haupt des ganzen Werkes die heilige Grotte aus ... mit auserlesenen Säulen und großer Pracht, indem er die verehrungswürdige Grotte mit vielerlei Schmuck zierte (Vita Const 3,33f).
>
> *Das zentrale Atrium:* Darauf ging er dazu über, einen sehr geräumigen Platz, der unter freiem Himmel lag, zu schmücken, indem er ihn mit einem glänzenden Steinboden versah und auf drei Seiten mit mächtigen Säulenhallen umgab (3,35).
>
> *Die Basilika:* An der der Grotte gegenüber liegenden Seite, gegen Sonnenaufgang, war die Basilika, ein ungeheurer Bau, der sich zu unermeßlicher Höhe erhob und in die Länge und Breite sehr weit ausdehnte.

Es folgen dann ausführliche Beschreibungen der prachtvollen Ausstattung der dreischiffigen Basilika, des östlichen Atriums und der Propyläen, die mitten auf die breite Straße der neuen Agora gehen.

So entstand aus der Erinnerung – ob diese nun zutraf oder nicht – ein gewaltiger Bau, der zum Ausgangspunkt und zum Zentrum der Jerusalemer Liturgie wurde. Beim Grab Christi, das unsere noch immer christliche Neugier

---

5 Vita Constantini 3,25–40 und 4,40–47; BKV 9, 1913, 118ff, 168–174.
6 Vgl. Max Küchler, Der Grund des Antijudaismus – Jesus selbst?, in: BiKi 44 [Ausg. Schweiz], 1989, 95f.

möglichst genau zu erkennen versucht, spricht Eusebius in der *Vita Constantini* nur von einer *Felsgrotte*, die geschmückt und mit Säulen versehen worden sei. Man muß sich danach eine im Fels verborgene Grabhöhle vorstellen, die im Innern vielfach geschmückt und an der östlichen Frontseite mit Säulen versehen war. In seinem vorausgehenden Werk *Theophaneia* (330–335?) gibt Eusebius jedoch über das in den Felsen gehauene Grab Christi präzisere Auskunft:

> Das Grab aber war eine Höhle ... Staunenswert zu sehen aber (ist) der Fels, auf abgeplattetem Land, allein, aufrecht stehend und nur eine Grotte umfassend.[7]

Die Grabhöhle war also aus dem westlich ansteigenden Felsmassiv herausgehauen worden, wie dies für die Heraushebung eines schon bestehenden Felsengrabes auch beim Absalom-Monument (in hellenistischer Zeit) und beim Mariengrab (in frühchristlicher Zeit) der Fall war. Daraus entstand die paradoxe Beschreibung einer frei stehenden Grabgrotte. Diese *cripta* sah der Pilger von Bordeaux im Jahr 333 (ELS 926,2), also noch während des Baus. Bei Kyrill von Jerusalem findet sich um 350 der erste wertvolle, aber schwer verstehbare Hinweis auf die *innere* Gestalt des Felsengrabes. In der Katechese 14,9 (ELS 927,8) beantwortet er sich die Frage «Woher ist der Erlöser auferweckt worden» anhand einer allegorischen Auslegung des Hoheliedes:

> Es heißt im Hohelied: «Steh auf! Komm, meine Freundin» (Hld 2,10.13) und weiter unten «in einer *skepe* des Felsens» (2,14). «*skepe* des Felsens» nennt das Hohelied den Unterschlupf, der damals vor dem Eingang (*thyre*) des Grabmals (*mnema*) des Erlösers war, und zwar aus dem Felsen selbst herausgehauen, wie dies hier vor den Grabmälern üblich ist. Jetzt ist er aber nicht vorhanden, weil damals dieser höhlenartige Vorraum (*pro-skepasma*) abgemeißelt worden war wegen der jetzigen schönen Anordnung. Vor der Zubereitung des Grabmales durch königliche Großmut war vor dem (jetzigen) Felsen ein Unterschlupf (*skepe*).

Kyrill hat offenbar das wunderschöne Lied vom «Geliebten, der soeben ankommt, hinspringend über Berge, über Hügel hüpfend» (Hld 2,8–17) auf die Auferstehung des Herrn bezogen und darin (für uns methodologisch nicht nachvollziehbar) einen Hinweis auf die ursprüngliche innere Doppelgestalt des Grabes Jesu gefunden. Es hatte demnach einen Vorraum und eine hintere Grabkammer, wie sich dies in vielen Gräbern Palästinas und auch Jerusalems findet. Beim Heraushauen des Grabes aus dem Felsen entstand jedoch ein Grabtempelchen, dessen hintere Grabkammer nurmehr eine Grotte darstellte, während der Vorraum (der ‹Unterschlupf›) zu einer offenen Eingangspartie umgestaltet wurde.

Dieses kleine Heiligtum hat in den ersten Jahrhunderten den Besuchern einen jeweils etwas verschiedenen Gesamteindruck hinterlassen. Was um 550 im *Breviarius de Hierosolyma* ein «Grab mit silbernem und goldenem Baldachin» (ELS 931,5) ist, beschreibt der Pilger von Piacenza im Jahr 570 als aus

---

[7] 61; GCS, Eusebius III/2 14*.158*.

dem Felsen geschlagenes Troggrab, dessen Oberbau «in der Art einer Pyramide *(meta)*» gestaltet war (ELS 933,1). Während der Jerusalemer Patriarch Sophronius um 630 einen «heiligen Kubus anschaut» (ELS 934), sieht Arkulf 50 Jahre später «ein rundes, aus dem Felsen gehauenes Häuschen» (ELS 935,1), und Willibald von Würzburg wird es um 725 als «oberirdischen Felsen, unten quadratisch und oben schmal» bezeichnen (ELS 937,3)! In ähnlichen Variationen ist die Ädikula auch auf Pilgerflaschen, Gläsern und Miniaturen des 6./7. Jh. zu erkennen.

Die *Rotunde* über dem Grab, welche das herausragendste architektonische Merkmal darstellt, wäre von Eusebius sicher nicht verschwiegen worden, wenn sie schon bestanden hätte. Vielleicht war sie bei der Einweihung 335 noch nicht vollendet, so daß zuerst nur ein Grabhaus innerhalb einer einfachen säulenumstandenen Exedra im Fels bestand. Archäologisch sind aber nicht zwei Phasen zu erkennen. Da schon bei Kyrill von Jerusalem um 350 die Neugetauften am Ostermontag «in die heilige Stätte der Anastasis hineingehen können» (Katechese 18,33), um katechetische Unterweisung zu bekommen, ist zu diesem Zeitpunkt doch wohl schon ein Gebäude über dem Grabhaus vorhanden.

Eusebius sagt erstaunlicherweise auch nichts vom *Golgota-Felsen*, obwohl der «Hügel Golgota» im Jahr 333 – also noch während des Baus des Heiligtums – vom Pilger von Bordeaux ein Steinwurf von der Grabes-«cripta» entfernt gesehen wurde. Auch Kyrill spricht aus eigener Anschauung vom «hochgelegenen Golgota» (Katechese 13,39). Die Basilika war ja von Anbeginn so ausgerichtet, daß der Felsen in der genauen Fortsetzung ihres inneren südlichen Seitenschiffs lag. Genau da zeigt ihn auch das Madabamosaik. Es ist aber bezeichnend, daß der antike Besucher durch die Architektur der ganzen Anlage direkt zum Denkmal der *Auferstehung* hingeführt wurde, den Golgota-Felsen jedoch nur in einer Nebenkapelle finden konnte. Dies entspricht so gut der Theologie des Eusebius, in dessen Glaubensbekenntnis auf dem Konzil von Nizäa der Kreuzestod fehlte, daß man versteht, weshalb er bei der Beschreibung des Konstantinbaus Golgota zu erwähnen ‹vergaß›.[8]

Die Feiern des Ursprungs ...

Dieses aus dem Schutt mehrerer Jahrhunderte erstandene Grab Jesu steht am Ausgangspunkt aller weiteren Bauten und Feierlichkeiten. Vollendet in eine Großarchitektur eingeordnet bildete es das strahlende Zentrum des religiösen Lebens Jerusalems, den Ort, wo die Christen drei Jahrhunderte nach dem Tod Jesu ihrem Glauben an die Auferstehung des Herrn einen konkreten Ausdruck und eine Möglichkeit des konkreten liturgischen Nachvollzuges geben konnten. Daß für die Jerusalemer Christen dieser Kontakt mit der ‹steinigen Histo-

---

8 Vgl. Klaus Bieberstein, Theologie in Stein. Die Grabeskirche im Wandel der Zeiten, in: Welt und Umwelt der Bibel 1 (1996), 35-43, hier 36f.

rie› so wichtig war, hatte nicht nur religionspolitische Gründe. Es entsprach dem Glaubensbewußtsein der palästinischen Christen, daß ein Ort, an welchem Heil geschah, heilsam ist und verehrt werden soll. Das leere Grab Jesu als der Ort des den christlichen Glauben begründenden Ostergeschehens war aber der heilig-heilende Topos *par excellence*, an dem radikales Heil erwirkt wurde und der deshalb wie kein anderer Heil brachte.

Diese verschütteten Steinformationen hatten ihre Botschaft, die verkündet werden mußte. Wie die Christen des 4. Jahrhunderts dies getan haben, wie also die Steine des Grabes immer wieder zum Ausgangspunkt intensivster religiöser Erfahrungen wurden, läßt sich erstmals aus Hinweisen in den Schriften des Bischofs Kyrill von Jerusalem (um 350) ersehen: In der Basilika, im Atrium oder vom Golgotafelsen herab wurden die Täuflinge in der Fastenzeit durch die Katechesen des Bischofs für den Eintritt in die Kirche vorbereitet, hier empfingen sie an Ostern die Taufe, die Firmung und die Eucharistie und in der Anastasis wurden ihnen nach ihrer Aufnahme die innersten Geheimnisse der christlichen Lehre in den ‹mystagogischen Katechesen› vorgetragen. Ort und Botschaft entsprachen sich da genial, und Kyrill wußte wohl, wie wirksam konkrete Katechese vor Ort war!

... in byzantinischer Zeit

Wie die liturgischen Feierlichkeiten im Konstantinsbau abliefen, erfahren wir für das Ende des 4. Jahrhunderts aus der *Peregrinatio* der Pilgerin Etheria und parallel dazu, samt den Angaben zu den Lesungen, im Armenischen Lektionar. Aus den Homilien des Eutychius v. Jerusalem kommen ein paar spärliche zusätzliche Angaben.[9] Mir scheint, wichtiger als alles Theologisieren über Sinn und Unsinn von konkreten religiösen Vollzügen ist es, zu beobachten, was die Menschen tun, wenn sie an den Ursprung ihrer religiösen Überzeugung zu gelangen versuchen. So füge ich an die historische Erhebung der Augenzeugen die respektvolle Darstellung der liturgischen Vollzüge an, wie sie am Anfang der Geschichte der Grabeskirche in ihrer eindrücklichen Einheitlichkeit gefeiert und von Mitfeiernden beschrieben wurden.

In diesen Texten sind zudem – dies kann der mit immer noch christlicher Neugier ausgestattete Neutestamentler nicht unterdrücken – jene architektonischen Hauptelemente des konstantinischen Baus wiederzuerkennen, die bei Eusebius in der *Vita Constantini* (s. o.) angegeben sind:

– Die Anastasis mit der «Höhle» *(spelunca)*, welcher *cancelli*, «Gitter, Abschrankungen», vorgelagert sind.

– Das zentrale Atrium.

– Das «Martyrium» oder die «größere Kirche, die Konstantin gebaut hat und die auf Golgota hinter dem Kreuz steht». Die beiden zugänglichen Seiten

---

9 Vgl. zu diesen Quellen: Othmar Keel, Max Küchler, Christoph Uehlinger, Orte und Landschaften der Bibel, Bd. I, Zürich / Göttingen 1984, 416.418.

des Golgotafelsens werden als «*vor* dem Kreuz» (also westlich) und «*hinter* dem Kreuz» (also östlich; vom südlichen Seitenschiff des Martyriums her zugänglich) bezeichnet.
– Die «großen Tore auf der Marktseite».

An den Wochentagen
Vor dem Hahnenschrei werden «alle Tore der Anastasis» geöffnet. «Mönche und Jungfrauen, aber auch Laien, Männer und Frauen» versammeln sich zu einem Wechselgesang von Psalmen und Hymnen. Bei Tagesanbruch werden die Morgenhymnen gesungen. Dann «kommt der Bischof mit dem Klerus, betritt sofort die Grotte und spricht dann innerhalb der Abschrankungen ein Gebet für alle.» Nach namentlichen Aufrufen, Handkuß und Segen erfolgt dann die Entlassung. – Ähnliches geschieht um die sechste und neunte Stunde (12 und 15 Uhr). – «Zur zehnten Stunde» (16 Uhr), dem Zeitpunkt des *lucernare*, des «Lampenanzündens», versammeln sich wieder alle bei der Anastasis, das Licht wird aus dem Inneren der Grotte, wo beständig Lampen brennen, gebracht, und es werden «alle Leuchter und Kerzen angezündet». Nach weiteren Gesängen und Segnungen aller Gläubigen und der Katechumenen geht die Prozession «bis zum Kreuz», danach «hinter das Kreuz», wo die Zeremonien mit dem Einbruch der Dunkelheit enden (Peregrinatio 24,1–7). Eine «Darbringung» (*oblatio:* Messe) scheint nur an den Fasttagen, d. h. am Mittwoch und am Freitag, stattgefunden zu haben. Die Wochentage der acht Wochen dauernden Fastenzeit haben einen leicht intensivierten Ablauf.

Am Sonntag
Noch vor dem Hahnenschrei versammelt sich die Menge im Atrium und wartet mit Gesang auf das Öffnen der «heiligen Stätten». Vom ersten Hahnenschrei an werden in Anwesenheit des Bischofs die Vigilien gefeiert, worauf alle, außer die Mönche, «in ihr Haus zurückkehren». Wenn es Tag ist, versammelt sich die Gemeinde in der «größeren Kirche», wo «von allen Priestern, die assistieren, predigt, wer will, und nach ihnen allen der Bischof». Die Verzögerungen bringen es mit sich, daß dieser Wortgottesdienst bis 11 Uhr gehen kann. Danach zieht man zur Anastasis, wo mit allen Gläubigen unter Ausschluß der Täuflinge die «Darbringung» gefeiert wird. – Die Vesper geschieht «nach täglichem Brauch» (24,8–25,6a).

Das liturgische Jahr hatte ebenfalls sein Zentrum in der Anastasis, doch weiten sich die Prozessionen an den hohen Feiertagen zum Zion auf dem Südwesthügel und auf den Ölberg aus. Dabei ist – und Etheria schätzt dies sehr – für Jerusalem das Bestreben zu erkennen, die Gläubigen an jene Orte zu führen, wo das gefeierte Geschehen einmal stattgefunden hatte.

An Epiphanie
Nächtliche Prozession von Betlehem nach Jerusalem; Lieder und Gebete in der Anastasis. Um 8 Uhr: Versammlung und Messe in der so prächtig geschmückten größeren Kirche, «daß man außer Gold und Edelsteinen und Seide nichts sieht», dann Prozession zur Anastasis. – Bei der Oktav und am 40. Tag (Lichtmeß) finden ähnliche Feiern statt (25,6b–12; 26).

Am Palmsonntag
Nach der nächtlichen Vigil «in der Anastasis und am Kreuz» und den Feiern in der Eleona-Kirche und dem Imbomon auf dem Ölberg zieht die mit Zweigen geschmückte Prozession «vom Gipfel des Ölbergs bis zur Stadt und von da durch die ganze Stadt hindurch bis zur Anastasis, alles zu Fuß, selbst die vornehmen Damen und Herren», bis man «endlich schon spät zur Anastasis kommt» (31,4) und dort die Abendandacht mit einem Gebet beim Kreuz hält.

Am Hohen Donnerstag
Nach den üblichen nächtlichen und morgendlichen Feiern findet sich die Gemeinde um 14 Uhr beim Martyrium ein und feiert dann, das einzige Mal im Kirchenjahr, «hinter dem Kreuz» die Messe, «und alle kommunizieren» (35,2). Offensichtlich fehlte zu dieser Zeit noch ein in der Tradition verankerter Ort des letzten Abendmahles Jesu. Den Rest des Nachmittags und die ganze Nacht verbringt man auf dem Ölberg und in Getsemani im Kedrontal, sodaß die zurückkehrende Prozession erst bei Tagesanbruch «vor dem Kreuz» mit letzten Gebeten und Ermahnungen aufgelöst wird.

Am Karfreitag ...
... beginnen die Feiern schon wieder kurz danach, um 8 Uhr. «Dann wird für den Bischof ein Stuhl auf Golgota hinter das Kreuz, das jetzt da steht [?], gestellt. Der Bischof läßt sich auf dem Stuhl nieder, vor ihm wird ein mit Linnen bedeckter Tisch aufgestellt , ... man bringt ein silbernes, vergoldetes Kästchen, in dem das Holz des Kreuzes liegt, öffnet es und hebt das Kreuzesholz heraus und legt es auf den Tisch zugleich mit der Überschrift» (37,1). Dann kann das ganze Volk die Reliquie küssen. «Und weil irgendeinmal einer zugebissen und vom heiligen Holz etwas gestohlen haben soll, wird es nun von den Diakonen, die im Kreis stehen, bewacht, daß keiner der Kommenden wieder solches zu tun wagt» (37,2). Daneben präsentierte ein Diakon den «Ring Salomos und jenes Horn, mit dem die Könige gesalbt wurden» (37,3)! Dieses Vorbeiziehen des Volkes dauert bis Mittag, da wegen der Enge des Raumes fast eine Einerkolonne gebildet werden mußte, «durch eine Türe eintretend, durch die andere hinausgehend» (37,3). Von der sechsten bis zur neunten Stunde (12–15 Uhr) ist das Volk «unter freiem Himmel vor dem Kreuz, im sehr großen und schönen Atrium zwischen dem Kreuz und der Anastasis» (37,4) und hört Lesungen aus den Psalmen, aus den Briefen, aus der Apostelgeschichte und schließlich aus den Evangelien, «wo immer man von der Passion spricht» (37,5). «So wird in diesen drei Stunden das ganze Volk belehrt, daß nichts geschehen sei, was

nicht vorher angesagt, und nichts angesagt, was nicht ganz erfüllt worden sei»
(37,6). Die Gläubigen folgen den Lesungen mit aufgeregten Gesten und Klagen und Weinen. Nach der Verkündigung des Todes Jesu nach dem Johannesevangelium geht man ins Martyrium zur üblichen Feier, dann zur Anastasis zum Gedächtnis der Grablegung. «Dann folgt die Entlassung», doch harrt jeweils «eine gewaltige Menge» bis zum anderen Morgen beim Grab aus (37,9). Der *Karsamstag* ist dann sehr ruhig gehalten, nur Terz und Sext. Es werden jetzt «die Vigilien für Ostern in der größeren Kirche vorbereitet» (38,1).

Ostern
«Die Ostervigilien werden aber so gehalten wie bei uns [deshalb erzählt Etheria sie leider nicht!], nur das kommt hier dazu, daß die Täuflinge *(infantes)*, wenn sie getauft und (wieder) bekleidet sind, sobald sie aus dem Taufbrunnen *(fons)* herausgehen, zugleich mit dem Bischof zur Anastasis geführt werden.» Dort wurde wahrscheinlich (nach Kyrill v. Jerusalem) die Firmung gespendet. Danach: Prozession zur größeren Kirche, Vigilien mit Messe und Entlassung. Dann: Prozession zur Anastasis, Verlesung des Evangeliums von der Auferstehung und erneute Messe. «Aber alles geschieht schnell wegen des Volkes, daß es nicht zu lange aufgehalten werde.» (38,1b.2) – In der Osterwoche geschehen tägliche Prozessionen innerhalb der Grabeskirche, zum Zion und auf den Ölberg.

Pfingsten
Dies ist der Tag der «größten Anstrengung». Vigilien in der Anastasis, gewöhnlicher Gottesdienst in der größeren Kirche, mit «beschleunigter» Messe und Entlassung vor 9 Uhr. Danach folgt unmittelbar der Pfingstgottesdienst auf dem Zion; am Nachmittag bis zum Abend Gedenkfeier der Himmelfahrt [!] auf dem Ölberg. Erst zur Nachtzeit kommt man wieder zum Stadttor und gegen 20 Uhr zur größeren Kirche. «Und durch die geöffneten großen Tore, die auf der Marktseite sind [Propyläen], betritt das ganze Volk das Martyrium ...» Von dort geht es zur Anastasis, dann zum Kreuz und schließlich zum Zion, wo die Feier um Mitternacht abgeschlossen wird (43).

... und in Zukunft?

In Jerusalem wurden die Mysterien des Glaubens in der Liturgie gleichsam ergangen. Man suchte die heiligen Stätten auf, bis zur Erschöpfung, wobei Ausbrüche in Trauergesten oder Freudentaumel die Liturgie als intensives Erlebnis von Körper und Seele bezeugen. Das leere Grab Jesu stand seit dieser Zeit im Mittelpunkt der faszinierten Menschen: Zuerst herausgeschlagen aus dem natürlichen Felsen, in *splendid isolation* die Einzigartigkeit des hier begrabenen Abwesend-Anwesenden verkündigend, dann durch die Jahrhunderte hindurch zerstört, verbrannt, geplündert, aber auch stets wieder aufgebaut, geschmückt und verehrt.

Sich selbst in der historisch-konkreten Rezeption von Ostern katalysatorisch vermindernd, ist es jetzt schützend dem Zugriff und Blick entzogen, – was existiert denn noch davon?

Haben die Christen Angst, daß vielleicht nichts mehr vorhanden ist? Oder warten sie – hoffentlich – alle darauf, daß das ärgerliche Grabhaus endlich platzt und österliche Leere aus Stein unverstellt verkündet, daß der Lebende nicht bei den Toten zu suchen ist?

Pietro Selvatico

DIE AUFERWECKUNG JESU – EIN MIRAKEL?

In Vorlesungen, die an ein breiteres Publikum gerichtet waren, warnte vor Jahren W. Kasper bei der Erörterung der Auferweckung Jesu, man solle sich die Erscheinungen Jesu doch «nicht sonderlich mirakulös vorstellen. Das liefe nämlich groteskerweise darauf hinaus, daß die ersten Zeugen des Osterglaubens aufgrund von ‹umwerfenden› Erfahrungen selbst vom Glauben dispensiert gewesen wären.» Es stünde damit das Gottsein Gottes auf dem Spiel.[1] Bald darauf konstatierte Kasper aber, mit Blick auf die Entsprechung von irdischem Jesus und erhöhtem Christus:

> Die theologische Relevanz des Historischen ist in einem vorher ungekannten Ausmaß zu einem akuten und entscheidenden, aber im Grunde völlig unbewältigten Problem geworden.[2]

Beide Feststellungen von Kasper gelten unvermindert. Im folgenden beschäftigen wir uns deshalb mit mirakulösen Mißverständnissen der Auferweckung Jesu. Wir sprechen zunächst vom imposanten, aber ebenso riskanten zeitgenössischen Entwurf einer Theologie der Auferweckung von H. Kessler, gehen in einem zweiten Schritt auf einige Einzelfragen zu den Ostererzählungen ein und verweisen abschließend noch auf einen gegenwärtigen Reformulierungsversuch von Auferweckung.

Der Ansatz einer Theologie der Auferweckung bei H. Kessler

H. Kessler gilt in unseren Breitengraden für unsere Thematik als Gewährsmann, der gerne gelesen und auch in gewichtigen theologischen Werken immer wieder beigezogen wird.[3] Um auf Kesslers Auferweckungsverständnis eingehen zu können, ist vorerst zur Kenntnis zu nehmen, wie er das Handeln Gottes am toten Jesus in ein vierstufiges Modell vom Wirken Gottes in seiner Ganzheit integriert, auch wenn dies zunächst etwas abstrakt erscheinen mag.

---

1 Vgl. W. Kasper, Einführung in den Glauben, Mainz 1972, 57–61, hier: 59.
2 Vgl. ders., Jesus der Christus, Mainz 1974, 38–44, hier: 38.
3 Vgl. H. Kessler, Sucht den Lebenden nicht bei den Toten. Die Auferstehung Jesu Christi in biblischer, fundamentaltheologischer und systematischer Sicht. Neuausgabe mit ausführlicher Erörterung der aktuellen Fragen, Würzburg 1995. Vgl. ebd. 419, Anm. 7, die Hinweise des Autors auf andere seiner Beiträge zu diesem Thema.

H. Kessler ist nämlich der Auffassung, «vier nicht aufeinander reduzierbare kategoriale Ebenen des Handelns Gottes unterscheiden zu müssen»[4]. Gottes Offenbarung geschieht seines Erachtens auf vier aufsteigenden Stufen. Auf einer ersten Stufe geschieht «Gottes unmittelbares Schöpfungshandeln». Da der Schöpfungsakt nicht kreatürlich vermittelt ist, kann er auch kein Gegenstand sinnlicher Anschauung und der empirischen Wissenschaften sein. Auf einer zweiten Stufe von Gottes Handeln stoßen wir auf das «kontinuierliche und allgemeine (mittelbare) Schöpferwirken Gottes (*creatio continua*)». Gott ermöglicht hier die natürliche Eigendynamik der Welt. Auf einer dritten Stufe geschieht das «besondere innovatorische (mittelbare) Heilshandeln Gottes». Durch die Kraft Gottes (als der Ersturache, der *causa principalis*) vermag eine geschaffene Ursache (als Instrumentalursache) Wirkungen zu erzielen, die ihre eigenen Fähigkeiten übersteigt. So kann auch das Wirken Jesu von Nazaret verstanden werden:

> In einer einzigartigen Konzentration und Definitivität begegnet solches durch menschliche Akteure als Instrumentalursachen vermitteltes innovatorisches Gnaden- und Heilshandeln Gottes dann in der Gestalt und Geschichte Jesu von Nazaret.[5]

Entscheidend für unsere Frage nach der Auferweckung Jesu wird nun aber, wie H. Kessler Gottes Wirken auf der vierten Stufe versteht. Hier stehen wir vor dem «radikal innovatorischen Auferweckungs- und Vollendungshandeln Gottes»:

> Die Auferweckung setzt den Tod des kreatürlichen Subjekts und das Ende seiner und aller weltlichen Möglichkeiten voraus. Sie kann nur als streng von außen kommendes, nicht mehr durch kreatürliche Aktivitäten vermitteltes, exklusives Handeln Gottes am Toten gedacht werden [...] Ein Gott, der nicht in unserem Ende noch einmal Handlungsmöglichkeiten hat, ist nicht als Gott gedacht und ernst genommen.

Hier handle es sich nicht mehr um ein Handeln Gottes *durch* uns, sondern um ein Handeln Gottes *an* uns. An uns als Toten. Und dies gelte auch von Jesus von Nazaret: Gott stehe zwar zu den vorausgehenden Stufen seines Wirkens (indem er ja auf die Toten zurückgreife, um an ihnen radikal Neues zu schaffen), aber eine vermittelnde Funktion habe Jesus von Nazaret hier nicht mehr. In Gottes eben jetzt unvermitteltem Auferweckungshandeln.[6]

Dieses Begriffsmodell von einem stufenweisen, sukzessiven Wirken Gottes in der Auferweckung Jesu wird von H. Kessler seit den 8oer Jahren bis heute konsequent durchgehalten. Beispielsweise:

> Auferweckung kann es nur als streng von außen kommendes, der Komponente menschlichen Mittuns entbehrendes, exklusives Handeln Gottes am Toten geben. Das Zeugnis

---

4 Ders., Der Begriff des Handelns Gottes. Überlegungen zu einer unverzichtbaren theologischen Kategorie, in: H.-U. v. Brachel, N. Mette (Hg.), Kommunikation und Solidarität. Beiträge zur Diskussion des handlungstheoretischen Ansatzes von Helmut Peukert in Theologie und Sozialwissenschaften, Freiburg (Schweiz)/Münster 1985, 117–130, hier: 123.
5 Ebd. 124–127, das letzte Zitat: 126.
6 Ebd. 128f.

von der Auferweckung Jesu spricht daher im Unterschied zum Handeln Gottes durch den irdischen Jesus vom Handeln Gottes am toten Jesus (jedoch nicht der sterbend endgültig sich bestimmenden Freiheit Jesu zuwider).

Die Auferweckung mache so «die im Wirken Jesu begonnene Wende der Welt definitiv»[7]. Auferweckung bedeute das «definitive Wort der Selbstzusage» Gottes; Jesus sei jetzt «in endgültige Einheit mit Gott versetzt», hieß es in der Neuauflage des «Lexikons für Theologie und Kirche».[8] Erst jetzt?

Der hier eben skizzierte Ansatz zur Frage nach dem Wirken Gottes in der Auferweckung Jesu ist axiomatischer Art. Er wird nicht mehr ausführlicher begründet. Dies dürfte mit ein Grund sein für manche Mißverständnisse und dafür, daß diesbezüglich zur Zeit ein mit harter Bandage geführtes theologisches Gezänke stattfindet.[9]

Rückfragen an ein Stufenmodell

Zur Begrifflichkeit, die hier im Umgang mit der Metapher «Auferweckung» verwandt wird – beim immer prekären Versuch, die Heilsmetaphern auf die kognitive Wissensebene zu heben, wie man auch sagt –, stellen sich in der Tat zunächst manche detaillierte Einzelfragen und dann Rückfragen ganz prinzipieller Art. Zu den Einzelfragen gehörte wohl etwa die Frage nach dem supponierten Todesverständnis. Tödlich vor Gott «am Ende» sind wir gewiß nicht erst in der Sterbestunde, so daß man erst hierher die «vierte Stufe» des Wirkens Gottes zu punktualisieren, zu lokalisieren hätte. Theologie des Todes![10] Oder es wäre zu fragen, ob nicht die Ursächlichkeitstheorie etwas differenzierter zu handhaben wäre. Diese und weitere verwandte Fragen zu einzelnen Begrifflichkeiten können hier nicht erörtert werden.

Es sei dafür nur eine, aber wohl eine ganz zentrale Frage grundsätzlicher Art gestellt. Die Frage: Liegt dem von seiten H. Kesslers vorliegenden Konzept eines stufenartigen Wirkens Gottes nicht ein latenter Monophysitismus zu Grunde (Monophysitismus: eine wie immer geartete Schmälerung oder Leugnung der Menschlichkeit Jesu und ihrer Heilsbedeutsamkeit)? Erst mit der Auferweckung im Tod werde Jesus «in endgültige Einheit mit Gott versetzt», hieß es doch. Was ist hierzu von der altkirchlichen Zwei-Naturen-Lehre her zu sagen, darnach Jesus von Nazaret voll Mensch und voll Gott ist, und dies schon zu seinen Erdentagen?

Und folgt nicht im Stufenkonzept von Kessler auf dem Fuß ein mirakulöses Mißverständnis des Wirkens Gottes? Es solle nach Kessler auch ein unmittelbares, selbst nicht durch Jesus von Nazaret vermitteltes Wirken Gottes geben. Man

---

7   Ders., Art. Auferstehung, in: Neues Handbuch theologischer Grundbegriffe. Neuausgabe (Hg. P. Eicher), München 1991, Bd. 1, 133f.
8   Ders., Art. Auferstehung Christi III, in: Lexikon für Theologie und Kirche, 3. Aufl., Bd. 1 (1993), 1188.
9   Vgl. z. B. Kessler, Sucht den Lebenden (siehe oben Anm. 3) 419–504.
10 Vgl. K. Rahner, Art. Tod, in: Herders theologisches Taschenlexikon, Bd. 7, 279–284.

erinnert sich an die Wunderdefinition des Thomas von Aquin (1224/25–1274), wonach dort im strengen Sinne ein Wunder vorliege, wo Gott ohne geschöpfliche Kräfte, ja an den natürlichen Kräften vorbei (*praeter ordinem rerum*) wirke.[11] Die argen Auswirkungen des thomanischen Wunderverständnisses in der katholischen Schultheologie des 19. und 20. Jahrhunderts sind bekannt (siehe gleich unten). Soll etwa ein solches Verständnis des Wirkens Gottes repristiniert werden? Und dies ausgerechnet beim Erweis von Gottes Solidarität im Tode?

Fragen über Fragen. Aber es gibt anderweitig auch klärende Hinweise darauf, daß Auferstehung einen eindeutigeren Namen hat. Nach dem Zweiten Vatikanischen Konzil, bald nach dem Erwachen der katholischen Theologie aus einem biblizistischen Schlummer, wurde in unserem Zusammenhang einmal gesagt:

> Es ist eine Tatsache, daß die Evangelien uns den irdischen Jesus nur im Licht des Auferstandenen darbieten und deuten. Diese Darstellung muß aber, wenn man einmal ganz *a priori* redet, doch ein *fundamentum in re* [einen Grund in der Sache] haben. Sie ist ja nicht eine Konstruktion, eine Ideologie, die nachher über einen Menschen geworfen wurde, sondern sie entdeckt doch die Wirklichkeit Jesu. Gerade wenn die Auferweckung ein eschatologisches Ereignis ist, also nicht punktuell historisch, so daß ich nicht sagen kann: Jesus ist an einem bestimmten Tage auferweckt worden, zu einer bestimmten Stunde, am Ostermorgen, sondern Auferweckung ist etwas, was in einer unzeitlichen, überzeitlichen Ordnung steht, so daß also der irdische Jesus verborgen – und so stellt es Markus dar: im Geheimnis, im Schleier – der Auferstandene war.[12]

Dies ist gewiß etwas pointiert gesprochen, dürfte der altkirchlichen Zwei-Naturen-Lehre aber näher stehen als das oben skizzierte Stufenmodell von Auferweckung.

Bei einer weiteren Verbreitung des Stufenmodells von Auferweckung wäre u. E. jedenfalls Vorsicht geboten. Und es könnte vielleicht doch der folgende Hinweis von K. Rahner von Nutzen sein:

> Tod und Auferstehung Jesu können nur verstanden werden, wenn die innere Bezogenheit dieser beiden Wirklichkeiten – ihre Einheit – deutlich gesehen wird, der gegenüber der ‹zeitliche› Abstand zwischen beiden Ereignissen (soweit er überhaupt sinnvoll gedacht werden kann bei der Unzeitlichkeit des in der Auferstehung Gegebenen) hier zwar nicht geleugnet werden soll, aber letztlich unerheblich ist. Der Tod Jesu ist ein solcher, der von seinem eigensten Wesen aus in die Auferstehung sich aufhebt, in *diese* hineinstirbt. Und die Auferstehung bedeutet nicht den Beginn einer neuen, mit anderem Neuen erfüllten, die Zeit weiterführenden Lebensperiode Jesu, sondern gerade die bleibende, gerettete Endgültigkeit des einen, einmaligen Lebens Jesu, der gerade durch den freien Tod im Gehorsam diese bleibende Endgültigkeit seines Lebens gewann. Von da aus kann – wenn das Schicksal Jesu überhaupt soteriologische Bedeutung hat – diese Bedeutung weder in den Tod noch in die Auferstehung allein gelegt werden, sondern nur bald von dem einen, bald von dem anderen Aspekt des einen Ereignisses her beleuchtet werden.[13]

---

11 Vgl. Thomas von Aquin, Summa Theologiae I 105, 6c.
12 So F. J. Schierse, in: Rudolf Schnackenburg antwortet Franz Joseph Schierse. Wer war Jesus von Nazareth? Christologie in der Krise, Düsseldorf 1970, 21f.
13 K. Rahner, Grundkurs des Glaubens. Einführung in den Begriff des Christentums, Freiburg u. a. 1976, 261f.

Mirakel

Bei der Interpretation der Auferweckung Jesu und der entsprechenden Zeugnisse des Neuen Testamentes in den Erscheinungs- und Grabeserzählungen der Evangelien macht sich das allgemeine Mißverständnis des Wunders als eines Mirakels bemerkbar. Deshalb sei hier eine generelle Zwischenbemerkung zum Mirakel eingefügt.

Unter einem Mirakel versteht man gewöhnlich eine Reduktion des Wunders auf einen Vorgang, der als in sich sinnvolle Demonstration Gottes fingiert wird. Die für das Wunder konstitutive Erschließungserfahrung einer Eröffnung von freiheitlicher Liebe im Gottesbezug wird abgeblendet. Als angebliche Demonstrationen Gottes können einzelne Vorgänge deswegen aufgefaßt werden, weil sie alleinigen Möglichkeiten Gottes zugeschrieben werden. Gott vermöge doch die Möglichkeiten des Menschen oder von anderen natürlichen Kräften zu überbieten. Er wirke dabei angeblich außerordentlicherweise auch ohne einen Einbezug der geschaffenen Ursachen dieser Welt (von Zweitursachen), an ihnen vorbei. Supranaturalistisch, wie heute gesagt wird; «senkrecht von oben»; und damit stehe der Mensch angeblich eben vor «umhauenden» Beweisen Gottes. Die begriffliche Aufarbeitung eines solchen Verständnisses des Wunders im strikten Sinne durch Thomas von Aquin und eine entsprechende Definition auf dem Ersten Vatikanischen Konzil (1869–1870)[14] führten dazu, daß ein derartiges Verständnis von Wunder in der katholischen Theologie im Laufe der Jahrhunderte zur Selbstverständlichkeit wurde. In einem weitverbreiteten Lehrbuch der Fundamentaltheologie las man noch 1962:

> Das Wunder ist ein Wirken Gottes in der Natur, das aber außerhalb der Naturgesetzlichkeit sich vollzieht. Zum Begriff des Wunders ist also erforderlich, 1. daß ein empirisch feststellbares Geschehen vorliegt, 2. daß dieses nicht auf natürliche Ursachen zurückgeht, sondern 3. von Gott selbst bewirkt ist.[15]

Genau das, was hier als «Wunder» definiert ist, wird heute im allgemeinen – etwa auch vom hier eingangs zitierten W. Kasper – «Mirakel» genannt. Ein solches mirakulöses Mißverständnis vom wunderwirkenden Gott wird, zumal im Zeichen des New Age, noch von zahlreichen Christinnen und Christen geteilt, obwohl sich vor allem bei gewissen «besonderen» Wundern, wie etwa bei der Jungfrauengeburt oder gerade beim Auferweckungsverständnis, sich in unserer Kultur auch bei bekennenden Gläubigen vermehrt Zweifel am überkommenen Verständnis oder auch dessen Ablehnung zeigen.

Auf der theoretischen Ebene der Theologie scheint in unserer Kultur das mirakulöse Mißverständnis eher am Schwinden zu sein. Dies verdankt sich vor allem einem unter vielfachen Einflüssen der Moderne sich wandelnden Gottesverständnis, einer Abkehr nämlich von einem metaphysischen supranaturali-

---

14 Vgl. J. Neuner, H. Roos, Der Glaube der Kirche in den Urkunden der Lehrverkündigung, Regensburg [8]1971, Nr. 32.
15 A. Lang, Fundamentaltheologie, Bd. 1, München [3]1962, 112.

stischen Gott. Die theologische Arbeit hinsichtlich des Wunderverständnisses ist aber aus vielen Gründen immer noch recht schwierig. Unabdingbar, doch erst in Anfängen ist Interdisziplinarität, vor allem mit den Literaturwissenschaften (Fiktionstheorien[16]) und der Psychologie[17] (Parapsychologie). Kaum eine Hilfestellung erbringt zur Zeit zu unserer Fragestellung die «sapientiale Theologie» des kirchlichen Lehramtes. Der neue «Katechismus der katholischen Kirche» beispielsweise, auf weite Strecken eine Kompilation von Bibeltexten und Traditionsbruchstücken[18], spricht häufig so von Jesus Christus, daß Jesus von Nazaret als Maßstab des Glaubens ins Zwielicht gerät, und fördert damit ein Wuchern von fragwürdigen mirakulösen Mythologemen, wie es im ersten christlichen Jahrtausend in der apokryphen Literatur zu beobachten ist.

Die Erscheinungserzählungen

Das mirakulöse Mißverständnis der Auferweckung Jesu nährt sich besonders kräftig von einer fragwürdigen Lektüre der Erscheinungs- und Grabeserzählungen der Evangelien. Dies zeigen z. B. die diesbezüglichen Studien von H. Kessler[19] und das Gemeinschaftswerk von G. Theißen und A. Merz[20], das auch einen Überblick über die entsprechenden Auseinandersetzungen seit der Aufklärung bietet. Die Ostererzählungen werden bei einem mirakulösen Approach protokollartig gelesen, sodaß deren einzelne Elemente (wie z. B. Sehen, Berühren, Betasten, Essen, Wiederbelebung) als physische Vorgänge in Raum und Zeit aufgefaßt werden.

Wie arg die Schrift dabei mißverstanden werden kann, zeigt sich beispielsweise mit aller Deutlichkeit an der noch weitläufig gängigen Lektüre der lukanischen Himmelfahrtserzählung. Ein Entschwinden Jesu vor physischen Augen. Nun hielt aber Lukas am urkirchlichen Verständnis vom verborgenen Hinübergehen Jesu zum Vater in der Stunde des Todes fest (Joh 3, 14), erscheint doch auch bei Lukas Christus immer als der schon Erhöhte vom Himmel her. Zudem wäre Lukas ein schlechter Historiker gewesen, hätte er historisch berichten wollen und dabei das eine Mal (Lk 24) die Himmelfahrt auf den Ostertag, das andere Mal (Apg 1) auf den vierzigsten Tag darnach datiert. Was will Lukas? Er möchte in der Verwirrung ob der ausbleibenden Wiederkehr Jesu (Parusieverzögerung) theologische Klärung schaffen und Trost spenden: Jesus wird wiederkommen, läßt Lukas Engel sprechen; verkündet zunächst jedoch das Evangelium; was starrt ihr gegen den Himmel? Zur

16 Vgl. z. B. J. Kremer, Die Osterevangelien – Geschichten um Geschichte, Klosterneuburg ²1981; U. Luz, Fiktivität und Traditionstreue im Matthäusevangelium im Lichte griechischer Literatur, in: Zeitschrift für die neutestamentliche Wissenschaft 84 (1993), 153–177 (Lit.).
17 Vgl. z. B. B. Grom, Religionspsychologie, München/Göttingen 1992. Und vgl. die Werke von E. Drewermann.
18 Vgl. H. Verweyen, Der Weltkatechismus. Therapie oder Symptom einer kranken Kirche?, Düsseldorf 1993.
19 Vor allem H. Kessler, Sucht (siehe oben Anm. 3), bes. 470–504.
20 G. Theißen, A. Merz, Der historische Jesus. Ein Lehrbuch, Göttingen 1996, bes. 415–446 («Jesus als Auferstandener: Ostern und seine Deutungen»).

Veranschaulichung seiner Aussageabsichten benutzt Lukas das zu seiner Zeit gängige Entrückungsmodell. Die Parallelen zu Entrückungserzählungen in der griechischen und römischen Antike, z. B. zur Himmelfahrt von Romulus, dem Gründer von Rom, sind unübersehbar. Würde man nun das von Lukas verwandte Entrückungsmodell in einem empirischen Sinne wörtlich nehmen wollen, geriete man in Widersprüche zu den Intentionen des Evangelisten. Vor Historisierungen – vor irrtümlicher Umdeutung von ursprünglich bildhaften, symbolischen Aussagen oder von theologischen Deutungen in angeblich historisch protokollierbare Fakten – sollten wir gewarnt sein.

K. Rahner gibt zu den Erscheinungserzählungen die wohl immer wieder zu erwägende Verstehenshilfe, die Erscheinungen «eher nach unserer Erfahrung des machtvollen Geistes des lebendigen Herrn» zu deuten:

> Es kann [...] ruhig zugegeben werden, daß sich die auf den ersten Blick für uns als historische Details der Auferstehungs- bzw. Erscheinungsereignisse bietenden Berichte nicht restlos harmonisieren lassen, also eher zu deuten sind als plastische und dramatisierende Einkleidungen (sekundärer Art) der ursprünglichen Erfahrung «Jesus lebt», als daß sie diese selbst in ihrem eigentlichen ursprünglichen Wesen beschreiben, das – soweit uns zugänglich – eher nach unserer Erfahrung des machtvollen Geistes des lebendigen Herrn zu deuten ist als in einer Art, die entweder diese Erfahrung wieder zu sehr den mystischen Visionen (imaginativer Art) späterer Zeit nähert oder sie als fast massiv sinnliche Erfahrung versteht, die es einem wirklich Vollendeten gegenüber auch dann noch nicht gibt, wenn man voraussetzt, er müsse sich zwar frei «zeigen», dann aber müsse alles dem Bereich normal profaner Sinneserfahrung angehören.[21]

Etwas konkreter hat E. Schillebeeckx die Ostererfahrungen als von Gott gewährte Bekehrungsprozesse zu verdeutlichen vermocht.[22] Manche polemische Reaktionen darauf verrieten, wie ein Denken in mirakulösen Kategorien oft unüberwindbar scheint.[23]

Die Grabeserzählungen

Die Erzählungen vom leeren Grab Jesu werden auch in einer traditioneller denkenden Theologie gegenwärtig zunehmend weniger mirakulös gelesen, sieht man vom Bereich religiöser Pamphletistik, wie sie z. B. seit 1994 rund um ein Buch von G. Lüdemann[24] laut wurde, ab.[25] W. Pannenberg hatte zwar gelegentlich gefordert:

> Wer das Faktum des leeren Grabes Jesu bestreiten will, muß den Nachweis führen, daß es unter den zeitgenössischen jüdischen Zeugnissen für den Auferstehungsglauben Auf-

---

21 Rahner, Grundkurs (siehe oben Anm. 13) 271.
22 E. Schillebeeckx, Jesus. Die Geschichte von einem Lebenden, Freiburg u. a. 1974, 335–351.
23 Vgl. einige Belege bei E. Schillebeeckx, Die Auferstehung Jesu als Grund der Erlösung, Freiburg u. a. 1979.
24 G. Lüdemann, Die Auferstehung Jesu. Historie, Erfahrung, Theologie, Göttingen 1994.
25 Vgl. zu Lüdemann U. Luz, Aufregung um die Auferstehung Jesu. Zum Auferstehungsbuch von G. Lüdemann, in: Evangelische Theologie 54 (1994) 476–482; hier 477, Anm. 2, auch Hinweise auf Rundumschläge.

fassungen gegeben hat, wonach die Auferstehung der Toten mit dem im Grabe liegenden Leichnam nichts zu tun zu haben braucht: Ferner müßte angenommen werden, daß solche (bisher nicht nachgewiesene) Auffassungen in Palästina hinreichend populär waren, da sonst die erfolgreiche urchristliche Verkündigung der Auferstehung Jesu in Jerusalem nicht möglich gewesen wäre unter Voraussetzung einer intakten Begräbnisstätte Jesu.[26]

Doch dieser Forderung Pannenbergs, die auch anderweitig immer wieder erhoben wird, kann entsprochen werden.[27] Allein schon das Sadduzäerstreitgespräch bei Mk 12,18–27 sollte zu denken geben. Hier wird von Jesus für die Patriarchen Abraham, Isaak und Jakob ein schon gegenwärtiges, also nicht erst zukünftiges Leben bei Gott angenommen und verkündet, derweilen ihre Grablege bekannt war und verehrt wurde.[28]

G. Theißen und A. Merz haben die Pro- und Contra-Argumente hinsichtlich eines leeren Grabes als Voraussetzung der Grabeserzählungen zusammengestellt und gelangen zum «Fazit: Mit historisch-kritischen Methoden läßt sich das leere Grab weder beweisen noch widerlegen.»[29] Wie dem jedoch auch sei, selbst ein leeres Grab würde noch nicht eine Wiederbelebung eines Leichnams bedeuten, wie beispielsweise J. Kremer, selbst ein Befürworter eines leeren Grabes, meint:

> Seit der Aufklärungszeit wird die Frage, ob das Grab Jesu wirklich leer war, diskutiert [...]. Sehr oft wurde in ihrer Beantwortung ein Indiz für die Leugnung oder Bejahung der Osterbotschaft gesehen. Zur Entschärfung der Problematik kann zunächst daran erinnert werden, daß zumindest vom heutigen Verstehenshorizont aus das leere Grab keine unabdingbare Voraussetzung für die Wahrheit der Osterbotschaft ist, da die Existenz des Auferstehungsleibes nicht von seiner materiellen Identität mit dem biochemischen Substrat des irdischen Leibes abhängt [...]. Deshalb können heute auch ernsthafte Verteidiger der kirchlichen Osterbotschaft die These vertreten, Jesu Grab sei wahrscheinlich nicht leer oder zumindest nicht als ein leeres Grab bekannt gewesen.[30]

Diese Auffassung, daß es beim Auferstehungsleib nicht um eine «materielle Identität mit dem biochemischen Substrat des irdischen Leibes» gehe, äußerte Kremer vor kurzem wieder in der Neuauflage des Lexikons für Theologie und Kirche, wo er unterstrich, daß die «Grabesgeschichten authentisch veranschaulichen» wollen, daß «der Gekreuzigte lebt, u. zwar mit seinem Leib, d. h. als dieselbe individuelle, ansprechbare Person, die starb u. begraben wurde.»[31]. Von einer mirakulösen Lektüre der Grabeserzählungen wird offensichtlich selbst hier, in einem gewiß nicht «liberalen» Werk, Abschied genommen.

---

26 W. Pannenberg, Systematische Theologie II, Göttingen 1991, 401.
27 Vgl. Kessler, Sucht (siehe oben Anm. 3) 488–492.
28 Vgl. P. Hünermann, Jesus Christus, Gottes Wort in der Zeit. Eine systematische Christologie, Münster 1994, 107.
29 Theißen, Merz, a.a.O. 436–438; das Zitat: 438.
30 Kremer, a.a.O. 49; vgl. ebd. 18.
31 Ders., Art. Auferstehung Christi I, in: LThK³ I, 1177–1182, hier: 1181.

Auferweckung als Solidarität Gottes

Die Auferweckung Jesu ließe sich vielleicht einmal wie folgt umschreiben: Das Wort Auferweckung ist zunächst eine Metapher und überschneidet sich mit zahlreichen anderen Metaphern, die sagen wollen, was Gott durch Jesus zum Heil und Wohl der Welt wirkt. Mit Beginn schon im Neuen Testament erschließen sich immer wieder neue Metaphern: Sieg über die Mächte, heiliges Pneuma, neues Leben, neue Menschen, neue Schöpfung usw. Der Reichtum dieser Metaphern ist begrifflich nie einzuholen.[32]

Manche Entwürfe der Christologie versuchen heute, das Leben, Sterben und Auferwecktwerden Jesu von deren Mitte – der Reich-Gottes-Verkündigung und der Reich-Gottes-Praxis – her zu bedenken. Zu einem Leitbegriff wird Solidarität: Die persönlich und gesellschaftlich keine Schranken kennende Solidarität Jesu wird zur Vergegenwärtigung der bedingungslosen Solidarität Gottes selbst (Jesus und der Welt gegenüber) und damit zur Ermöglichung unserer Solidarität.

Jesu Reich-Gottes-Praxis und Reich-Gottes-Verkündigung ließ und läßt seine eigene Gotteserfahrung erahnen. Nur wer wie er in allen Schwierigkeiten, auch in den Krisen der eigenen Identifikation, sich radikal geborgen und unbedingt geliebt weiß, nur der kann so frei sein für die anderen wie Jesus es war. So frei von den Zwängen der individuellen Egoismen und so frei von den Zwangs- und Schuldzusammenhängen der menschlichen Vergesellschaftung. Nur der kann so befreiend von Gott sprechen. Wer sich radikal geborgen weiß, braucht sich nicht mehr selbst zu sichern. Die scheinbare Notwendigkeit der Selbstsicherung ist überholt und damit das restlose Dasein für die anderen eröffnet. Es ist die Urerfahrung von einem vorbehaltlosen Geliebtsein, das Jesu Gutsein zu Freund und Feind und seine unerhört neue Rede von Gott freisetzte. Der Tod Jesu – als Summe seines Lebens – intensiviert und verdeutlicht, was in seinem ganzen Leben geschah. Jesus hält im Namen seines Gottes und von ihm getragen seinen Widerspruch zu vergesetzlichten Religionsformen durch und erntet dafür seinerseits den tödlichen Widerspruch jener, die religiös, gesellschaftlich und politisch das alleinige Sagen beanspruchten.

Die österlichen Bekehrungserfahrungen brachten eine letzte Gewißheit darüber, was anfanghaft schon zu Lebzeiten Jesu erfahrbar war. Jesu bis in den Tod solidarisch befreiendes Wirken, insofern es wahrgenommen wurde als getragen von der frappierenden Gotteserfahrung Jesu, wurde zur Erschließung und zum Widerfahrnis Gottes selbst. In der Gestalt Jesu verschränkten sich Jesu Solidarität mit der Gegenwart des solidarischen Gottes.

Die Bekehrungserfahrungen, die von den Ostererzählungen veranschaulicht werden, verdankten sich nach dem Neuen Testament dem Wirken des Geistes Gottes. Fragwürdig sind deshalb Begriffe wie «subjektive Visionen» zur Bezeichnung der Erscheinungen Jesu, wenn sie rein horizontalistisch gedacht

---

32 Vgl. J. Werbick, Soteriologie, Düsseldorf 1990, bes. 105–173.

werden, oder «objektive Visionen», läge ihnen ein mirakulöses Mißverständnis des Wirkens Gottes zugrunde.

Das Zeichen für die Auferweckung Jesu bleibt das Kreuz: Das Kreuz als Zeichen der Solidarität Gottes, der Solidarität Jesu und unserer eigenen Solidarität. Das Kreuz, wie es seit der alten Kirche als Baum des Lebens verstanden wurde und uns etwa aus den Apsiden der Basiliken und mittelalterlicher Kathedralen anspricht.

Johannes B. Brantschen

WIR ERWARTEN DIE AUFERSTEHUNG DER TOTEN UND DAS LEBEN DER KOMMENDEN WELT

Christen und Christinnen beten und singen Sonntag für Sonntag: «Ich glaube an die Auferstehung der Toten und das ewige Leben» (Apostolisches Glaubensbekenntnis). Oder: «Wir erwarten die Auferstehung der Toten und das Leben der kommenden Welt» (Das große Glaubensbekenntnis).

Diese letzte, große Hoffnung – jahrhundertelang fragloser Bestand der Christen – scheint in jüngster Zeit nur noch wenige Christen und Christinnen existentiell zu bewegen. Nietzsches Wort scheint viele eingeholt zu haben:

> Ich beschwöre euch, meine Brüder, bleibt der Erde treu und glaubt denen nicht, welche euch von überirdischen Hoffnungen reden. Giftmischer sind es, ob sie es wissen oder nicht[1].

«Verkümmerung» der letzten Hoffnung

Daß Nichtchristen aus einem grotesken Mißverständnis heraus für den christlichen Himmel und das ewige Leben nur Spott und Sarkasmus übrig haben, ist verständlich. Wer will es z. B. Frau Esther Vilar[2] übel nehmen, wenn sie für das ewige Leben bloß Spott übrig hat, weil sie sich ein ewiges Leben nur als nichtendende Verlängerung dieses oft armseligen Lebens vorstellen kann. Frau Vilar hat recht: Das wäre ein Alptraum! Aber «ewiges Leben» meint etwas radikal anderes als eine unendliche Verlängerung dieses Lebens, weil ewiges Leben sich in einer Dimension ereignet, die uns unter den dreidimensionalen Bedingungen der Gegenwart unzugänglich ist. Ewiges Leben spielt sich in der Dimension Gottes ab. Oder mit Karl Rahner geredet:

> Es gilt alle unsere Aussagen über Gottes neuen Himmel und neue Erde immer wieder hineinfallen zu lassen in die schweigende Unbegreiflichkeit Gottes[3].

Aber auch für zahlreiche Christen und Christinnen hat das Wort von der «Auferweckung der Toten und dem Leben der kommenden Welt» jede Plausibilität verloren. Die einen halten sich an die berühmte Kabarett-Nummer vom «Münchner im Himmel». Der liebenswerte Münchner *Ferdel Weiß* stirbt, kommt in den «Himmel» und findet diesen todlangweilig: Alleluja singen,

---

1   F. Nietzsche, Also sprach Zarathustra, WW II, hrsg. v. K. Schlechta, 280.
2   E. Vilar, Die Erziehung der Engel. Wie lebenswert wäre das Ewige Leben?, Düsseldorf 1992.
3   K. Rahner, Erfahrungen eines Theologen. In: Orientierung 48 (1984) 74.

Manna essen und brav auf einer Wolke sitzen – das ist nichts für ihn. Kein Wunder, daß er freudig in sein Münchner Hofbräuhaus zurückkehrt.

Andere, mehr meditative oder gar leicht depressive Christen, halten sich an das schwere Wort des kranken, zur Schwermut neigenden katholischen Dichter Reinhold Schneider. In seinem letzten Buch «Winter in Wien» lesen wir u.a. folgendes:

> Fest überzeugt von der göttlichen Stiftung der Kirche und ihrer bis zum Ende der Geschichte währenden Dauer, ziehe ich mich doch am liebsten in die Krypta zurück; ich höre den fernen Gesang. Ich weiß, daß Er auferstanden ist; aber meine Lebenskraft ist so sehr gesunken, daß sie über das Grab nicht hinauszugreifen, sich über den Tod hinweg nicht zu sehnen und zu fürchten vermag. Ich kann mir einen Gott nicht denken, der so unbarmherzig wäre, einen todmüden Schläfer unter seinen Füßen, einen Kranken, der endlich eingeschlafen ist, aufzuwecken. Kein Arzt, keine Pflegerin würde das tun, wieviel weniger Er![4].

Ich kann diese schwermütigen Gedanken ein Stück weit nachempfinden – wenigstens in gewissen Tagen und Stunden. Trotzdem meine ich, vergessen diese in Trauer geschriebenen Sätze etwas Wesentliches. Unsere Hoffnung auf «ewiges Leben» meint nicht einfach eine ewige Fortsetzung dieses oft recht mühsamen Lebens, sondern etwas radikal Neues:

> Wir verkünden, was kein Auge gesehen und kein Ohr gehört hat, was keinem Menschen in den Sinn gekommen ist: das Große, das Gott denen bereitet hat, die ihn lieben (1 Kor 2,9).

Vor vierzig Jahren war Reinhold Schneider mit seinem melancholischen Gedanken, der Tod möge das Letzte sein, noch ziemlich allein, jedenfalls unter «praktizierenden Katholiken». Inzwischen hat sich das geändert. Es gibt heute in allen christlichen Konfessionen zahlreiche Gläubige, die sich entschieden und bewußt als Christen verstehen, ohne auf die Auferweckung der Toten zu hoffen, und zwar ohne jede Melancholie. Gewiß sind diese Christen und Christinnen vorläufig noch eine Minderheit, aber ihre Zahl wächst täglich (jedenfalls in unseren Breitengraden), falls ich mich nicht täusche.

Diese «Verkümmerung» der letzten Hoffnung hat meines Erachtens vor allen drei Gründe, wie ich in den folgenden Überlegungen aufzuzeigen versuche.

Der Tod – die natürlichste Sache der Welt?

Der Tod gilt heute nicht mehr unbedingt als der letzte Feind des Lebens (wie er es noch für den Apostel Paulus war). Der Tod gilt heute weitgehend als die natürlichste Sache der Welt. Er ist die genetisch vorprogrammierte Vollendung des Lebensprozesses und gehört deshalb zum Leben wie der Schatten zum Licht. Deshalb kann es nicht Aufgabe des Christentums sein, den Tod zu

---

[4] R. Schneider, Winter in Wien. Aus meinen Notizbüchern 1957/58, Freiburg i.Br. 1958, 79.

überwinden. Wir müssen vielmehr lernen, mit dem Tod und vor allem mit der Angst vor dem Tod zu leben, ohne uns durch himmlische Illusionen ablenken zu lassen.

Während zweieinhalb Jahrtausenden galt der Tod im Abendland und im Mittleren Orient als ein Unglücksfall, der dem Leben unterläuft und sein Scheitern offenbart. Das ist nicht weiter erstaunlich, denn zur Zeit des Apostels Paulus sind die Menschen jung gestorben: 50 Prozent erreichten nicht das 15. Lebensjahr (viele starben schon im ersten Lebensjahr), und von den anderen 50 Prozent erreichte wieder die Hälfte nicht das 35. Lebensjahr. Nur gerade 25 Prozent wurden älter als 35 Jahre. (Einige wenige wurden sehr alt, und deshalb hatten alte Menschen damals – weil sie die Ausnahme waren – ein so großes Ansehen). Weil der Tod so vieler junger Menschen unerträglich war, ist es nicht verwunderlich, wenn Paulus den Tod als Feind des Lebens, gar als «letzten Feind» (1 Kor 15, 26) betrachten konnte und das Christentum mit seiner Auferstehungsbotschaft soviel Erfolg hatte, denn es konnte Trost spenden in der grausamen Welt der jungen Toten.

Heute aber, in einer Zeit, in der immer mehr Menschen – jedenfalls in den entwickelten Industrienationen – an Altersschwäche sterben (ein Japaner wird heute 76 Jahre alt, eine Japanerin gar 82 Jahre), hat die Auferstehungsbotschaft ihre Trostfunktion und ihre Plausibilität weitgehend eingebüßt. Der Tod wird heute vielfach als Wohltat empfunden: wenn die Sinne schwächer werden, die Interessen und das Gedächtnis schwinden und der alte Mensch wieder zum hilflosen Kind wird.

Weil die Medizin, die Hygiene und die Ernährungswissenschaften weltweit Fortschritte machen, ist es nur eine Frage der Zeit, bis die Mehrzahl der Menschen eines natürlichen Alterstodes sterben. Dadurch beginnt sich in unserer Kultur die Beziehung zwischen Leben und Tod zu wandeln. Eine Revolution kündigt sich an, deren Wirkungen die gegenwärtige Kultur erst dunkel zu ahnen beginnt und die das christliche Bewußtsein noch kaum zur Kenntnis genommen hat: Der Tod ist kein Feind des Lebens mehr! Die paulinische Rede von der Auferstehung als Sieg über den Tod, diesen «letzten Feind», verliert ihre Plausibilität.

Wir sind in der Geschichte der Menschheit somit die ersten Menschen, die mit eigenen Augen den natürlichen Charakter des Todes, seine Notwendigkeit und – man muß den Mut haben, es zu sagen – seine *wohltätigen* Eigenschaften feststellen können. Das Christentum muß sich deshalb zur Einsicht durchringen, daß der Tod kein Problem darstellt, das es zu lösen, gar zu überwinden gilt. Sollte das Christentum diese neue Sicht zwischen Leben und Tod unannehmbar finden und weiterhin die «Auferweckung der Toten» verkünden, so dürften die Tage des Christentums offenbar gezählt sein, denn die Sicht vom «natürlichen Tod» wird sich allmählich weltweit durchsetzen.[5] Was kann man darauf antworten?

---

5 Vgl. J. Pohier, Wenn ich Gott sage, Olten 1980.

Primo: Gott frei lassen

Zunächst ist einzugestehen, daß die Rede vom «natürlichen Tod» eine gesellschaftskritische These ist, die Wahrheit zu benennen vermag. Die Rede vom «natürlichen Tod» schließt nämlich die Forderung ein, eine Gesellschaft zu gestalten, in der niemand mehr jung sterben muß. So gesehen, ist die Rede vom «natürlichen Tod» ein Plädoyer für ein menschenwürdiges Leben und gleichzeitig ein Protest gegen den vorzeitigen und gewaltsamen Tod: gegen den Tod von Kindern, die durch den Hunger und seine Folgen weggerafft werden; gegen den Tod von Erwachsenen, die von unmenschlichen Arbeitsbedingungen und Wohnverhältnissen erdrückt werden und an Krankheiten sterben müssen, die man schon heilen könnte; gegen den Tod von alten Menschen, die vor der Zeit sterben müssen – nicht wegen ihres Alters, sondern wegen der Gleichgültigkeit der Gesellschaft, die sie aus dem Umkreis des Lebens verbannt, dessen sie sich noch hätten erfreuen können. Christen und Christinnen werden deshalb mit allen Menschen guten Willens an einer Veränderung der gesellschaftlichen Verhältnisse mitarbeiten, damit möglichst viele Menschen eines natürlichen Alterstodes sterben dürfen.

Secundo gilt es ein Dreifaches zu bedenken

1. Was ist mit all jenen, die nicht das Glück haben, nach einem erfüllten Leben eines natürlichen Todes zu sterben? Was ist mit der unabsehbaren Zahl derer, denen von Anfang an, ohne eigene Schuld, das Minimum zum Leben – ein wenig Würde und Hoffnung – versagt geblieben ist? Geht das Neue Testament über alle diese Opfer mit einem Achselzucken hinweg? Keineswegs! Jesus und seine Jünger und Jüngerinnen sind keine Narzißten, deren Hoffnung sich auf die eigene Person beschränkt. Der neutestamentliche Blick gilt ebensosehr dem Bruder in Not, der Schwester in Trauer. Als Christ hoffe ich nicht nur für mich, sondern ich bin froh und dankbar, daß ich auch für die andern hoffen darf – für die Opfer von gestern und vorgestern. Weil Gott jenen Jesus von den Toten erweckt hat, der sterben mußte, weil er sich entschieden für die Hoffnungslosen und Verlorenen eingesetzt und damit die Kreise der Herrschenden gestört hat, dürfen wir hoffen, daß Gott auch alle Nachfolger Jesu, alle unschuldigen Opfer auferwecken wird. Weil Gott in Jesus, dem ermordeten Gerechten, dem «Erstgeborenen der Brüder und Schwestern» (Röm 8, 29) A gesagt hat, dürfen wir hoffen, daß er in allen Brüdern und Schwestern Jesu B sagen wird.

2. Ist denn die Rede vom «natürlichen Tod» die ganze Wahrheit über den Tod? Sicher: der Zellhaushalt eines jeden lebenden Organismus kennt einen Anfang und ein Ende. Das genetische Programm hat nun mal für den Menschen eine begrenzte Zahl von Herzschlägen vorgesehen. Doch ist das nur die eine Seite des Menschen: Der Mensch hat einen sterblichen Leib – gleichzeitig aber wird er von einem unendlichen Wunsch umgetrieben, der durch nichts in der Welt ganz gestillt werden kann. Wenn nun der ewige Gott rein aus Gna-

de unsere Sterblichkeit in einer unausdenkbaren Neuschöpfung auffangen will und unsere unendliche Sehnsucht in seine Unendlichkeit aufnehmen will (vgl. Joh 4,14), so ist das *Gottes* Sache, nicht *unser* Recht.

3. Betrachtet die Rede vom «natürlichen Tod» den Tod nicht viel zu individualistisch als den je eigenen Tod? Was aber, wenn wir den Tod mit der Liebe zusammen denken (wie ich es andernorts versucht habe)? Öffnet sich dann nicht eine ganz neue Perspektive? Daß Liebende auseinandergerissen werden, ist «unnatürlich», mag es auch biologisch «natürlich» sein, daß wir sterben. Wenn nun der ewige Gott, die Macht (und Ohnmacht!) der Liebe eine neue, unzerstörbare Liebesgemeinschaft unter uns und mit sich will, sollte der Tod Gottes Willen durchkreuzen können? Wäre dann nicht der Tod der heimliche Gott, weil er das letzte Wort behält?

Gegenüber der modernen Rede vom «natürlichen Tod» als dem unwiderruflichen und endgültigen Erlöschen des ganzen Menschen läuft die traditionelle Rede vom Tod gelegentlich auf eine Verniedlichung hinaus: Man tut so, als ob der Tod bloß eine äußerliche Trennung der Seele vom Leib wäre und nach dem Tod alles weiterginge wie bisher. Die christliche Rede von den Toten, die leben, meint gerade dies *nicht*, sondern sie hofft auf den *Neuschöpfer* Gott, der dem Menschen im Tod neues Leben schenkt, denn der Tod setzt zuerst einmal «ein Ende für den ganzen Menschen».

Keine Rede von einer «schönen Leiche» vermag den Riß, der sich im Tod auftut, zu kitten: «Vollkommene Abwesenheit und Endgültigkeit des *nie wieder,* des *für immer* geben dem Nichts an der Leiche die schreckende Gewalt» und der Überlebende findet angesichts des Toten «nichts als die dreifache Ohnmacht, daß er nichts weiß vom Befinden des Toten, daß sein Wille nicht zu ihm hinreicht, daß er gar nichts tun kann»[6].

Zurück zur Rede vom «natürlichen Tod». Ob wir an die Unsterblichkeit der Seele glauben und für die Botschaft von der Auferweckung der Toten nur Spott übrig haben, wie die Athener auf dem Areopag (vgl. Apg 17,32); oder ob wir im Sinne der europäischen Moderne den «natürlichen Ganztod» des Menschen verteidigen und die Botschaft von der Totenauferweckung als Mythologie von gestern abtun; oder ob wir schließlich wie zahllose Zeitgenossen und Zeitgenossinnen an die Seelenwanderung glauben und für die Rede von der «Auferweckung der Toten» nur ein müdes Lächeln übrig haben – sicher ist: Die christliche Botschaft von Gott, der die Toten erweckt (Röm 4,17), steht immer quer zu unseren jeweiligen Todestheorien und bleibt folglich für die Vernunft stets eine Zumutung und ein Skandal. Mögen wir den Tod als etwas «Natürliches» oder etwas «Widernatürliches» ansehen: Darauf kommt es letztlich nicht an, denn die Hoffnung auf die Auferweckung der Toten gründet nicht in unseren Theorien über den Tod, sondern einzig und allein in Gottes Freiheit. Lassen wir doch Gott frei. Es gibt nicht nur eine klerikale, sondern auch eine sehr profane, sehr «vernünftige» Gefangennahme Gottes.

---

6 G. Bachl, Die Zukunft nach dem Tod, Freiburg i. Br. 1985, 18f.

Auferstehungshoffnung – Griff nach göttlichen Privilegien?

Ein zweiter Grund, warum die Hoffnung auf die Auferweckung der Toten, kaum mehr einen Christen vom Stuhl reißt, liegt vermutlich in der Psychologie. Dieser Grund wurde im Kern bereits von Sigmund Freud formuliert und wird heute von zahlreichen Christen neu variiert wieder aufgenommen: Gott und Unsterblichkeit, Mensch und Sterblichkeit gehören zusammen. Wer für den Menschen Unsterblichkeit verlangt, greift nach göttlichen Privilegien und wiederholt damit nur die Ursünde: sein zu wollen wie Gott (vgl. Gen 3,5). Wer für den Menschen Ewigkeit beansprucht, will die *Vergöttlichung* des Menschen und zeigt damit nur, daß er seinen Ödipus nicht verarbeitet hat. Wie der kleine Hans in der Ödipusphase nach den Privilegien seines irdischen Vaters trachtet (den er fälschlicherweise allmächtig wähnt), so ähnlich strebt der «Ewigkeitsgläubige» nach den Privilegien des himmlischen Vatergottes, dem allein Ewigkeit zukommt. Damit aber wird der notwendige Unterschied zwischen Gott und Geschöpf aufgehoben!

Ist das zwingend? Nivelliert unsere Hoffnung auf ein «ewiges Leben» wirklich den Unterschied zwischen Gott und Mensch? Werden wir im «ewigen Leben» eine Art Gott, was ja angeblich der geheime Urwunsch eines jeden (männlichen) Menschen sein soll? Die vor allem in der Ostkirche verbreitete Rede von der «Vergöttlichung» des Menschen mag diesem Mißverständnis Vorschub geleistet haben. In Wirklichkeit kann keine Rede davon sein, daß wir im Himmel Götter oder gar Gott werden. Unser Leben hier und heute ist nach christlichem Verständnis durch und durch Gabe und Geschenk Gottes: radikal *verdanktes* Sein. Das bekennen wir, wenn wir unseren *Schöpfer* loben. Wenn nun der ewige Gott in einer fortwährenden Neuschöpfung uns *ewig* Leben schenken will, werden wir dadurch weder Gott noch unendlich, sondern als *radikal verdankte*, endliche Menschen dürfen wir ewig im schöpferischen Gedächtnis Gottes leben. Für die «modernen Christen», die mit der Auferweckung der Toten und dem ewigen Leben nichts mehr anzufangen wissen, leben die Toten zwar im Gedächtnis des (sterblichen) Menschen weiter – wenigstens für zwei bis drei Generationen bis das Nichts alles verschlingt. Was aber, wenn wir auch im Gedächtnis des ewigen Gottes weiterleben dürfen und dieses Gedächtnis Gottes immer schöpferisch ist und bleibt, das heißt aus dem Nichts schafft und im Sein erhält? Wir bleiben in Zeit und Ewigkeit verdankte Wesen; wohl aber muß man fragen, ob die heute zu vielen Mißverständnissen Anlaß gebende christliche Rede von der *Vergöttlichung* des Menschen nicht besser unterbleiben sollte. Wer die Tradition, in der diese Rede entstanden ist, nicht mehr kennt, wird sie fast notwendig mißverstehen müssen.

Wenn wir das «ewige Leben» als radikale Neuschöpfung sehen (vgl. 2 Kor 5,17) – und meines Erachtens kann man es nur so sehen, weil wir von Haus aus sterblich sind –, so droht ein völliger Bruch zwischen dem irdischen und dem ewigen Leben. Um in dieser radikalen Diskontinuität die bleibende Kontinuität zu wahren, scheint es mir entscheidend auf der Praxis und Erfahrung der Liebe zu insistieren, denn in der Liebe erfahren wir schon hier und heute einen

Hauch von Ewigkeit. Wenn gerade in der Liebe die Kontinuität zu suchen ist (vgl. 1 Kor 13,13), würde «Auferstehung des Fleisches» auch dies heißen: Wir werden in Gott die ganze Geschichte unserer Liebe wiederfinden und auch alle die, die wir geliebt haben.

Ewiges Menschenleben – ein Widerspruch in sich?

Ein dritter Grund, warum die Hoffnung auf die Auferweckung der Toten und das ewige Leben für zahlreiche Christen ihre Plausibilität verloren hat, mag in der Philosophie zu suchen sein: Der Mensch ist essentiell ein geschichtliches Wesen. Jeder Mensch lebt in einer Geschichte, besser: in mehreren Geschichten gleichzeitig (oder nacheinander), seien diese Geschichten schrecklich oder lustig, dramatisch oder langweilig oder ein Gemisch aus allem. Geschichten aber haben immer einen Anfang und ein Ende, was nichts anderes als dies besagt: Der Mensch ist essentiell ein zeitliches Wesen. Mensch und Zeit gehören so notwendig zusammen wie Gott und Ewigkeit. Die Rede von einem «ewigen Menschenleben» ist folglich ein Widerspruch in sich: ein hölzernes Eisen. Ein Mensch, enthoben der Geschichte und der Geschichten, ohne Veränderung, Entwicklung und Zukunft hört auf, Mensch zu sein. Er ist nur noch als eine Art Mumie denkbar: eine «empörende Vorstellung» und ein Gedanke, der «etwas Grausendes in sich hat», wie schon der Philosoph Kant bemerkt hat.[7]

Ein schwieriger Einwand, der einmal mehr zeigt, wie schnell unser Reden von Gott an schier unübersteigbare Grenzen stößt und wie sehr unsere Hoffnung auf ein «ewiges Leben» unvorstellbar bleibt. Jeder Wunsch, das ewige Leben sich vorstellen zu wollen, muß scheitern. Wir würden darin Nachtfaltern gleichen, die vom Licht der Sonne reden wollen und müssen – und es doch nicht können. Vielleicht könnte man diesem Bedenken der «modernen Christen» mit dem Hinweis auf Gottes *bleibende* Unbegreiflichkeit begegnen und in sehr menschlichen Worten (andere haben wir nicht) so sagen: Wir werden «im Himmel» gemeinsam in Gottes ewiges Geheimnis «hineingehen», besser: in Gottes unmittelbare Offenheit hineingerissen werden. In diesem ekstatisch-beglückenden Gang gelangen wir an kein Ende, weil die *bleibende* Unbegreiflichkeit Gottes auch «in Ewigkeit» vom Geschöpf nicht ausgelotet werden kann[8]. So *geht* also auch der vollendete Mensch ewig in eine Zukunft, «aus der ihm die Macht des Lebens schlechthin gegenwärtig wird»[9].

---

7 I. Kant, Das Ende aller Dinge (Ges. Schriften, hrsg. von der. Preußischen Akademie der Wissenschaften, Bd. VIII), 334, 327.
8 Vgl. K. Rahner, Überlegungen zur Methode der Theologie. In: Schriften zur Theologie IX, Zürich 1970, 116f; ders., Bekenntnis zu Thomas von Aquin. In: Schriften zur Theologie X, Zürich 1972, 16.
9 G. Bachl, Über den Tod und das Leben danach, Graz 1980, 167.

Ein Schlußwort

Die traditionelle Theologie hat im Laufe der Jahrhunderte zweifelsohne immer wieder das Bilderverbot (Dtn 4,14; Ex 20,2–4) übertreten, in dem sie allzuviel über Gott und Gottes Ewigkeit zu wissen vorgab. Man darf sich aber fragen, ob die heutigen «modernen Christen» sich ans Bilderverbot halten, wenn sie so genau und dezidiert zu wissen meinen: Mit dem Tod ist alles aus! Auch hier ehren wir Gott, indem wir ihn frei lassen. Lassen wir uns doch überraschen!

Allerdings gewinnt die Rede von der «Auferweckung der Toten und dem ewigen Leben» erst dann ihre Plausibilität zurück, wenn es uns gelingt, den Himmel zu erden. Das ist zwar keine unmögliche, wohl aber eine schwierige Aufgabe, die ein eigenes theoretisches Kapitel verlangt und eine neue Lebenspraxis voraussetzt. [10]

---

10 Vgl. J.B. Brantschen, Hoffnung für Zeit und Ewigkeit, Freiburg i.Br. 1992, 52–68; 69–80.

Hans Hirschi

AUFERSTEHUNG ALS RELIGIONSPÄDAGOGISCHE HERAUSFORDERUNG

Man kann wohl mit Fug und Recht behaupten, daß das Thema «Auferstehung» heute eines der heikelsten ist, mit dem sich Religionslehrerinnen und -lehrer konfrontiert sehen. Hintergrund der folgenden Reflexionen sind Erfahrungen mit dem Thema auf Gymnasialstufe.[1] Sie können jedoch *mutatis mutandis* auch auf die Erwachsenenbildung übertragen werden.

Auferstehungsglaube zwischen Faszination und Ablehnung

Nach meinen Erfahrungen interessieren sich die meisten Gymnasiastinnen und Gymnasiasten für die Frage eines «Lebens nach dem Tod». Sie vermuten hinter dieser Frage ein faszinierendes Geheimnis. Viele kennen die Thesen über Todesnäheerlebnisse von R. Moody und E. Kübler Ross. Gleichzeitig ist jedoch eine große Skepsis, wenn nicht sogar Abwehrhaltung gegenüber der Vorstellung einer Auferstehung der Toten festzustellen. Für die Zurückhaltung gegenüber der religiösen Vorstellung einer Auferstehung der Toten mag es viele Gründe geben, nicht zuletzt grundsätzliche Vorbehalte gegenüber Lehren, die bei den Schülerinnen und Schülern als traditionell kirchlich gelten. Von größerem Gewicht scheint mir jedoch der prägende Einfluß einer szientistischen Weltanschauung auf die Jugendlichen zu sein. Damit meine ich die Tendenz, nur Aussagen als sinnvoll anzuerkennen, die wissenschaftlich «bewiesen» werden können, sei es im Sinne eines Nachweises ihrer historischen Faktizität oder im Sinne naturwissenschaftlicher Beweisverfahren. Mit diesem szientistischen Zugang zur Wirklichkeit geht eine Verkümmerung der Fähigkeit einher, mit Metaphern und Symbolen umzugehen. Immerhin wird dieser Szientismus ziemlich häufig kompensiert durch eine unkritische, selektive Übernahme religiöser oder pseudoreligiöser Vorstellungen, die jedoch in der Regel nicht dem traditionellen europäischen Fundus entstammen, sondern entweder der östlichen Spiritualität verwandt sind oder Neubildungen im Umfeld der *New Age*-Spiritualität darstellen. Interessant ist, daß die Schülerinnen und Schüler häufig davon ausgehen, daß diese alternativen religiösen Vorstellungen (z. B. die Reinkarnationslehre) wissenschaftlichen Ansprüchen eher genügen als traditionell religiöse Vorstellungen unseres Kulturkreises, wobei in Tat und Wahrheit in der Regel bloß mit verschiedenen Ellen gemessen wird. Auch wenn

---

[1] Für eine kritische Durchsicht des Manuskripts und wertvolle Anregungen danke ich meinem Fachkollegen F. Portmann, Luzern.

Schülerinnen und Schüler religiöse oder spirituelle Auffassungen vertreten, sind sie vor einem spezifischen Ausbildungsgang selten in der Lage, präzise zwischen historischen Fakten, naturwissenschaftlichen Hypothesen und symbolischem oder metaphorischem Sprechen zu unterscheiden.

Hermeneutische Herausforderung: Szientismus und Religion

Der wissenschaftliche bzw. szientistische Zugang zur Auferstehungsproblematik ist unter den Bedingungen der Moderne unvermeidlich. Die Frage darf und muß gestellt werden, ob die Auferstehung Jesu tatsächlich stattgefunden habe[2] oder ob es nachprüfbares Wissen darüber gibt, daß die Toten auferstehen werden. Hingegen bedeutet es eine fatale Einengung menschlichen Denkens und menschlicher Ausdrucksmöglichkeiten, wenn nur wissenschaftliche Aussagen im Sinne historischer Faktizität oder bewährter naturwissenschaftlicher Hypothesen als sinnvolle Aussagen zugelassen werden. Mit andern Worten: wenn gezeigt wird, daß mit der Auferstehung (Jesu) kein historisches Faktum im heutigen Verständnis gemeint ist und ein Wissen über die Auferstehung der Toten mit den Mitteln der empirischen Wissenschaften nicht möglich ist, ist erst ein Teil der Arbeit geleistet. Es gilt weiter zu klären, ob und wie Aussagen über die Auferstehung sonst noch verstanden werden könnten. Es stellt sich mithin eine hermeneutische Frage.

Die Frage der Auferstehung erweist sich als ein religionspädagogisches Problem nicht nur insofern, als es Mittel und Wege zu finden gilt, eine religiöse Vorstellung Jugendlichen stufengemäß zu vermitteln. Die Angelegenheit kompliziert sich, weil sie in einem kulturellen Umfeld zu geschehen hat, das den Zugang zum angezielten Gegenstandsbereich erschwert und fast unausweichlich zu Mißverständnissen führt. Und dieses kulturelle Umfeld ist eben geprägt durch den erwähnten Szientismus und die Verkümmerung der Fähigkeit, mit Symbolen und Metaphern umzugehen. Keineswegs kann es jedoch darum gehen, ein Lamento über die wissenschaftlich-aufgeklärte Welt anzustimmen oder eine voraufklärerische Zeit mit ihren religiösen Plausibilitäten zurückzusehnen. Hingegen ist die Aufklärung weiterzutreiben, gerade auch im Sinne einer Reflexion auf die Denkvoraussetzungen des Szientismus und auf Bedeutungs- und Erfahrungsgehalte, für die er kein Sensorium hat.

Auferstehung als religionspädagogische Herausforderung ist somit zunächst als hermeneutische Herausforderung zu verstehen.[3] Die hermeneutische Aufgabe erweist sich im Falle der «Auferstehung» als besonders komplex. Zunächst gilt es zu berücksichtigen, daß bereits die ersten Auferstehungszeug-

---

2 Vgl. G. Lüdemann, Die Auferstehung Jesu, Historie, Erfahrung, Theologie, Göttingen 1994; ders., A. Özen, Was mit Jesus wirklich geschah. Die Auferstehung historisch betrachtet, Stuttgart 1995; A. Bommarius (Hrsg.), Fand die Auferstehung wirklich statt?, Düsseldorf und Bonn 1995.
3 Außer den zitierten Werken verdanke ich wichtige Impulse folgenden Publikationen: H. Verweyen (Hrsg.), Osterglaube ohne Auferstehung? Diskussion mit Gerd Lüdemann (Quaestiones disputatae 155), Freiburg i. Br. 1995; G. Essen, Historische Vernunft und Auferweckung Jesu. Theologie und Historik im Streit um den Begriff geschichtlicher Wirklichkeit, Mainz 1995.

nisse vielfältige Deutungsakte darstellen. Weder kann die Auferstehung Jesu einfach als historisches Faktum gelten, noch gibt es so etwas wie eine originäre Auferstehungserfahrung der Jüngerinnen und Jünger unabhängig von zeitgenössischen Deutungsschemata. F. Schüssler Fiorenza spricht in diesem Zusammenhang von der «doppelten Hermeneutik» der Theologie.[4] Er meint damit, daß in der Theologie nicht nur die wissenschaftlichen Theorien von besonderen Paradigmen, Modellen und Rahmenbedingungen abhängen, sondern daß schon deren Gegenstandsbereich aus Deutungen und Interpretationen besteht. Das gilt auch für den Auferstehungsglauben. Versteht man das Auferstehungsbekenntnis als Akt der Deutung und der Interpretation, bedeutet dies auch, daß es die ursprüngliche existentielle Betroffenheit nie umfassend und abschließend einholen kann, sondern offen bleibt für Erweiterungen und Revisionen. Dies gilt nicht erst für sekundäre Interpretationen, sondern bereits für die «Urzeugnisse». Aus diesem Grund ist die Vielfalt und Heterogenität bereits der frühesten Auferstehungsbekenntnisse nicht verwunderlich. Wer über eine gewisse Reflexionsfähigkeit verfügt, ist sich bewußt, daß jede seiner alltäglichen Erfahrungen verschieden ausgedrückt werden kann, daß keine Ausdrucksweise als die einzig definitiv angemessene gelten kann und daß eine *relecture* im Kontext neuer Erfahrungen nicht selten ist. Es gibt keinen Grund, im Falle religiöser Erfahrungen von andern Voraussetzungen auszugehen.

Dies bedeutet nun freilich, daß wir bei der Frage der Auferstehung nicht von einem festen Fundament ausgehen können, sondern uns zum vornherein in einen riskanten hermeneutischen Prozeß hineinbegeben. Riskant ist er deswegen, weil die Angemessenheit der Interpretation mit wachsendem Sinn- und Erfahrungshorizont stets neu plausibilisiert werden muß.

Ein weiteres Problem stellen die Nachwirkungen früherer Interpretationen dar. Die frühen Zeugnisse des Auferstehungsglaubens sind im Verlauf der Geschichte immer wieder durch andere Paradigmen überformt worden. Schon früh versuchte das Christentum unter hellenistischem Einfluß, den Auferstehungsglauben mit dem Glauben an die Unsterblichkeit der Seele in Einklang zu bringen. Der Auferstehungsglaube kam dadurch in die Nähe gnostischer Konzepte. Zudem entwickelten sich zunehmend Jenseitsspekulationen, die ihrerseits die ursprüngliche Intention des Auferstehungsglaubens überlagerten und mit zur Diskreditierung des Auferstehungsglaubens unter neuzeitlichen Bedingungen beitrugen.[5]

Die Wirkungsgeschichte des Auferstehungsglaubens prägt unser heutiges Auferstehungsverständnis mit. Sie ist deshalb im hermeneutischen Prozeß mitzuberücksichtigen.

---

4 Vgl. F. Schüssler Fiorenza, Fundamentale Theologie. Zur Kritik theologischer Begründungsverfahren, Mainz 1992, 276f.
5 Eine schöne Übersicht über die christliche Auferstehungserwartung in ihrer Wirkungsgeschichte bietet W. Thiede, Auferstehung der Toten – Hoffnung ohne Attraktivität? Grundstrukturen christlicher Heilserwartung und ihre verkannte religionspädagogische Relevanz, Göttingen 1991.

Die hermeneutische Ausgangslage präsentiert sich nach diesen Ausführungen wie folgt: Der Auferstehungsglaube hat einen historischen Anfang. Er ist in einem bestimmten Zeitraum entstanden, wobei er schon an seinem Ursprung zurückgreift auf Deutungsmuster seiner kulturell-religiösen Umwelt. Diese verbindet er jedoch zu etwas, das als neuartig identifiziert werden kann. Der Glaube an die besondere Auferstehung Jesu ist noch präziser historisch lokalisierbar, insofern er sich auf den Kreuzestod Jesu von Nazaret bezieht. Über die Jahrhunderte ist der Auferstehungsglaube, der allgemeine und der auf Jesus bezogene, in immer wieder neue geistige Umwelten geraten und hat dadurch immer wieder neue Ausdrucksformen gefunden. In diesem Traditions- und Interpretationsstrom kommt unbestreitbar unserem zeitgenössischen geistigen Umfeld eine besondere Bedeutung zu. Denn auf dieses muß Bezug genommen werden, soll es zu einem aktuellen Verstehen des Auferstehungsglaubens kommen.

Reflexives Gleichgewicht: Weder Fundamentalismus noch Beliebigkeit

F. Schüssler Fiorenza formuliert im Anschluß an J. Rawls, «Eine Theorie der Gerechtigkeit», Frankfurt a. M. 1975, als Ziel der hermeneutischen Arbeit die Herstellung eines umfassenden, reflexiven Gleichgewichts.[6] Damit meint er eine Rekonstruktion der Differenz zwischen vergangenen Traditionen und Urteilen und solchen der Gegenwart, wobei die relevanten Hintergrundtheorien mitzuberücksichtigen sind. Der Begriff «reflexives Gleichgewicht» mag reichlich vage und unverbindlich erscheinen. Doch zeigt er m. E. tatsächlich den richtigen Weg auf.

Der hermeneutische Ansatz im Sinne des reflexiven Gleichgewichts läßt sich auf vier Aspekte hin entfalten: 1) Schüssler Fiorenza grenzt sich damit von fundamentalistischen Ansätzen ab, die ihre Interpretation auf ein angebliches historisches Faktum oder ein transzendentales (religiöses) Apriori zurückführen. 2) Er zeigt einen grundsätzlich unabschließbaren Prozeß an, insofern das reflexive Gleichgewicht je wieder neu gefunden werden muß. 3) Er verzichtet auf eine einseitige Privilegierung sowohl vergangener als auch gegenwärtiger Deutungsmuster. Und schließlich: 4) Er hält an der Idee der Identität einer Tradition fest und postuliert implizit ein gemeinsames Gravitationsfeld der verschiedenen Zugänge zur Wirklichkeit des interpretierenden Subjekts. Mit letzterem wird verhindert, daß es zu einer Abspaltung religiöser Ausdrucksformen von wissenschaftlicher Theoriebildung kommt. Religiöse Ausdrucksformen sind damit offen für kritische Fragen von wissenschaftlicher Seite, während umgekehrt die Wissenschaften offen bleiben für Deutungen ihrer Grundvoraussetzungen und Methoden durch religiöse Traditionen.

---

6 Vgl. Schüssler Fiorenza, Fundamentale Theologie 288–302.

Religionspädagogische Herausforderung

Historie und Metapher

Nach diesen grundsätzlichen hermeneutischen Vorüberlegungen wollen wir uns nun der eigentlichen religionspädagogischen Seite der Auferstehungsfrage zuwenden. Als Lernziele schlage ich beim Thema «Auferstehungsglauben» folgendes vor: Erstens: Verstehen, was Glaubende meinen, wenn sie von Auferstehung sprechen. Zweitens: Erarbeiten von Voraussetzungen für eine eigene, reflektierte Stellungnahme zum Auferstehungsglauben.

Angesichts der oben skizzierten hermeneutischen Problematik macht es kaum einen Unterschied, ob das Thema im Rahmen eines konfessionellen Religionsunterrichts oder im Rahmen eines religionskundlich orientierten Unterrichts ohne bekenntnismäßige Ansprüche an Lehrpersonen oder Schülerinnen und Schüler behandelt wird, sofern nur die Glaubensfreiheit in beiden Fällen respektiert wird. Ein Unterschied würde nur zu einem indoktrinierenden Unterricht bestehen, der eine bestimmte Interpretation als verbindlich erklärt.

Im Rahmen dieses Artikels müssen sich die religionspädagogischen Überlegungen auf die Sachlogik beschränken. Auf die konkrete Umsetzung in ein Unterrichtsprogramm muß hier verzichtet werden.

Das erste Lernziel betrifft die Hermeneutik. Wie bereits angetönt, müssen wir davon ausgehen, daß die meisten Schülerinnen und Schüler von einem szientistischen Zugang zur Wirklichkeit, auch zur Wirklichkeit religiöser Ausdrucksformen geprägt sind. Allenfalls leben sie eine vom wissenschaftlichen Zugriff abgeschirmte Religiosität des fundamentalistischen Typus, die letztlich auf einen Dialog nach außen verzichtet.

Ausgangspunkt der Reflexionen über Auferstehung kann durchaus die Frage nach der historischen Faktizität der Auferstehung Jesu oder die der wissenschaftlichen «Beweisbarkeit» der allgemeinen Auferstehung sein. Ein Vergleich der verschiedenen biblischen Zeugnisse des Auferstehungsglaubens bewirkt bei den Schülerinnen und Schülern bereits eine produktive Irritation, die sie über die Frage der historischen Faktizität hinausführt zur hermeneutischen Fragestellung. Die Andersartigkeit der biblischen Texte im Vergleich zu zeitgenössischen Texten wird den Lernenden bewußt. Religionsgeschichtliches Material aus andern Religionen (z. B. ägyptische Auferstehungsmythen) kann antreiben zur Formulierung neuer Fragen an biblische Texte, die nunmehr den Schein von Vertrautheit verloren haben.

Ziel dieses Arbeitsschrittes ist, den Schülerinnen und Schülern zunächst den Unterschied zwischen metaphorischer, symbolischer und poetischer Rede einerseits und wissenschaftlichen Theorien im Sinne der historischen Faktizität und der Empirie andererseits bewußt zu machen. Dabei gilt es zu zeigen, daß die Wissenschaften unter unsern kulturellen Bedingungen zwar unverzichtbar und unersetzbar, jedoch angesichts der existentiellen Befindlichkeit des Menschen ergänzungsbedürftig sind. Die Wissenschaften leisten zwar gewiß auch einen Beitrag zum Verständnis seiner selbst, zur Weltdeutung und zur Sinnfindung. Sie reichen aber dafür nicht aus. Auch der gegenwärtige Mensch greift dafür zurück auf die Ausdrucksformen der Literatur, der Kunst und die spezifische Bilder- und Symbolwelt der Mythen und Religionen. Diese Bilder- und Symbolwelt zugunsten «reiner» Wissenschaftlichkeit abzulehnen, steigert nicht die Rationalität, sondern vermindert sie durch die Absolutsetzung eines bestimmten Rationalitätstypus. Die Schülerinnen und Schüler sollen erkennen, daß in der modernen Gesellschaft zwischen wissenschaftlichen und religiös-symbolischen Aussagen zu unterscheiden ist, und daß beide ihr Recht haben.

Die Schülerinnen und Schüler sollen erfassen, daß die Aussage «Jesus ist auferweckt worden» nicht auf derselben Ebenen liegt wie die Aussage «Jesus ist am Kreuz gestorben», und daß analog «Die Toten werden auferstehen» zu einem anderen Sprachspiel gehört als «Die Toten werden verwesen». Sie lernen, daß beide Ebenen mit einem spezifischen wissenschaftlichen Instrumentar erschlossen werden können.

Auferstehungsglaube und Lebensform

Wenn diese Unterscheidung hinreichend geklärt ist, geht es darum, verschiedene Konzepte von Auseinandersetzung mit dem Tod auf ihre Auswirkungen auf das Selbst- und Weltverständnis der betreffenden Menschen hin miteinander zu vergleichen. Dabei werden mit Vorteil sowohl verschiedene Varianten des Auferstehungsglaubens (Wirkungsgeschichte) als auch alternative Konzepte (Wiedergeburtslehren, Nirwana, völlige Auflösung usw.) behandelt. Auch hier geht es darum, Selbstverständlichkeiten aufzubrechen und gewissermaßen einen fremden Blick auf religiöse Konzepte einzuüben, die durch Gewöhnung blaß geworden sind. Wichtig ist, daß die Schülerinnen und Schüler dabei eine Sensibilität für die Auswirkungen unterschiedlicher Konzepte auf die Lebenspraxis entwickeln.

In diesem Vergleich zeigen sich die Verbindungen bestimmter Konzeptionen im Zusammenhang mit dem erfahrenen Tod anderer Menschen und der Erwartung des eigenen Todes zu metaphysischen und anthropologischen Grundannahmen (z. B. Verhältnis von Geist und Leib, Natur und Geschichte, Individuum und Kollektiv), aber auch zu wirtschaftlichen und politischen Verhältnissen.

Von diesem vergleichenden Ansatz her ergeben sich nun neue Möglichkeiten einer Plausibilisierung des Auferstehungsglaubens. Geht man davon aus, daß eine Auseinandersetzung mit dem Tod für Menschen faktisch unumgänglich ist (was angesichts archäologischer Ausgrabungen aus der ältesten Menschheitsgeschichte, religionsgeschichtlichen Erkenntnissen und soziologischen und psychologischen Untersuchungen der Gegenwart kaum zu bestreiten ist), geht man weiter davon aus, daß der Mensch für diese Auseinandersetzung auch in der Gegenwart, in einem von Wissenschaften geprägten kulturellen Umfeld, bewußt oder unbewußt auf spezifische Ausdrucksformen metaphysischer, mythologischer oder religiöser Art zurückgreift, dann tritt die Frage nach der historischen Faktizität der Auferstehung (Jesu) oder einer Erklärung der Auferstehung mit den Mitteln empirischer Wissenschaften oder der Parapsychologie in den Hintergrund. Wichtiger wird die Frage nach der Plausibilität dieses Glaubens im Kontext einer bestimmten Lebensform und Praxis. Im christlichen Kontext bedeutet dies einerseits, daß der Bezug des Auferstehungsglaubens der Jüngerinnen und Jünger zu Jesu Praxis transparent gemacht werden muß. Andererseits sind die Auswirkungen des Auferstehungsglaubens auf die Praxis gegenwärtiger Christinnen und Christen und der diesbezügliche Unterschied zu konkurrierenden Konzepten deutlich zu machen.

Durch den Vergleich unterschiedlicher Konzepte im Umgang mit dem Tod und deren Auswirkungen auf das Selbst- und Weltverständnis und die Praxis, lernen die Schülerinnen und Schüler nicht nur besser verstehen, was Gläubige mit einem bestimmten Konzept meinen, sondern sie erhalten auch die nötigen Grundlagen für einen eigenen reflektierten Entscheid für die eigene religiöse Tradition oder eine andere. Die Zugehörigkeit zu einer bestimmten religiösen Tradition bleibt damit nicht länger bloße Gewohnheit. Sie gründet sich in einem persönlichen, reflektierten Entscheid.

Sachkompetenz, Selbstkompetenz, Sozialkompetenz

In der Auseinandersetzung mit religiösen Traditionen im allgemeinen und dem Auferstehungsglauben im besonderen darf die aktuelle Verfassung der Schülerinnen und Schüler nicht als fixer Referenzpunkt einer Interpretation gesehen werden. In diesem Sinne darf sich der Religionsunterricht nicht darauf beschränken, die momentanen Fragen der Schülerinnen und Schüler zu beantworten. Denn diese können unangemessen sein. Vielmehr werden die Lernenden in einen hermeneutischen Prozeß hineingezogen, der sie selber verändert. Sie erfahren die Unzulänglichkeit bisheriger Fragestellungen, sie eignen sich eine neue Sprache und eine neue Bilder- und Symbolwelt an und entwickeln damit ihr eigenes Selbst- und Weltverständnis fort. Was in den Augen der Schülerinnen und Schüler zunächst als Behandlung einer Sachfrage erschienen sein muß, erweist sich als Anlaß zur Entwicklung der eigenen Persönlichkeit. Der vorgeschlagene Weg fördert aber auch die Sozialkompetenz, insofern die Fähigkeit zum Dialog zwischen verschiedenen Weltanschauungen gestärkt wird.

Ich hoffe, mit meinen Ausführungen einen Weg gezeigt zu haben, das schwierige Thema «Auferstehung» so zu behandeln, daß nicht Wissenschaftlichkeit gegen religiöse Praxis und Glaube gegen Toleranz ausgespielt werden müssen, sondern im Gegenteil höchste Werte der Religion mit höchsten Werten der Aufklärung neu zusammengeführt werden können.

Richard Friedli

REINKARNATION UND AUFERSTEHUNG

Hindu-christliche Differenz oder Äquivalenz?

Kulturpessimisten reden an der Schwelle zum 3. Jahrtausend die Endzeit herbei. Militaristen beschwören den «Kampf der Kulturen». Chaos, Streß, Turbulenz und Transition – charakteristische Modeworte um Grenzsituationen unter Kontrolle zu bringen. Das sind Phänomene, von denen die breite Öffentlichkeit spricht, sie verunsichern die einzelnen in ihrer Identität.

Ganz so neu, wie die Massenmedien diese Übergänge emporspielen, sind solche gesellschaftlichen Prozesse aber nicht. Umbrüche und Neu-Aufbrüche gehören seit je zur gesellschaftlichen Dynamik und zur kulturellen Entwicklung. Auch die Glaubensentscheidungen und Religionsgestalten sind davon nicht ausgenommen. Sie möchten zwar Sicherheit, Stabilität und Verwurzelung anbieten – und *Schalom* errichten, dabei schüren sie aber oft Ängste und errichten Engpässe. Das Individuum ist dadurch noch mehr verunsichert: Was macht denn das alles für einen Sinn?

Die Grenzsituation «Tod»

Die Frage ist um so dramatischer, als politisches Chaos, psychischer Streß, wirtschaftliche Turbulenz und kulturelle Transition ja nicht Ereignisse sind, die sich einfach managen lassen. Sie können es nicht, weil diese Übergangserfahrungen zwar eine Eigendynamik entwickeln, aber keinen Eigenstand haben. Die gesellschaftlichen Fakten sind vielmehr Symptome von menschheitlichen Gegebenheiten. In allen lokalen Evolutionen bleibt nämlich die eine globale Konstante, die indiskutabel ist: das definitive Chaos, der endgültige Streß, die verwirrende Turbulenz und die unvorhersehbare Transition. Dieses Existential heißen wir «Sterben».

Ein biologisches Ereignis

Selbstverständlich können wir diese letzte Lebensphase sachlich beurteilen. Sie ist die Beendigung von biologischen Prozessen im Organismus, welche nicht mehr rückgängig gemacht werden können: Der Blutkreislauf steht still und das Elektrokardiogramm ist flach. Die Aktivitäten im Gehirn sind erloschen, und das Elektroenzephalogramm zeigt keine Impulse mehr an. Diskutiert werden zwar noch die genauen Momente, an denen der Gehirntod und der klinische Tod eintreten, grundsätzlich ist die Grenzsituation aber ein materielles Ereignis. Auch Nah-Tod-Erfahrungen oder «die Rückkehr zum Leben» haben aus dieser Perspektive keine spirituelle Implikation oder Beweiskraft. Die euphorischen und paradiesischen Wahrnehmungen, von denen diese zurückgekehrten Menschen berichten, können nämlich mit dem Ausschütten von hormonalen Endorphinen erklärt werden, die in der Todesangst analgetisch wirken und Schmerzen unterbinden.

Auferstehungshoffnung

Solch realistische Sichtweisen sind nicht ausschließlich typisch für die glaubenslose Moderne oder für den rationalistischen Okzident. «Nihilistische» Daseinsentwürfe finden sich in der indischen, hinduistischen wie buddhistischen Kulturgeschichte ebenso sehr wie in der europäischen Geistesgeschichte seit der Antike. So argumentiert Paulus in einem Brief an die Christen von Korinth gegen die Negierer von Nach-Tod [1 Kor 15,16.19]:

> Denn wenn Tote nicht auferweckt werden ..., so sind wir bejammernswerter als alle anderen Menschen.

Das ist ein Aufschrei, ein Aufbäumen gegen die Alltagstragik und gegen die unausweichlichen «letzten Dinge». Eine Revolte und ein Protest gegen Sinnlosigkeit und gähnende Leere. Ein Ja gegen das Nichts. Existentialistisch ist dieser Glaubensruf ernstzunehmen und achtenswert. Es bleibt aber dennoch eine Option: die Affirmation von Überleben-Wollen gegen die Sachlichkeit der materiellen Gegebenheiten. Die Tatsache, daß die materialistische Vision und die idealistische Reaktion eine Art «Wetten» sind, wie es Blaise Pascal sagt, die durch die Geistesgeschichte hindurch gesetzt wurden und werden, zeigt, daß weder Realitätsprinzip noch Hoffnungsprinzip absolut überzeugend wirken. Weder kühle Illusionslosigkeit noch warme Grenzüberschreitung, weder nüchternes Absterben noch luxurierendes Auferstehen sind zu definitiv und allseitig überzeugenden Motivationsquellen geworden.[1]

---

[1] «Luxurieren» wurde vom Physiker Carl Friedrich von Weizsäcker in seine kulturanthropologischen Überlegungen zur konfliktiven Gegenwartssituation eingeführt (in: Die Zeit drängt, München–Wien 1986, 64): «Luxurieren ist ein Ausdruck der Evolutionstheorie. Wenn ein körperliches Merkmal oder eine Verhaltensweise für die Spezies einen Vorteil bietet, wenn, wie man sagt, ein Selektionsdruck zugunsten des Merkmals oder Verhaltens besteht, so kann es geschehen, daß sich dieses im Laufe vieler Generationen immer stärker ausbildet. Gerade Verhaltensweisen gegen Artgenossen können luxurieren, weil auch die Reaktion des Artgenossen mitluxurieren kann ... So funktioniert auch das Luxurieren der Macht.» Die Brücke zur Ethik schlägt der christlich engagierte Friedensforscher im Anschluß an diese sozio-politische Form des Luxurierens (67): «Gegen die luxurierende Macht tritt ... das Ethos auf. Man kann von einem Gegenluxurieren des Ethos gegen den Luxus der Macht sprechen ... (Nächstenliebe) ist ein Überfluß, eben ein Gegenluxurieren gegen die luxurierende Macht.» In diesem Sinn wird hier die Auferstehungsperspektive als Gegenluxurierung gegen das Todesschicksal interpretiert.

Horizont Reinkarnation

Doch es bleibt nicht bei dieser Entweder-Oder-Entscheidung zwischen der Kultur des Todes und der Kultur des Lebens, denn das Wiedergeburt-Modell ist in Ost und West der ebenso alte wie neue *Challenge* an die Existenzgestaltung. Und was in den asiatischen und afrikanischen Traditionen prozessuale Lebensenergie-Verläufe sind, welche mit Reinkarnation und mit Ahnen-Dasein bezeichnet werden, sind im heutigen, christlichen Okzident zu handfesten Angeboten geworden, um im Alltag bestehen zu können.[2]

«Kulturschock» und «Kampf der Zivilisationen» sind deshalb keine journalistischen Schlagworte mehr, sondern reelle Angebote auf dem «Supermarkt der Religionen». Luzide müssen so alle Glaubensgemeinschaften wieder über die Bücher gehen. Das Dossier «Tod» ist neu zu öffnen ... realistisch und nicht ideologisch, offen-wach und nicht verschlossen-fundamentalistisch.

Mit «realistisch» und «wach» meine ich eine Sichtung der Ausgangslage, welche nicht geschichtslos über das «Sein zum Tod» spekuliert und philosophische oder theologische Exkurse vorlegt. Das wäre eine ästhetische Art und Weise, über oft brutale und grausame Wirklichkeiten Konversation zu führen. Manche religiöse Erbauungsbücher und spirituelle Vorträge in kirchlichen Bildungshäusern bieten solch sanfte Drogen und *De-facto*-Esoterik an. Ob dabei das Reinkarnations-Modell oder das Auferstehungs-Dogma besprochen wird, hat weniger mit der Sache als mit der jeweiligen Klientel zu tun. Im Kontext meines Beitrags an die Festschrift, welche dem Wirken von Hermann-Josef Venetz gewidmet ist, möchte ich ausdrücklich bekräftigen, daß seine bedeutsame Vortragstätigkeit keinem solchen abgehobenen Eskapismus gefrönt hat.[3] Das Leitbild unserer Festgabe «Auferstehung hat einen Namen» hebt ja gerade diesen Charakterzug ins Bewußtsein.

Vielgestaltiger Tod

Die Grunderfahrung, in denen die Hoffnungshorizonte Auferstehung und Reinkarnation aufscheinen, ist und bleibt die Todes-Erfahrung. Diese unumgängliche Ausgangslage, welche die religionsgeschichtlichen Modelle «Aufer-

---

2 Tendenziell steigt im Okzident der Prozentsatz derjenigen Menschen, die ihren Lebensentwurf nach dem Reinkarnationsmodell gestalten bis zu 30 Prozent und mehr. Vgl. zum statistischen Befund: Richard Friedli, Zwischen Himmel und Hölle: die Reinkarnation. Ein religionswissenschaftliches Handbuch, Freiburg–Schweiz 1986, 15–26. Zur thematischen und christlich-theologischen Diskussion: Rüdiger Sachau, Westliche Reinkarnationsvorstellungen, Gütersloh 1996. Religionsgeschichtlich und pastoral sind die Differenzen und Konvergenzen zwischen Auferstehung und Reinkarnation produktiv dargestellt, in: Hermann Koschanek (Hg.), Reinkarnation oder Auferstehung. Konsequenzen für das Leben, Freiburg i. Br. 1992.
3 Die Abschnitte im Buch «Im Bannkreis des Paulus», welches H.-J. Venetz und Sabine Bieberstein veröffentlicht haben (Würzburg 1995, 56–69 und 129–144), und in dem sie die Debatte um «die Toten in Christus» in der Gemeinde von Thessaloniki und das Abwägen in der Gemeinde von Korinth um «das Kreuz mit der Auferstehung» reproduzieren, belegen diesen sorgfältigen Umgang mit den Texten und mit der Sache.

stehung» und «Reinkarnation», aber auch die «materialistische» Sichtweise zu interpretieren suchen, ist tatsächlich komplex. Denn das vieldimensionale «Material», welches als anthropologische Konstante den kulturbedingten, hier: christlichen oder hinduistischen, Paradigmen vorausliegt, ist äußerst konturenreich. Unter zwei Gesichtspunkten kann das menschheitliche Todesschicksal taxonomisch koordiniert werden: unter dem Aspekt der Todesformen und demjenigen der Todesumstände. Diese lexikalische Typisierung ist nicht eine bloß methodologische Darstellungsform, sondern ein Mittel, um die spirituelle Gewichtung und die therapeutische (Trauer-) Arbeit kompetenter zu gestalten.

Todesformen: persönlicher und struktureller Tod

Bei dieser Auffächerung des Todes-Ereignisses kann eine nützliche Differenzierung faßbar gemacht werden: die individual-psychologische Betroffenheit und die institutionell-soziologischen Mechanismen. Das ausschließlich *subjektive Todeserlebnis* ist unsagbar und ereignet sich in der unmittelbaren Eigentlichkeit des Ich. Um diesen persönlichen Tod geht es, sobald wir darüber sprechen: um das Sterben eines Menschen, zu dem die Kommunikation im Verstehen und Lieben abbricht, nicht aber um den eigenen Tod. Die erwähnten Nah-Tod-Erfahrungen können erzählt werden, weil sie nur relativ Jenseitiges ansprechen. Die Liturgien, welche die Religionen ihren Mitgliedern zur Todbegleitung und zur Beisetzung des Verstorbenen zur Verfügung stellen, ritualisieren diesen persönlichen Tod, lassen Abschied nehmen und bieten dem Hinterbliebenen Motivationen zum Hoffen an: österlicher Auferstehungshorizont im Christentum – Einäscherung zum Wiedergeboren-Werden im Hinduismus.

Die glaubende und lindernde Verarbeitung des Todesschicksals wird für jede Religionsgemeinschaft komplexer und komplizierter beim «Tod in den Institutionen». Mit dem Begriff vom *strukturellen Tod* sind nämlich Phänomene anvisiert, die kaum erträglich gemacht und legitimiert werden können. Die Rede ist hier vom Sterben als den Konsequenzen von todbringenden Gewaltstrukturen. Solche Formen von institutionalisierter Destruktivität sind z. B. Genozid, Krieg, Sklavenhandel, Kinderprostitution, Nuklear-Verseuchung, Aids-Tod.

Jeder Religion und all ihren Entschlüsselungsmodellen sind hier Grenzen gesetzt. Apologetische Rechthaberei zur Gültigkeit und Tragfähigkeit von «Auferstehung» oder «Reinkarnation» verkommen hier zu wenig taktvollen und pietätlosen Wortgefechten.

Todesumstände: guter und schlechter Tod

Mit *«guter Tod»* ist das Abebben der Lebensenergie eines Menschen bezeichnet, dessen Lebensentwurf ausgeschöpft werden konnte: zwischenmenschlich getragen, familiär vernetzt, beruflich erfüllt, altersmäßig reich. Für die Religionsüberlieferungen ist eine solche Lebenskurve nichts als Gnade: «ein schönes Leben – ein gutes Sterben».

Mit dem *«bösen Tod»* haben hingegen alle Religionen ihren Argumentationsnotstand: Wie können sie lehrmäßig solche Todesgeschicke auffangen, wie etwa Drogentod, Foltertod, Suizid, Unfalltote, Giftunfälle wie Bhopal (1984), Tschernobyl (1986), Kyoto und Tokyo (1995). Die Komplexität dieses letzteren «schlechten Todes» in Japan ist dadurch noch radikalisiert, als er von Mitgliedern der hinduistisch-buddhistischen Aum-Sekte verursacht worden ist. Ohne daß es hier möglich ist, den religionssoziologischen Rahmen solcher Vorgehensweisen zur Debatte zu stellen, ist bei diesen Phänomenen des «schlechten Todes» aber gut ersichtlich, wie ihre systemischen Rückkoppelungsschlaufen und Quervernetzungen zur institutionalisierten Gewalt und Todvursachung führen.

Auch hier stellt sich wieder die Frage nach der Kompetenz sowohl des christlichen Auferstehungszuspruchs als auch des hinduistischen Reinkarnation-Karmas, wann immer diese Lehren geschichtslos und absolut hingestellt und unbefragt repetiert werden.

Damit ist nichts gegen die beiden Angebote zur «Kontingenzbewältigung» gesagt, wohl aber gegen ihre systemimmanente Verhärtung und Dogmatisierung. Nicht ihre (theo-) logische Differenz sind nämlich das Entscheidende, sondern ihre funktionale Äquivalenz: Beide Codes produzieren nämlich – in der Konfrontation mit den alten-modernen Formen und Umständen des Todes – einen luxurierenden Überschuß an Wert und Sinn. Und das: trotz allem.

Trotzmacht Auferstehung

So ist die Affirmation des Überlebens bei Paulus eine Proklamation gegen Resignation. Sein Auferstehungsindikativ wird zum Imperativ für sein existentielles Trotzdem.[4] Die Debatte mit Leugnern des Weiterlebens, die Paulus in einem Brief an die Gemeinde von Korinth führt, schließt er bezeichnenderweise mit einer triumphierenden Akklamation ab (1 Kor 15,54–55):

> Wenn aber dieses Verwesliche angezogen hat Unverweslichkeit und dieses Sterbliche angezogen hat Unsterblichkeit, dann wird eintreffen das Wort, das geschrieben steht:
> Der Tod ist verschlungen in Sieg.
> Tod, wo ist dein Sieg?
> Tod, wo ist dein Stachel?

Dieser unverwüstliche Motivationsschub aktiviert gegenüber den Mechanismen des strukturellen und des schlechten Todes eine tragfähige und sinnstiftende Trotzmacht. Ihr Teststand, ihr Ort der Verifizierung liegt aber nicht bei den Garanten der Orthodoxie und bei ihrem Lehramt, sondern eben außerhalb ihrer Büros, «vor Ort» und «auf dem Terrain». Orthopraktisch sind dort «Auferstehung» und «Reinkarnation» entscheidend. Sie sind ja nicht vergangenheitsorientierte Lehrsätze, sondern zukunftsoffene Metaphern. Die sinnstiftenden Dynamiken von Ostern und Wiedergeburt befreien zur Hingabe: Hingabe in der Annahme des persönlichen guten Todes und Hingabe im Wi-

---

4 Diese «Trotzmacht des Geistes» im Krankheits- und Sterben-Geschehen hat der Psychiater Viktor E. Frankl zum Hebelpunkt der Logotherapie gemacht (in: Theorie und Therapie der Neurosen. Einführung in die Logotherapie und Existenzanalyse, München–Basel 1970, 18–21 und 169–175). Für den Wiener Kliniker ist der Rückgriff (und Vorausgriff) auf das existentielle Trotzdem nicht eine psychoanalytische Methode unter anderen, sondern persönlich durchgestandene Konfrontation mit dem «strukturellen Tod» (vgl. die autobiographische Verwurzelung während dem Holocaust: Viktor E. Frankl, ... trotzdem Ja zum Leben sagen. Ein Psychologe erlebt das Konzentrationslager, München 1977).

derstand gegen den institutionalisierten bösen Tod. Auf beide dieser Räume der Hingabe lassen sich die Religionstraditionen öffnen: auf Ergebung und auf Widerstand. Zwar sind die gesellschaftlichen Kontexte und Machtverhältnisse, in denen die fundierenden biblischen oder vedischen Texte formuliert worden sind, vom modernen und postmodernen Kontext radikal verschieden, ihre sinnstiftenden Funktionen wirken aber weiter. Die sensible, literar-kritische und soziale Hermeneutik, welche ja auch Hermann-Josef Venetz meisterhaft eingesetzt hat, öffnet die alten Texte auf ihre existentielle Hermeneutik in der neuen Realität.[5] Dann bleiben die Texte der heiligen Bücher nicht archivierte Erinnerungen, sondern werden zu evozierenden Herausforderungen.

Metapher Reinkarnation

In meiner Darstellung von Auferstehung und von Reinkarnation geht es um eine solche Evokation. Nicht ihre Differenzen möchte ich hervorheben, sondern ihre Konvergenzen: ihr gemeinsames Anliegen, ihren gemeinsamen Sprachduktus und ihre gemeinsame pragmatische Tragfähigkeit, wann immer es darum geht, die anthropologische Konstante «Tod» kulturspezifisch zu erklären. Das Erstaunliche an der Hindu-Überlieferung[6] – und ganz im Widerspruch zur okzidentalen substantialisierten Rezeption seines Wiedergeburts-Horizontes – ist ihre metaphorische, aber in der Alltagserfahrung nachvollziehbare Sprache. Die Antworten sind nicht Argumente und Axiome, sondern Vergleiche, Hinweise, Bilder, Parallelen, Anspielungen. Ohne daß ich exegetische Annotationen und akribische Kommentare beifüge, möchte ich in den folgenden Hindu-Zeugnissen das Klima aufscheinen lassen, in dem das Thema von der Wiedergeburt erklingt. Die Frage ist dabei nicht, wie eine Seele wandert, wie eine Lebenskraft transmigriert oder wie sich Körper und Seele bei der Entleiblichung und bei der Wiederverkörperlichung verhalten. Vielmehr soll gezeigt werden – und das ist nach Paul Ricoeur das Spezifische der metaphorischen Sprache – wie aus der Annäherung von zwei sonst getrennten Bereichen und Begriffen eine neue Seins-Wirklichkeit erahnt werden kann.[7]

So kann gemäß dem upanischadischen Text (Taittiriya-Up. 3,2) der Leben-Sterben-Prozeß nach dem *Nahrungsschema* verstanden werden:

---

5 Bedeutsam ist hier seine Art und Weise, die «Ämterfrage» neu zu stellen und zu beantworten: Hermann-Josef Venetz, So fing es mit der Kirche an. Ein Blick in das Neue Testament, Zürich–Einsiedeln–Köln 1981.
6 Der Sitz im Leben und die Grunderfahrungen der vielfältigen indischen Religionen, welche die okzidentale Religionsgeschichte mit der Sammeletikette «Hinduismus» eingeebnet hat, kann nachvollzogen werden, in: Heinrich Zimmer, Philosophie und Religion Indiens, Zürich 1951 (1978).
7 Zur Theorie der Metapher, die hier verwendet wird: Paul Ricoeur, The Theory of Metaphor, in: Interpretation Theory. Discourse and the Surplus of Meaning, Texas 1976, 46–53. Die Semantik der metaphorischen Worte ist ausführlich begründet in Ricoeurs Werk «La métaphore vive» (Paris 1975; dt: Die lebendige Metapher, München 1986).

> Die Wesen sind aus Nahrung geboren,
> leben von der Nahrung,
> werden für andere zur Nahrung,
> werden Nahrung.

Die Weisen in der Brihad-aranyaka-Upanishad (3.9.27-28) verweisen in ihrer Kosmologie, welche zugleich Anthropologie und Eschatologie erfaßt, auf das *Baum-Gleichnis*:

> Gleich wie der Baum des Waldes,
> so ist der Mensch.
> ...
> Doch wenn der abgehauene Baum
> aufs neue aus der Wurzel sproßt,
> aus welcher Wurzel wächst der Mensch
> hervor, wenn ihn der Tod gefällt?

Andere Gleichnisse werden in der gleichen Upanishad zur verstehenden Hermeneutik des Menschenlebens eingeführt. So das *Beispiel der Weberin* (4.4.4):

> So wie eine Buntweberin, nachdem sie
> einen Teil der Buntstickerei entfernt hat,
> eine andere neuere noch schönere Figur einzieht,
> so macht es der Atman: Nachdem er
> den Leib abgestoßen hat und die
> Unwissenheit hat fahren lassen,
> nimmt er eine andere neuere noch schönere Form an.

Oder auch – neben dem bekannten Hinweis auf die Raupe, aus der sich der Schmetterling entpuppt – im gleichen Textabschnitt der *Vergleich mit der Schlange* (4.4.7):

> So wie die Schlangenhaut abgestorben,
> abgestreift auf dem Ameisenhaufen
> liegt, ebenso liegt dieser Körper da,
> aber jener unkörperliche, unsterbliche
> Lebenshauch ist lauter Brahman, lauter Licht.

Diese spannungsreiche Annäherung von Naturphänomenen und menschlichem Geschick, welche mit dieser «So-wie»-Verklammerung festgemacht wird, findet sich auch die der klassischen Hindu-Spiritualität der Bhagavad-Gita (2,22):

> Gleichwie ein Mann die altgewordenen Kleider
> Ablegt und andere, neue Kleider anlegt,
> So auch ablegend seine alten Leiber
> Geht ein der Geist in immer andere, neue.

Solche Parallelisierungen zwischen Nichtmenschlichem und Menschlichem sind nicht nur eine poetische Figur, sondern ein Modell von Grenzdiskurs.

Dieses Sprechen an der Grenze über die Grenze hinaus und dieses Reden im Diesseits über das Jenseits tasten sich mit analogischen oder mit paradoxen Sprachmustern ins letztlich Unsagbare vor.

Jesus von Nazaret tat das in seinen Parabeln vom Himmelreich ebenso konsequent wie Gautama der Buddha in seinen Gleichnissen zum «anderen Ufer» des Nirvana. Auch die hinduistische Wiedergeburts-Kategorie ist analogisch zu interpretieren. In gleicher Weise ist der Auferstehungshorizont eine solche analogische Sprachform, um die umfassende Seinsdichte und Sinnfülle zu eröffnen. Im Evangelium nach Johannes (12,24) heißt das so:

> Wenn das Weizenkorn nicht in die Erde fällt und erstirbt, bleibt es allein; wenn es aber erstirbt, trägt es viel Frucht.

Weder die Hindu-Wiedergeburt noch die Christus-konforme Auferstehung können auf begriffliche Definitionen reduziert werden. Sie sind Signale von Mehr und Einladung zum Überschritt. Dem Temperament der Autoren entsprechend erhalten diese Überschritte bei Paulus aber die Form eines jubilierend-polemischen Ausrufs und bei Jesus von Nazaret oder den Hindu-Weisen die Gestalt einer ruhig-fließenden Einschätzung.

Reinkarnation und Auferstehung: Eine Einladung

Ob und inwiefern diese traditionalen Situationsinterpretationen der Ausgangslage «Tod – persönlich und strukturell, gut und schlecht» gerecht werden, ist letztlich nicht ein Diskussionsthema, sondern der Schlußpunkt auf der Traktandenliste des einzelnen Gläubigen und der jeweiligen Religionsgemeinschaft. So wie für Hindus und für Christen die existentielle und gesellschaftliche Ausgangslage identisch ist, ist auch ihr Qualitätsmaßstab für die Situationsmeisterung identisch. Ihre partikulären Heilswege «Auferstehung – Reinkarnation» sind bedingt und relativ gültig, weil sie in Relation stehen zu ihrer persönlichen Tragfähigkeit und sozialen Tauglichkeit im Umgang mit «dem, was uns unbedingt angeht». Innerhalb ihrer jeweiligen Tradition wirken «Auferstehung» oder «Reinkarnation» aber als verbindliche und verbindende Codes. Hier sind sie jeweils existentiell bedingungslos und absolut gültig … als Einladung, inmitten des Todes wiedergeboren zu werden und Auferstehung geschehen zu lassen – und sei es im Widerstand gegen jede Form des schlechten und strukturellen Todes.

DAS REICH GOTTES UND SEINE GERECHTIGKEIT

Urs Eigenmann

GEIST IN WIRKLICHKEIT

ASPEKTE EINER REICH-GOTTES-SPIRITUALITÄT UND -MYSTIK

Das Verhältnis zur Wirklichkeit als Grundfrage der Spiritualität

Die Grundfrage der Spiritualität ist jene nach dem Verhältnis zur Wirklichkeit. Spiritualität meint den Geist, «mit dem man sich der Realität, in der wir leben, mit all ihrer Komplexität stellt.»[1] Spiritualität ist die Art und Weise, wie die historische Wirklichkeit gesehen, beurteilt und gestaltet wird. Diese Sicht von Spiritualität impliziert Fragen wie diese: Aufgrund welcher erkenntnisleitenden Interessen wird die Wirklichkeit gesehen und aufgrund welcher Option beurteilt? Von welcher Vision gesellschaftlichen Zusammenlebens lassen sich Sicht, Beurteilung und Gestaltung der Wirklichkeit leiten? Worin besteht das auf die Gestaltung der Wirklichkeit bezogene persönliche Lebensprojekt?

Analog zur Feststellung Paul Watzlawicks, daß nicht nicht kommuniziert werden kann, heißt dies für unsere Fragestellung: Sich zur Wirklichkeit zu verhalten, ist unausweichlich, da es unmöglich ist, sich nicht zu verhalten. Ebenso unabdingbar sind Option und Vision, da jedes Verhalten von einer Option getragen und auf eine Vision hin ausgerichtet ist. Auch ist es nicht möglich, kein persönliches Lebensprojekt zu haben, da selbst der Verzicht auf ein solches noch eines wäre. Insofern die Spiritualität grundlegend die Frage nach dem Verhältnis zur Wirklichkeit meint, kann man nicht nicht spirituell sein. Insofern die Spiritualität im grundlegenden Verhältnis zur Wirklichkeit besteht, geht es um ihre «fundamentaltheologale Dimension»[2]. Vor deren Hintergrund soll dann nach der christlichen Spiritualität im Sinne eines Reich-Gottes-verträglichen Verhältnisses zur Wirklichkeit gefragt werden.

Idealtypische Unterscheidung von Spiritualitäten

Wenn unter Spiritualität das Verhältnis zur Wirklichkeit verstanden wird, können analog zur idealtypischen Unterscheidung verschiedener Tendenzen in den Sozialwissenschaften und in der Theologie zwei Grundtypen von Spiritualität unterschieden werden. Nach Clodovis Boff gibt es eine funktionalistische und eine dialektische Tendenz. In den Sozialwissenschaften unterstreicht

---

1 J. Sobrino, Spiritualität und Nachfolge, in: Mysterium Liberationis. Grundbegriffe der Theologie der Befreiung, Bd. II, Luzern 1996, 1091.
2 Ebd.

die funktionalistische den Gedanken der Ordnung, der Harmonie und des Gleichgewichts. Sie sieht die Wirklichkeit in der Form eines organischen Ganzen, dessen Teile sich ergänzen. Die dialektische achtet auf die Spannungen, analysiert die Interessengegensätze und Konflikte und sieht die Wirklichkeit als ein komplexes und widersprüchliches Ganzes an.[3]

In der Theologie entspricht der funktionalistischen Tendenz eine idealistische, d. h. von den gesellschaftlichen Verhältnissen mehr oder weniger abgehobene Lektüre der Bibel und eine liberal-progressive Theologie. Diese versuchen, die Differenz zwischen der unheilen Wirklichkeit und dem Heilswillen Gottes gedanklich zu überwinden und religiös zu deuten. Der dialektischen Tendenz entsprechen eine Bibellektüre und ein Verständnis theologischer Reflexion, die sich nach-idealistisch als Moment einer persönlichen und politischen Glaubenspraxis begreifen. Die unheile Welt soll nicht mit einer tieferen religiösen Bedeutung versehen und nicht gedanklich mit dem Heilswillen Gottes versöhnt, sondern im Sinne des Reiches Gottes verändert werden.

In bezug auf die Spiritualität entspricht der funktionalistischen Tendenz eine Spiritualität der Anpassung und der Beruhigung. Es ist eine von den jedesmaligen wirklichen Lebensverhältnissen abgehobene, individualistische Spiritualität allgemein-religiöser Innerlichkeit, eine billige Spiritualität ohne Nachfolgepraxis. Der dialektischen Tendenz entspricht eine Spiritualität des Widerstandes und des Kampfes. Es ist eine auf die jedesmaligen wirklichen Lebensverhältnisse bezogene Spiritualität persönlicher, aber nicht privater Art, eine teure Spiritualität als Moment einer Nachfolgepraxis. Angesichts des fundamentalsten Widerspruchs als dem Widerspruch zwischen Leben und Tod kann von einer Spiritualität des Lebens und von einer Spiritualität des Todes gesprochen werden. Eine Spiritualität des Lebens versteht sich im Dienst der Vision eines Lebens in Fülle für alle Menschen. Eine Spiritualität des Todes ist dort am Werk, wo man sich mit einer Wirklichkeit abfindet, in der Menschen leiden und vor dem Leben sterben.

Das Reich Gottes als zentrale Bezugsgröße einer christlichen Spiritualität

Die auch für die Spiritualität wichtige Schlüsselentdeckung der modernen Theologie sieht Jon Sobrino in der Entdeckung des Reiches Gottes.[4] Das Reich Gottes war nach dem Zeugnis der synoptischen Evangelien das zentrale Anliegen Jesu.

> Für Jesus ist das Letzte und Entscheidende nicht seine eigene Person, auch nicht das Gesetz, nicht einmal Gott an sich. Das Zentrum seiner Verkündigung ist vielmehr das Reich Gottes: «Die Zeit ist erfüllt, das Reich Gottes ist nahe. Kehrt um und glaubt an das Evangelium!» (Mk 1,15).[5]

---

3 Vgl. C. Boff, Theologie und Praxis. Die erkenntnistheoretischen Grundlagen der Theologie der Befreiung, München und Mainz 1983, 114.
4 Vgl. J. Sobrino, a.a.O. 1089.
5 R. Aguirre, F. J. Vitoria Cormenzana, Gerechtigkeit, in: Mysterium Liberationis 1193.

In bezug auf seine Sendung sagte Jesus:

> Auch den andern Städten muß ich das Evangelium vom Reiche Gottes verkündigen; denn dazu bin ich gesandt (Lk 4,43 par).

Entsprechend der zentralen Bedeutung des Reiches Gottes forderte Jesus im Zusammenhang mit der Frage, um was sich die Jünger sorgen sollen, diese auf:

> Euch aber muß es zuerst um sein [Gottes] Reich und um seine Gerechtigkeit gehen; dann wird euch alles andere dazugegeben (Mt 6,33 par).

Worin das Reich Gottes inhaltlich genau besteht, hat Jesus nirgendwo abschließend definiert. Doch zeigen jene biblischen Texte, in denen ausdrücklich vom Reich Gottes bzw. vom Himmelreich die Rede ist, eine große inhaltliche Fülle des mit ihm Gemeinten. Das Reich Gottes entzieht sich zwar einer diese Fülle integrierenden Systematisierung. Das heißt aber nicht, es seien keine methodisch geordneten Aussagen über den Inhalt des Reiches Gottes möglich. So kann danach gefragt werden, was Jesus im Zusammenhang mit dem Reich Gottes in bezug auf die Bewältigung jener drei Grundprobleme sagt, die sich allen Gesellschaften zu allen Zeiten stellen. Jede Gesellschaft muß zum einen das physische Leben ihrer Mitglieder sichern, zum andern deren Zusammenleben regeln und schließlich erklären, worin ein sinnvolles Leben besteht und wie es erlangt werden kann. In der Gesellschaftsformationstheorie wird die Lösung dieser Probleme den gesellschaftlichen Instanzen «Ökonomie», «Politik» und «Kultur/Religion/Ideologie» zugeordnet. Diese bilden zusammen ein komplex strukturiertes Ganzes als jene Wirklichkeit, zu der sich unausweichlich zu verhalten die fundamentaltheologale Dimension der Spiritualität darstellt und zu der sich im Sinne des Reiches Gottes zu verhalten die christliche Dimension der Spiritualität meint. Exemplarisch und ohne Anspruch auf Vollständigkeit soll mit Hilfe der Unterscheidung der drei gesellschaftlichen Instanzen das mit dem Reich Gottes Gemeinte genauer bestimmt werden.

In bezug auf die wirtschaftlichen Verhältnisse waren für Jesus die bevorzugten Adressaten des Reiches Gottes die Armen (Lk 6,20 par), wogegen die Reichen nur schwer hineingelangen oder ganz ausgeschlossen bleiben (Mk 10,23–25 par). Diese Armen waren nicht bloß bedürftige, sondern bettelarme Angehörige der untersten Schicht. Mehrfach bezeugt ist Jesu Anleitung, die Verteilung von Lebensmitteln nicht mit Geld zu organisieren, sondern durch das Teilen zu erreichen, damit alle satt wurden (Mk 6,35–44 par). Mit den Gleichnissen vom reichen Kornbauern (Lk 12,13–21) bzw. von den Raben und Lilien (Lk 12,22–31 par) trat Jesus gegen eine Ökonomie der Bereicherung und für eine Ökonomie der Gerechtigkeit ein, die sich an der universalen Sorge Gottes für ein Leben aller Geschöpfe in Würde orientiert und mit dem Trachten nach dem Reich Gottes verbunden ist.

In bezug auf die politische Ordnung durchbrach Jesus in der Tischgemeinschaft mit verachteten Zöllnern und Sündern (Mt 9,10f par) gesellschaftliche Schranken. Den Hohenpriestern und Ältesten erklärte er, Zöllner und Dirnen kämen vor ihnen ins Reich Gottes (Mt, 21,31). Er wurde als Fresser und Weinsäufer sowie als Freund der Zöllner und Sünder beschimpft (Lk 7,34 par), und seine Verwandten erklärten, er sei von Sinnen (Mk 3,21). Das Reich verband Jesus mit einer kritischen Sicht der Familie (Mk 3,31–35 par). Für ihn haben Kinder Zugang zum Reich Gottes (Mk 10,13–16 par), und gegenüber Frauen war er souverän frei (Joh 4,1–6). Er überwand selbst am Sabbat die soziale Isolierung von Kranken und heilte (Mk 3,1–5 par), so daß sich die verfeindeten Pharisäer und Herodianer zusammentaten und seinen Tod beschlossen (Mk 3,6). Das Himmelreich verstand Jesus als Umkehrung der sozialen Verhältnisse, wenn darin Letzte Erste und Erste Letzte sind (Mt 20,16).

In bezug auf die kulturell/religiös/ideologischen Verhältnisse lud Jesus zur Umkehr ein und dazu, ans Evangelium zu glauben (Mk 1,15). Es geht ihm darum, daß der Wille des Vaters getan wird (Mt 7,21). Wenn er durch den Geist Gottes Dämonen austrieb, war das Reich Gottes angekommen (Mt 12,28 par). In der Bergpredigt empfahl er das Reich Gottes als oberste Orientierungsgröße, wenn er die Seinen einlädt, zuerst das Reich Gottes und seine Gerechtigkeit zu suchen (Mt 6,33 par).

Die ökonomischen, politischen und kulturell/religiös/ideologischen Aspekte des Reiches Gottes faßte Jesus im Gleichnis vom großen Festmahl zum wohl umfassendsten und dichtesten Bild für das Reich Gottes zusammen (Lk 14,14–24 par). Dieses Gleichnis kann «als Muster zum rechten Verständnis aller seiner [Jesu] Aussagen über das Königreich Gottes dienen»[6]. Das Reich Gottes wird mit einem Festmahl verglichen, zu dem bei Lukas Arme, Krüppel, Blinde und Lahme geholt werden und bei Matthäus die Bösen vor den Guten erscheinen:

> Was Jesu Gleichnis vorstellt und in Aussicht stellt, ist ... eine offene Kommensalität, ein gemeinsames Mahl, bei dem die Tischordnung nicht im Kleinen die große Gesellschaftsordnung mit ihren vertikalen Diskriminierungen und lateralen Trennungen widerspiegelt. Die soziale Herausforderung ist das eigentlich Bedrohliche dieses Gleichnisses ... Das Reich Gotte als ein Prozeß offener Kommensalität, als jedem zugängliche Mahlgemeinschaft und somit als Muster einer nicht diskriminierenden Gesellschaft negierte die Grundlagen der antiken mediterranen Gesellschaft, in der Begriffe wie Ehre und Schande absolute Geltung hatten.[7]

Eine christliche Spiritualität müßte sich am Reich Gottes als dem zentralen Anliegen Jesu orientieren. Jesus verstand das Reich Gottes nicht als Sanktionierung der bestehenden Verhältnisse im Sinne ihrer religiösen Verklärung. Vielmehr bezeugte er seine Nähe in der ganzheitlichen Befreiung von Krankheit und Dämonen, von materieller Not, sozialer Ausgrenzung und religiöser Ächtung. Insofern Spiritualität als unausweichliches Verhältnis zur komplex strukturierten Wirklichkeit bestimmt wird, müßte es ihr als christliche darum gehen, diese Wirklichkeit auf ihre Reich-Gottes-Verträglichkeit[8] hin zu unter-

---

6 J. D. Crossan, Jesus. Ein revolutionäres Leben. Aus dem Englischen von Peter Hahlbrock, München 1996, 95.
7 Ebd. 98f.
8 Vgl. U. Eigenmann, Reich Gottes als Maß gesellschaftlicher Leitvorstellungen, in: Neue Wege 90 (1996) 349–354.

suchen und sie im Sinne jener «offene[n] Kommensalität und [jenes] radikale[n] Egalitarismus des Gottesreiches» umzugestalten, von der Crossan sagt, sie sei erschreckender als alles, was wir uns vorgestellt haben.[9]

Aspekte christlicher Spiritualität aufgrund der dialektischen Struktur des Reiches Gottes

Das Reich Gottes schließt nicht nur eine große Fülle inhaltlicher Aspekte ein, sondern ist zudem eine komplexe Größe, deren innere Struktur mehrere Spannungsfelder umfaßt. Die Pole dieser Spannungsfelder stehen weder dual nebeneinander noch dualistisch gegeneinander, sondern sind dialektisch aufeinander bezogen. Diese Pole konkurrenzieren sich nicht, sondern machen miteinander die Fülle und Komplexität des Reiches Gottes aus. Eine christliche Spiritualität muß gleich-radikal an jeweils beiden Polen festhalten, um an der Fülle und Komplexität des Reiches Gottes Anteil zu haben.

Geschenkte Gabe Gottes als verpflichtende Aufgabe

Einerseits verglich Jesus das Reich Gottes mit einem Bauern, dessen Saat ohne sein Zutun Frucht bringt (Mk 4,26–29). Er sprach den Armen das Reich Gottes zu (Lk 6,20b par) und sagte, wer es nicht so annehme wie ein Kind, werde nicht hineingelangen (Mk 10,15 par). Er verglich es mit einem Schatz im Acker und einer kostbaren Perle (Mt 13,44–46). Andererseits verband Jesus mit dem nahegekommenen Reich Gottes die Verpflichtung zur Umkehr (Mk 1,15 par). Nur jene, die den Willen des Vaters tun, werden in das Himmelreich kommen (Mt 7,21). In ihm muß Vergebung von Schuld weitergeschenkt werden (Mt 18,23–35).

Das Reich Gottes ist radikales Geschenk Gottes, das die Menschen aber ebenso radikal in Pflicht nimmt. Leonhard Ragaz hat es so gesagt:

> Das Reich Gottes ist, nach der Bibel insofern ganz *Gottes* Werk, als es ganz von ihm *kommt*, als der Mensch es nie und nimmer *machen* könnte, mit aller Kunst und aller Macht, als er dazu nicht nagelsgroß beitragen könnte, als er höchstens Babeltürme bauen könnte, wenn es nicht von Gott her käme. Das ist die eine Hälfte der Wahrheit ... aber die andere ist: Das Reich Gottes käme doch nicht, wenn nicht der *Mensch* es annähme und sich ihm zur Verfügung stellte.[10]

Für eine christliche Spiritualität bedeutet dies: Insofern das Reich Gottes radikales Geschenk ist, erinnert es daran, daß menschliche Existenz im Sinne der Geschöpflichkeit verdankte Existenz ist und daß das, was den Sinn des Lebens ausmacht, nicht selbst hergestellt werden kann. Dies befreit dazu, sich gelassen im Sinne des Reiches Gottes einzusetzen und bewahrt davor, in einem zerstö-

---

9 Vgl. J. D. Crossan, a. a. O. 103.
10 L. Ragaz, Die Botschaft vom Reiche Gottes. Ein Katechismus für Erwachsene, Bern 1942, 224.

rerischen Allmachbarkeitswahn auf- bzw. unterzugehen. Insofern das Reich Gottes als Geschenk Verpflichtungen beinhaltet, erinnert es im Sinne der teuren Gnade Bonhoeffers daran, daß der Glaube an das Reich Gottes den Preis der gelebten Nachfolge kostet. Dies bewahrt davor, sich im Sinne der billigen Gnade auf ein religiös verbrämtes Nichtstun quietistischer Art zurückzuziehen.

In der Welt und für sie, aber nicht von ihr

Einerseits erklärte Jesus, sein Reich sei nicht von dieser Welt (Joh 18,36), und mit dem Gleichnis von den anvertrauten Minen machte er deutlich, daß eine Reich-Gottes-motivierte Verweigerung gegenüber den Ansprüchen der *Pax Romana* das Leben kostet (Lk 19,11–28).[11] Andererseits verband Jesus mit dem Reich Gottes die konkrete Befreiung von Dämonen (Mt 12,28 par). Er erklärte, nur wessen Gerechtigkeit größer sei als jene der Schriftgelehrten und Pharisäer werde in das Himmelreich kommen (Mt 5,20). Die Seinen lud er ein, zuerst das Reich Gottes und seine Gerechtigkeit zu suchen (Mt 6,33).

Das Reich Gottes ist zwar nicht von dieser Welt, seine Gerechtigkeit gilt aber dieser Welt und will in ihr Gestalt annehmen. Leonhard Ragaz hat dazu gesagt:

> *Sein* Reich soll kommen: zu *uns*, auf die *Erde*, nicht wir zu seinem Reich in einem fernen *Jenseits* und nicht erst nach dem «jüngsten Gericht» nach der «Auferstehung der Toten», sondern auch schon jetzt. Sein Wille soll auf *Erden* geschehen, nicht im Himmel, wo er schon erfüllt ist, aber er soll auf Erden so vollkommen geschehen wie im Himmel. Nicht soll die Erde in den Himmel hinaufgezogen werden, sondern der Himmel auf die Erde herab.[12]

Für eine christliche Spiritualität heißt dies: Insofern sie im Sinne des Reiches Gottes nicht von dieser Welt ist, stellt sie keine religiöse Überhöhung des herrschenden Zeitgeistes dar. Sie ist eine Spiritualität des Widerstandes gegen alle Größen, die sich als Anti-Reiche aufspielen. Insofern sie im Sinne des Reiches Gottes auf diese Welt bezogen ist, besteht ihr Proprium als christliche nicht in einer weltabgehobenen Jenseitsfixierung, sondern in einem Weltbezug, der die Umgestaltung der Wirklichkeit im Sinne des Reiches Gottes meint. Sie ist keine Weltfluchtreligiosität, sondern inspirierendes Moment einer Reich-Gottes-orientierten Weltverantwortung. Sie muß sich darin bewähren, daß sie im Kampf gegen die Anti-Reiche der Welt nicht deren zerstörerische Logik übernimmt, sondern noch in der Art und Weise des Widerstandes der heilend-befreienden Logik des Reiches Gottes verpflichtet bleibt.

---

11 Vgl. dazu: D. Schirmer, «Du nimmst, wo du nichts hingelegt hast» (Lk 19,21). Kritik ausbeuterischer Finanzpraxis, in: K. Füssel, F. Segbers (Hg.), «... So lernen die Völker des Erdkreises Gerechtigkeit». Ein Arbeitsbuch zu Bibel und Ökonomie, Luzern und Salzburg 1995, 179–186.
12 L. Ragaz, Die Bergpredigt Jesu, Bern 1945, 123.

Persönlich-existentiell und politisch-strukturell

Einerseits verband Jesus mit der Ankündigung des nahe gekommenen Reiches Gottes die Verpflichtung zu persönlicher Umkehr (Mk 1,15 par). Jenen, die um des Reiches Gottes willen Besitz und Familie verlassen, verhieß er, sie würden jetzt vieles wieder empfangen und in der zukünftigen Welt das ewige Leben (Lk 18,29f). Andererseits verstand Jesus das Reich Gottes in den Gleichnissen vom Senfkorn und vom Sauerteig (Mt 13,31–33 par) und im Gleichnis vom Unkraut im Weizen (Mt 13,24–30) als etwas, das die ganze Wirklichkeit durchdringt. Im Zusammenhang mit dem Reich Gottes sprach er von der Umkehrung der Verhältnisse, wenn Letzte Erste und Erste Letzte sind (Lk 13,30; Mt 20,16). Das Reich als Vision einer grundlegenden Neuordnung verkündete er im Gleichnis vom Festmahl, das vor allem den Randständigen offen steht (Lk 14,15–24) und zu dem die Bösen vor den Guten erscheinen (Mt 22,10).

Das Reich Gottes hat eine persönlich-existentielle und eine politisch-strukturelle Dimension. Für eine christliche Spiritualität heißt dies: Sie ist zwar immer eine persönliche, aber nie eine nur private. Sie meint sowohl die Umkehr der Herzen der einzelnen als auch die Veränderung der Strukturen im Sinne Reich-Gottes-verträglicher Verhältnisse. So stehen sich Mystik und Kontemplation auf der einen und Politik und Aktion auf der anderen Seite nicht so gegenüber, daß Spiritualität nur der Mystik und Kontemplation zugeordnet und damit auf diese reduziert würde. Vielmehr liegt eine Spiritualität des Reiches Gottes sowohl der persönlichen Umkehr als auch dem politischen Engagement zugrunde und voraus. Die Reich-Gottes-Spiritualität bezieht sich auf das Gesamt des komplexen Verhältnisses von Subjekt und Strukturen. Die persönlich-existentielle und die politisch-strukturelle Ebene können nicht voneinander getrennt werden, weil Subjekte immer in Strukturen existieren und Strukturen von Subjekten abhängen. Gegen eine individualistische Verkürzung der Spiritualität muß im Sinne des umfassenden Anspruches des Reiches Gottes an ihrer persönlichen und politischen Dimension festgehalten werden.

Symbolisch gefeiert und erinnert und praktisch bezeugt

Einerseits brauchte Jesus in seinen Gleichnissen verschiedene Bilder, um die verschiedenen Dimensionen des Reiches Gottes symbolisch auszudrücken so u. a. den Geschenkcharakter mit der selbstwachsenden Saat (Mk 4,26–29), die Durchdringungsdimension mit dem Senfkorn (Mk 4,30–32 par) oder dem Sauerteig (Mt 13,33 par) und die Neuordnung der Gesellschaft mit dem Festmahl (Lk 14,15–24 par). Andererseits bezeugte Jesus die Gegenwart des Reiches Gottes mit seiner heilend-befreienden Praxis (Mt 4,23), sandte er die Zwölf zur Verkündigung des Reiches Gottes und zur Heilung von Kranken aus und empfahl er ihnen einen bestimmten Lebensstil (Lk 9,1–6).

Das Reich Gottes umfaßt bei Jesus eine symbolische Dimension und eine konkrete Praxis. Heute wird es sowohl in religiöser Rede und liturgischer Feier symbolisch erinnernd bzw. vorwegnehmend vergegenwärtigt als auch praktisch bezeugt. Für eine christliche Spiritualität heißt dies: Spiritualität darf nicht auf die religiösen Formen ihres Ausdrucks in Gebet und Liturgie reduziert werden. Diese Formen sind so weit christlich, als sie der Einübung einer Spiritualität im Dienst einer Praxis im Sinne des Reiches Gottes dienen. Spiritualität als ein bestimmtes Verhältnis zur Wirklichkeit liegt sowohl den Formen religiösen Ausdrucks als auch der konkreten Praxis zugrunde und voraus. Das gelebte Verhältnis zur Wirklichkeit qualifiziert die religiösen Formen. Feier und Praxis sind in einem christlichen Verständnis dialektisch aufeinander bezogen, wenn «die zentralen christlichen Symbole und Symbolhandlungen ... antizipierend vermittelnde Zeichen ‹wahren›, ‹heilen› Lebens [sind], die so zugleich die kritische Funktion haben, das Unwahre am konkreten geschichtlichen Leben aufzuzeigen»[13] und zu einer Reich-Gottes-orientierten Praxis anzustiften.

In Jesus angebrochen und gegenwärtig, aber die Vollendung steht noch aus

Einerseits verkündete Jesus, die Zeit sei erfüllt und das Reich Gottes nahe herbeigekommen (Mk 1,15; Mt 10,7). Ausdrücklich von der Gegenwart des Reiches Gottes sprach er im Zusammenhang mit der Austreibung von Dämonen (Lk 11,20 par). Den Pharisäern sagte er, das Reich Gottes sei mitten unter ihnen (Lk 17,21). Andererseits war das Reich Gottes für Jesus zukünftig, wenn er von seinem Kommen in Kraft sprach (Mk 9,1 par) oder denen Einlaß ins Himmelreich verhieß, die den Willen des Vaters tun (Mt 7,21). Im Zusammenhang mit der Völkerwallfahrt wies er auf das kommende Himmelreich bzw. Reich Gottes hin (Mt 8,11 par). Beim Abendmahl sprach er von der noch ausstehenden Vollendung im Reich Gottes (Mk 14,25 par).

Das Reich Gottes brach in Jesus an und ist gegenwärtig, seine Vollendung steht aber noch aus. Für eine christliche Spiritualität heißt dies: Wenn Jesus sich zwar mit dem Reich Gottes identifizierte, dieses aber nicht in seiner vollendeten Fülle mit sich gleichsetzte, dann entlastet und ermutigt dies zugleich. Es entlastet davon, das Ganze des Reiches Gottes und dessen letzte Vollendung selbst herstellen zu müssen. Es ermutigt, sich im Sinne des Reiches Gottes auf dessen Vollendung hin zu engagieren, auch wenn das fragmentarisch bleibt. Für eine christliche Spiritualität ist entscheidend wichtig, daß zwischen dem konkreten Einsatz für das Reich Gottes im Sinne eines Reich-Gottes-verträglichen historischen Projekts und dem eschatologisch-utopischen Horizont der verheißenen Vollendung des Reiches Gottes unterschieden wird. Es gehört zur tiefsten Dimension einer christlichen Reich-Gottes-Spiritualität, darauf zu vertrauen, daß all das sinnvoll ist und vor Gott Bestand hat, was im Sinne des Reiches Gottes unternommen wird, auch wenn es vorläufig und fragmentarisch bleibt.

---

13 F. Schupp, Glaube – Kultur – Symbol, Versuch einer kritischen Theorie sakramentaler Praxis, Düsseldorf 1974, 7f.

Reich-Gottes-Mystik: Innerliche Vision verheißener Fülle im Dienst der Nachfolge

In einer seiner Predigten sagt Meister Eckhart: «Ja, das Reich Gottes ist in uns ... Wenn ich über ‹Gottes Reich› nachdenke, dann läßt mich das oft verstummen ob seiner Größe. Denn ‹Gottes Reich›, das ist Gott selber mit seinem ganzen Reichtum. ‹Gottes Reich› ist kein kleines Ding: Stellt man sich alle Welten vor, die Gott erschaffen könnte: das ist Gottes Reich nicht!»[14] Insofern das Reich Gottes im Menschen drin ist, könnte es mit dem «Fünklein der Seele» als «der Kraft in der Seele», die «mit Gott vereint»[15], in Verbindung gebracht werden. So gäbe es nicht nur eine Reich-Gottes-Spiritualität, sondern auch eine Reich-Gottes-Mystik. Soll diese aber nicht im Sinn einer falschen Innerlichkeit mißverstanden werden, käme alles darauf an, daß das Reich Gottes mit seinem ganzen Reichtum und seiner ganzen Komplexität im Menschen drin ist, darin aber nicht aufginge.

Das wäre dann eine faszinierende Konstellation: Aufgrund der zentralen Bedeutung des Reiches Gottes wird verständlich, daß es Jesus mit einem verborgenen Schatz oder mit einer kostbaren Perle verglichen hat. Das Reich Gottes könnte als ein innerlich geschenktes persönliches Feuer und Licht verstanden werden, das den Weg in die Nachfolge Jesu weist und zu einer Nachfolgepraxis ermutigt hin auf die Vision wahren, heilen und erfüllten Lebens aller Menschen, und zwar auf der Erde und vor dem Tod. Ganzheitlich vom Reich Gottes ergriffen, macht dieses als Inhalt meines Lebensprojekts den innersten Kern meiner Existenz als Christ aus. Ich bin nicht dann bei mir selbst, wenn ich mich auf mich zurückziehe und religiös ergriffen in mir ruhe. Sondern ich bin gerade dann bei mir selbst, wenn ich mich an das Reich Gottes verliere, indem ich meine Existenz in der Nachfolge Jesu als Funktion des Reiches Gottes zu leben bereit bin. Das Reich Gottes ist sowohl das mir geschenkte innerlichste Wovonher als auch das mir verheißene äusserlichste Woraufhin meines Lebens. Von ihm kommt mir Ermutigung und Orientierung für das Verhältnis zur Wirklichkeit zu. Dieses lebe ich im Sinne einer Reich-Gottes-Spiritualität als Nachfolgepraxis, durch die die Wirklichkeit auf Reich-Gottes-verträgliche Verhältnisse hin umgestaltet wird, die im eschatologisch-utopischen Horizont der Vollendung des Reiches Gottes stehen.

---

14 J. Quint (Hg.) Meister Eckehart. Deutsche Predigten und Traktate, Zürich 1979, 323f.
15 Ebd. 243.

Silvia Schroer

FRAUENGESCHICHTE HAT EIN RECHT AUF NAMEN

«Auferstehung hat einen Namen» lautet der treffende Titel dieser Festschrift für Hermann-Josef Venetz, der in seinem exegetisch-theologischen und pastoralen Wirken diesen Satz konsequent als Programm beherzigt. Als Alttestamentlerin sehe ich mich, da uns das alte Israel bekanntlich erfrischend wenig zum Thema Auferstehung (mindestens der Toten!) zu bieten hat, gezwungen und verlockt, die Sache mit den Namen etwas in den Vordergrund zu rücken. Immerhin wird *yad wa-schem* «Denkmal und Name» in Jes 56,5 den Kinderlosen als von Gott geschenkte Weise des Fortlebens zugesichert. Wenn ich zudem einen feministischen Zugang zu diesem Thema wähle, dann auch in Dankbarkeit für die Unterstützung und Förderung, die mir der Jubilar schon vor langen Jahren bei diesen Anliegen zuteilwerden ließ.

Wer einen Namen trägt ...

Die biblische Überlieferung lebt von unzähligen Namen, an die sich Erinnerungen, Erzählungen, Programme, ja ganze Bücher knüpfen. Was verbindet sich nicht alles mit Personennamen wie Abraham, Sara, Mose, Mirjam, aber auch geschichtlich besser faßbaren wie David, Salomo oder Isebel, mit Ortsnamen wie Betlehem und Jerusalem, oder schließlich mit dem Gottesnamen JHWH! Bewußt auf biblische Namen verzichtet hat, soweit ich sehe, im Rahmen des Ersten Testaments nur das späte Buch der Weisheit, das damit den Dialog mit nicht-jüdischen Kreisen in Alexandria erleichtern wollte.

Sowohl im Ersten als auch im Zweiten Testament begegnen wir jedoch häufig dem Phänomen, daß wichtige und ganz konkrete Überlieferungen ohne die Namen der Hauptbetroffenen oder, noch erstaunlicher, der Hauptakteure tradiert werden. Weit häufiger als bei männlichen Akteuren ist dies bei weiblichen der Fall, mit Ausnahme von Frauen, die im Umfeld der Königshöfe lebten, also zur Oberschicht gehörten. Wir haben uns daran gewöhnt, daß Frauen über den Mann, Vater, Schwiegervater, Sohn oder einen Ortsnamen definiert werden, wie Jiftachs Tochter (Ri 11,30–40), die Frau Manoahs bzw. Mutter Simsons (Ri 13), die Mutter des Efraimiters Micha (Ri 17), die Nebenfrau des Leviten (Ri 19), die Frau des Pinhas und Schwiegertochter Elis (1 Sam 4,19), die Totenbeschwörerin von Endor (1Sam 28), die weisen Frauen von Tekoa und Abel-Bet-Maacha (2 Sam 14; 2 Sam 20,14–22), die Witwe von Sarepta (1 Kön 17,9–24), die Große Frau von Schunem (2 Kön 4,8–37 und 8,1–7) und andere mehr. Auch im Zweiten Testament fehlen bei wichtigen Überlieferungen die

Namen der Frauen, z. B. bei der Geschichte von der blutflüssigen Frau, der Tochter des Jairus, der Syrophönizierin, der Salbung in Betanien, der Prostituierten im Hause Simons oder der Samariterin am Jakobsbrunnen.

Diesen Befund mit den patriarchalen Gegebenheiten der Zeitgeschichte zu erklären, eben dem Definiertwerden der Frauen durch Männernamen, befriedigt nicht. Alle diese Frauen hatten ja Namen, und bei manchen der erwähnten Beispiele ist es angesichts der Präzision in anderen Details und angesichts des Gewichts der Erzählungen nahezu unglaublich, daß die schriftliche Überlieferung ohne ihre Namen auskam. Es erhebt sich der Verdacht, daß die androzentrische Abfassung der Texte einen großen Beitrag zum Verlust konkreter Frauennamen geleistet hat. Den Verfassern waren die Namen der Frauen nicht so wichtig, daß sie danach geforscht hätten; vielleicht sind gelegentlich sogar bezeugte Namen verschwiegen worden, beispielsweise um die Autorität einer (unliebsamen) Lokalgröße nicht zusätzlich zu fördern. Das sind gewiß Vermutungen, aber ich möchte an zwei alttestamentlichen Beispielen, den Töchtern Ijobs und den Töchtern Zelofhads, zeigen, daß es möglich ist, die Benennung oder Nicht-Benennung von Frauen als historischen Kampf um ihre Position und Macht sichtbar zu machen.[1]

Die Töchter Ijobs

Ijob, der reiche Dorfpotentat, hat nach dem Prolog des gleichnamigen Buches, das seine jetzige Form in der nachexilischen Zeit erhalten haben dürfte, sieben Söhne und drei Töchter. Keines der Kinder, die er mit einem Schlag verliert, wird mit Namen genannt. Ijobs Beziehung zu ihnen kommt nur soweit zur Sprache, als er für seine Söhne vorsorglich Opfer darbringt, um allfällige Vergehen zu sühnen, und daß er um seine Kinder trauert. Am Ende des Buches wird von der Rehabilitierung Ijobs berichtet. Er bekommt alles, was er verloren hat, ersetzt, auch seine Kinder. Erstaunlicherweise werden die neuen Töchter Ijobs im Epilog mit Namen genannt:

> Er bekam auch sieben Söhne und drei Töchter. Die erste hieß er Jemima (Täubchen), die zweite Kezia (Wohlgeruch), die dritte Kerenhappuch (Schminkhörnchen). Und man fand im ganzen Land keine Frauen so schön wie Ijobs Töchter, und ihr Vater gab ihnen ein Erbteil unter ihren Brüdern (42,13–15).

Es ist bemerkenswert, daß die sieben Söhne nicht namentlich genannt werden, wohl aber die Töchter. Ihre Namen stammen aus dem Bereich der Ästhetik und Kosmetik, für unsere Ohren klingen sie putzig. Die Schönheit der Töchter

---

[1] Für eine ausführlichere feministische Auslegung des gesamten Ijobbuches verweise ich auf den Beitrag, den ich zusammen mit Christl Maier für das 1998 erscheinende Kompendium feministischer Bibelexegese (hg. von Luise Schottroff und Marie-Theres Wacker) verfaßt habe. Einige der im folgenden dargelegten Gedanken sind aus unserer gemeinsamen Arbeit und einem gemeinsam geleiteten Hauptseminar im Wintersemester 87/88 an der Humboldt-Universität zu Berlin erwachsen oder durch die Kooperation «raffiniert» worden.

wird hervorgehoben und wirft Glanz auf Ijob im ganzen Land. Trotz dieses erneuten Androzentrismus, der die Frauen in eine bestimmte Rolle drängt, ist zu bedenken, daß die Namengebung die Töchter hier gegenüber den Söhnen wirklich eminent aufwertet. Die Aufwertung besteht auch darin, daß Ijob seinen Töchtern Erbteil unter ihren Brüdern gibt, eine für israelitische Verhältnisse ziemlich ungehörige Art, das Testament zu regeln. Was ist hier passiert? Was hat den Ijob der Erzählung so unvermittelt bewogen, die Beziehung zu seinen Töchtern neu zu gestalten, sich ihnen besonders zuzuwenden? Was hat die Erzähler bewogen, den Töchtern Ijobs, die natürlich keine historischen, sondern literarische Figuren sind, ausdrücklich Namen zu geben?

Die Töchter Zelofhads und das Erbteil der Töchter Israels

Eine Spur führt uns zu Num 27,1–11 und Num 36, Texten, die wie das Ijobbuch in der nachexilischen Zeit[2] entstanden sind. Dort wird von den fünf Töchtern Zelofhads erzählt, die ebenfalls namentlich genannt werden: Machla, Noa, Hogla, Milka und Tirza[3]. Diese Töchter (von denen auch 1 Chr 7,15 weiß, ohne sie aber einzeln zu nennen) sprechen bei Mose, der hier die höchste Gerichtsinstanz Israels inkorporiert, vor. Sie empfinden es als Unrecht, daß die *nachᵃlah*, das Erbteil ihres Vaters, verlorengehen soll, nur weil er keine Söhne hat. Tatsächlich wird ihrem Antrag stattgegeben: In solchen Fällen soll künftig das Erbe auf die Töchter ‹übertragen› werden, damit das ursprüngliche Erbland und damit der Name des Vaters erhalten bleibt. Die Novelle in Num 36 schränkt das Gesetz gewissermaßen wieder ein, damit das Erbteil nicht durch etwaige Heirat der Töchter später der Sippe verlorengeht. Frauen, denen ein Erbteil übertragen wurde, dürfen fortan nur noch innerhalb ihres Stammes heiraten. Etwas anders als im Buch Ijob dürfte es sich bei den beiden Kapiteln im Buch Numeri um die literarische Verarbeitung historischer Ereignisse handeln. Erzählt wird im unmittelbaren Zusammenhang von der zweiten Volkszählung und von den Anweisungen des Mose für die Landverteilung im gelobten Land unter den Familien der zweiten Generation der vierzigjährigen Wüstenwanderung. Historisch verdichten sich hier die Verhältnisse der nachexilischen Zeit, als es galt, die Bodenverhältnisse in Juda neu zu ordnen. Die persische Verwaltung hatte während der Exilszeit den Familien, die nicht deportiert worden waren, Grund und Boden von Exilierten zugewiesen. In den verlassenen Häusern der wohlhabenderen Schichten wohnten andere JudäerInnen, als dann unerwartet eine große Gruppe von Exilierten wieder nach Juda zurückkam. Die Spannungen und Streitigkeiten, die diese Situation mit sich brachte, dürften den Problemen nach der soge-

---

2   Vgl. zu dieser Epoche Luise Schottroff, Silvia Schroer, Marie-Theres Wacker, Feministische Exegese. Forschungserträge zur Bibel aus der Perspektive von Frauen, Darmstadt 1995, bes. 134–141.
3   Eine ausführlichere feministische Exegese zu den Töchtern Zelofhads in den erwähnten Texten und in Jos 17,1–6 findet sich bei Ankie Sterring, The Will of the Daughters, in: Athalya Brenner (ed.), A. Feminist Companion to Exodus to Deuteronomy (The Feminist Companion to the Bible 6), Sheffield 1994, 89–99.

nannten Wiedervereinigung der beiden deutschen Staaten in den 90er Jahren unseres Jahrhunderts nicht unähnlich gewesen sein.

In diesem Kontext sind die gesetzlichen Vorstöße der Töchter Zelofhads zu verorten. In den harten Kampf um die alten oder neuen Schollen mischen sich die israelitischen Frauen ein, nicht vereinzelt, sondern als organisierte Gruppe, die an die zuständigen Instanzen gelangt und Forderungen stellt, Forderungen allerdings, die nicht ihren persönlichen Interessen, sondern durchaus der Erhaltung einer patriarchalen Ordnung dienen. Aus dem Auftreten von Machla, Noa, Hogla, Milka und Tirza ist zu schließen, daß Frauen in dieser Zeit mit sehr viel Selbstbewußtsein eine Rolle im öffentlichen Leben übernahmen. Die Katastrophe des Exils und vor allem die Zeit des mühsamen Wiederaufbaus in Juda nach dem Exil hatte, wie wir auch aus anderen Schriften dieser Zeit entnehmen können, eine Erschütterung der Frauen- und Männerrollen zur Folge. Die Krise stärkte, wenigstens vorübergehend, die Frauen in ihrer gesellschaftlichen Position, sie verhalf ihnen zu neuen Handlungsspielräumen. Frauen hatten eine Stimme, sie beklagten sich laut und vernehmlich auch über soziale Mißstände, wie die Erwähnung der Frauenklagen über Verschuldung und Schuldsklaverei in Neh 5,1 eindrücklich zeigt. Die Geschichtsschreibung spiegelt die starke Position der Frauen in dieser Zeit u. a. darin, daß sie an die Namen von Frauen erinnert, die durch ihre Eingaben an Israels nachexilischer Gesetzgebung mitbeteiligt waren. Jos 17,1-6 berichtet davon, daß die Töchter Zelofhads ihr Erbteil auch tatsächlich bei der Landverteilung erhielten, nachdem sie auf die ihnen zugebilligten Rechte nochmals nachdrücklich hinweisen mußten.[4]

Noch einmal: Ijob und seine Töchter

Ijobs Regelung übertrifft die erwähnten gesetzlichen Vorgaben. Seine Töchter sollen inmitten von Brüdern erbberechtigt sein. Diese fürsorgliche Zuwendung eines Vaters zu seinen Töchtern ist um so bemerkenswerter, als im Ersten Testament die Vater-Tochter-Beziehungen durchwegs ein trauriges Kapitel darstellen.[5] Beziehungslosigkeit, Vernachlässigung, mangelnde Verantwortung, egoistisches Kosten-Nutzen-Kalkül und sogar sexuelle Ausbeutung prägen den Umgang israelitischer Väter mit ihren Töchtern. Was also hat die Wende in Ijobs Beziehungen ausgelöst? Könnte es sein, daß er durch sein Leid und den Inhalt der Gottesreden auch zur Erkenntnis gekommen ist,

---

4 Es ist durchaus möglich, daß die Namen der Töchter Zelofhads, eines Nachkommens Manasses, identisch sind mit Städten oder Gebieten im Gebirge Efraim, denn Tirza ist eine biblisch bezeugte Stadt (Jos 12,24), Noa und Hogla sind als Ortsbezeichnungen in den Samaria-Ostraka (André Lemaire, Inscriptions hébraïques, I: Les ostraca, Paris 1977, 23–81.245–250) belegt. Städte und Städteneugründungen werden im Alten Orient gern als «Töchter» bezeichnet (Tochter Zion). Die Verquickung von Frauen- und Ortsnamen ist für die genealogische Ebene der Erzählung wichtig, sie widerspricht der obigen Deutung nicht.

5 Vgl. dazu jetzt die ausgezeichnete Monographie von Elke Seifert, Tochter und Vater im Alten Testament. Eine ideologiekritische Untersuchung zur Verfügungsgewalt von Vätern über ihre Töchter (Neukirchener Theologische Dissertationen und Habilitationen 9), Neukirchener Verlag 1997.

daß sein Name in Töchtern weiterleben soll, daß diese Frauen Anrecht auf ein eigenständiges, materiell gesichertes Leben unabhängig von Männern haben, daß ein neuer Anfang und eine neue Gottesbeziehung in Juda nach dem Exil nicht möglich sind, ohne daß den Frauen eine neue Rolle zugestanden wird? Ohne Zweifel wandeln sich im biblischen Ijobbuch die namenlosen Opfer im Leben eines angesehenen Mannes zu selbständigen Subjekten von Rang und Namen, die sowohl die Gerechtigkeit Gottes als auch die Kraft eines neuen Anfangs repräsentieren.

Die Wirkungsgeschichte des Ijobbuches zeigt übrigens, daß die Beziehungslosigkeit Ijobs, die fehlenden Informationen über seine Familie und die allzu knappen Bemerkungen der Rahmenerzählung über jegliche emotionale Rührung schon bald als unerträglich empfunden wurden und daher nach Fortschreibung riefen. Ijobs Frau, die in der wortreichen Schrift einen äußerst kurzen Auftritt mit nur einem Vers hat, erhält im Prolog wie die Töchter keinen Namen. Im Epilog ist von ihr gar nicht mehr die Rede, obwohl sie Ijob nochmals zehn Kinder gebiert. In der späten griechischen Texterweiterung zu Ijob 2,9f wird zwar das emotionale Verhältnis Ijobs zu seiner Frau schon explizit dargelegt, aber einen Namen bekommt sie erst im Testament Hiobs, einer Schrift des 1. Jahrhunderts vor oder nach der Zeitenwende, die an die griechische Version anknüpft. Hier heißt sie Sitis, das an «Ausitis», die griechische Übersetzung von Uz, der Heimat Ijobs, erinnert, oder Sitidos, eine Anspielung auf griechisch *sitizein* «Brot geben». Sitidos, die sich voll Mitleid um ihren Mann kümmert und ihn ernährt, stirbt schließlich, und Ijob bekommt am Ende eine zweite Frau, Dina. Im Testament Hiobs wird das Subjektsein der drei Töchter ebenfalls stark betont. Ihnen ist der ganze dritte Teil der Schrift gewidmet.[6] Allerdings ist ihr Anteil am Erbe ihres Vaters dort kein materieller mehr, sondern ein spiritueller. Ob das von Vorteil ist, sei dahingestellt. Interessant ist, daß die drei Frauen sozusagen für erbberechtigt gehalten werden, was Frömmigkeit und Offenbarungen betrifft. Sie sind vollwertige religiöse Subjekte.

Wider das Vergessen und Verschweigen

Die drei Töchter Ijobs, Jemima, Kezia und Kerenhappuch, sowie die fünf Töchter Zelofhads, Machla, Noa, Hogla, Milka und Tirza, fügen sich ein in die patriarchale israelitische Geschichtsschreibung und sind doch für eine feministische Lektüre zugleich kleine Denkmäler des Widerstands gegen diese Geschichtsschreibung. Dieselbe Spannung ist auch in den Büchern der Chronik festzustellen, deren nachexilische Verfasser einerseits wichtige Frauentraditionen ohne Zögern ausradierten – es fehlen Frauennamen wie Eva, Sara, Hagar, Rebekka, Batseba u. a. –, andererseits aber in der sogenannten genealo-

---

6 Vgl. Rebecca Lesses, The Daughters of Job, in: Elisabeth Schüssler Fiorenza (ed.), Searching the Scriptures, Vol.II, New York 1994, 139–149.

gischen Vorhalle in 1 Chr 1–9 eine gewaltige Schar von Frauen erwähnen, wovon 42 namentlich genannt sind, darunter 13 Frauennamen, die sonst nirgends vorkommen.[7] Zwar werden alle diese Frauennamen gewiß benutzt, um den zugehörigen Männern in diesen Genealogien mehr Gewicht zu verleihen. Dennoch ändert sich durch die vielen Frauennamen das Image Israels, dessen Stammbäume und Generationenfolgen nun immerhin von konkreten Müttern, Töchtern und Ehefrauen bevölkert sind. Gelegentlich erinnern Notizen in den Chronikbüchern auch an außergewöhnliche Frauen, wie die Tochter Efraims, Scheera, die nach 1 Chr 7,24 als Gründerin dreier Städte galt, wovon eine, Usen-Scheera, nach ihr benannt war (2 Chr 8,5 eliminiert die Erinnerung an diese Frau jedoch bereits wieder).[8]

Frauengeschichte braucht Namen, und sie hat ein Recht auf Namen. Dieses Anrecht hat eine zutiefst theologische Dimension und ist nirgends besser verankert als in der biblischen Tradition.

Nach israelitischem Verständnis ist die Benennung aller Teile der Schöpfung und auch die Benennung eines menschlichen Wesens für deren Existenz unabdingbar, ja erst durch die Benennung wird ihre Erschaffung vollendet. Die ersten Schöpfungswerke benennt nach Gen 1 noch Gott selbst (Gen 1,5ff; vgl. auch Ps 147,4), dann aber wird diese wichtige schöpferische Aufgabe weitgehend den Menschen übertragen, wenngleich JHWH durch Boten die gewünschte Namengebung oft vorschreibt. Es dürfte inzwischen unbestritten sein, daß die Benennung der Kinder im alten Israel von jeher den Frauen zustand.[9] Die Textüberlieferung des Ersten Testaments ist auch in diesem Fall ein Dokument des Streits um die Macht über Namen, da sie in sehr vielen Fällen versucht, die Namengebung statt der betreffenden Mutter dem Vater anzutragen. Orts- und Personennamen waren für IsraelitInnen in weit größerem Maß als heute, wo viele Namen aus rein ästhetischen Motiven gewählt werden, Bedeutungsträger. Mit einem Namen war immer ein Ruf, nach hebräischem Sprachgebrauch ein bestimmter «Duft» verbunden (Hld 1,2f; Koh 7,1), nicht selten auch Segen (Gen 12,3; 48,20) und Fluch (Num 5,21.27). Häufig finden wir daher im Ersten Testament Geschichten, die Namen deuten und erklären oder die über Namengebungen Botschaften Gottes vermitteln (Hos 1,6–9; Jes 8,3). Wichtige Ereignisse werden durch die Umbenennung von Personen festgehalten (Gen 17,15 u. ö.). Der Name ist gleichbedeutend mit Ehre und Ruhm, weshalb sich die Turmbauer in Gen 11,4 mit ihrem Bauwerk einen Namen machen wollen. Da im Namen Macht verborgen ist, erstaunt es nicht, wenn der in die Kartusche eingeschriebene Königsname in Ägypten und Palästina u. a. als Schutzzeichen auf persönlichen Amuletten getragen wurde und wenn JHWH sich Israel vor allem durch Enthüllung seines Namens offenbart und verfügbar

---

7 Dazu Alice L. Laffey, 1& 2 Chronicles, in: Carol A. Newsom and Sharon H. Ringe (ed.), The Women's Bible Commentary, Westminster 1992, 110–115 und Ulrike Bail, Mit schielendem Blick. Bemerkungen zu 1 Chronik 7,21B–24, in: Rainer Kessler, Kerstin Ulrich, Milton Schwantes, Gary Stansell (Hg.), «Ihr Völker alle, klatscht in die Hände!» Festschrift für Erhard S. Gerstenberger, Münster 1997, 214–225.
8 Auch hier könnten (wie bei den Töchtern Zelofhads) im Sinne der Genealogie die drei Städte durchaus als Neugründungen einer unbekannten Stadt namens Scheera im Stammesgebiet Efraims verstanden werden.
9 Rainer Kessler, Benennung des Kindes durch die israelitische Mutter, WuD 19 (1987) 25–35.

macht. Bis heute vermeiden Juden und Jüdinnen das Aussprechen oder Ausschreiben des Gottesnamens in Ehrfurcht vor der Macht, die in ihm steckt. In den Zeugnissen des frühen ChristInnentums hat der Name ebenfalls eine eminente Bedeutung, denn getauft, geheilt und verkündigt wird prinzipiell «im Namen Jesu Christi». Noch heute beginnen und schließen ChristInnen rituelle Handlungen mit dem Kreuzzeichen im Namen der Trinität.

So wie mit der Namengebung ein menschliches Leben erst wirklich existent wird, so bedeutet das Vergessen des Namens eines Israeliten den definitiven Tod (Ps 41,6). Vor dieser absoluten Vernichtung retten nur Kinder oder ein von Gott gesetztes Denkmal (Jes 56,5). An genau diesem Punkt aber bleibt die biblische Tradition hinter ihrer eigenen Theologie zurück, d. h. sie löst diese nicht vollständig ein, da sie dem Vergessen von Frauennamen keine oder zuwenig Bedeutung zumißt. Hier liegt für eine feministische Rekonstruktion der Geschichte der Israelitinnen und für die heutige Theologie von Frauen der theologische Ansatzpunkt. Jüdinnen wie Christinnen können ihre eigene Tradition geltend machen, wo es um das Recht auf namentliche Erinnerung geht. Gott selbst wird ihnen *yad wa-schem*, Denkmal und Namen, schenken, wo die patriarchale Geschichtsschreibung ihnen dieses Recht versagt, und bei der Auferstehung wird, soviel ist sicher, jede Seite im Buch des Lebens (Offb 3,5) vollgeschrieben sein mit den totgeschwiegenen Namen der ungezählten Frauen aller Jahrtausende.

Clemens Thoma

DER TREUE UND VERLÄSSLICHE VERWALTER
(LK 12,42–44) IM RABBINISCHEN ZUSAMMENHANG

Zweck und Ziel

Mit dem treuen und zuverlässigen Verwalter ist zwar nicht mein Freund und Kollege Hermann-Josef Venetz gemeint, sondern eine von Jesus entworfene fiktive Gleichnisgestalt. Aber einige Lichtstrahlen werden sich gewiß einen Weg vom neutestamentlichen Verwalter zu Hermann-Josef Venetz bahnen!

Ich möchte das Jesusgleichnis vom klugen und verläßlichen Verwalter von vergleichbaren rabbinischen Aussagen her anleuchten. Dabei habe ich eine Reihe rabbinischer Gleichnisse im Auge, die aller Wahrscheinlichkeit nach antithetische Formulierungen zu neutestamentlichen Erzählungen sind. Ab dem 4./5. Jahrhundert wurde nämlich das Zusammenleben von Juden und Christen in den Städten des römischen Reiches für beide Seiten spürbarer als zuvor. Rabbinisch geschulte jüdische Prediger erzählten an Sabbatgottesdiensten ähnliche Geschichten, wie ihre christlichen Konkurrenten dies an Sonntagen taten; sie wollten damit dem christlichen Einfluß auf ihre eigene Volks- und Glaubensgemeinschaft entgegentreten. Was die christlichen Prediger vom Neuen Testament her sagen, ist in der jüdischen Tradition viel prägnanter grundgelegt! Das Christentum bietet nichts Neues! So etwa argumentierten damals jüdische Prediger. Sie versuchten die bessere und ältere Qualität des Judentums u. a. mit Hilfe von solchen Gleichnissen darzustellen, die ähnlich und möglichst besser als die Jesusgleichnisse klingen sollten. Von rabbinischen Erzählvoraussetzungen her wage ich mich einleitend auch kurz an die Formkritik eines neutestamentlichen Textes heran. Da besonders im 3. Bis 6. Jahrhundert ein gelungenes Gleichnis nur *eine* Pointe (plot, Wendung, die das Interesse wecken soll) haben durfte, also so kurz wie möglich sein mußte, sehe ich hinter dem redaktionell bearbeiteten Abschnitt Mt 24,43–51 und Lk 12,39f.42–46 ursprünglich drei Gleichnisse: 1) Das Gleichnis vom Dieb in der Nacht (Mt 24,43f; Lk 12,39f). 2) Das Gleichnis vom treuen und verläßlichen Knecht oder Verwalter (Mt 24,45–47; Lk 12,42–44). 3) Das Gleichnis vom schlechten Knecht (Mt 24,48–51; Lk 12,45f). Da ferner die Rabbinen in ihren Gleichnissen lieber und häufiger von Verwaltern als von Knechten reden, ziehe ich die lukanische Version vor.[1] Das Gleichnis vom treuen und zuverlässigen Verwalter (Lk

---

[1] Ich stütze mich bei allen Theorien auf unser bisher dreibändiges Werk: Clemens Thoma, Simon Lauer, Hanspeter Ernst, Die Gleichnisse der Rabbinen, JudChr 10, 13, 16, Bern (Peter Lang) 1986–1996.

12,42–44) ist vom Hauptbegriff her besser im rabbinischen Denken verankert als die matthäische Parallele mit dem Knecht (Mt 24,45), obwohl im Neuen Testament kein Sinnunterschied zu merken ist.

Das Gleichnis vom treuen und verläßlichen Verwalter in rabbinischer Denkweise

In einem midraschisch-rabbinischen Zusammenhang würde das Gleichnis Lk 12,42–44 etwa so lauten: «Gleich einem Verwalter. Er war treu und verläßlich. Der König setzte ihn über alle seine Knechte, damit er allen zur rechten Zeit die nötige Nahrung gebe. – So der Heilige gelobt sei er: Er setzt Mose als verläßlichen und treuen Verwalter für ganz Israel ein, damit er allen die Tora zur rechten Zeit vermittle».

In dieser Formulierung steht ein klassisches rabbinisches Gleichnis mit *Maschal* (weltliche Kurzerzählung) und *Nimschal* (das von der Offenbarung her Gemeinde) vor uns. Allerdings findet sich im talmudischen Schrifttum kein Gleichnis mit dem exakten Wortlaut dieses Konstruktes. Es gibt aber eine ganze Menge ähnlich formulierter und sinnidentischer Gleichnisse. Vor allem gibt es Verwalter-Gleichnisse, die meistens auf Mose als den exemplarischen Verwalter Gottes und der Tora Bezug nehmen. Sie stehen meistens im Zusammenhang mit rabbinischen Interpretationen des Auszugs der Israeliten aus Ägypten, der Toraverleihung auf dem Sinai und der Sünde der Anbetung des goldenen Kalbes.

Der Verwalter

Für den in Lk 12,42 erwähnten Verwalter (*oikonomos*) kommen im rabbinischen Schrifttum besonders folgende Begriffe vor: *parnas* (Gemeindeverwalter, Ökonom), *gizbar* (Schatzmeister), *sarsûr/sirsûr* (Unterhändler, Ehevermittler), *pedagôg* (Erzieher), *sanegôr* (Advokat, Fürsprecher), *'ôrban* (Bürge), *diqaliqôs* (Anwalt: vom griech. *dikologos*) und *schôschevîn* (Brautführer, Hochzeitskamerad, der das Hochzeitsfest vorbereitet). Diese Bezeichnungen stehen meistens im halakhischen Kontext der Beauftragung und Stellvertretung.

In der Halakha ist *schaliach* (Gesandter, Apostel, Beauftragter, Bevollmächtigter) der Oberbegriff für alle Verwalter-, Vermittler- und Betreuerbegriffe. Der erste Grundsatz über den *schaliach* lautet: «Der *schaliach* eines Menschen ist wie dieser selbst (*kemôtô*)» (mBer 5,5; yQid 2,1/61a; bBer 34b; bQid 41b; bChag 10b; bSan 113a etc.). Der zweite Grundsatz betrifft die Beauftragung und stellvertretende Funktion von Gott her. Wie der Tempelpriester «*schaliach* des Allbarmherzigen» ist (z. B. bQid 23b), so erhält jeder Verwalter, Schatzmeister usw. seine Beauftragung für die Israeliten von Gott und ist vor Gott verantwortlich. Mose war die exemplarische *schaliach*-Gestalt: «Unser Lehrer Mose war ein verläßlicher und kluger *gizbar*» (*ne'eman u-baqî*: bBekh 5a). Als solcher war er Repräsentant des Ewigen, der stets zu preisen ist, «weil Er Seines Bundes gedenkt, verläßlich in Seinem Bund ist und unbeirrbar zu Seinem Wort steht» (bBer 59a).

Das Gleichnis vom zerrissenen Ehevertrag

Dieses im rabbinischen Schrifttum sechsmal vorkommende Gleichnis wird hier nach ShemR ki tissa 43,1 zu Ex 32,11 zitiert. Es zeigt, welch große Verantwortung der Verwalter vor Gott und für die ihm von Gott Anvertrauten hat. Die Erzählung von der Anbetung des goldenen Kalbes (Ex 31,18–33,6) bildet den Hintergrund des Gleichnisses. Besonders drei Bibelverse dienen als Veranlassung: 1) Ex 32,11, wonach Mose «das Antlitz des Ewigen, seines Gottes besänftigte», nachdem Gott das götzendienerische Treiben der Israeliten bemerkt hatte. 2) Ex 32,19, wonach Mose die von Gottes Hand geschriebenen Toratafeln am Fuße des Berges zerschlug. 3) Ex 22,19: «Wer Götzen opfert, soll gebannt (d. h. mit dem Tode bestraft) werden».

Der Text des Gleichnisses vom zerrissenen Ehevertrag lautet so:

Maschal	Nimschal
Gleich einem König, der seinen Unterhändler[2] aussandte, um sich eine Frau anzutrauen[3] Dieser machte sich auf den Weg. Die Frau aber verdarb sich[4] mit einem anderen Mann. Was tat der Unterhändler, der schuldlos war?	So handelte Mose. Als die Israeliten jene Tat begingen,
Er nahm ihren Ehevertrag, den ihm der Fürst gegeben hatte, um sich die Frau anzutrauen; und er zerriß ihn. Er sagte: Es ist besser, wenn sie als Unverheiratete gerichtet wird und nicht als Verheiratete.	nahm er die Gesetzestafeln und zerschlug sie. Mose sagte: Es ist besser, wenn sie als unreife Sünder gerichtet werden und nicht als bewußt Sündige!

Das Gleichnis vom zerrissenen Ehevertrag ist eine Hommage an die zwischen dem zornigen Gott und dem sündigen Israel vermittelnde Gestalt Moses. Er vermag die Strafe der Vernichtung wegen götzendienerischer Anbetung des goldenen Kalbes vom Volk abzuwenden. Das Zerschlagen der von Gott ge-

---

2 *sarsûr* (*sirsûr*): Unterhändler, Ehevermittler, Makler (vgl. Thoma, Lauer Gleichnisse der Rabbinen II 105f). Die Parallele in ShemR 46,1 hat: Brautführer, Hochzeitskamerad, *paranymphios*, *schôschevin*; zu den vielen Ableitungsvorschlägen von *schôschevin* vgl. Michael Sachs, Beiträge zur Sprach- und Altertumsforschung aus jüdischen Quellen, Berlin 1852, I 82–84. ARN II 10 braucht *schalûach* und *schaliach* anstelle von *sarsûr*.
3 *q-d-sch*: pi. anheiligen, so auch ARN II 10; TanB Tissa 17: *n-s-'*(heiraten, eine Frau heimführen). ShemR 46,1: *n-t-l*: nehmen (etwas derb)
4 *q-l-q-l*: sie entartete, trieb Unzucht, verdarb sich.

schriebenen Gesetzestafeln durch den erbosten Mose war ein Befreiungsschlag. Er bewirkte, daß Gott zu seinem barmherzigen Handeln zurückfand, und daß die Israeliten einen Reue-Schreck bekamen. Damit erwies sich Mose als der verläßliche und kluge Verwalter, den der Ewige beauftragt hatte, daß er den treulosen Israeliten das Weiterleben ermögliche (vgl. Lk 12,42).

Bemerkenswert ist der große Aktionsrahmen, der Mose zugestanden wird. Obwohl derjenige nach halakhischem Verständnis ein guter Verwalter bzw. ein guter Beauftragter ist, der von seinem Auftrag «nichts wegnimmt und nichts dazutut» (bBer 34b), darf Mose die Gesetzestafeln zerschlagen, d. h. seinen Betreuungsauftrag abbrechen. Er darf und muß dies tun, weil sich Böses seinem Auftrag in den Weg gestellt hat und weil ein Bevollmächtigter stets das Wohl (besonders die Verzeihung und Wiederaufnahme in den Bund) der erwählten Gemeinde im Auge behalten muß. Laut YalqShem «faßte Mose (nach der Zerschlagung der Tafeln) den Ewigen an, wie ein Mann seinen Freund an den Kleidern anfaßt, und sagte zu ihm: Ich lasse Dich nicht los, bis Du ihnen vergeben und verziehen hast.» Es bleibt zu beachten, daß auch im Neuen Testament nirgends ein herabminderndes Wort über Mose gesagt wird.

Weil der verläßliche und kluge (oder: treue) Verwalter für die *oikonomia* Gottes zum Wohle des Volkes Gottes so wichtig ist, erhält er entweder höchstes Lob oder er empfängt schwerste Strafe. Nicht zufällig sind von den drei in Mt 24,43–51 sich findenden Gleichnissen eines ein warnendes (Mt 24,43f), eines ein lobendes (Mt 24,45–47) und eines ein drohendes (Mt 24,48–51). Der Verwalter ist die den Bund Gottes mit seinem Volk stützende und festigende Kontaktperson. Wenn der Verwalter unterdrückerisch, machtbesessen oder ausschweifend wird, gefährdet er den Bund zwischen Gott und seinem Volk.

Das rabbinische Gleichnis vom zerrissenen Ehevertrag und die neutestamentlichen Gleichnisse in Mt 24,43–51 par. zeigen, wie wichtig im Zeitalter Jesu und der frühen Kirche die Vorstellungen vom Stellvertreter, Unterhändler, Verwalter u. ä. waren. Wenn der Stellvertreter Gottes, der zugleich Beauftragter der Gemeinde ist, versagt, dann sind er und das Volk Gottes verloren. Der Zorn Gottes würde sich dann radikal austoben.

Adrian Schenker

SIND WIR UNNÜTZE ODER NICHTSNUTZIGE ODER UNBEHOLFENE, HILFLOSE KNECHTE?

DIE BEDEUTUNG VON *ACHREIOS* IN LUK 17,10

Ein kleines semantisches Problem

Die Knechte des Gleichnisses Lk 17,7–10 sind nicht unnütz, da sie sowohl pflügen und Vieh hüten (V. 7) als auch kochen und bei Tisch aufwarten können (V. 8). Wenn sie also sagen sollen: «wir sind nur unnütze Knechte», wirft das die Frage auf, weshalb sie sich als «unnütz» bezeichnen, wo sie doch in Tat und Wahrheit nützlich sind.[1]

Zwei Lösungen drängen sich als Alternative auf: Entweder gebrauchen sie eine Demutsfloskel, die niemand wörtlich nimmt, oder «unnütz» (*achreios*) bedeutet noch etwas anderes als «unnütz, unbrauchbar».[2]

Unbeholfen, hilflos und ratlos

Die Begriffe «nützlich» oder «unnütz» implizieren einen Nutzen für einen Zweck oder eine Person. Im Griechischen kann dieser Nutzen, der im Wort

---

1 In diesem Aufsatz habe ich auf die Diskussion der Übersetzungen von Lk 17,10 in den Bibelausgaben und in den Kommentaren zu Lukas verzichtet, um die Studie nicht zu sehr anschwellen zu lassen. Mein Aufsatz bekommt dadurch etwas Skizzenhaftes, das in mancher Hinsicht weiter ausgeführt werden muß. Ich stütze mich im wesentlichen auf griechische Wörterbücher, allen voran Henricus Stephanus, Thesaurus Graecae linguae, vol. 1, 3. Aufl. hg. v. Carolus B. Hase u. a., Paris 1831 (Reprint Graz: Akadem. Druck- u. Verlagsanstalt, 1954), Sp. 2762f; H. G. Liddell, Robert Scott, H. Stuart Jones, Roderick McKenzie, Greek-English Lexicon, 9. Aufl., Oxford: Clarendon Press, 1940 (Reprint 1966), 297, u. P. G. W. Glare-A. A. Thompson, Greek-English Lexicon. Revised Supplement, Oxford: Clarendon Press, 1996, 63; Walter Bauer, Griechisch-deutsches Wörterbuch zu den Schriften des N. T. und der frühchristlichen Literatur, 6., völlig neubearbeitete Aufl., hg. Kurt Aland, Barbara Aland, Berlin: W. de Gruyter, 1988, Sp. 258; Johan Lust, E. Eynikel, K. Hauspie, A Greek-English Lexicon to the Septuagint, P. 1, Stuttgart: Deutsche Bibelgesellschaft, 1992, 75; Franz Passow, Handwörterbuch der griechischen Sprache, neu bearbeitet ..., hg. Chr. Fr. Rost, Friedrich Palm, 5. Aufl., Leipzig: Fr. Chr. Wilh. Vogel, 1841, 475.

2 Pierre Houzet, «Les serviteurs de l'évangile (Luc 17,5–10) sont-ils inutiles? Ou un contresens traditionnel», RB 99 (1992) 335–372, hier 336f, unterstreicht die Unmöglichkeit, dem Wort «unnütz» einen befriedigenden Sinn abzugewinnen. Das scheint mir übertrieben, denn man kann dieses Wort hier durchaus sinnvoll als eine Demutsäußerung verstehen: ein solcher Meister, wie wir ihn haben, wäre erstklassiger Diener würdig, anstatt sich mit uns zweit- und drittrangigen Dienern begnügen zu müssen, ähnlich wie sich der Hauptmann von Kapharnaum in Lk 7,6 äußert. Dies ist die Deutung des Ausdrucks in der Benediktregel, Kap. 7, und anderer lateinischer Autoren, siehe Houzet, op. cit. 339, der die Auslegungsgeschichte referiert. Die Wendung «unnütze Knechte» ist durchaus sinnvoll, aber der Zusammenhang des ganzen Gleichnisses legt einen anderen Sinn näher. (Aristophanes, Wolken, V. 654, bietet dagegen – anders als bei Houzet erwähnt – nach der Ausg. Hilaire van Daele, Aristophane, t. 1, Paris: Les Belles Lettres, 1934, 191: *agreios*, ohne Variante.)

achreios verneint ist, nicht nur den fehlenden Nutzen für andere Personen meinen, sondern auch für die Person selbst, die als *achreios* bezeichnet wird. Im ersten Fall ist die Übersetzung «unnütz, unbrauchbar, nutzlos», in der zweiten Bedeutung muß sie anders lauten, etwa: «hilflos, ratlos, unbeholfen». Die folgende kleine semantische Untersuchung möchte den Nachweis führen, daß *achreios* in Lk 17,10 tatsächlich diese zweite Bedeutung hat, weil sie einen ausgezeichneten Sinn im Gleichnis ergibt und daher besser paßt als «unnütz» oder «nichtsnutzig».

Nutzlos, untauglich, untüchtig

Diese Bedeutung ist am häufigsten. Sie kommt in der literarischen und in der Umgangssprache vor. Den Papyri ist das Wort in diesem Sinn geläufig. Die Zenonpapyri (Mitte 3. Jh. v. Chr.) weisen zahlreiche Belege für die Bedeutung von unbrauchbar für Sachen und untüchtig für Lebewesen (Tiere) auf.[3] Zahlreiche weitere Papyri wenden das Wort in dieser Bedeutung auf Felder, Waren und Tiere an.[4] Dieser Verwendung entsprechen Belege in der griechischen Bibel: Symmachus (2. Jh. n. Chr.) und Theodotion (1. Jh. n. Chr.) bezeichnen in Jes 33,9 die ʿaravâ, ödes, unnutzbares Land, mit diesem Wort. Eine unbrauchbare Weinrebe heißt so bei Theodotion in Ez 17,6, während die Epistola Jeremiae V. 15 (17) für ein unbrauchbares Gefäß das Wort *achreios* gebraucht. Zweige und Bäume werden nutzlos gemacht (*achreioô* pass.) in Jer 11,16; Dan 4,14 (Septuaginta). Die Belege ließen sich beliebig vermehren. «Unnütz, untüchtig, unbrauchbar» ist die häufigste Bedeutung des Wortes.

Verderbt, nichtsnutzig, gemein

Doch paßt die Bedeutung unnütz, unbrauchbar, untüchtig nicht für alle Vorkommen der Wortfamilie (Adjektiv und Adverb, Nomen *achreiotes*, Verb *achreioô*). Nach Dan 6,21 Theodotion bedeutet das Verb: jemanden (physisch) verderben. In 2 Sam (2 Regn) 6,22 dient das Adjektiv als Wiedergabe von hebräisch «niedrig» (*schaphal*). David hat sich entblößt, um so vor der Lade zu tanzen, was die Verachtung der Königin Michal hervorruft. Wie kann sich ein König in aller Öffentlichkeit so gemein machen? David antwortet mit dem Paradox, daß es sein Stolz sei, sich vor JHWH *niedrig* zu machen, was die Septuaginta mit *achreios* übersetzt. Der Sinn «unnütz» paßt hier nicht, wohl

---

3 Vgl. Catalogue général des Antiquités égyptiennes du Musée du Caire. Zénon-Papyri, éd. C.C. Edgar, vol. 1–4, Le Caire 1925–1931, Indices sub voc. Alle Belege bedeuten «unbrauchbar, untüchtig». Vgl. ferner A. Bataille, O. Guérand, P. Jouguet, N. Lewis, H. Marrou, J. Scherrer, W.G. Waddel, Les papyrus Fouad I, Le Caire 1939, 25 ii. 13.

4 So W. Schubart, E. Kühn, Papyri und Ostraka der Ptolemäerzeit (Ägyptische Urkunden aus den staatlichen Museen zu Berlin, Griech. Urkunden, Bd. 6), Berlin 1922, Nr. 1245, Z. 10; P. Jouguet, Papyrus grecs (Inst. Papyrologique de l'Université de Lille, I, fasc. 1–2), Paris 1907–1908, no. 19; Lesquier, Papyrus de Magdala (Papyrus grecs de Lille, II), Paris 1912, Nr. 29, Z. 6, usw. Cf. S. Daris, Spoglio lessicale papirologico (Istituto di papirologia dell'Università cattolica del Sacro Cuore), Milano 1968, 237–238.

aber «gemein» im Sinne von etwas, was nur den sozial Geringen und Verachteten ansteht (die Mägde der Sklaven, V. 20). Symmachus läßt dementsprechend das griechische Verb *achreioô* dem hebräischen Verb *schaphal* in Qo 12,4 entsprechen. Subjekt ist eine alt gewordene Stimme: «die Stimme ist untauglich geworden».

Tobit empfiehlt in seinem Testament seinem Sohn Tobias, zu seinem Volk zu stehen, seine Verwandtschaft nicht zu verleugnen und eine Frau aus ihrem Schoß zu wählen, anstatt durch Heirat mit einer Fremden seine Herkunft zu verleugnen (Tob 4,13 nach Handschriften A und B). Eine solche Haltung wäre Hochmut gegen seine Volksgenossen, und Tobit nennt sie zweimal *achreiotes*, was so etwas wie Nichtsnutzigkeit, Gemeinheit, jedenfalls eine verwerfliche Einstellung meint. Am ehesten könnte es mit Verderbtheit umschrieben werden. Das Unbrauchbare ist ja oft das Verdorbene bei Sachen und das Verderbte bei Personen.[5]

Diese Bedeutung eines nichtsnutzigen, verderbten und daher strafwürdigen Verhaltens hat das Wort ebenfalls in einem Roman des 2. Jh. n. Chr. von Achilles Tatius, Eukippe und Klitophon (5,17,8).[6] Denselben oder einen ähnlichen Sinn eignet dem Verb in Ps 13 (14),3 (52 [53],4), den Paulus in Röm 3,12 anführt.[7] Alle sind verderbt und gemein geworden.

Untüchtig, unbeholfen, hilflos

Doch sind weitere Stellen zu nennen, bei denen auch die Bedeutung nichtsnutzig, verderbt keinen befriedigenden Sinn ergibt. Berühmt sind zwei Stellen bei Homer, wo das Wort in neutrischer Form mit adverbialer Funktion die Verben «sehen» (Ilias 2, V. 269) und «lachen» (Odyssee 18, V. 163) qualifiziert.[8] Die in der Anmerkung zitierte Schwierigkeit van Bennekoms löst sich, wenn man annehmen darf, es sei kein «Nutzen» für Thersites selbst, der «ohne Nutzen» um sich blickt, nachdem er verprügelt worden ist (Ilias), und für Penelope, die «nutzlos» lacht, während sie die Freier gewahr wird (Odyssee). Solche Blicke und solches Lachen sind *unbeholfen*, weil beide nicht wissen, was sie in ihrer Situation der Schande (Thersites) oder der Bedrängnis (Penelope)[9] denn tun können. Sie sind objektiv «ohne Nutzen», d. h. ohne Hilfe.

5   Der Kontext legt jedenfalls nicht «Faulheit» nahe, wie oft übersetzt wird, z.B. André J. Festugière, Les romans juifs: Tobit, Judith, Esther, Jonas: Ed. Morel, 1976, S. 41; TOB incurie; Jerusalemer Bibel, deutsche Ausgabe: Müssiggang; auch «Charakterlosigkeit» (Einheitsübersetzung) trifft die Sache nicht, siehe dazu die sorgfältige Erörterung von Otto Fridolin Fritzsche, Die Bücher Tobit und Judith, KeH zu den Apokryphen des A.T., Leipzig: Hirzel, 1853, 44.
6   Ausg. Jean-Philippe Garnand, Paris: Les Belles Lettres, 1991, 150.
7   Es ist wegen dieses Paulus-Zitats und wegen Lk 17,10 und Mt 25,30 erstaunlich, daß das Theologische Wörterbuch zum N. T. von Gerhard Kittel in der Wortfamilie *achreios* nicht behandelt.
8   «Adv. (Hom.) vom Gesichtsausdruck (Blick, Lachen); der Kontext legt die Bedeutung ratlos, hilflos, verlegen nahe, die semant. Vbd. zu *chreiē* ist dann nicht ganz klar»: R. van Bennekom, Art. *achreios, achrēios*, in: B. Snell u. a., Lexikon des frühgriechischen Epos, Bd. 1, Göttingen: Vandenhoeck & Ruprecht, 1979, Sp. 1778f, hier 1779.
9   R. van Bennekom, op. cit., Sp. 1779, betrachtet das adverbial gebrauchte Neutrum *achreion* in Od. 18,163 als Schlüsselwort zur ganzen Szene 18,158–303.

143

Hesiod, Werke und Tage, V. 297, führt einen Mann ein, der im Gegensatz zum Besten (*panaristos*) weder selbst sich zu helfen weiß (das ist der Fall für den vortrefflichen Menschen, den der Dichter in V. 293f beschreibt) noch sich beraten und führen lassen will im Unterschied zum Wackeren, der das tut (V. 295). Ein solcher Mensch, dumm und stur, wird verarmen und im Elend enden, während die beiden andern Arten von Menschen sich fortbringen und reich werden.[10] Es handelt sich wohlgemerkt nicht um Knechte, die für den Nutzen anderer arbeiten, sondern um selbständige, freie Menschen, die ihren eigenen Nutzen verfolgen können.

Plato, Republik II, 12, p. 371c, gebraucht das Wort für Zwischenhändler (zwischen den Produzenten und den Käufern), die im Unterschied zu den Bauern und Handwerkern, die ihre Kunst gelernt haben müssen, nichts zu erlernen brauchen, um den Verkauf zu organisieren, und die vor allem auch körperlich zu *schwach* sind für andere Berufe; man kann hier als Bedeutung des Ausdrucks «ungelernt, untauglich» bestimmen[11], während ebenso Thukydides dem Wort oft den Sinn von «untüchtig» beilegt, etwa: militärdienstuntauglich oder durch hohes Alter untauglich geworden. Mit einer solchen Bedeutung gelangt der Sinn in die Nähe von Unvermögen und Hilflosigkeit.[12] Aeschylus, *Prometheus vinctus*, V. 363, verwendet das Wort in einem Zusammenhang, zu dem die Bedeutung «hilflos» vortrefflich passen würde.[13] Doederlein verzeichnet für *achreios* auch die Bedeutung «schwach», wobei er sich auf Scholien zu Homer beruft.[14] In diesem Sinn deutet er Ilias 2, 269, Aeschylus, *Prometheus vinctus*, V. 363, Herodot, Historien 1, 191; 2, 44 und Polybius 3, 64, 8. Gewiß ist an diesen Stellen «untauglich» nicht ausgeschlossen, aber «hilflos» paßt viel besser in den Zusammenhang. Der unmerkliche Bedeutungsübergang von «untauglich» zu «unbeholfen, auf Hilfe angewiesen» erlaubt ein solches Schillern zwischen Unvermögen und Unbeholfenheit oder Unbehilflichkeit. Alte Leute (von denen Thukydides im Peloponnesischen Krieg 2, 44, 4 spricht) werden durch ihr Alter weniger untauglich als unbeholfen gemacht. Der Sophist Themistius (4. Jh. n. Chr.) vergleicht in einer Rede die Namen mit Münzen. Eine neugeprägte Münze vermag viel zu kaufen, während eine abgegriffene ohne Kaufkraft (*achreios*) auf den Markt kommt.[15] Sie ist *schwach*.

Die Bedeutung «untauglich» geht somit in manchen Kontexten in «unbeholfen» über, weil Untüchtigkeit unweigerlich auf Hilfe angewiesen ist, die

---

10 Ausg. Paul Mazon, Hésiode, Paris: Les Belles Lettres, 1928, 97.
11 Ausg. Emile Chambry, Auguste Diès, La République. Livres I–III, Paris: Les Belles Lettres, 1932, 69.
12 Thukydides, Der peloponnesische Krieg, 2, 6, 4; 2, 44, 4, Ausg. Jacqueline de Romilly, La guerre du Péloponnèse. Livre II, Paris: Les Belles Lettres, 1973, 6 u. 33. Vgl. Herodot, Historien, III, 81, Ausg. Ph.-E. Legrand, Paris: Les Belles Lettres, 1939, 132.
13 Ausg. Paul Mazou, Eschyle, t. 1, Paris: Les Belles Lettres, 1931, 174.
14 Zitiert bei Passow, op. cit. 475. Ludwig Doederlein, Homerisches Glossarium, Bd. 2, Stuttgart: Ferd. Enke, 1853 (Reprint Wiesbaden: Säntig, 1967) § 782 (nicht 278, wie im Register, Bd. 3 angegeben), S. 220 erklärt das Wort in Ilias 2, 269 als «unbrauchbar, feige, *imbellis*», d. h. unkriegerisch, schwach.
15 Themistius, Oratio 33, 367b, Ausg. H. Schenkl, G. Downey, A. F. Norman, Themistii Orationes quae supersunt, vol. 2 (Bibliotheca scriptorum Graecorum et Romanorum Teubneriana), Leipzig: Teubner, 1971, S. 210.

sich der Untaugliche aber nicht selber leisten kann. Daher hat das Wort *achreios* manchmal den Sinn *unbeholfen,* weil untüchtig!

Ergebnisse

Aus dem dargelegten Sachverhalt ergeben sich folgende Feststellungen, die für die Interpretation von Lk 17,10 von Belang sind:

1. Die Wortfamilie *achreios* hat hauptsächlich drei Bedeutungen: unbrauchbar, unnütz, nutzlos; untauglich, nichtsnutzig, gemein, verderbt; unbeholfen, hilflos.[16] In vielen Kontexten gibt sowohl untüchtig, untauglich als auch unbeholfen, hilflos einen guten Sinn. Die beiden Bedeutungen gehen ineinander über.

2. Wegen dieses Bedeutungsspektrums ist die Annahme weniger wahrscheinlich, in Lk 17,10 wäre die Bedeutung «unnütz, unbrauchbar» gemeint, und der Ausdruck «unnütze Knechte» fiele dort als Demutsäußerung, obwohl diese Interpretation — nur von der Vokabel her beurteilt — möglich bleibt und einen Sinn ergibt. Denn die Bedeutung «unbeholfen, hilflos» ergibt demgegenüber im Zusammenhang den viel besseren Sinn, den das ganze Gleichnis vorbereitet: Nicht der Meister ist auf die Knechte angewiesen, sondern die Knechte auf ihn, weil sie ohne ihn hilflos dastünden. Sie sind nicht unnütz, da sie das Geschuldete durchaus ausführen können, wie sie selber sagen. Aber sie wären verloren ohne ihre Arbeit! Wovon sollten sie leben, wenn ihnen ihre Stellung bei ihrem Herrn verloren ginge?

3. Die moralische Bedeutung «verderbt, gemein» ist hier nicht am Platz.

4. In Mt 25,30 hat das Wort daher vielleicht einen doppelten Sinn: «unnütz» (für seinen Herrn und Auftraggeber) und «unbeholfen» (für ihn selber, da ihm im Unterschied zu den andern Mitknechten keine gescheite Strategie einfiel).

5. «Unbeholfen» meint im Kontext des Gleichnisses «unbehilflich, angewiesen auf Hilfe von außen», weil unbeholfene Personen die Hilfe nicht in sich selbst zu finden wissen. Warum sind die Knechte von Lk 17 auf Hilfe angewiesen? Sie müssen in einer Wirtschaft, die endemische Arbeitslosigkeit kennt, über ihre Stellung und Arbeit froh sein, obgleich diese hart sind. Denn Entlassung und Arbeitslosigkeit wären Katastrophen (Lk 16,2f; 15,15; Mt 20,1–15; vgl. Mt 25,30), wie mehrere Gleichnisworte Jesu zeigen.[17]

Hermann-Josef Venetz hat ein besonderes Gespür für die sozialen Bedingungen der Welt Jesu und des Urchristentums. So hoffe ich denn, daß diese

---

16 Houzet, op. cit. 361f, nimmt die Bedeutung «einfach» (*simple*) an. Aber diese ist nirgends belegt. «Niedrig» in 2 Sam 6,22, das die LXX mit *achreios* wiedergibt, ist nicht dasselbe wie «einfach», und *achreios* bedeutet dort nicht «einfach». Die Wiedergabe mit «einfach»: «wir sind einfache Knechte» läuft in Wirklichkeit auf jene Demutsformel hinaus, die Houzet so betont ablehnt. Houzet hält jedoch zurecht fest, daß *achreios* in Lk 17,10 keine abschätzige moralische Dimension anhaftet.

17 Die Arbeitslosigkeit und die Katastrophe des Arbeitsverlustes zur Zeit Jesu müßten eigens dokumentiert werden. Verwiesen sei wenigstens auf Catherine Heszer, Lohnmetaphorik und Arbeitswelt in Mt 20,1–16. Das Gleichnis von den Arbeitern im Weinberg im Rahmen rabbinischer Lohngleichnisse. NTOA 15; Freiburg/Schweiz–Göttingen: Universitätsverlag–Vandenhoeck & Ruprecht, 1990, 64–66 (Arbeitslosigkeit).

kleine Hypothese zu den hilflosen Knechten, die froh sein dürfen, einen Lebensunterhalt und eine Arbeit zu haben, obwohl diese manchmal hart und schwer sein können, sein wohlwollendes Interesse findet. Jedenfalls ist es mit den Jüngern Jesu bis heute so: Es ist ein großes Glück, als Jünger Stellung und Arbeit bei Jesus zu erhalten, obwohl die Aufgabe auch drücken mag.

Kuno Füssel

AUCH MIT DÄMONEN LÄSST SICH REDEN, MAN MUSS ES NUR KÖNNEN

Eine Auslegung von Mk 1,21–28

> 21 Und sie gehen nach Kapharnaum hinein. Und sogleich ging er am Sabbat in die Synagoge und lehrte.
> 22 Und sie staunten sehr über seine Lehre; denn er lehrte sie wie einer, der Vollmacht hat, und nicht wie die Schriftgelehrten.
> 23 Und sogleich war in ihrer Synagoge ein Mensch mit einem unreinen Geist; und er schrie auf
> 24 und sagte: Was haben wir mit dir zu schaffen, Jesus, Nazarener? Bist du gekommen, uns zu verderben? Ich kenne dich, wer du bist: der Heilige Gottes.
> 25 Und Jesus bedrohte ihn und sprach: Verstumme und fahre aus von ihm!
> 26 Und der unreine Geist zerrte ihn und rief mit lauter Stimme und fuhr von ihm aus.
> 27 Und sie entsetzten sich alle, so daß sie sich untereinander befragten und sagten: Was ist dies? Eine neue Lehre mit Vollmacht? Und den unreinen Geistern gebietet er, und sie gehorchen ihm.
> 28 Und die Kunde von ihm ging sogleich hinaus überall in die ganze Umgebung Galiläas.

Hinweise zu Eigenart, Struktur und Inhalt der Erzählung

Mit der Erzählung einer Dämonenaustreibung beginnt Markus seinen Bericht von der Wirksamkeit der Praxis Jesu, wobei unter Praxis die charakteristische Einheit von «machtvoller» Lehre und damit verknüpften Handlungen und Verhaltensformen verstanden sein soll. Jesu Lehre kann nicht losgelöst von seinen Taten betrachtet werden. Gerade Markus legt Wert darauf, die Gestalt Jesu nicht unmittelbar zu beschreiben, sondern sie über ihre Wirkungen auf die ihr begegnenden Menschen zu erschließen.

Daß Markus so beginnt, geschieht daher kaum ohne Absicht, denn in der Vertreibung von Dämonen sieht er eines der wichtigsten Beweismittel Jesu (vgl. 3,11 u. ö.) zur Bewahrheitung der in seiner Botschaft angekündigten Nähe des Reiches Gottes (vgl. 1,15).

Die Geschichte spielt sich wohl im Kontext einer Schriftauslegung am Sabbat in der Synagoge von Kapharnaum ab, die den äußeren Rahmen für die von Markus gleich mehrmals als machtvoll und neu hervorgehobene Lehre Jesu abgibt. Ähnlich wie bei der Person Jesu fällt auch hier auf, daß er seine Lehre, linguistisch gesprochen, stärker über die Pragmatik als über die Semantik kennzeichnet. Dies heißt nicht, daß der Inhalt nebensächlich wäre. Dieser wird zwar in 1,14-15 nur knapp umrissen («das Evangelium Gottes»), wobei jedoch klar ist, daß es um dessen praktische Erfüllung im Hier und Jetzt, um den Anbruch des Reiches Gottes, geht. Dies dürfte ohne weitere Wiederholung in der Folge genügen, um jeden Verdacht, es handle sich um eine rein theologisch-argumentative oder juristische Kommentierung der Schrift, zurückzuweisen. Daran scheint wohl eher gedacht zu sein, wenn von der praktisch folgenlosen Arbeit der Schriftgelehrten die Rede ist. Wie sehr sich dann der Ereignisanteil im weiteren Verlauf verdichtet, wird in anschaulichen Zügen und zielstrebig vorgeführt.

Man kann darüber streiten, ob die in vielen Kommentaren benutzte Kennzeichnung der Haupthandlung durch das Stichwort «Dämonenaustreibung» besonders geschickt ist, denn im Text ist die Rede von einem «unreinen Geist», während die Vokabel «Dämon» nicht fällt. Ältere Auslegungen wie die von Grundmann[1] sprechen sogar von «Dämonenheilung», während neuere Kommentare wie der von Pesch[2] mehr den Austreibungsaspekt und Jesus als den «Exorzisten schlechthin» betonen. Auch Theißen[3] benutzt bei seiner Typologie der Wundergeschichten das Thema des Exorzismus zur Einordnung der vorliegenden Erzählung und faßt die dann auch von anderen Autoren von ihm übernommenen gattungsspezifischen Merkmale des Exorzismus zusammen. Dabei redet er aber ebenfalls durchgängig von Dämon:

> Ein Exorzismus liegt erst dann vor, wenn ein Mensch nicht nur in einer Funktion von einem Dämon beeinträchtigt wird, sondern sein Subjekt an diesen verloren hat. Im Falle solcher «Besessenheit» muß der Dämon ausfahren. Formgeschichtlich formuliert: Der Dämon muß Gegenspieler, nicht nur im Hintergrund verborgener Nebenspieler sein.[4]

Was sind aber nun Dämonen oder unreine Geister? R. Pesch hat in seinem Kommentar einen nicht ganz zirkelfreien Versuch unternommen, eine passende Umschreibung des unreinen Geistes vorzunehmen, der die traditionelle Redewendung im großen und ganzen rechtfertigt:

> Unreiner Geist ist im Frühjudentum die geläufige Bezeichnung der dämonischen Geister der Unreinheit. Die in Krankheit und Verdrängung menschlicher Subjektivität, in Selbstentfremdung erfahrbaren zerstörerischen, «unsichtbaren» (Geist-)kräfte werden mit dem Begriff «unrein» der Sphäre des Bösen, Widergöttlichen, ja des Todes zugeordnet. Daß ein «unreines» Geistwesen vom Menschen Besitz ergreifen kann, so daß dieser «besessen» – und das heißt zumeist krank an Leib, Seele und Geist – erscheint, und daß Heilung des Besessenen erst möglich wird, indem der Dämon von ihm ausfährt, das ist *opinio communis* der heidnischen, jüdischen und altchristlichen Antike (O. Böcher).[5]

---

1 W. Grundmann, Das Evangelium nach Markus (Theologischer Handkommentar zum Neuen Testament, Bd. II), 3. Aufl.,. Berlin 1965, 44f.
2 R. Pesch, Das Markus-Evangelium (Herders Theologischer Kommentar zum Neuen Testament), 1. Teil, Freiburg–Basel–Wien 1980, 117–128; vgl. auch G. H. Twelftree, Jesus the Exorcist, Tübingen 1993, 57–71.
3 G. Theißen, Urchristliche Wundergeschichten, Gütersloh 1974.
4 Ebd. 95.
5 Pesch, a.a.O. 121.

Anknüpfend an die angeführten Ausführungen soll im folgenden ein Mittelweg zwischen einer rein substantialistischen Denkweise, die von einem feststehenden Wesen der Dämonen ausgeht, und einer rein phänomenalistischen Denkweise, die sie als Epiphänomene der realen Welt oder Hirngespinste begreift, beschritten werden, der in Anlehnung an die Theorien und Analysen von P. Bourdieu für ein relationales Denken plädiert, d. h. von einem Beziehungsraum und einem Kräftefeld ausgeht, in denen es um Erhalt oder Veränderung der jeweils herrschenden Kräfteverhältnisse geht. Deswegen wird in den hier vorgetragenen Überlegungen das Schwergewicht auf die Auseinandersetzung zwischen Jesus und dem unreinen Geist, und nicht auf eine ontologische Präjudizierung der Göttlichkeit Jesu gelegt.

Eine Strukturanalyse der vorliegenden Erzählung fördert für den Abschnitt V. 23–28 die auch für die vergleichbaren Texte der Antike typischen Strukturmerkmale der durch das thematische Inventar des Exorzismus bestimmbaren Wundergeschichten[6] zutage: 1. Begegnung des Exorzisten mit dem Dämon; 2. Abwehrreaktion des Dämons; 3. Drohung des Exorzisten; 4. Schweigegebot; 5. Ausfahrbefehl; 6. Ausfahrt; 7. Staunen; 8. Chorschluß; 9. Verbreitungshinweis. Das Ende der Geschichte ist eindeutig: Jesus erweist sich als mächtiger Herr auch über die unreinen Geister, die sich seinem Wort beugen müssen. Die Zuschauer bezeugen seine Überlegenheit in einer Weise, die der Evangelist als dumpfe Ergriffenheit und irritiertes Erstaunen, nicht aber als tieferes Begreifen darstellt, was sie jedoch wohl gerade deshalb nicht davon abhält, die Kunde von der Machttat Jesu zu verbreiten.

Der Kampf zwischen Dämon und Exorzist

Sehen wir uns das zentrale gattungsspezifische Merkmal, die Auseinandersetzung der beiden Gegenspieler, näher an. G. Theißen formuliert dazu die folgende summarische Einschätzung:

> Das Charakteristische der Exorzismen liegt also nicht nur in bestimmten Motiven, sondern in deren spezifischer Personverbundenheit: Die wichtigsten Motive sind sowohl mit dem Exorzisten wie mit dem Dämon verbunden. Beide Seiten benutzen im Kampfgeschehen im Zuge von Angriff und Verteidigung dieselben Strategien. Der Besessene erscheint als Schlachtfeld, die «Grenze» als Front.[7]

Die Behauptung, daß beide Seiten dieselben Strategien verwenden, bedarf jedoch der Überprüfung. Diese impliziert notwendigerweise die Beantwortung der Frage, an welche Strategien dabei gedacht werden kann.

---

6 Ebd. 119.
7 Theißen, a.a.O. 97.

Handlungstheoretische Überlegungen

Der unreine Geist geht sehr offensiv und mit einer geballten Ladung Theologie ans Werk. Er eröffnet nicht nur lautstark seinen Redebeitrag und dokumentiert damit seine Wichtigkeit, sondern schreit auch die zentralen Informationen über das Wesen Jesu und die Intention seines Handelns in die Versammlung, so daß jeder sie hören und niemand sich der beginnenden Auseinandersetzung entziehen kann. Er liefert dabei eine in sich stimmige und schlüssige Zusammenfassung von Sein und Sendung Jesu nach Markus: Jesus ist aus Nazaret, wurde in der Taufe durch Gott selbst als der Seinige angenommen, d. h. geheiligt, und ist gekommen, das Land und das Volk von allen Dämonen und Besetztheiten zu befreien. Dabei verwendet der unreine Geist für Jesus den Titel: «der Heilige Gottes», auf dessen Wurzeln wir später noch besonders einzugehen haben. Diese Bezeichnung für Jesus tritt außer in der Lukas-Parallele (4,34) nur noch im johanneischen Schrifttum (Joh 6,69, vgl. auch 1 Joh 2,20) und in der Apokalypse (Apk 3,7) auf.

Warum tut der unreine Geist dies, und warum läßt sich Jesus auch nicht im geringsten darauf ein? Warum wird das gleichlautende Bekenntnis des Petrus in Joh 6,69 akzeptiert und die Aussage des unreinen Geistes mit Redeverbot beantwortet?

Eine mögliche Erklärung läßt sich gewinnen, wenn wir im Anschluß an J. Habermas zwischen strategischem und kommunikativem Handeln unterscheiden:

> Sofern die Aktoren ausschließlich am *Erfolg*, d. h. an den Konsequenzen ihres Handelns orientiert sind, versuchen sie, ihre Handlungsziele dadurch zu erreichen, daß sie extern, mit Waffen oder Gütern, Drohungen oder Lockungen auf die Situationsdefinition bzw. auf die Entscheidungen oder Motive ihres Gegenspielers Einfluß nehmen. Die Koordinierung der Handlungen von Subjekten, die in dieser Weise *strategisch* miteinander umgehen, hängt davon ab, wie die egozentrischen Nutzenkalküle ineinandergreifen. Der Grad von Kooperation und Stabilität ergibt sich dann aus den Interessenlagen der Beteiligten. Demgegenüber spreche ich von *kommunikativem* Handeln, wenn sich die Aktoren darauf einlassen, ihre Handlungspläne intern aufeinander abzustimmen und ihre jeweiligen Ziele nur unter der Bedingung eines sei es bestehenden oder auszuhandelnden *Einverständnisses* über die Situation und erwartete Konsequenzen zu verfolgen.[8]

Der unreine Geist handelt in dem geschilderten Sinne strategisch, indem er verständigungsorientiertes Handeln simuliert. Er macht Jesus das Angebot, sich über dessen Handlungsziel mit ihm zu verständigen, jedoch nicht, weil er mit diesem einverstanden ist, sondern weil er dessen Erreichung verhindern will:

> Heilige Worte sind gewählt aus der Geschichte eines heiligen Mannes [gemeint ist Elija; vgl. hierzu später] die wohl allgemeiner schon als dämonische Verteidigungsworte verstanden worden sind, um den «Heiligen Gottes» zu schlagen. Der Name dessen, der in

---

8   J. Habermas, Moralbewußtsein und kommunikatives Handeln, Frankfurt a. M. 1983, 144.

Kapharnaum als ein noch Unbekannter spricht, wird ans Licht gezerrt; denn wer seinen Gegner nennt, der vermag ihn auch zu zwingen. Indes ist mit diesem geschichtlichen Namen noch nicht viel gesagt: der Dämon kennt auch das Ziel seines «Kommens» und die Art seines Wesens. Und in solchem Hervorzerren des Verborgenen steigert sich die Rede von Wort zu Wort und stärkt sich darin mit immer machtvolleren Waffen.[9]

Welchen psychoanalytischen Hintergrund die magische Verwendung von Eigennamen, d.h. die Lähmung durch Identifikation, hat, werden wir im nächsten Überlegungsschritt behandeln. Hier soll nur der handlungstheoretische Aspekt im Sinne der Kommunikationstheorie betrachtet werden.

Jesus läßt sich auf die Strategie des Gegners nicht ein und lehnt hellsichtig nach allen Regeln der kommunikativen Kompetenz das Angebot des unreinen Geistes ab, d. h. er interpretiert seine Äußerung als das, was sie ist, als Scheinverständigung und Falle, und nicht als das, was sie zu sein vorgibt, als verständigungsorientierte Verhandlung eines Konfliktes und Einholung einer Zustimmung zu seiner Aussage:

Ob die Kommunikationsteilnehmer Einverständnis erzielen, bemißt sich jeweils an den Ja/Nein-Stellungnahmen, mit denen ein Adressat die vom Sprecher erhobenen Geltungsansprüche akzeptiert oder zurückweist. In verständigungsorientierter Einstellung erhebt der Sprecher mit jeder verständlichen Äußerung einen Anspruch darauf, daß
 – die gemachte Aussage wahr ist ...
 – die Sprechhandlung mit Bezug auf einen bestehenden normativen Kontext richtig ... ist;
 – die manifestierte Sprecherintention so gemeint ist, wie sie geäußert wird.
 Wer ein verständliches Sprechaktangebot zurückweist, bestreitet die Gültigkeit der Äußerung mindestens unter einem dieser drei Aspekte von *Wahrheit, Richtigkeit* und *Wahrhaftigkeit.*[10]

Jesus weist sicherlich zwei der vom Sprecher erhobenen Geltungsansprüche, nämlich den auf Normgemäßheit und den auf Aufrichtigkeit, als ungültig zurück. Nicht normgemäß ist das Verhalten des unreinen Geistes insofern, als er sich bezogen auf das von allen akzeptierte Symbolsystem göttliches Wissen und göttliche Beglaubigungs- und Ernennungskompetenz anmaßt. Dieser gravierende Verstoß wird gerade durch die große Nähe zur Taufszene (1,10–11) besonders deutlich. Der unreine Geist verliert also die Auseinandersetzung, weil sein Sprechakt doppel mißlingt. Er tappt in die von ihm selbst aufgestellte Falle. Gerade weil er den dritten Geltungsanspruch verfehlt, d. h. die Verständigung nur simuliert, muß er, um die Simulation zu verheimlichen, sich an die gemachte Proposition halten: «Ich weiß, wer du bist und was du willst». Weil er so tut, als ob er seine Äußerung ernst meint, muß er sie sogar in der Handlungskonsequenz bestätigen, d. h. ergrimmt ausfahren. Würde er bleiben, würde er die im Rahmen der von allen Beteiligten vorauszusetzenden Weltanschauung definierten Spielregeln verletzen und sich als lügnerischer Geist entlarven und müßte wiederum gehen, da er seinen Platz nur aufgrund der Rich-

---

9 E. Lohmeyer, Das Evangelium des Markus, 16. Aufl., Göttingen 1963, 36.
10 Habermas, a.a.O. 147.

tigkeit seiner Aussage und ihrer Anerkennung durch den anderen behaupten kann.

Wie aber ist das Verhalten Jesu zu kennzeichnen? Ist es strategisch oder kommunikativ? In der vorangehenden Lehrsituation handelt Jesus sicherlich kommunikativ und dies mit vollem Erfolg. Der unreine Geist möchte sich diese Situation zu Nutzen machen, bewirkt aber nur, daß Jesus seinerseits auf die strategische Ebene wechselt. Das strategische Handeln Jesu aber hat als Handlungsintention die Wiederherstellung der Verständigungsmöglichkeit mit dem Besessenen, die Aufhebung der Verständnisblockaden und Kommunikationsverzerrungen, als die sich die Besessenheit interpretieren läßt. An dieser Stelle wird deutlich, daß zumindest bei Markus die von Theißen als religionswissenschaftliches Fazit formulierte Behauptung von denselben Strategien bei Dämon und Exorzist nicht zutrifft.

Strategisches Handeln ist für Jesus notwendig, um die Bedingungen der Möglichkeit von Kommunikation zu erneuern oder zu garantieren. Es ist die gegenüber dem unreinen Geist gebotene Handlungsform. Illusionär und verderblich wäre es, zu unterstellen, daß man mit unreinen Geistern in einen verständigungsorientierten Diskurs eintreten und diesen erfolgreich ins Ziel führen kann. Dieser Illusion nicht zu erliegen, gehört zu den in dieser Geschichte mehrfach erwähnten Beweisen der kommunikativen Kompetenz Jesu.

Psychoanalytische und anthropologische Überlegungen

Das Spiel mit Eigennamen und ihrer Nennung bildet eine eigene und entscheidende Dimension des Verständnisses von Besessenheit und ihrer Beseitigung.[11] Besonders die französische Linguistik und Ethnologie haben der identitätssichernden Relevanz der Eigennamen und des Ich-Sagens eine große Aufmerksamkeit geschenkt.

> Wenn es stimmt, daß das «Ich» (wie das «Du», aber anders als «er» oder «sie»), wie Emile Benveniste schreibt, in der Sprache das «einzige, aber mobile Zeichen» ist, das «mit der Ausübung der Sprache verbunden [ist] und den Sprecher als solchen [erklärt]», dann überrascht es nicht, daß diese Bewegung genau an dem Punkte auftritt und ihre größte Intensität besitzt, an dem das «Ich» mit dem Eigennamen verbunden ist.[12]

Der Besessene weiß nicht und kann nicht angeben, wer er ist. Er hat keinen Eigennamen mehr. Deswegen borgt sich der Besessene fortwährend neue und phantastische Namen. Sein Ich ist ein anderer – *Je est un autre*, wie es Arthur Rimbaud so treffend formulierte.[13] Der moderne Exorzist, Arzt oder Therapeut bemüht sich, diesen anderen namhaft zu machen, «indem er ihn in eine Topographie der Eigennamen einbindet und von neuem die Verbindung des

---

11 Vgl. zu den folgenden Überlegungen Michel de Certeau, Die entstellte Sprache: die Rede der Besessenen, in: ders., Das Schreiben der Geschichte, Frankfurt a. M. 1991, 172– 197.
12 Ebd.187.
13 Zit. ebd. 184.

Sprechakts mit einem sozialen Aussagesystem normalisiert. Daher ist der Exorzismus im wesentlichen eine Sache der *Benennung* mit dem Ziel, eine sich entziehende Fremdheit in einer etablierten Sprache neu zu klassifizieren. Er zielt auf die Wiederherstellung des Postulats jeder Sprache, das heißt auf eine stabile Beziehung zwischen dem ‹Ich› des Sprechers und einem sozialen Signifikanten, dem Eigennamen ... Der Eigenname weist dem Subjekt einen Platz in der Sprache zu und ‹garantiert› deshalb eine Ordnung soziolinguistischer Praxis.»[14]

Die Kommunikationsstrategie des unreinen Geistes gegenüber Jesus ist vor dem Hintergrund dieses Interpretationsrahmens von einer verblüffenden Raffiniertheit. Er verdeckt das Problem der Besessenheit, das ja darin besteht, daß der Besessene nicht weiß, wer er ist, indem er sich selber zum Exorzisten macht und Jesus als Besessenen behandelt, dessen Namen er genau kennt und den er daher vertreiben kann. Der unreine Geist akzeptiert die Definitionsmöglichkeiten und Normen des allen gemeinsamen Weltbildes, also auch die darin vorgesehene Rolle des Exorzisten, doch er versucht, den Spieß umzudrehen. Seine Strategie erinnert damit – *mutatis mutandis* – an die der Gegner Jesu bei Mk 3,22 und Lukas 11, 14–23, wo man ihm vorwirft, selber besessen zu sein und deswegen über dämonische Kräfte zu verfügen. Der unreine Geist scheint also die Unkenntnis der Leute bezüglich der wahren Identität Jesu ausnutzen zu wollen, um ihn durch die Verleihung eines besonders hohen Titels und Namens als einen besonders gefährlichen Besessenen hinzustellen, der ausgezogen ist, die Normalen zu vernichten.

Auch hier fällt auf, daß Jesus gerade nicht die Strategie des Gegenspielers kopiert, sondern die Ebene wechselt. Er tritt zwar in der pragmatischen Dimension als Exorzist auf, bedient sich jedoch nicht der Berufung auf diese Rolle und der ihr zugestandenen Attribute und vollzieht daher auch nicht den Identifikationsbann. Jesus sagt nicht: «Ich weiß genau, wer du bist. Du bist der Dämon X des Ranges Y usw.» Jesus vertreibt gerade dadurch den unreinen Geist, indem er ihm verbietet, das Spiel der Erennung des anderen zu spielen, sich göttliche Definitionsmacht anzumaßen und ihn damit zu besitzen. Er räumt jedoch den Platz für das Ich des betroffenen Menschen frei, der dadurch wieder zum vollgültigen Subjekt werden kann, daß er selbst sich benennt und «Ich» sagt. Der Therapeut ist nur Katalysator, nicht der Motor und nicht die Bewegung. Der (mittelmäßige?) Therapeut sagt: «Du mußt selber sagen, wer du bist.» Doch dies ist nur ein erster Schritt auf dem Weg zur umfassenden Befreiung. Der selbstkritische Therapeut sagt: «Ich nehme dich so wahr, daß du so und so bist», was wiederum ein subtiler Rückschritt ist. Jesus ist mehr als ein Therapeut. Er ist der Befreier von der Knechtschaft der Dämonen, indem er weitergeht als die Therapeuten: Er verzichtet nicht nur vollkommen darauf, sich ein Bild des anderen zu machen und zu ihm zu sagen: « Ich weiß, wer du bist.» Er verzichtet auch darauf, den anderen zu therapieren. Er befreit ihn, indem er ihn erfahren läßt: Gott liebt dich, er hat dich bei deinem Namen

---

14 Ebd. 185.

gerufen, sein bist du! (Vgl. Jes 49.1ff u. ö.) Das Vernehmen dieses Anrufes ist in sich konstitutiv für die Subjekt-Werdung.

Hinter einem durch relativ einfache Kommunikationsmittel bestimmten Vordergrund verbirgt sich also ein hochkomplexes Beziehungs- und Wirkungsgeflecht.

Die Wiederherstellung der Integrität Israels

In der Erzählung scheint der betroffene Mensch so gut wie gar keine Rolle zu spielen, denn er kommt auf der Textoberfläche nur punktuell vor. Dies hat manche Ausleger so wie E. Lohmeyer zu folgender Behauptung verführt:

> Es ist nicht die Geschichte von der Heilung eines armen Menschen; der Kranke ist nur das Objekt, an dem die Macht des Dämons und die größere Jesu kund wird, und kein Wort fällt am Ende wie in anderen Erzählungen, daß der Geheilte, von der Pein seines Leidens befreit, Gott und seinen Wohltäter gepriesen habe.[15]

Es liegen aber auch andere Deutungen im Bereich des Denkbaren. Könnte nicht die vermeintliche Ausblendung des Betroffenen eine sehr weitgehende und universale Aussage befördern?

Einer Antwort näher kommen wir, wenn wir noch einmal genau auf Inhalt und Form der Mitteilung des unreinen Geistes Bezug nehmen. Die gemachte Äußerung ist keine freie Erfindung des Markus, sondern einer Stelle aus den Elija-Geschichten nachgebildet. Die heidnische Witwe in Zarephta sagte zu Elija:

> Was habe ich mit dir zu schaffen, du Gottesmann? Du bist wohl zu mir gekommen, um meine Verschuldung in Erinnerung zu bringen und meinen Sohn zu töten? (1 Kön 17,18)

Elija aber rettet ihren Sohn, so wie auch Jesus den Besessenen rettet, statt ihn in Todesgefahr zu bringen, was immerhin im Bereich der traditionell einer Dämonenaustreibung zugeschriebenen Begleiterscheinungen gelegen hätte, worauf auch die gewaltförmige Ausfahrt des unreinen Geistes aufmerksam macht.

Die Entgegensetzung des unreinen Geistes und des «Heiligen Gottes» verweist auf die für das Symbolsystem Israels fundamentale Opposition von «rein» und «unrein». Es wird hier also ein grundsätzlicher Konflikt thematisiert: Die Errettung Israels aus allen Formen der Unreinheit. Diese haben sich bereits ins Zentrum eingeschlichen und wagen die öffentliche Provokation mitten in der Versammlung der Israeliten, in der Synagoge. Daß der unreine Geist genau hier auftritt, wird in den offiziellen Markuskommentaren so gut wie nicht beachtet. Für den christlichen Ausleger scheint hierin kein Zündstoff zu liegen, oder boshaft formuliert: eher eine Gelegenheit zur Bestätigung

---

15 Lohmeyer, a.a.O. 38.

antijudaistischer Vorurteile gegeben zu sein. Dabei könnte uns doch der Titel «Heiliger Gottes» eines Besseren belehren, denn er ist «Beiname des ersten Hohenpriesters Aaron wie der Engel Gottes, auch Name des Volkes Israel. Seine Herkunft aus kultischen Anschauungen ist deutlich und auch in dieser Erzählung gewahrt, die den ‹Heiligen Gottes› dem ‹unreinen Geist› gegenüberstellt. Sie sieht also auch in Jesus die hohenpriesterlichen Züge des eschatologischen Vollenders, wie sie ähnlich Dan 7 dem Menschensohn, Apk 1 dem erhöhten Christus zuschreibt.»[16] Der gelehrte Ausleger entgeht bei seiner richtigen Feststellung nicht ganz der Gefahr, den anderen Pol der Relation: die Wiederherstellung und Rettung Israels, aus dem Blick zu verlieren. Statt dessen werden die wahrgenommenen Belege wieder einmal dazu benutzt, um im Modus der Erhöhung Wasser auf die Mühlen einer Herauslösung Jesu aus seinem jüdischen Kontext und einer Überhöhung des Kampfes um die Rettung Israels zu einem allgemeinen Kampf zwischen Gott und den widergöttlichen Mächten zu leiten. Trotzdem nähert sich Lohmeyer, geführt von der Logik der biblischen Quellen, in seiner Anstrengung, «Gottes Heiligkeit» als den absoluten Bezugspunkt des Handelns Jesu deutlich zu machen, der hier vorgeschlagenen Deutung, daß die Befreiung des Menschen in der Synagoge ein Paradigma der Befreiung Israels von allen Formen der Unreinheit und Unterdrückung darstellt, wenn er über die priesterliche Pflicht zur Garantie der Reinheit ausführt:

> Der Priester kämpft einen ähnlichen Gotteskampf gegen seine Feinde in täglichem und jährlichem Dienste, er vertreibt das Unreine und stärkt des Volkes und Landes Heiligkeit, und sein Tun ist ein Hinweis auf die Vollendung, die einst Gott endgültig bringen wird. Es ist auch hier nicht zu übersehen, daß die Gegensätze, unter denen dieses Ereignis steht, die von heilig und unrein sind, vor denen alle anderen verblassen.[17]

Warum ist es so schwer für uns einzusehen, daß diese Vollendung Gott zunächst seinem Volk zugesagt hat und daß sich auch Jesus dazu berufen fühlte, sie ihm zu bringen?

Wem diese Interpretation als allzu waghalsig, weil durch den Text nicht voll abgesichert erscheinen mag, der sei darauf verwiesen, daß die Wiederherstellung Israels – um nichts anderes geht es bei der Diskussion um die Auferstehung – in Analogie zur ersten Hälfte des Sacharja-Buches die thematische Mitte (auch von der Architektonik her) des Markusevangeliums bildet. Dies läßt sich durch eine entsprechende Analyse von Stellung und Inhalt der Verwandlungsszene (Mk 9,2–13) mit ihrem mehrfachen Bezug auf Elija begründen.[18]

Darüber hinaus werden Erfahrungen mit politisch-militärischer Besatzung sowohl in der Erzählung über den Besessenen von Gerasa (Mk 5,1–17) als auch in anderen jüdischen Schriften als dämonische Besessenheit des Volkes Gottes

---

16 Ebd. 16.
17 Ebd. 17.
18 Präziser begründet und ausführlicher dargelegt wird dies bei K. Füssel, Das Markusevangelium. Tektonische Analyse der Gesamtkomposition, unveröffentlichtes Manuskript, Telgte 1997.

zum Ausdruck gebracht. Zu denken ist dabei an das «Äthiopische Henochbuch», einem Werk, das um die Zeitenwende zu datieren ist und für das G. Nickelsburg feststellt:

> Auf der einen Seite stehen Gott, der himmlische Hofstaat, die Agenten seines Gerichts ... Auf der anderen Seite stehen der oberste Dämon Azazel, dessen Engel und die Könige und die Mächtigen ..., denen die römischen Generale, Gouverneure, Triumviri und Monarchen entsprechen ... Auch an die späten Hasmonäer und die Herodianer könnte der Verfasser gedacht haben.[19]

Einige, eher verwunderte und unsystematische Nachgedanken

Diese kleine Passage des Markusevangeliums gibt Anlaß zu viel Verwunderung und zu vielerlei Nach- und Weiterdenken. Gereizt hätte mich vor allem, die von Michel Serres vorgelegte Deutung von Engeln und Dämonen noch mehr ins Spiel zu bringen: Nach ihm sind die Engel die Kommunikationskanäle und Kommunikatoren Gottes. Entsprechend sind Dämonen gefallene Engel, welche die Kommunikationsbahnen zu Gott verstopfen, weil sie sich selbst an die Stelle der zu übermittelnden Botschaft setzen und dabei die Versklavung statt die Befreiung des Adressaten betreiben.[20]

Doch, was ist die Moral von der Geschichte? Diese ist sicher nicht eindimensional und ändert sich je nach Bezugssystem und Perspektive. Aufmerksam gemacht sei zumindest auf folgende Aspekte:

1. Achte immer darauf, daß du dein eigenes Ich nicht verlierst. Selten hilft dir jemand, es wiederzugewinnen.

2. Sag nie zum andern: «Ich weiß, wer du bist», sondern warte, bis er sich dir mitteilt. Trotzdem solltest du immer darauf achten, ob dir ein Ich oder ein unreiner Geist gegenübertritt.

3. Aber auch mit Dämonen läßt sich reden. Doch man sollte nicht ohne genaue Wahrnehmung und Analyse auf ihr Gesprächsangebot eingehen und fähig sein, die Gesprächsstrategie umzukehren und das Gespräch im Bedarfsfall abzubrechen. Dann haben sie nichts mehr zu sagen und müssen gehen. Manchmal bedarf es des aktuellen Dissenses, um nicht nur den eschatologischen, sondern den augenblicklich erstrebten Konsens zu ermöglichen und zu fördern. Denjenigen, die allzu schnell und am falschen Ort und vor den falschen Instanzen zu Bekenntnissen neigen oder erpressbar sind, sei ins Stammbuch geschrieben: Auch ein christologisches Bekenntnis ist fehl am Platze und muß zurückgewiesen werden, wenn es mit Macht, Magie und Manipulation verknüpft und wie «besessen» ausgesprochen wird. Bekenntnisformeln dürfen keine Abwehrformeln sein. Merke: Die Pragmatik regiert die Semantik.

---

19 Zit. bei J. D. Crossan, Der historische Jesus, München 1994, 414f.
20 M. Serres, Die Legende der Engel, Frankfurt a. M, Leipzig 1995, 99–113.

Christian Kissling

DER WEINBERGBESITZER UND DIE GERECHTIGKEIT

Wenn man versucht, in politischen Diskussionen einen ethischen Standpunkt einzubringen, und wenn man das als *theologischer* Sozialethiker tut, als Mensch also, der einer Botschaft verpflichtet ist, die mehr und etwas ganz anderes ist als eine Klugheitslehre, wie man sein Leben auf Erden angenehm gestalten kann, wenn man vielmehr als an der sozialen Realität orientierter und interessierter *Glaubender* bestrebt ist, sich und den anderen Rechenschaft zu geben von dem, was diese Hoffnung auf Vollendung, gründend in der Selbstmitteilung Gottes im Menschen Jesus von Nazaret vor zwei Jahrtausenden, austrägt im konkreten politischen Alltagsgeschäft heute, und wenn man dann zu allem Überdruß, aber vollkommen zu Recht auch noch gefragt wird, was man denn als Theologe zu einem sozialen Problem zu sagen habe, was von einem Ökonomen, Juristen oder etwa auch Philosophen nicht ebenso und sogar viel besser und sachkundiger gesagt werden kann – dann beschleicht einem oft eine tiefe Ratlosigkeit. Was hilft uns die Überlieferung von Leben, Tod und Auferstehung Jesu, was helfen uns unsere Hoffnung darauf und unser Glaube daran, daß die irdische Realität um uns herum, wie wir sie täglich erfahren, noch nicht alles ist, bei der Gestaltung eben dieser Realität?

Wenn diese Frage so gestellt wird, dann darf ich, ohne das begründen zu müssen, einmal davon ausgehen, *daß* der christliche Glaube und die Aufgabe der verantwortungsvollen, also ethischen Gestaltung der irdischen Realitäten etwas miteinander zu tun haben. Der christliche Glaube ist keine billige Vertröstung auf ein besseres Jenseits, sondern er soll auch der Ansporn sein, ein «besseres» Leben hier zu ermöglichen. Auch muß die sich daran anschließende Frage weggelassen werden, ob man sich nicht auch verpflichtet fühlen kann, ein solches besseres Leben – noch dazu nicht nur für mich, sondern für alle Menschen – zu ermöglichen, ohne in irgendeiner Weise etwas mit dem christlichen Glauben zu tun zu haben. Geschichte und Gegenwart zeigen genügend deutlich, daß das möglich ist. Es sind oft, darüber dürfen wir uns freuen, Menschen anderer Religionen und Weltanschauungen, die eine beeindruckende Ethik leben, statt sie nur zu predigen, und es sind und waren genauso oft, darüber müssen wir uns schämen, Christinnen und Christen, die eben diese Ethik wissentlich und willentlich mit Füßen treten.

Dennoch bleibt der Anspruch, daß der christliche Glaube uns helfen kann bei der Einrichtung unseres sozialen Lebens. Aber wie? Die moraltheologische Fachliteratur diskutiert diese Frage unter der Rubrik *proprium christianum*. Von exegetischer Seite wird auf die gegenseitige Zuordnung von Heilserlangung und sittlicher Verpflichtung (Schnackenburg) hingewiesen, in der Dogmatik wird die These vertreten, daß sich das *proprium christianum* in der konkret gelebten Sittlichkeit, im moralischen Glaubensinstinkt, nicht aber in der Theorie der Moral zeige (Rahner), und in der Moraltheologie dürfte die Mehrheitsmeinung wohl dahin gehen, daß, weil das Evangelium eine Heilsbotschaft und keine ethische Lehre sei, das *proprium christianum* sich eher in formalen denn in inhaltlichen Merkmalen zeige, daß der christliche Glaube primär auf Persönlichkeits- und Gewissensbildung ziele und im Bereich der Moral seine Erfüllung in einer spezifisch christlichen Radikalität finde (Furger).

Das alles ist sicher richtig und könnte durch zahllose weitere Autoren in einem umfänglichen Literaturbericht dargestellt werden. Gleichzeitig bleibt dieser Bescheid aber auch irgendwie unbefriedigend. Denn die soeben skizzierten Positionen beziehen sich nicht nur alle vorwiegend auf das Feld der Individualethik, sondern es geht hier primär auch um Fragen der motivationalen Verankerung der Sittlichkeit. Insgesamt hat die deutschsprachige moraltheologische Grundlagendiskussion der letzten 30 Jahre (von *Humanae vitae* über die «Autonome Moral» und die Rezeption der Diskursethik bis zur vermeintlichen Herausforderung durch die «Postmoderne») hier kaum Fortschritte gebracht.

Ich möchte mich deshalb, ohne Anspruch auf Systematik und Wissenschaftlichkeit und lediglich im Sinne einer Diskussionsanregung, wieder auf die Frage besinnen: Was hat es mit dieser neuen und vollkommeneren Gerechtigkeit der Bergpredigt (Mt 5,20) auf sich, zu der wir aufgerufen sind? Wenn ich notgedrungen versuchen möchte, mich dieser Frage ziemlich naiv zu nähern, dann könnte das durchaus auch einen Vorteil darstellen. Denn allzu kompliziert sollte die Theorie *dieser* Gerechtigkeit nicht sein, sonst beschleichen einen fast zwangsläufig Zweifel an ihrer Richtigkeit. Und allzu theoretisch abstrakt darf sie ebenfalls nicht sein, wenn sie eben noch von Christinnen und Christen, die nicht das Privileg eines Theologiestudiums genossen haben, verstanden werden soll. Mit dieser Bemerkung soll selbstverständlich der Wert all der dicken Bücher und gelehrten Aufsätze zur Grundlegung einer theologischen Ethik nicht in Zweifel gezogen werden; aber das Bedürfnis besteht doch, das Wesentliche auch einfacher dargestellt zu finden.

Wir dürfen wohl davon ausgehen, daß der Kern der Gerechtigkeit im christlichen Sinne darin liegt, zuerst den Benachteiligten, den Zu-kurz-Gekommenen, den An-den-Rand-Gedrängten beizustehen. «Was immer ihr einem dieser Geringsten unter meinen Brüdern und Schwestern (nicht) getan habt, das habt ihr mir (nicht) getan» (Mt 25,40 und 45): Dieses Wort Jesu, zu dem sicher viel in exegetischer und dogmatischer Hinsicht zu sagen wäre, das hier beiseitegelassen werden darf, bringt meines Erachtens das entscheidende inhaltliche Anliegen jeder *christlichen* Ethik zum Ausdruck. Es zeigt zum einen, daß sich die Gerechtigkeit primär durch das Wohl der Benachteiligten definiert und daß zum andern durch diese Gerechtigkeit wir alle, jede und jeder einzelne, unvertretbar in Pflicht genommen sind. Nicht nur ein genuin christlicher Begriff der Gerechtigkeit kommt hier zur Sprache (der inzwischen selbstverständlich längst auch, und nicht erst beim Differenzprinzip von John

Rawls, in die profane Sozialethik ausgestrahlt hat), sondern auch die persönliche Radikalisierung des Gerechtigkeitsanspruchs.

Das entscheidend und unterscheidend Christliche der Sozialethik liegt also dort, wo die Anliegen derer, die sich nicht selber wehren können, stärker gewichtet werden als die – und sei es noch so berechtigten – Anliegen der anderen, besser Gestellten. Wo dieser Maßstab in den verschiedenen Handlungs- und Wirklichkeitsbereichen zur Geltung kommt, kann von einer *christlichen* Wirtschafts-, Umwelt-, Sozialethik usw. gesprochen werden, auch wenn selbstverständlich jede «Bereichsethik» noch sehr viel mehr enthält und die «Option für die Armen» nicht das einzige – wohl aber das wichtigste! – Kriterium darstellen wird. Und als *Christin und Christ* erweist man sich dann und dort, wo man sich unvertretbar durch diesen Anspruch in Pflicht genommen erfährt, selbst wenn alle anderen Menschen guten Willens, von welcher Religion und Weltanschauung sie auch herkommen, sich ebenso verpflichtet fühlen durch ihr Gewissen.

Gerechtigkeit, Güte und Solidarität

Wenn diese einleitenden Gedanken zwar nicht vollständig und auch nicht ausreichend elaboriert, aber doch wenigstens einigermaßen richtig sein sollten, dann könnte jetzt auch einmal versucht werden, die Fragerichtung zu ändern. Es muß ja nicht immer nur darum gehen, was auch in christlicher Sicht «Gerechtigkeit» heißt und wie eine Christin und ein Christ sich dadurch in Pflicht genommen fühlt, sondern wir sollten uns einmal die Frage stellen, wie wir uns zu dem, was wir unter «Gerechtigkeit» verstehen, verhalten und verhalten sollen und was sich daraus allenfalls für den Begriff der Gerechtigkeit selbst ergibt. In Begriffen der klassischen moraltheologischen Tugendlehre soll also über das Verhältnis von Gerechtigkeit und Liebe nachgedacht werden. Die moraltheologische Tradition versteht unter der *Gerechtigkeit* als Kardinaltugend die Fertigkeit und den festen Willen, selbst das sittlich Gute zu verwirklichen und «jedem das Seine» zuzugestehen. Weniger klar zum Ausdruck kommt hingegen, wie sich die Kardinaltugend der Gerechtigkeit – besonders in sozialen Fragen – zur theologischen Tugend der *Liebe* verhält. Was es genauer heißt, wenn die Liebe, die jeder «Sachgerechtigkeit» vorgeordnet ist, als «Form und Seele» der Kardinaltugenden, besonders der Gerechtigkeit, bezeichnet wird (B. Häring), bleibt letztlich undeutlich.

Als Ausgangspunkt für unsere Überlegung kann das Gleichnis vom merkwürdigen Weinbergbesitzer (Mt 20,1–15) gewählt werden. Diese Geschichte hat, soweit ich sehe, in der theologischen Fundamentalmoral bisher nur wenig Beachtung gefunden, obwohl hier doch so zentrale Kategorien der Ethik wie Solidarität und Gerechtigkeit, Güte und Neid zur Sprache kommen. Aber auch die Exegese, die selbstverständlich die Geschichte vom Weinbergbesitzer in einen sozialhistorischen Kontext stellt, betont meines Erachtens die Gegenüberstellung von Leistungs- und Bedürfnisgerechtigkeit (die Arbeiter der elften Stunde müssen einen Denar erhalten, um überleben zu können) oft derart stark, daß immerhin die Möglichkeit besteht, daß andere wesentliche Aspekte des Gleichnisses zu kurz kommen.

Es kann hier nun nicht darum gehen, von dieser Geschichte eine saubere, den Regeln der exegetischen Kunst entsprechende Auslegung zu bieten. Vielmehr soll vor allem die Position der Arbeiter der ersten Stunde und die Reaktion des Hausherrn (V. 11–15) etwas genauer bedacht werden. Dabei ist selbstverständlich der Fehler zu vermeiden, das Gleichnis als eine Aneinanderreihung von Metaphern, als eine Allegorie (A. Jülicher) zu begreifen; Hermann-Josef Venetz hat uns in seinen Vorlesungen diese Grundregel der Gleichnisauslegung viel zu nachhaltig eingeschärft, als daß man das in späteren Jahren wieder vergessen könnte. Weil aber diese Geschichte, ähnlich wie etwa die Geschichte vom gütigen Vater (Lk 15,11–32), offen endet, scheint es doch legitim, uns selbst als Adressaten an den Schluß der Erzählung zu setzen, denn das Gleichnis handelt nicht einfach von einem von uns unabhängigen Himmelreich.

Wenn wir die Geschichte vom merkwürdigen Weinbergbesitzer hören, identifizieren wir uns automatisch mit den Arbeitern der ersten Stunde. Denn – und das darf ja auch einmal gesagt werden – die Arbeiter der ersten Stunde haben recht: Sie haben die Last des ganzen Tages getragen und die Hitze, während die Arbeiter der letzten Stunde allenfalls noch beim Aufräumen geholfen haben. Und diese Letzten sollen nun jenen Ersten im Lohn gleichgestellt werden? Das widerspricht in der Tat dem fundamentalen Rechtsempfinden. Wer viel geleistet hat, soll auch mehr erhalten als der, der wenig geleistet hat.

Doch bevor etwas zu diesem Prinzip der Leistungsgerechtigkeit gesagt wird, muß zuerst noch auf zwei andere Beobachtungen hingewiesen werden. Einmal fällt auf, daß von einer Reaktion der Arbeiter der elften Stunde nichts berichtet wird. Daß sie dem Hausherrn dankbar sind, ist anzunehmen, und man darf mit Luise Schottroff auch davon ausgehen, daß sie froh sind, nicht Hunger leiden zu müssen. Dennoch ist festzuhalten, daß die Not der Kurzarbeiter nirgends explizit wird (auch nicht in V. 7) und deshalb als Motiv für die gänzlich «unvernünftige» Güte des Hausherrn nicht herangezogen werden sollte. Es geht in diesem Gleichnis meines Erachtens also nicht um die Gegenüberstellung von Leistungs- und Bedürfnisgerechtigkeit. Und daß das Schicksal arbeitsloser Tagelöhner nicht in Ordnung sei – für uns heute eine selbstverständliche Einsicht –, wird ebenfalls nicht gesagt und kann als Überzeugung für die damalige Zeit auch nicht angenommen werden. Die Güte des Hausherrn ist also keine Sozialreform im kleinen und auch kein revolutionärer Protest. Man sollte sich deshalb davor hüten, das Handeln des Hausherrn vorschnell zu modernisieren und zu rationalisieren.

Und die zweite wichtige Beobachtung ist die, daß die Reaktion des Hausherrn auf das Murren der Langarbeiter zunächst doch eigenartig formaljuristisch ausfällt: Selbstverständlich haben die Arbeiter am frühen Morgen einen Denar ausgemacht für die Arbeit des ganzen Tages, und den erhalten sie ja auch (V. 13). Und selbstverständlich darf der Hausherr mit seinem Besitz machen, was er will (V. 15a). Aber darum geht es auch gar nicht. Die Sinnspitze der Geschichte ist allein, daß der Hausherr «gut» ist.

Genau hier, im Zentrum der Geschichte, bleibt die Frage des Hausherrn an die Arbeiter der ersten Stunde aber ohne Antwort: «Ist dein Auge böse, weil ich gut bin?» (V. 15b) Letztlich muß jede Leserin und jeder Leser diese Frage für sich selbst beantworten (U. Luz). Hier kommt natürlich ein entscheidendes Moment des Matthäusevangeliums zum Tragen: Nicht nur wird die neue, weit vollkommenere Gerechtigkeit als Ziel gesteckt, sondern es wird auch behauptet, daß dieses Ziel tatsächlich erreicht werden kann und diese Gerechtigkeit noch dazu das Leben hier in unserem Alltag positiv gestaltet: «Suchet vielmehr zuerst das Reich und seine Gerechtigkeit, und all das wird euch dreingegeben werden» (Mt 6,33). Dieser Gedanke soll hier aber nicht weiter verfolgt werden. Für unser eigentliches Interesse, die Frage nach der Theologizität der Moraltheologie, sind vielleicht zwei andere Einsichten wichtiger, die unmittelbar mit der Geschichte vom Weinbergbesitzer zusammenhängen. Die erste lautet: Gerechtigkeit und Güte stehen in keinem Ableitungsverhältnis zueinander. Das bedeutet keinesfalls eine Herabminderung der Gerechtigkeit, wie ja auch in unserem Gleichnis nicht gesagt wird, die Arbeiter der ersten Stunde seien ungerecht. Vielmehr wird der Gerechtigkeit eine andere ethische Kategorie zur Seite gestellt, eben die Güte, die der Hausherr gegenüber den Arbeitern der elften Stunde beweist. Und damit wird auch die zweite Einsicht deutlich: Gerechtigkeit, wie wir sie kennen, ist sicher prinzipiell positiv und notwendig, aber wenn sie verabsolutiert wird, wird sie menschenfeindlich. Das ist auch der tiefere Grund, warum es im Gleichnis nicht um einen Widerspruch zwischen Leistungs- und Bedürfnisgerechtigkeit geht, wie das die sozialhistorische Exegese nahelegt. Das Konzept der Bedürfnisgerechtigkeit kann erst deutlich werden, wenn wir von so etwas wie sozialen Menschenrechten ausgehen; das sollte aber nicht in unsere Geschichte hineingelesen werden, denn, wie gesagt, die Not der Arbeiter der elften Stunde, wenn sie keinen Lohn erhielten, wird nicht erwähnt und die Ungerechtigkeit ihres Schicksals wird nicht thematisiert.

Die Gerechtigkeit muß durch die Güte ergänzt werden, wenn sie ihren humanitären Zweck nicht verfehlen soll. Gerechtigkeit und Güte zusammen ergeben das, was man Solidarität nennen kann. Die Arbeiter der ersten Stunde lassen es offensichtlich an Solidarität mangeln, wenn sie sich dagegen wehren, daß ihre Kollegen von der letzten Stunde denselben Lohn erhalten. Wohlgemerkt: die Langarbeiter fordern nicht für sich mehr Lohn, sondern sie verlangen nur, daß die Kurzarbeiter nicht den gleichen Lohn erhalten. Man könnte das in gelehrten Worten eine uneigennützige Desolidarisierung nennen, was wir umgangssprachlich Neid heißen.

Gerechtigkeit als Kriterium und als Haltung

Es wäre jetzt natürlich – wenigstens für den Autor als sozialethischen Praktiker – verlockend, solche Mechanismen der uneigennützigen Desolidarisierung in der heutigen Tagespolitik zu benennen und das Gleichnis so in unsere Welt zu übertragen. Beispiele gäbe es sicher viele, wohl nicht nur in der Sozialpolitik (z. B. Kürzungen der Leistungen der Arbeitslosenversicherung, und das vermutlich unter Zustimmung einer Mehrheit der Arbeitnehmer), sondern beispielsweise auch in der Asyl- und Ausländerpolitik, in der Außenpolitik usw. Interessanter aber ist vielleicht, noch etwas genauer über das nachzudenken, was in unserer Geschichte als Güte des Hausherrn aufscheint.

Dabei wäre es jedoch von vornherein falsch, diese Güte ebenso in ein formales Gerüst einspannen zu wollen, wie das bei der Gerechtigkeit mit dem Gemeinwohlprinzip und der Option für die Armen möglich und nötig ist. Güte läßt sich nicht einfach definieren. Deshalb müssen wir einen kleinen Umweg machen. Ich möchte versuchsweise einmal vorschlagen, zwei «Modalitäten» von Gerechtigkeit zu unterscheiden, nämlich Gerechtigkeit als Kriterium und Gerechtigkeit als Haltung bzw. als Ethos, und ich möchte behaupten, daß Güte sehr viel mit der Gerechtigkeit als Ethos zu tun hat und gerade deshalb die Grenzen der Gerechtigkeit als Kriterium aufzeigt. Gerechtigkeit als *Kriterium* läßt sich – ohne daß das hier ausgeführt zu werden braucht – begründen, ist also rational, ist genauer das Grundprinzip der praktischen Vernunft. Gerechtigkeit als Kriterium genommen ist *exklusiv:* ein Maßstab, mit dem sich Ungerechtes von Gerechtem unterscheiden läßt. – Als *Ethos* ist Gerechtigkeit hingegen in fundamentaler Weise eine Glaubenshaltung. Denn es läßt sich nicht streng rational begründen, warum nun gerade ich hier und jetzt, in einer Situation vielleicht, wo andere Handlungsweisen für mich vorteilhafter wären, nicht meinem unmittelbaren Eigeninteresse folgen soll. Damit ist allerdings noch nicht alles gesagt. Gerechtigkeit als Haltung bezieht sich nicht nur auf die motivationale Basis, die ohne Zweifel notwendig ist für jede gelebte Sittlichkeit. Deshalb bin ich auch der Meinung, daß die «Autonome Moral im christlichen Kontext» (A. Auer) mit der These, wonach das spezifisch Christliche der Moral nicht in eigenen Normen, sondern in einer eigenen Motivation zur Einhaltung dieser Normen gesucht werden muß, noch nicht die ganze Wahrheit zum Ausdruck bringt. Die bereits angesprochene klassische Unterscheidung zwischen der theologischen Tugend der Liebe und der Kardinaltugend der Gerechtigkeit könnte hier weiterhelfen, wenn man sich daran erinnert, daß die Liebe die Gerechtigkeit nicht unberührt läßt. Gerechtigkeit wird durch die Liebe nicht obsolet, sondern die Liebe stellt die Gerechtigkeit in einen weiteren Horizont und orientiert sie dadurch neu. Ich möchte also behaupten, daß die Gerechtigkeit als persönliche Haltung auch Auswirkungen hat auf das beobachtete Kriterium der Gerechtigkeit. Oder genauer: die Gerechtigkeit als Haltung zeigt die Begrenztheit der Gerechtigkeit als Kriterium auf – vielleicht nicht in reflexer und theoretisierbarer, wohl aber in existentiell spürbarer Weise. Gerechtigkeit als Haltung ist also *inklusiv*.

Mit dieser Behauptung, die erst noch zu beweisen wäre, soll keinesfalls zu einer unreflektierten Glaubensethik zurückgekehrt werden. Vielmehr geht es darum, eine zentrale Errungenschaft neuzeitlichen Denkens wieder in den Vordergrund zu rücken, nämlich die absolute Würde und Selbstzwecklichkeit des Menschen. Diese bekanntlich außerhalb der Kirche entstandene und von ihr erst viel zu spät aufgenommene Einsicht bedeutet für unseren Zusammenhang, daß der Mensch nicht als Mittel mißbraucht werden darf, auch nicht als Mittel zum Zweck der Gerechtigkeit. *Fiat justitia pereat homo:* gegen eine solche unterschwellige Hypothese muß der christliche Glaube, muß mithin die Moraltheologie protestieren. Die durch die Gerechtigkeit als Haltung bewirkte Reorientierung bestünde also darin, daß das Kriterium der Gerechtigkeit wieder radikal zum Mittel für das Wohl der Menschen würde – ein Mittel, das durchaus auch ergänzt werden darf und sogar soll, wenn es für den eigentlichen Zweck notwendig ist. Und wichtiger noch: der Christgläubige muß zeigen können, daß es eben auch anders geht, daß er oder sie gütig sein kann, wo nur Gerechtigkeit zu erwarten wäre. Die Güte, und zeige sie sich auch oft nur im Kleinen, unspektakulär Alltäglichen, muß die Kriterien der Gerechtigkeit ergänzen, um deren Limitiertheit zu überwinden und die Gerechtigkeit selbst menschenfreundlich zu machen. Eine solche Behauptung mag auf den ersten Blick erstaunen, denn das meiste Leiden auf dieser Welt entsteht sicher wegen zuwenig und nicht wegen zuviel Gerechtigkeit. Gleichwohl bin ich der Meinung, daß diese ganz real bestehenden Ungerechtigkeiten nicht durch Gerechtigkeitsprinzipien allein behoben werden können, sondern daß es dazu auch die Gerechtigkeit als Haltung, eben die Güte braucht.

Wenn diese Überlegungen nicht ganz falsch sind, müßte jetzt genauer angegeben werden, worin denn nun Gerechtigkeit als Haltung besteht. Allerdings stoßen wir hier auf das bereits angesprochene Problem: Eine Lebenshaltung, eine existentielle Einstellung läßt sich nicht theoretisch-deduktiv definieren, sondern sie kann nur narrativ illustriert werden. Nur der Effekt der Güte des Hausherrn läßt sich angeben, nämlich daß er den letzten Arbeitern ebenfalls den vollen Lohn auszahlt, obwohl sie ihn nicht verdient haben. Genau diese Handlung ist aber von der Gerechtigkeit als Kriterium her völlig unverständlich, in den Augen der Arbeiter der ersten Stunde sogar skandalös. Die Güte läßt sich eben nicht erklären, und eine Haltung der Gerechtigkeit, die auch die Güte einschließt und damit die Gerechtigkeit als Kriterium in ihrer potentiell menschenfeindlichen Kraft überwindet, läßt sich folglich ebensowenig theoretisieren.

Aber man kann diese Güte erfahren, beobachten, sich davon betreffen und beeindrucken lassen. Und eben das könnte ja auch mit den Arbeitern der ersten Stunde geschehen sein: Sie erkennen schlagartig, daß ihre Gerechtigkeit ausschließend, menschenfeindlich wird. Die Güte des Hausherrn wäre also nicht nur eine Wohltat für die Arbeiter der elften, sondern sicher auch eine Befreiung der Arbeiter der ersten Stunde, die sich hinter der Gerechtigkeit verschanzt haben und nun den Ausweg aus diesem selbstgebauten Gefängnis nicht mehr finden. Denn anders läßt sich «rational» gar nicht verstehen, daß sie gegen den vollen Lohn für die Arbeiter der letzten Stunde protestieren, statt für sich selbst mehr Lohn zu fordern.

Gerechtigkeit sollte in der Moraltheologie also weniger als Kriterium und mehr als Haltung konzipiert werden, und zwar nicht zuletzt deswegen, weil mit Mitteln der philosophischen Ethik sich das Kriterium der Gerechtigkeit durchaus ausreichend erklären und begründen läßt. Für die Moraltheologie *als Theologie* bleibt auf diesem Feld gar nicht mehr viel zu tun. Sehr viel wichtiger ist aber die Gerechtigkeit als Haltung, denn sie schließt eben auch die Güte, also die bewußte und gewollte Überschreitung der Gerechtigkeit ein. Es braucht hier nun nicht darum zu gehen, daß eine so verstandene und gelebte Gerechtigkeit als Ethos für Christinnen und Christen eigentlich die einzige denkbare Existenzform sein sollte, weil sie sich selbst ja der Güte Gottes schutzlos ausgeliefert erfahren. Die Aufforderung der Bergpredigt «Seid ihr also vollkommen, wie euer himmlischer Vater vollkommen ist» (Mt 5,48; vgl. par Lk 6,36: «Seid barmherzig ...») ist eben nicht Befehl, sondern Ermutigung. Auch dieser Gedanke kann hier aber nicht ausgeführt werden.

Abschließend soll vielmehr noch auf einen anderen, auf den ersten Blick vielleicht weniger vordergründigen Aspekt hingewiesen werden. Ein Ethos ist nicht eine Existenzform, die man nur für sich allein hat. Zumindest in diesem Punkt sollte man sich durch die persönliche Souveränität des Weinbergbesitzers nicht täuschen lassen: Gerechtigkeit als individuelle Haltung ist nur möglich, wenn sie getragen wird durch die personale Umgebung des Individuums. Die Gemeinschaft, in der der einzelne lebt, muß den Wert und die Lebensdienlichkeit der Güte bereits anerkennen und leben, wenn Gerechtigkeit als individuelle Haltung überhaupt lebbar sein soll.

Die kommunitäre Dimension der Sittlichkeit wurde in der bisherigen Moraltheologie generell wohl zu wenig beachtet. Das führte beinahe notwendig zu einer theoretischen Überfrachtung des einzelnen sittlichen Akts und zu einer Überforderung des einzelnen sittlichen Subjekts. Hier scheint ein ähnlicher Mechanismus in der Moralverkündigung früherer Jahrzehnte abgelaufen zu sein, wie er auch in der Glaubensverkündigung beobachtet werden mußte: Die *fides qua*, der Glaubensakt, wurde beinahe erdrückt durch die *fides quae*, die Glaubensinhalte, mit all ihren Details und spekulativen Einzelheiten, die mit dem Zentrum des christlichen Glaubens, mit Jesus Christus, wie er uns im Evangelium entgegentritt, kaum mehr etwas zu tun haben. Ähnlich wurde in der Moralverkündigung die Sittlichkeit als Qualität des einzelnen Aktes verstanden, und zwar abhängig von interpretationsbedürftigen Rahmenbedingungen und diffizilen Distinktionen wie derjenigen zwischen direkter und indirekter, intendierter und bloß in Kauf genommener Wirkung. Die *Haltung* der Gerechtigkeit jedoch, die getragen sein muß durch ein entsprechendes kommunitäres Ethos der Kirche, konnte so als Gegenstand der Moraltheologie kaum in den Blick treten.

Dazu kommt noch ein weiteres: Die Rede von der «Güte» muß für uns Normalchristen solange utopisch bleiben, als diese Güte im Alltag unserer Kirche selbst so wenig spürbar wird. Angefangen von den kleinen Querelen in den

Pfarreien über Machtspiele in Diözesen und Bischofskonferenzen bis zum Bild einer Weltkirche, die keineswegs auf der Seite der Armen und Ohnmächtigen, eben der Arbeiter der letzten Stunde, steht, sondern selbst einen Machtfaktor erster Güte darstellt und das auch sein will: in einer solchen Kirche ist man hin und wieder schon froh, wenn wenigstens die Gerechtigkeit der Arbeiter der ersten Stunde den Ton angibt und nicht die Willkür eines «normalen» Weinbergbesitzers. Gerechtigkeit als Haltung der Christinnen und Christen würde also voraussetzen, daß sich das gesamte Handeln der Kirche ebenfalls und zuerst am Gesichtspunkt der Güte ausrichtet. Es müßten neue Prioritäten gesetzt werden. Das überängstliche Festhalten an einzelnen Aspekten der Kirchendisziplin verhindert gerade die Erfahrung und das Weitergeben von Güte und verkürzt somit Gerechtigkeit auf das Befolgen eines Kriteriums. Ich versage mich der Versuchung, hier Beispiele zu nennen.

Güte ist die Haltung, dem anderen eine Wohltat zu erweisen ohne Angst davor, daß dies dann ausgenützt wird. Das Gegenteil von Güte wäre Kleinlichkeit, die einem Weinbergbesitzer entspräche, der den Arbeitern der letzten Stunde nichts zahlt aus Angst, am nächsten Tag wären alle Tagelöhner erst am späten Nachmittag auf dem Marktplatz anzutreffen. Daß mit diesen beiden Begriffen noch keine funktionsfähige Sozialethik beschrieben werden kann, ist klar. Es geht hier ja auch gar nicht darum, eine spezifisch christliche Sozialethik entwerfen zu wollen. Aber die Geschichte vom merkwürdigen Weinbergbesitzer kann uns doch Anregungen geben, was der christliche Glaube zu einer durchaus anderswo, vor einem anderen weltanschaulichen Hintergrund entstandenen Sozialethik beisteuern kann.

Benedict T. Viviano

BEMERKUNGEN ZUR STRUKTUR DES JOHANNESPROLOGS

Seit langer Zeit schon wird der Johannesprolog (1,1–18) intensiv erforscht, und was seine Auslegung anbetrifft, ist keine vollkommene Einstimmigkeit zu erwarten. Dies bezieht sich mehr oder weniger ebenfalls auf das beschränktere Problem seiner Struktur. Fragen hinsichtlich der Prologsstruktur sind bis zu einem gewissen Maße durch Erörterungen über ihren Ursprung, ihre Vorgeschichte und ihre Länge angesprochen worden. Was ihre Herkunft und Vorgeschichte anbelangt – wenn wir annehmen, daß der ursprüngliche Prolog nur aus den fünf ersten Versen besteht –, so können wir uns auf die Untersuchung der Struktur dieser fünf ersten Verse beschränken. Diese Untersuchung gleitet aber leicht in die Frage nach der Länge des Prologs aus. Es gibt einen klaren und modernen Konsens, daß der V. 18 als Ende des Prologs in seiner gegenwärtigen Form gilt, obgleich gewöhnlich auch Prosa-Einschaltungen angenommen werden, wie in VV. 6–8,15. Wir sollten aber nicht vergessen, daß es nicht immer so war. Bis 1962 hat man den wichtigen V. 14, gelesen zum Abschluß fast jeder lateinischen Messe, als das Ende des Prologs angesehen. Die VV. 15–18 fielen einfach im öffentlichen Bewußtsein aus. Eine solche Darlegung des Prologs setzte ein bewußtes oder unbewußtes literarisches Urteil voraus, beeinflußt zweifellos durch das theologische Urteil, nach welchem mit V. 14 das Wichtigste gesagt worden war. Mehr brauchte man nicht. Ein solches literarisch-theologisches Urteil hat seine Rechtfertigung, doch kann es aber auch als irrtümlich betrachtet werden, weil es die literarische wie auch die theologische Absicht des Autors oder des Redaktors der letzten Fassung des Evangeliums, das wir besitzen, nicht respektiert. Auf jeden Fall ist das Urteil gefällt worden und hat den Gebrauch des Prologs auf lange Zeit beeinflußt. Als solches ist es für uns eine Belehrung, die unseren eigenen Thesen helfen wird.

Anfänge der modernen Analyse

Mit großer Wahrscheinlichkeit darf man annehmen, daß die moderne Prologsstrukturanalyse mit der im Jahre 1953 von M.-E. Boismard dargelegten chiastischen Strukturierung beginnt.[1] Boismards Schema ist wesentlich eine

---

1 M.-E. Boismard, Le Prologue de St Jean, LD 11; Paris: Cerf, 1953, hauptsächlich 106–108; vor Boismard schon von Lund gesehen, «The Influence of Chiasmus upon the Structure of the Gospels», AThR 13 (1931) 41–46. Viele sind dieser Richtung gefolgt, kürzlich Jeff Staley «The Structure of John's Prologue», CBQ 48 (1986) 241–264, und Roland Meynet, «Analyse Rhétorique du Prologue de Jean», RB 94 (1989) 481–510.

Parabel in der Form von gepaarten Versen. Den VV. 1 und 2 entspricht V. 18, dem Wort mit Gott und seiner Gottheit entspricht der einzige Sohn im Schoße seines Vaters; dem V. 3 der V. 17, die Schöpfung durch das Wort und die Wiederschöpfung durch Jesus Christus; den VV. 4 und 5 der V. 16, das Wort als Quelle des Lebens und des Lichtes, als Gnadenfülle; den VV. 6–8 der V. 15, das Zeugnis Johannes des Täufers; den VV. 9–11 der V. 14, das Kommen des Wortes in die Welt, vor und zur Zeit der Menschwerdung (*asarkos* und *ensarkos*). Die Verse 12 und 13 bilden den Kern, das Scharnier des Diptychons, die soteriologischen Ziele oder Gewinne, unsere Vergöttlichung als Gotteskinder. Die dynamische Bewegung des Ganzen ist in Joh 16,28 zusammengefaßt, «Ich bin vom Vater ausgegangen und in die Welt gekommen; hinwiederum verlasse ich die Welt und gehe zum Vater». Diese Bewegung führt zu einem *exitus-reditus*-Schema, anderswo in Johannes zu einem Schema der *katabasis* (Abstieg) und der *anabasis* (Aufstieg). [2] Boismard erklärt:

> Der Johannes-Prolog ist die Handlung des Wortes Gottes, ausgesandt von Gott auf die Erde zur Erfüllung seines göttlichen Werkes, und seiner Zurückkehr zum Vater, nach Vollendung seines Auftrages. [3]

Diese Strukturierung des ganzen Prologs ist wahrscheinlich die am meisten angewandte, und ohne Zweifel auch noch die beste. Es ist äußerst wichtig, darauf zu achten, daß diese Strukturierung sich auf alle achtzehn Verse bezieht, die Prosa-Einschaltungen inbegriffen, und einen nicht nur literarischen, sondern auch theologischen Sinn des Ganzen wiederzugeben versucht. Mit dieser Prologsstrukturierung versucht Boismard ebenfalls den Schlüssel zur Struktur des ganzen Evangeliums zu finden. Es ist somit ein recht ehrgeiziges Vorhaben, vielleicht sogar ein allzu ambitiöses. Doch verursacht dieses Bedürfnis keine Schwierigkeiten, da der Grundgedanke von weiterreichenden Ansprüchen getrennt werden kann.

Kritische Anfragen

Die diesem chiastischen Schema gegenüber formulierten Kritiken sind zwei Richtungen gefolgt. Einerseits kann man annehmen, daß alle Parallelpaare nicht in gleicher Weise überzeugen [4], und anderseits, daß die echte Stärke des Schemas auch seine Schwäche ist, d. h. das Schema ist übermäßig angeordnet, zu rational, zu westlich, zu reich an Erklärungen. So bleibt die beste alternative Theorie jene, die wir als Wellentheorie bezeichnen können. [5] Diese Theorie

---

2   R. A. Culpepper, «The Pivot of John's Prologue», NTS 27 (1980) 1–31. Im Grunde genommen unterstützt er Boismard und verfeinert seinen Vorschlag.
3   Boismard, Le Prologue 108
4   R. E. Brown, The Gospel According to John (i–xii) (Anchor Bible 29; Garden City NY: Doubleday, 1966), 22–23.
5   M.-F. Lacan, «Le Prologue de Saint Jean», LumVie 33 (1957) 91–110); H. Ridderbos, «The Structure and Scope of the Prologue of the Gospel of John», NovT 8 (1966) 180–210; I. de la Potterie, «Structure du Prologue de Saint Jean», NTS 30 (1984) 354–381; F. J. Moloney, Belief in the Word (Minneapolis: Fortress, 1993), 23–52.

versteht den Prolog als eine Serie von drei aufeinanderfolgenden «Wellen» oder Wiederholungen, jede drei Bewegungen enthaltend:

1. A (VV. 1–2)   —— B (V. 3)   —— C (VV. 4–5)
2. A' (VV. 6–8)   —— B' (VV. 9–11)   —— C' (VV. 12–14)
3. A" (V. 15)   —— B" (VV. 16–17)   —— C" (V. 18)

In dieser Strukturierung ist der V. 14 der Höhepunkt der zweiten Welle, und die Wellen werden als solche zu Zeiten der Flut verstanden.

Das Wichtige in dieser Betrachtung bezieht sich auf die Auslegung des V. 18. Dieser Vers weist nicht so sehr auf die Rückkehr zum Schoße des Vaters hin, wie V. 1, sondern auf eine Ausstrahlung von Jesus, die endgültige Offenbarung des Vaters, in der Welt. Somit enden alle drei Wellen in einer abwärtsgehenden Bewegung – das Wort in der Welt, gleich der Bewegung der Weisheit in Sirach 24. Hier befindet sich der bedeutendste Unterschied zu Boismard, doch ebenfalls zu Jes 55,10–11, wo das Wort, nach Vollendung seines Auftrages, zu Gott zurückkehrt.[6]

> Denn wie der Regen und der Schnee vom Himmel herabkommt und nicht dahin zurückkehrt, sondern die Erde tränkt, daß sie fruchtbar wird und sproßt und dem Sämann Samen und dem Essenden Brot gibt, so auch mein Wort, das aus meinem Munde kommt: es *kehrt* nicht leer zu mir *zurück* (*yasub*), sondern wirkt, was ich beschlossen, und führt durch, wozu ich es gesendet.

Diese zwei in Konkurrenz geratenen Behauptungen können mit den zwei Lichttheorien in der Physik verglichen werden, mit den Partikel- und Wellentheorien. Jede der beiden Theorien erklärt einiges besser als die andere. So auch hier im Johannesprolog Boismards chiastische Struktur und de La Potteries Wellenstruktur: jede der beiden erklärt Verschiedenes aus der Textdynamik besser als die andere. Unsere Frage richtet sich auf die Weise, welche die eine mit der andern zu verbinden ermöglicht, um die Wahrheit der beiden einzeln bewahren zu können.

Ein neuer Ansatz

Die These dieses Artikels besteht darin, daß eine Versöhnung der beiden Ansichten auf der Basis der Vorgeschichte oder im allmählichen Wachsen des Prologs

---

6   Es gibt eine Reihe alternativer Zugänge, die alle auf formalen, metrischen Überlegungen gegründet sind: Jean Irigoin, «La composition rythmique du prologue de Jean (I, 1–18)», RB 78 (1971) 501–514, auf die Regeln griechischer Prosodie gestützt; Hartmut Gese, «The Prologue to John's Gospel», in seinen Essays on Biblical Theology (Minneapolis: Augsburg, 1981), 167–222, versucht, gestützt auf a) eine Rückübersetzung ins Hebräische und b) die Regeln hebräischer Prosodie. Xavier Léon Dufour, Lecture de l'Evangile selon Jean I (Paris: du Seuil, 1988), bemüht sich Irigoins und Geses Ergebnisse zu vereinigen, aber nimmt seinen eigenen Vorschlag nicht völlig ernst, 43–48. Wir suchen nach einem mehr inhaltsorientierten, weniger metrischen Zugang. Otfried Hofius, bis zu einem gewissen Maße von J. Jeremias, The Central Message of the NT (New York: Scribners, 1965), SS. 71–90 und von Gese beeinflußt, unternimmt den Versuch einer sorgfältigen Analyse und gelangt zu einer vierstrophigen Gliederung: VV. 1–5, 9–12c, 14, 16. Im Gegensatz dazu versuchen wir den Prolog als ein Ganzes, so wie er im Neuen Testament erscheint, zu verstehen, VV. 1–18; Hofius, «Struktur und Gedankengang des Logos-Hymnus in Joh 1: 1–18»; ZNW 78 (1987) 1–25.

(und des Evangeliums) gefunden werden kann.[7] Frühere Vorschläge bezüglich dieser Vorgeschichte haben manchmal eher mit einer «Verwilderung» eingesetzt: verschiedene Autoren sowie eine ursprünglich heidnische (eventuell gnostische) Hymne von einem Christen verbreitet, und so weiter. Solche Ansätze scheitern am Felsen der völlig gleichmäßigen Schreibart des Johannes.[8] Martin Hengels neu erschienenes Werk[9] ist uns hier von großer Hilfe: Wir müssen uns nicht mit einer Mehrheit von Autoren befassen, auch wenn einer unter ihnen auf eine Entwicklung im Inneren des Prologs oder sogar auf erhebliche Perspektivänderungen stößt. (Hier wende ich Hengels Aussagen, in welchen er das Evangelium als ganzes betrachtet, im begrenzten Fall des Prologs an.) Und es gibt solche plötzliche Perspektivänderungen: Die deutlichste ist die Änderung der erhabenen Anschauung des Wortes zur Seite Gottes seit aller Ewigkeit zum Zeugnis des Täufers. Zweimal finden wir diese Änderung: in VV. 6–8 und V. 15; man darf sie wahrscheinlich nicht als einen Zufall betrachten, sondern eher als Teil eines (chiastischen) Plans. Eine weitere Verschiebung besteht in einem Sinnwechsel von der Erleuchtung der ganzen Menschheit bis zur Vergöttlichung der Gläubigen (V. 9 im Gegensatz zu VV. 10–13). Das Wort verwandelt sich in Fleisch in einem Wesen, das zuerst der einzige Sohn des Vaters genannt und dann in eine geschichtliche Nachfolge Moses gesetzt wird (V. 14, dann V. 17).

Diese Perspektivänderungen sind noch durch eine Reihenfolge, um einen theatralischen Ausdruck zu gebrauchen, von schlagartigen Aussagen begleitet, also von starken, Gedanken herausfordernden Höhepunkten oder Gipfeln. Jede Aussage hätte als Abschluß oder großes Finale auftreten können: V. 5, «Und das Licht scheint in der Finsternis, und die Finsternis hat es nicht angenommen»; V. 9, «Das wahre Licht, das jeden Menschen erleuchtet, kam in die Welt», oder: «Er war das wahre Licht, das jeden Menschen erleuchtet, der in die Welt kommt»; V. 12a, «denen gab er Anrecht darauf, Kinder Gottes zu werden»; V. 14, «Und das Wort ward Fleisch und wohnte unter uns ...»; V. 16, «Aus seiner Fülle haben wir ja alle empfangen, und zwar Gnade um Gnade»; V. 17, «Denn das Gesetz ist durch Mose gegeben worden, die Gnade und die Wahrheit ist durch Jesus Christus gekommen»; V. 18, «Niemand hat Gott jemals gesehen; der einzige Sohn, der im Schoße des Vaters ist [wörtlich, der gegen den Schoß des Vaters ist], der hat Kunde [von ihm] gebracht.» Man würde gern diese Beschreibung mit den Dents du Midi vergleichen, einem Gebirge, das sich, mit mehreren Gipfeln versehen, im südlichen Teil der Schweiz erhebt, nur daß ein solches Bild für die gleitenden Bewegungen im Prolog zu statisch ist. Diese Crescendo-Serie ist am leichtesten zu erklären, wenn wir annehmen, daß der Evangelist während einer langen Periode von, sagen wir, dreißig Jahren an seinem Werk weiterarbeitet und jede neu eingefallene Ansicht und Überlegung hinzufügt. Man kann sich den Evangelisten gut vorstellen, wie er die Rolle oder das Blatt

---

7   C.H. Giblin, «Two Complementary Literary structures in John 1: 1–18», JBL 104 (1985) 87–103.
8   Eugen Ruckstuhl, Die literarische Einheit des Johannesevangeliums (Fribourg: Universitätsverlag, 1951, repr. NTOA 5, 1987).
9   Martin Hengel, The Johannine Question (London: SCM, 1989), erweiterte deutsche Ausgabe, Die johanneische Frage (WUNT 67, Tübingen: Mohr, 1993).

zur Seite auf ein Regal legt, bis ihm plötzlich die neue Formulierung einfällt. Dann würde er die Rolle herunterholen und die frisch entstandenen Bemerkungen eintragen. Die Dichtung wird immer größer und inhaltsreicher, bis zu einer Umgestaltung ihrer Form, die sich aus einem Hymnus zu einer doktrinalen «Betrachtung und Überlegung» verändert.[10] An diese endgültige Form würde der Evangelist die Prosa-Zugabe hinzufügen und ein sozusagen chiastisches Modell erarbeiten. (Offensichtlich ist mit der «Periode von dreißig Jahren» nur eine Sprechweise gemeint, «einem gewissen Zeitraum entsprechend». Es hätte auch «eine Periode von dreißig Monaten» sein können.) Zwischen dem ursprünglichen Hymnus (mehr oder weniger VV. 1–5) und der endgültigen Form mit der den Täufer betreffenden Prosa-Zugabe hat eine Reihenfolge von kurzen Hinzufügungen das Ganze in eine doktrinale Betrachtung umgestaltet.

Obgleich wir oben die sieben Verse, die als großes Schlußfinale dienen könnten, verzeichnet haben, sind wir bereit, zuzugeben, daß VV. 5, 14 und 18 sich besonders dazu eignen. Diese drei Verse entsprechen genau dem dreiteiligen Dreisatz-Schemas von de la Potterie. Daraus dürfen wir schließen, daß seine drei Wellen an die drei, in der Geschichte der Prologsentwerfung enthaltenen Etappen erinnern, an sein Wachstum über eine lange Zeit hinweg durch aufeinanderfolgende Inspirations-und Reflexionseinfälle im Kopfe des Evangelisten. Für Boismard sowie für viele andere endet der ursprüngliche Prolog mit V. 5; der Rest ist eine Reihenfolge von Worterklärungen (Glossen).[11] An diesem Punkte gibt es eine Meinungskonvergenz.

Doch bleibt die heikle Frage des V. 18 noch offen. Gibt es eine Rückkehr zum Schoße des himmlischen Vaters (Boismard), oder wird der Offenbarungsprozeß in der Welt weitergeführt (de La Potterie)? Es kommen hier verschiedene Erwägungen in Betracht. Erstens ist es uns erlaubt, anzunehmen, daß – was das Johannesevangelium als ganzes betrifft (vgl. 16,7-16; 20,22) – *beide* Ansichten im Text vorhanden sind: Er kehrt zu seinem Vater zurück und hinterläßt uns seinen heiligen Geist, um sein Werk der Erleuchtung und der Heiligung der Gemüter und Herzen der Gläubigen und derer, die den Weg zum Glauben eingeschlagen haben, fortzusetzen. Zweitens ist in V. 18 nicht nur eine Rückkehr des Sohnes zum Schoße seines Vaters vorhanden (siehe 13,23), sondern auch sein Werk der Offenbarung des Vaters, das sich fortsetzt (ungeachtet des Aorists *exegesato*). Der Text des V. 18 ist, kurz zusammengefaßt, so dicht und reich, daß er als Grundlage beider Perspektiven dienen kann.[12]

Der Prolog als «Wasserfall»

Der Prolog lädt die Ausleger ein, Metaphern zu benutzen. Eine zusätzliche Metapher wird also nicht schaden. Es ist uns erlaubt, im Prolog eine Struktur

---

10 Giblin, «Two Complementary Literary Structures»; 94.
11 Gérard Rochais, «La formation du Prologue (Jn 1, 1–18)», Science et Esprit 37 (1985) 5–44, 161–187.
12 Siehe den wichtigen Artikel von Luc Devillers, «Exégèse et théologie de Jean 1, 18» RevThom 89 (1989) 181–217

im Sinne eines Wasserfalls zu entdecken, wo das stürzende Wasser in seinem Herunterfallen zweimal auf einem Felsvorsprung aufschlägt («von Klippe zu Klippe geworfen», Hölderlin, Hyperions Schicksalsgesang). Doch, einmal auf den Grund angelangt, fließt das Wasser in den Strom, bewässert ringsherum die Erde, aber dann, und hier verliert die Metapher die Kontrolle, kehrt es durch Verdunstung oder auf einem andern Weg zu seinem himmlischen Ursprung zurück. Dieses Bild der Kaskade oder der Talfahrt in zunehmenden Stufen des Konkreten ist eine Hilfe zum Verständnis des Prologs. Noch klarer ist es bei Johannes im sechsten Kapitel, wo das Brot des Lebens in einer Reihenfolge von Konkretisierungen vom Himmel herunterkommt, bis zur dauerhaften Anwesenheit im Wort und im eucharistischen Sakrament. Im Prolog bildet die Menschwerdung des Wortes den unteren Punkt, V. 14, also den *Nadir*. Doch mit V. 15 beginnt der Kreis sich zu schließen, das aufsteigende Zurückkehren (*anabasis*) fängt an, bis zur Rückkehr des Wortes/Sohnes in den Schoß des Vaters. Die liturgische Tradition endet mit V. 14, da der erste Teil des Chiasma länger als der zweite Teil ist, zehn Verse gegen fünf (mit drei in der Mitte). Es ist dies ein unangemessenes Chiasma, schlecht entworfen und ungleichmäßig. Deswegen hat es niemand vor Lund und Boismard beachtet. Ceslas Spicqs Essay[13] über die Beziehung zwischen Sirach 24 und dem Prolog, der auf Boismard einen gewissen Einfluß ausgeübt hat, findet kein Chiasma in Sirach, sondern einen Wasserfall (und infolgedessen geht diese Anschauung eher in de La Potteries Richtung). Sir 24, 1–23 erreicht seinen Nadir/Hauptpunkt in V. 23, in der Verkörperung der Weisheit in der Tora. Das Kapitel fährt weiter mit VV. 25–34, doch verliert es an Konzentration oder Kohärenz. Nach V. 23 sinkt das Interesse des Lesers. Bei Johannes ist die Lage nicht so schlecht, aber V. 15 ist doch eine Enttäuschung nach V. 14 und könnte – oder tut dies sogar – einen Verlust an Aufmerksamkeit für die VV. 16–18 zur Folge haben. In der Liturgie wurden VV. 15–18 nicht gelesen. Die Frage stellt sich nun, wann man zuerst begonnen hat, das Ende des Prologs mit V. 18 deutlich zu sehen.[14] Auf jeden Fall, um die *anabasis* oder den *reditus* entdecken zu können, müssen wir Sirachs absteigende Perspektive mit derjenigen des Jes 55,10–11 ergänzen, wo das Wort wie der Regen hinunterfließt, um alsdann zurückzukehren. Und diese Stelle des Jesaja hat aller Wahrscheinlichkeit nach *den* entscheidenden Einfluß auf Johannes 1,1–18 ausgeübt. (Spicq findet fünf Prologe in Sirachs

---

13   Ceslas Spicq, «Le Siracide et la structure littéraire du prologue de Saint Jean», in Mémorial Lagrange (Paris: Gabalda, 1940), 183–195.
14   Um diese einfache Frage zu beantworten, habe ich mehrere Johanneskommentare aus Patristik und Mittelalter nachgeprüft. So weit ich sehen kann, spricht Origenes nicht von einem Prolog, einem Hymnus oder einer Betrachtung. Er erörtert auch nicht, welche Verse das Ende des Evangeliumsanfanges bilden. Statt dessen studiert er ausführlich die Hauptwörter: *arché, logos* usw. Auf jeden Fall ist sein Kommentar zu 1, 6–18 verloren, ebenso die Bücher 3, 4 und 5 seines Kommentars. Wenn wir aber im Buch 6, das Joh 1,19–29 auslegt, nachschauen, entdecken wir, daß Heracleon, ein Gnostiker und erster Ausleger des Johannesevangeliums, bestätigt, V. 15 sei das erste Zeugnis des Täufers gewesen und die VV. 16–18 würden vom Evangelisten stammen. Dagegen behauptet Origenes, daß VV. 16–18 das Zeugnis des Täufers fortsetzen. In diesem Fall fällt der Prologschluß, nach Origenes Meinung, mit V. 14 zusammen. Daher vermuten wir, Heracleon würde die moderne Ansicht teilen, nach welcher der Prolog mit V. 18 endet. Dagen wäre die altkirchliche liturgische Praxis, den Prolog mit V. 14 zu schließen, auf Origenes zurückzuführen. Siehe die hilfreichen, zweisprachigen Ausgaben von Cécile Blanc, Origène Commentaire sur Saint Jean (SC 120; 157; Paris: Cerf, 1966, 1970), besonders Bd. 157, 138–141, 152–157, Bk 6, § 13–14, 32–36.

Buch, von denen jeder das gleiche Muster aufweist, einen Abstieg der Weisheit vom Himmel zum Konkreten: 1,1–26; 16,26–17,24 oder 18,14; 24,1–29 (am ausführlichsten dargelegt); 32,16–33,19; 42,43,44. Diese Struktur der Kaskade oder des Herabkommens bei Sirach kann – auf Johannes angewandt – eine Logik der Fleischwerdung genannt werden, sichtbar nicht nur im Prolog und im Kapitel 6, sondern auch im Schlamm und im Speichel in Joh 9,6, wie in Gestank und Tränen bei 11,35,39.[15]

Wir haben versucht, einen Weg anzudeuten, der die beiden zeitgenössischen Haupttheorien, die Prologsstruktur betreffend, versöhnen könnte. Dies im Hinblick auf die Vorgeschichte oder auf das allmähliche Wachsen dieses wichtigen Textes, in der gemäßigten Form eines einzelnen Autors, der seine eigene originale Dichtung, über einen begrenzten Zeitraum hinweg, erklärt. Eine solche Hypothese würde auch erklären, warum der Prolog nicht nur auf einen Strukturumriß, einen Akzent, eine Vokabel oder einen Ton anspielt, sondern auf mehrere. Neue Wörter sind dem Prolog ständig hinzugefügt worden.[16] Wir erlauben uns, unsere Überlegungen mit einem Wort über die Beziehung des Prologs zum übrigen Teil des Evangeliums zu schließen (Kap. 1,19 bis 20,31).

Der Prolog und das übrige Evangelium

Wiederum begegnen wir zwei wichtigen Bezeichnungen dieses Verhältnisses. 1) Boismard bezieht sich auf Gen 1,1 in Joh 1,1 und betrachtet den übrigen Teil des Evangeliums als die Vorstellung der sieben Schöpfungstage, Tage von ungleicher Länge.[17] 2) J. A. T. Robinson behauptet zuerst, daß im Prolog einige der «Themen des Evangeliums vorgespielt sind, wie in einer Opernouvertüre»[18]. Er stellt danach ein Verzeichnis auf von zwölf dem Prolog und dem Evangelium gemeinsamen Themen. (Diese Liste ist allerdings nicht vollständig. Überdies hat Feuillet[19] wenigstens zwei wichtige Evangeliumsthemen, die im Prolog nicht eindeutig erwähnt sind, aufgezeichnet: die *semeia* oder *erga* von Jesus sowie den Geist des Parakletes; das sind wichtige *non-dits*; sie mögen dennoch in der «Fülle» von VV. 16 und 17 als implizit vorhanden betrachtet werden.) Robinson trennt alsdann den Prolog in fünf Teile und schreibt sie dem Evangelium zu, auch in fünf entsprechende Abschnitte aufgeteilt. Nicht die Einzelheiten seiner Vorstellung interessieren uns, sondern eine generellere

---

15 B.T. Viviano, «The Spirit in John's Gospel: A Hegelian Perspective», Freiburger Zeitschrift für Philosophie und Theologie 43 (1996) 368–387.
16 Zum Beispiel: Licht und Finsternis, VV. 4 und 5; dann in VV. 6–8: gesandt, Johannes, Zeuge, Zeugnis, glauben; V. 9 kosmos, obgleich schon in VV. 1–5 vorbereitet; wissen; in V. 11 erscheint eine subtile Verschiebung von ta idia zu hoi idioi, von «was sein eigenes war» zu «seinem eigenen Volk»; V. 12, exousia, tekna theou, onoma; V. 13, Blute, Wille, Fleisch, «eines Mannes», geboren; V. 14, skenoo, theazomai, doxa, monogenes, pater, pleres, charis, aletheia (aber alethinon schon in V. 9); V. 15, krazo, opiso, emprosthen, protos; V. 16, pleroma; V. 17, nomos, Moyses, Jesous Christos; V. 18, horao, kolpos, exegeomai.
17 Boismard, St.John's Prologue, 106–107.
18 J.A.T. Robinson, «The Relation of the Prologue to the Gospel of St John», NTS 9 (1962–3) 120–129.
19 André Feuillet, Le Prologue du Quatrième Évangile (Paris: Desclée de Brouwer, 1968), 273.

Auffassung. Nach einer guten Darlegung der vielen starken Bezüge zwischen dem Prolog und dem restlichen Evangelium schlägt Robinson eine Kehrtwende ein und argumentiert für einen gewissen Abstand zwischen den beiden Texten. Seiner Meinung nach ist der Prolog später hinzugefügt worden. Der Grund dafür scheint ein äußerer zu sein, und zwar der apologetische Gedanke, das Geschichtliche der evangelischen Erzählung zu verteidigen, wie zum Beispiel die Auferstehung des Lazarus (Kap. 11). Er erklärt:

> Wenn der Prolog die Zusammensetzung des darauffolgenden Materials bildet und bestimmt, so ist es möglich, das vierte Evangelium zu lesen, als wäre Johannes zuerst an zeitlosen Wahrheiten einer mystischen oder philosophischen Spekulation interessiert, die später in der Geschichte *illustriert* werden, ungefähr wie Hegel die christlichen Geschichten als Bilderbuchdarstellungen des ewig Gültigen im Reich der Ideen betrachtet hat.[20]

Diesen Aussagen müssen wir noch entgegnen, daß es *möglich*, aber nicht notwendig ist, das vierte Evangelium in diesem Lichte zu lesen. Eine Beziehung zwischen dem vierten Evangelium und Hegel ist nicht zu verneinen, doch beruht sie nicht auf Bilderbuchabbildungen; sie wirkt eher auf der Ebene der Ideen.[21] Robinson ist sich völlig bewußt, daß das vierte Evangelium «Betrachtungen» über den Sinn der Evangeliumsereignisse enthält – Ereignisse, die vielleicht von Markus oder von einer früheren Markusquelle stammen. Einige dieser Ideen haben die Entwicklung von Hegels eigener Geschichtsphilosophie stark beeinflußt. Doch weder Hegel noch die modernen Johannesausleger bringen uns auf den Gedanken, daß die wichtigen Ereignisse der Erzählung eine Erfindung des Evangelisten seien, obgleich man allgemein annimmt, daß er für viele Einzelheiten der dramatischen *Darstellung* des Ereignisses verantwortlich ist. Das alles nur so nebenbei.

Die Annahme, daß der Prolog und das übrige Evangelium sich gegenseitig erklären, verlangt eine Erörterung; beide sind unverständlich, wenn sie voneinander getrennt werden. Einerseits ist es demjenigen, der die Evangeliumsgeschichte gut kennt, klar, daß der Prolog eine Fülle von verschleierten Anspielungen zu dieser Geschichte enthält. Die Aussage «Er kam in das Seine, und die Seinen nahmen ihn nicht auf» (1,11) faßt z. B. die lange Debatte in Kap. 5–12 mit den Führern aus Judäa zusammen. Oder man kann 1,5 als eine Anspielung (unter andern) auf die Auferstehung verstehen: «.. und die Finsternis hat es nicht angenommen». Andererseits braucht das Evangelium den Prolog, um richtig verstanden zu werden. Die Aussage zum Beispiel, «das Fleisch hilft nichts», wird gefährlich gnostisch und tendiert zum kosmischen Dualismus, sie macht die Menschen sogar krank, wenn sie nicht im Lichte von 1,14 gelesen wird, wo das fleischgewordene Wort zur Quelle und zum Grund des Heils wird. Diese Beziehung erlaubt uns 6,63 in diesem Sinne zu lesen: «... das

---

20 Robinson, «The Relation» 128–129.
21 B.T. Viviano, «The Spirit in John».

Fleisch [von sich selber, vom Wort/Geist abgeschnitten,] hilft nichts». Der Prolog und der übrige Text des Evangeliums brauchen sich gegenseitig.

Dieser Punkt führt uns zur Dynamik der Prologsstrukturen zurück, unser Hauptanliegen. Zwei logisch-dynamische Bewegungen durchziehen das ganze Evangelium. Boismards betonte Abstiegs-Aufstiegslogik befindet sich in 1,51; 3.13; 6,62; 20,17. Die Abstiegslogik in immer tiefer eingehenden Stufen zum Konkreten, sowie die von de La Potterie hervorgehobene, fleischgewordene Logik, ist besonders in Kap. 6, VV. 33,38, 41–42, 50–51,58 sichtbar. Jesus selbst kehrt zum Vater zurück, doch das Brot seiner Offenbarung in Wort und Sakrament bleibt auf Erden, zur Erleuchtung und Ernährung, um somit diejenigen zu *retten*, die zu ihm kommen (3,17; 10,9; 12,47; 4,42).

Wir hoffen, mit genügender Klarheit nachgezeichnet zu haben, auf welche Weise die Struktur als Schlüssel des Prologsverständnisses zu betrachten ist, wie beide im Prolog wahrgenommenen Strukturen darin auch wirklich vorhanden sind und sich ergänzen und daß schließlich Prolog und Evangelium sich gegenseitig erhellen.

DIE KIRCHE UND DIE GESELLSCHAFT

Franz Annen

DIE VOLKSVERSAMMLUNG GOTTES

In den Diskussionen um eine Erneuerung der kirchlichen Strukturen seit dem Zweiten Vatikanischen Konzil spielt das Stichwort «Demokratisierung» eine wichtige Rolle. Jene, die eine Struktur der Kirche suchen, die sowohl dem Kirchenbild des Konzils wie den Idealen der heutigen politischen Kultur entspricht, haben sich die Demokratisierung der Kirche auf die Fahne geschrieben. Für die Gegner einer solchen Erneuerung ist es selbstverständlich, daß Demokratie nicht zum Wesen der Kirche paßt. Die Frage steht unausweichlich im Raum: Was hat Kirche mit Demokratie zu tun bzw. nicht zu tun? Mit dieser aktuellen Fragestellung im Hinterkopf will der folgende Beitrag einen Blick ins Neue Testament werfen in der Hoffnung, dort Elemente einer Antwort zu finden. Können die Bestrebungen nach einer Demokratisierung der Kirche vor dem Neuen Testament bestehen oder haben deren Gegner das neutestamentliche Wort Gottes auf ihrer Seite?

So abwegig, wie es vielleicht im ersten Augenblick scheinen möchte, ist diese Frage an das Neue Testament nicht. Immerhin ist das im Neuen Testament geläufige griechische Wort für Kirche, *ekklesia*, in der klassischen Zeit und im Hellenismus «technischer Ausdruck für die aus den stimmberechtigten freien Männern bestehende Volksversammlung»[1]. So wird auch in Apg 19,39 die einberufene Volksversammlung der Einwohner von Ephesus als *ekklesia* bezeichnet. Obwohl der Begriff in seiner Verwendung für die Gemeinschaft der Christusgläubigen, nicht zuletzt unter dem Einfluß der griechischen Übersetzung des Alten Testamentes, andere Akzente hat, ist es doch recht naheliegend zu fragen, ob er einen Bezug zu seinen demokratischen Ursprüngen bewahrt hat.

Ein Modell: Die Urgemeinde in Jerusalem nach der Apostelgeschichte

Das Bild der Kirche im Neuen Testament ist äußerst vielfältig. Mehr oder weniger feste *Strukturen* sind erst allmählich im Entstehen. Der Prozeß verläuft in den einzelnen Ortskirchen nicht einheitlich. Er gehorcht u. a. kulturellen (jüdischen oder hellenistischen) Voraussetzungen, örtlichen Gegebenheiten und den Bedürfnissen der allmählich größer werdenden Gemeinden. Auch was die *theologische Sicht* der Kirche betrifft, legen die neutestamentlichen Schriften unterschiedliche Akzente. Die Wirkungsgeschichte dieser Vielfalt

---

[1] J. Roloff, Art. ekklesia: EWNT 1, 999. Vgl. dazu auch K. L. Schmidt, Art. ekklesia: ThWNT 3, 502–539; K. Berger, Volksversammlung und Gemeinde Gottes. Zu den Anfängen der urchristlichen Verwendung von «ekklesia»: ZTK 73 (1976) 167–207.

im Neuen Testament ist in der Geschichte der Kirche später ziemlich selektiv verlaufen. Niemand wird bestreiten können, daß z. B. das Felsenwort an Petrus in Mt 16,18–19 in der katholischen Tradition stärker nachgewirkt hat als das Herrenwort in Mt 20,24–28, das Herrschaft von Menschen über Menschen in der Kirche ausschließt.

Es gehört zum Dienst des Exegeten in der Kirche, vergessene oder vernachlässigte Aspekte der Heiligen Schrift in Erinnerung zu rufen – auch oder gerade dann, wenn sie nicht gerne gehört werden. In Erfüllung dieser Aufgabe beschäftigt sich der folgende Beitrag mit der Urgemeinde von Jerusalem, wie sie in der Apg geschildert wird. Dabei soll ein Aspekt hervorgehoben werden, der in der gängigen Ekklesiologie weitgehend ausgeblendet wurde und wird: Obwohl die Apostel, ja sogar Petrus, selbst anwesend sind, werden in dieser Mutterkirche des Anfangs wichtige Entscheidungen, seien es Personal- oder Sachentscheidungen, durch gemeinsamen Beschluß aller gefällt. Die Exegeten sind sich einig, daß der Verfasser der Apg nicht ein historisch genaues Bild der Urkirche wiedergibt noch wiedergeben will. Seine Darstellung ist z. T. überlagert von den kirchlichen Verhältnissen seiner eigenen Zeit. Außerdem idealisiert er bewußt, um den Christen seiner Zeit ein Bild der Kirche vor Augen zu stellen, an dem sie sich ausrichten sollen. Für unsere Fragestellung erhöht sich dadurch das Gewicht des vorgelegten Kirchenbildes. Ein Ideal verpflichtet mehr als reine Faktizität. Denn es geht uns nicht darum, das historisch exakte Bild der Kirche des Anfangs darzustellen, sondern eine neutestamentliche Stimme als Wort Gottes an uns ernst zu nehmen.

Entscheidungsvorgänge in der Jerusalemer Urgemeinde

Die Apg stellt keine Kirchenordnung auf und erörtert keine Strukturfragen. Sie erzählt vielmehr, wie man in konkreten Problemen Entscheidungen suchte und herbeiführte. Drei Entscheidungsvorgänge werden so ausführlich dargestellt, daß aus ihnen sichtbar wird, wie man – aus der Sicht des Verfassers – in der Urgemeinde vorging. Dabei geht es bei der Nachwahl des Apostels Matthias (Apg 1,15–26) um eine Personalentscheidung, beim Apostelkonzil (Apg 15,1–35) um eine Sachentscheidung von grundsätzlicher Bedeutung. Die Wahl der Sieben (Apg 6,1–7) beinhaltet sowohl eine Sach- wie eine Personalentscheidung. Im Folgenden sollen die drei Vorgänge kurz dargestellt werden. Dabei gilt das besondere Augenmerk dem Zusammenwirken der involvierten Instanzen.

Die Nachwahl des Apostels Matthias (Apg 1,15–26)

Die Apostel sind für die theologische Konzeption der Apg als Zeugen der Auferstehung (1,22) von entscheidender Bedeutung. Sie sind die lebendige Brücke zwischen Jesus selbst und der entstehenden Kirche. Wegen der Symbolik ihrer Zwölfzahl ist es wichtig, daß nach dem Ausscheiden des Verräters Judas noch vor der endgültigen Konstituierung der Kirche im Pfingstereignis

(2,1–13) ihre Vollzahl wieder hergestellt wird. Wieweit die Schilderung der Nachwahl des Matthias in 1,15–26 historischer bzw. traditioneller Stoff und wieweit sie der gestaltenden Hand des Verfassers zu verdanken ist, spielt für unsere Fragestellung keine Rolle.

Die Wahl geschieht in einer Vollversammlung der Gemeinde (1,15: «im Kreis *der* Brüder»). Etwa 120 sind zusammengekommen. Man hat manchmal vermutet, diese Zahl könnte mit der Vorschrift des Talmud (Sanh I, 6) zusammenhängen, daß zum rechtsgültigen Orts-Synedrium 120 Männer gehören müssen. Dieser Bezug ist nicht sehr wahrscheinlich. Vielmehr hat die Zahl wohl mit der Zwölfzahl der Apostel zu tun und soll die Gesamtheit des Volkes Gottes bedeuten. Dabei ist davon auszugehen, daß griechischem Stil entsprechend unter dem Begriff «Brüder» die Frauen mitgemeint sind (vgl. 1,14).

Petrus tritt als Sprecher der Apostel und als Leiter der Versammlung auf. Er schildert die Situation, die durch den Verrat des Judas entstanden ist, zeigt die Notwendigkeit auf, einen Ersatz für ihn zu bestimmen, und nennt auch die Voraussetzungen, die ein Nachfolger zu erfüllen hat: Dieser muß die ganze Zeit von der Johannestaufe bis zur Himmelfahrt zu den Gefährten Jesu gezählt haben (1,21–22). Alles weitere liegt nun beim Plenum. Dieses stellt zwei Kandidaten auf, die den von Petrus genannten Bedingungen entsprechen: Josef Barsabbas mit dem Beinamen Justus und Matthias. In welcher Weise diese Nominierung vor sich geht, wird nicht näher geschildert.

Darauf folgt keine Wahl, wie man es nach demokratischen Gepflogenheiten erwarten würde. Vielmehr wird die Entscheidung dem «Herrn» überlassen. Das wird im Gebet der Gemeinde in 1,24–25 deutlich zum Ausdruck gebracht. Er allein kennt die Herzen der Menschen und kann entscheiden, wer letztlich geeignet ist. Wer ist mit dem «Herrn» gemeint? Da die Anrede der Gebetssprache des Alten Testaments entspricht und das Prädikat «Herzenskenner» als Gottes-, nicht aber als Christusbezeichnung geläufig ist, nehmen die meisten Exegeten an, Gott selber werde hier angesprochen und zur Bekanntgabe seiner Auswahl aufgefordert. Dagegen spricht, daß «Herr» im Neuen Testament häufiger für Jesus bzw. den Erhöhten gebraucht wird (so auch in der Gebetsanrede Apg 7,59–60), vor allem aber daß es nach Apg 1,2 Jesus ist, der die Apostel auswählt. Er soll nun den als Ersatzmann für Judas Ausgewählten bezeichnen.

Das geschieht in der Form des Losentscheides, der im Alten Testament (vgl. z.B. Lev 16; 1 Chr 24) und im Judentum als sakralrechtliche Institution bekannt war. Das Loswerfen hat in dieser Tradition nichts mit Willkür und Zufall zu tun. Vielmehr wollte man damit die Entscheidung Gott selbst überlassen. So ist es nach Ausweis des Gebetes in 1,24 auch im Falle der Wahl des Ersatzapostels gemeint: Der Herr selbst soll auf diese Weise kundtun, welchen von beiden er erwählt hat. Die Versammlung, zu dieser Zeit identisch mit der Gesamtkirche, anerkennt das Resultat als Willen des Herrn selbst und rechnet Matthias zu den elf Aposteln hinzu (1,26).

Wir halten fest: Die Ersatzwahl in den Aposteldienst geschieht im Rahmen einer Vollversammlung der Jüngergemeinschaft. Petrus tritt als Sprecher der

Apostel und Leiter der Versammlung auf, der das Anliegen und die grundsätzlichen Gesichtspunkte formuliert, aber nicht als Entscheidungsinstanz in Erscheinung tritt. Das Plenum stellt die geeigneten Kandidaten auf und bittet im Gebet den Herrn, seine Auswahl kundzutun. Er selbst entscheidet letztlich. Der Entscheidungsvorgang in der Vollversammlung hat also das Ziel, den Willen des Herrn zu erkennen und zur Geltung zu bringen.

Die Wahl der Sieben (Apg 6,1–7)

Apg 6,1–7 erzählt von einem Konflikt und dessen Lösung in der Jerusalemer Kirche, von der es in 4,32 noch heißt, daß alle «ein Herz und eine Seele» waren. Nun begehren die «Hellenisten», d. h. die Griechisch sprechenden Judenchristen, gegen die «Hebräer», d. h. die Aramäisch sprechenden Judenchristen, auf. Letztere sind offenbar dominierend und vernachlässigen die Versorgung der hellenistischen Witwen. Historisch könnte sich hinter dieser Auseinandersetzung um die Armenversorgung ein tiefergehender Konflikt zwischen diesen beiden kulturell und religiös unterschiedlich geprägten Gruppen der Urgemeinde verbergen. Doch davon sagt die Apg nichts. Gerade der vorliegende Abschnitt dürfte vermutlich ebenso sehr oder mehr dem Kirchenbild des Verfassers als den historischen Vorgängen in der Jerusalemer Kirche entsprechen.

Nach der Schilderung der Apg sind es die zwölf Apostel (6,2.6), die den Konflikt wahrnehmen und die Initiative ergreifen. Es geht dabei um nichts weniger als um die Einheit der Kirche, um die *Koinonia* (Gemeinschaft). So rufen sie die «ganze Schar der Jünger» (6,2.5) zusammen. Obwohl nach 6,1 deren Zahl inzwischen sehr zugenommen hat, soll also eine Vollversammlung die Lösung des Konfliktes herbeiführen. Die Zwölf (ihr Sprecher wird nicht genannt) legen die Situation dar und machen einen Lösungsvorschlag zuhanden des Plenums. Sie wollen einen Teil ihrer bisherigen Aufgaben, «den Dienst an den Tischen» (6,2), also die Armenversorgung, abgeben, und sich auf das konzentrieren, was sie als ihre zentrale Aufgabe ansehen, das Gebet und den Dienst am Wort (6,4). Für den Dienst an den Tischen soll die Gemeindeversammlung sieben geeignete Männer auswählen. Die Zwölf legen auch fest, welche Qualifikationen die Sieben mitbringen müssen: Es kommen nur «Männer von gutem Ruf und voll Geist und Weisheit» (6,3) in Frage.

Der Vorschlag findet den Beifall der ganzen Versammlung. Sie ist es, die nun zur Wahl schreitet. Wie diese vor sich geht, wird nicht näher beschrieben. Aus der Wahl gehen sieben Männer hervor, die alle griechische Namen tragen, also aus dem Kreis der Hellenisten stammen, die sich benachteiligt gefühlt hatten. Diese Sieben präsentiert die Versammlung den Aposteln, die ihnen unter Gebet und Handauflegung den Dienst übertragen. Durch diese von der ganzen Urgemeinde beschlossene und getragene Lösung ist die Koinonia wieder hergestellt. Die Kirche kann weiterwachsen und sich entfalten (6,7).

Wie immer sich Historie und Theologie in dieser Erzählung genau verbinden mögen – genau kann man beides kaum noch trennen –, so läßt sie doch beispielhaft erkennen, wie sich in der Frühzeit der Kirche die kirchlichen Dienste und Ämter entfalten. Für ihre konkrete Gestalt sind die Sendung der Kirche einerseits und ihre Bedürfnisse andererseits maßgebend. Eine endgültige Form ist offensichtlich auch mit der Wahl der Sieben für den «Dienst an den Tischen» nicht erreicht. Die folgenden Abschnitte der Apg zeigen zwei von den Sieben nicht als Diener an den Tischen, sondern als Diener des Wortes. Stephanus diskutiert wortgewaltig mit jüdischen Gegnern (6,9–15) und hält vor dem Hohen Rat eine lange Rede (7,1–53), bevor er als erster Blutzeuge gesteinigt wird (7,54–60). Philippus wirkt als Missionar in Samaria (8,4–13), bekehrt den äthiopischen Kämmerer (8,26–39) und verkündet das Evangelium von Aschdod bis Cäsarea (8,40). Viele Exegeten sind der Ansicht, die Sieben seien in Wirklichkeit das Leitungsgremium des hellenistischen Teiles der Jerusalemer Kirche gewesen, entsprechend dem Leitungsmodell der Synagoge, die einen Rat von sieben Männern vorsieht.

Wir halten fest: Die Jerusalemer Urgemeinde löst ihren Konflikt nicht durch autoritäre Verfügung ihrer Leitung (der zwölf Apostel). Diese nimmt ihre Führungsaufgabe vielmehr so wahr, daß sie die Initiative ergreift und den Dialog anbahnt, indem sie eine Vollversammlung der Gemeinde einberuft. Dieser legt sie einen Vorschlag vor, tritt aber selber nicht als Entscheidungsinstanz in Erscheinung. Die Versammlung stimmt dem Vorschlag zu. Die Wahl von sieben geeigneten Männern überlassen die Apostel ebenfalls dem Plenum. Die Lösung des Konfliktes kommt also durch einen fairen Dialog zustande, an dem die ganze Gemeinde, vor allem auch die unzufriedenen Hellenisten beteiligt sind. So findet man eine Lösung, die von allen gemeinsam getragen wird. Die Koinonia, die der Apg sehr am Herzen liegt, ist wieder hergestellt.

Das Apostelkonzil (Apg 15,1–35)

Die Bezeichnung «Apostelkonzil» für den Beratungs- und Entscheidungsvorgang in Apg 15 ist mißverständlich. Es handelt sich nicht um ein «Konzil» der Kirchenleitung allein, sondern um eine Vollversammlung der Jerusalemer Gemeinde, in der allerdings die «Apostel und Ältesten», besonders Petrus und Jakobus, eine führende Rolle spielen. Die Schilderung der Apg wirft viele Probleme historischer und traditionsgeschichtlicher Art auf. Ein Vergleich mit Gal 2 läßt vermuten, daß die Apg die Ereignisse des Jersualemer Abkommens (Gal 2,1–10) und des antiochenischen Konfliktes (Gal 2,11–14) zu einem einzigen Ereignis verknüpft. Sicher geht die sorgfältige Gliederung des Abschnittes und damit der genaue Ablauf der Verhandlungen auf den Verfasser der Apg selbst zurück. Er zeigt geradezu exemplarisch auf, wie die Kirche einen Konflikt von grundlegender und zukunftsbestimmender Bedeutung in einem Verfahren schlichtet, das sowohl dem Gewicht der Fragestellung wie auch echter Koinonia gerecht wird. Die Gemeinschaft aller Gemeindeglieder wie die spezielle Aufgabe der Gemeindeleitung kommen in sehr ausgewogener Weise zum Zug. Es ist anzunehmen, daß der Verfasser auch in diesem Falle «idealtypische Zustände und Verhaltensweisen der christlichen Kirche»[2] zeichnet und bewußt ein Modell für die Lösung kirchlicher Konflikte vorlegen will.

Es ist zu beachten, daß nach der Darstellung der Apg die Aufnahme von Heiden in die Kirche bereits entschieden ist (vgl. 10,1–11,18). Es geht beim Apostelkonzil um Folgeprobleme, nämlich um die Frage nach der Beschneidung der Heidenchristen und damit ihrer Verpflichtung auf das Gesetz (15,5). Die Lösung dieser Fragen sind für das Zusammenleben zwischen Juden- und Heidenchristen und damit für die Koinonia von größter Bedeutung.

Die Apg bemüht sich sehr zu betonen, daß es sich dabei nicht so sehr um einen Konflikt zwischen Paulus (und Barnabas) und den Jerusalemer Autoritäten, als vielmehr zwischen der Kirche von Antiochien, in der offenbar die gesetzesfreie Heidenmission bereits üblich ist (15,1), und der Jerusalemer Urkirche handelt, wo es Widerstände dagegen gibt. So ist auch die Lösung des Problems eine Angelegenheit zwischen den beiden Gemeinden. Die Antiochener Gemeinde als ganze beschließt, wohl in einer Vollversammlung, in dieser Streitfrage eine Delegation mit Paulus und Barnabas an der Spitze nach Jerusalem zu schicken (15,2). Diese Delegation wird von der Gemeinde feierlich verabschiedet (15,3). In Jerusalem wird sie «von der Gemeinde und den Aposteln und den Ältesten» (in dieser Reihenfolge!) empfangen. Man wird wiederum an eine Vollversammlung denken müssen, auf der die Delegierten Bericht erstatten (15,4). Auch die Beschlußfassung am Ende der Beratungen ist eine Entscheidung, welche «die Apostel und die Ältesten zusammen mit der ganzen Gemeinde» (15,22) fällen. Der Beschluß wird durch eine gemischte Delegation aus beiden Gemeinden und einen Brief nach Antiochien übermittelt. Dort wird wiederum die ganze Gemeinde zusammengerufen, um den Brief zu übergeben und vorzulesen. Es herrscht große Freude (15,31) über die wiedergefundene Koinonia, und die Brüder von Jerusalem werden nach einiger Zeit «im Frieden» (15,33) wieder entlassen.

Wie sich die Apg den Ablauf der Verhandlungen in Jerusalem genau vorstellt, ist nicht ganz klar. Ausdrücklich ist von zwei Gemeindeversammlungen die Rede. Bei der ersten erzählt die Delegation aus Antiochien, «was Gott mit ihnen zusammen getan hatte» (15,4). Man wird das wohl so verstehen müssen, daß sie auftragsgemäß die «Streitfrage» (15,2) darlegt. Der Widerspruch der bekehrten Pharisäer (15,4) wird wohl in dieser Versammlung laut geworden sein. Bei einer zweiten Gemeindeversammlung fällt die Entscheidung der «Apostel und Ältesten zusammen mit der ganzen Gemeinde» (15,22).

Hingegen ist es nicht ganz sicher, ob die Beratungen der Apostel und Ältesten mit Barnabas und Paulus, die in 15,6–21 geschildert werden, im Rahmen der zweiten Vollversammlung der Gemeinde oder in einer eigenen Versammlung der Gemeindeleitung mit der Delegation aus Antiochien stattfinden. Die Formulierung von 15,6 läßt eher an eine interne Beratung der Apostel und Ältesten denken. Anderseits macht 15,12 («die ganze Ver-

---

2 M. L. Gubler, Das «Dialogprinzip» in den neustestamentlichen Gemeinden: Dialogische Kirche – Kirche im Dialog (Theologische Berichte 22), Freiburg 1996, 11–43, zit. 26.

sammlung») den Eindruck, daß bei der Rede des Petrus das ganze Plenum zugegen ist. Dazu würde auch passen, daß vor 15,22 keine neuerliche Einberufung der Vollversammlung erwähnt wird. Diese Ungereimtheiten sind wahrscheinlich dem Umstand zu verdanken, daß der Verfasser hier Quellen überarbeitet und neue Akzente setzt. Vielleicht betont erst er selbst durch Einfügungen in 15,12 und 15,22, daß die ganze Gemeinde an den Beratungen und an der Beschlußfassung beteiligt ist. Wie auch immer die traditionsgeschichtlichen Fragen zu lösen sind: Die Apg stellt den Vorgang so dar, daß die ganze Jerusalemer Urkirche den Schlußentscheid mitbeschließt. Die Gemeindeleitung, d. h. die Apostel und Ältesten und in besonderer Weise Petrus und Jakobus, führen die Verhandlungen, sorgen dafür, daß die Antiochener angehört werden (15,12), nehmen Stellung, schlagen schließlich einen Kompromiß vor (15,19–21) und treten als Absender des Briefes an die Gemeinde von Antiochien auf (15,23). Aber sie entscheiden nicht allein, sondern «zusammen mit der ganzen Gemeinde» (15,22). Dabei wird nicht näher gesagt, wie der gemeinsame Beschluß zustandekommt (durch Diskussion, Abstimmung, Akklamation usw.).

Wichtiger ist es der Apg, deutlich zu machen, daß hinter dem Entscheidungvorgang der Urkirche und ihrer Leiter Gott selber steht, der längst entschieden hat. Die Beratungen dienen vor allem dazu, den Willen Gottes zu erkennen und deutlich zu machen. Auf der einen Seite sind Paulus, Barnabas und die Antiochener längst überzeugt, daß nicht sie, sondern Gott «den Heiden die Tür zum Glauben geöffnet hat» (14,27). Das schließt für sie offenbar die gesetzesfreie Heidenmission ein. In den Beratungen in Jerusalem rekurrieren sowohl Petrus wie Jakobus ihrerseits auf das Handeln Gottes. So sagt Petrus: «Brüder, wie ihr wißt, hat Gott längst hier bei euch die Entscheidung getroffen, daß die Heiden durch meinen Mund das Wort des Evangeliums hören und zum Glauben gelangen sollen» (15,7). Auch für ihn ergibt sich daraus die gesetzesfreie Heidenmission: «Warum stellt ihr also jetzt Gott auf die Probe und legt den Jüngern ein Joch auf den Nacken, das weder unsere Väter noch wir tragen konnten?» (15,10). Ähnlich sieht es Jakobus: Auch für ihn hat «Gott selbst zuerst eingegriffen» (15,14). Die Bestätigung für Gottes Willen findet er in einem Prophetenwort (15,16–17). Daraus zieht er seinen Schluß: «Darum halte ich es für richtig ...» (15,19). Die Schilderung der Apg macht also überdeutlich, daß der eigentlich Entscheidende Gott selbst ist. Im ganzen Entscheidungsvorgang, der in der Gemeinde stattfindet, geht es darum, den Willen Gottes zu erkennen und ihm Geltung zu verschaffen. Das geschieht in Form eines Dialogs, der von den Aposteln und Ältesten geleitet wird, in den aber die Delegation aus Antiochien wie die ganze Jerusalemer Gemeinde einbezogen sind, letztere nicht nur mitberatend, sondern mitbeschließend. Das Zusammenwirken Gottes mit den kirchlichen Instanzen und gleichzeitig die Vorrangstellung Gottes in diesem Entscheidungsvorgang kommt im Brief nach Antiochien prägnant zum Ausdruck: «Denn der Heilige Geist und wir haben beschlossen ...» (15,28). Der Beschluß wird «ausdrücklich auch als Werk des Heiligen Geistes angesehen. Er schaltet die menschlichen Faktoren nicht aus und macht die menschlichen Bemühungen fairer Meinungsbildung nicht überflüssig»[3].

Wir halten fest: Die wichtige Frage, die zur Debatte steht und für die Zukunft der Kirche entscheidend ist, wird von der Apg nicht als eine Angelegenheit nur der Kirchenleitung, der Apostel und Ältesten, gesehen, sondern der Gemeinden von Antiochia und Jerusalem als ganzen. Sie sind Träger der Auseinandersetzung. Die Lösung des Konflikts wird in einem fairen Dialog gesucht. Petrus sorgt dafür, daß die kleine Antiochener Delegation «in der Höhle der Löwen» zum Wort kommt und angehört wird (15,12). Die Verhandlungen führen zwar weitgehend die Apostel und Ältesten, also die Gemeindeleitung. Aber in die Entscheidung wird die Vollversammlung einbezogen, auch wenn nicht klar wird, in welcher Form das Plenum den Beschluß faßt. Sehr klar hingegen wird herausgestellt, daß Gott selbst die eigentliche Entscheidung bereits gefällt hat. Das Apostelkonzil vollzieht diesen göttlichen Entscheid nach.

Die Mitentscheidung der ganzen Gemeinde

Die drei in der Apg geschilderten Vorgänge ergeben ein recht einheitliches Bild, wie sich der Verfasser die Entscheidungsfindung und die Beschlußfassung in der Jerusalemer Urgemeinde, und doch wohl auch in den Gemeinden überhaupt, vorstellt. Die Hauptpunkte sollen zusammenfassend nochmals genannt werden:

1. Konflikte zu lösen sowie wichtige Personal- und Sachentscheidungen zu treffen, ist nicht Aufgabe der Gemeindeleitung allein (des Petrus in 1,15–26, der Apostel in 6,1–7 bzw. der Apostel und Ältesten in 15,1–35), sondern vielmehr der Gemeinde als ganzer. Die Entscheidungsfindung geschieht nicht autoritär durch die führenden Persönlichkeiten, sondern durch Dialog und Konsens, also durch ein Kommunikationsgeschehen, in das alle Gemeindeglieder einbezogen sind. Dafür werden in allen drei erörterten Fällen Vollversammlungen einberufen.

2. Diese Vollversammlung der Gemeinde hat nicht nur beratende Funktion, sondern trifft die Entscheidungen. Sie hört die Darlegungen und Vorschläge der Gemeindeleitung an, stimmt ihnen zu und nimmt gegebenenfalls Wahlen vor. Im Falle der Sieben präsentiert sie die Gewählten den Aposteln zur Handauflegung (6,6).

3. In keinem Falle werden die genauen Modalitäten geschildert. Es bleibt offen, wie die Meinungsbildung unter den Gemeindegliedern vor sich geht (durch Diskussion?) und wie der Beschluß zustandekommt (durch Abstimmung?).

4. Die Einberufung und Leitung der Vollversammlung liegt bei den führen-

---

3 A. Weiser, Die Apostelgeschichte 2 = ÖTK 5/2, Gütersloh/Würzburg 1985, 285. Vgl. auch ders., Gemeinde und Amt nach dem Zeugnis der Apostelgeschichte: Studien zu Christsein und Kirche (StBAB 9), Stuttgart 1990, 305–320.

den Persönlichkeiten. Sie erklären die Situation, formulieren die Anliegen, machen Vorschläge und umschreiben die Qualifikationen, denen zu Wählende genügen müssen. In 15,6–21 wird vielleicht eine eigene interne Beratung der Apostel und Ältesten geschildert, in der die Verhandlungen mit der Antiochener Delegation geführt und die Angelegenheit ausdiskutiert wird. Das Resultat dieser gesonderten Beratung wäre in diesem Falle der Kompromißvorschlag zuhanden der Vollversammlung von 15,22–29.

5. Wer von heutigen kirchlichen Strukturen ausgeht, wird erstaunt feststellen, daß die Kirchenleitung – Petrus bzw. die Apostel – weder in 1,15–26 noch in 6,1–7 als Entscheidungsinstanz auftritt. Nur in 15,22 entscheiden die «Apostel und Ältesten zusammen mit der ganzen Gemeinde». Der Schwerpunkt ihrer Leitungsfunktion liegt vielmehr in der Beratung, während die Vollversammlung entscheidet (in 15,22 mit den Aposteln und Ältesten zusammen). Das gilt sowohl für Personal- wie für Sachentscheide.

6. Dabei betont die Apg mit aller Deutlichkeit, daß die Entscheidung letztlich bei Gott selber bzw. beim «Herrn» liegt. Bei der Nachwahl des Matthias wird das durch den Losentscheid und das Gebet an den Herrn hervorgehoben. Beim Apostelkonzil geht es sowohl aus dem Kontext wie aus den Reden des Petrus und des Jakobus hervor. Die menschlichen Beratungs- und Entscheidungsvorgänge, die deswegen keineswegs überflüssig sind, haben einzig und allein das Ziel, die Entscheidung Gottes bzw. des «Herrn» zu erkennen und deutlich zu machen.

Grundzüge des Kirchenbildes der Apg

Es kann hier nicht darum gehen, das Kirchenbild der Apg umfassend darzustellen. Es sollen im Folgenden nur drei wichtige Elemente erörtert werden, die mit der Fragestellung des vorliegenden Beitrages unlösbar verknüpft sind. Es zeigt sich so, daß die geschilderte Entscheidungsstruktur in der Jerusalemer Urkirche, insbesondere die Mitbestimmung der ganzen Gemeinde, ekklesiologisch begründet ist.

Der Heilige Geist selbst leitet die Kirche

Ohne Zweifel ist der Heilige Geist in der Ekklesiologie der Apg von zentraler Bedeutung. Dabei ist er «nicht nur die Kraft, die zur Verkündigung ermutigt, sondern zugleich auch der Wegweiser bei dieser Verkündigung»[4]. Darauf deutet schon das Verheißungswort des Auferstandenen in 1,8 hin. Mit der Herabkunft des Geistes an Pfingsten (2,1–12) beginnt das Jesuszeugnis seinen Weg von Jerusalem aus bis an die Grenzen der Erde. Die Kirche beginnt zu leben und sich zu entfalten (vgl. besonders 2,37–47; 4,32–37; 5,12–16; ausdrücklich auch 9,31). Wo grundlegende Schritte zu tun sind, bestimmt der Hl. Geist den

---

4   H. Steichele, Geist und Amt als kirchenbildende Elemente in der Apostelgeschichte: J. Hainz (Hg.), Kirche im Werden, München 1976, 185–203, zit. 188.

Gang der Dinge und weist den Verantwortlichen den Weg. So ist es der Hl. Geist, der den Missionar Philippus auffordert, sich um den äthiopischen Kämmerer zu kümmern (8,29). Bei der Bekehrung des Hauptmanns Cornelius, des ersten Heiden, durch Petrus übernimmt wiederum der Heilige Geist selbst die Regie: «Steh auf, geh hinunter, und zieh ohne Bedenken mit ihnen; denn ich habe sie geschickt» (10,19). Und noch während Petrus im Haus des Cornelius spricht, kommt der Heilige Geist auf alle Anwesenden (10,44), so daß der Apostel gar nicht mehr anders kann, als sie im Namen Jesu zu taufen (10,48). Entsprechend verteidigt er nachher sein Vorgehen gegenüber kritischen Jerusalemer Christen mit dem Hinweis auf den Heiligen Geist, der ihm die Entscheidung vorgegeben habe (11,1–18). Später fordert der Heilige Geist die Antiochener Gemeinde auf, Barnabas und Saulus auf die erste Missionsreise zu senden (13,2; vgl. auch 13,4). Der Brief nach Antiochien, der den Beschluß des Apostelkonzils mitteilt, nennt den Heiligen Geist als Entscheidungsinstanz noch vor den Jerusalemer Absendern: «Der Heilige Geist und wir haben beschlossen ...» (15,28). Auf der zweiten Missionsreise verwehrt der Heilige Geist Paulus und seinen Begleitern die geplanten Reiserouten in Kleinasien, bis sie durch eine Vision erkennen, daß er sie nach Europa schicken will (16,6–11). Auch weiterhin bestimmt der Geist den Weg und die Geschicke des Paulus (20,22).

Diese sehr deutlichen Hinweise genügen zu zeigen, daß der Heilige Geist in der Apg nicht nur die lebendige und prägende Kraft der Kirche ist, sondern im tiefsten auch ihr Leiter, der die wichtigen Entscheidungen fällt. «Das bedeutet: Leitung der Kirche erfolgt allein und ausschließlich durch den Heiligen Geist. Menschen können bei dieser Aufgabe lediglich Helfer des Geistes sein bzw. als diejenigen, die seine Aufträge und Weisungen erfüllen, in Erscheinung treten. Ihr Wirken ist nur ein subsidiäres.»[5] Insofern ist es eindeutig: Die Kirche ist für die Apg keine Demokratie (Volksherrschaft). Mit mehr Recht könnte man sie eine «Pneumatokratie» (Geistesherrschaft) nennen.

Alle empfangen den Heiligen Geist

Mit der Bestimmung der Kirche als «Pneumatokratie» ist aber noch nicht entschieden, wie die eben als subsidiär bezeichnete Leitung der Kirche durch Menschen geordnet ist. In dieser Frage ist von Bedeutung, daß für die Apg nicht nur die zwölf Apostel und andere Führungspersönlichkeiten (die Ältesten, die Sieben), sondern alle Gläubigen Träger des Geistes sind.

Besonders deutlich stellt das der Pfingstbericht heraus: «Als der Pfingsttag gekommen war, befanden sich *alle* am gleichen Ort» (2,1); die Zungen wie von Feuer ließen sich *«auf jeden von ihnen»* (2,3) nieder; «*alle* wurden mit dem Heiligen Geist erfüllt» (2,4). Die in der Kunst üblichen Pfingstdarstellungen, die meist nur die zwölf Apostel und Maria in ihrer Mitte zeigen, sind also mißver-

---

5   J. Roloff, Kirchenleitung nach dem Neuen Testament. Theorie und Realität: KerDog 42 (1996) 136–153, zit. 138.

ständlich. Es besteht m. E. kein Zweifel, daß die Apg mit «alle» (2,1.4) nicht nur diesen engen Kreis meint. Der Kontext ist deutlich: Die vorangehende Perikope (1,15–26) spielt sich im Kreis der 120 «Brüder» ab, der mit Sicherheit auch Frauen umfaßt (vgl. 1,14). Den letzten Zweifel beseitigt die Pfingstrede des Petrus, die das Geschehen mit einem Zitat aus dem Propheten Joel deutet, das ausdrücklich jede Einschränkung der Geistausgießung ausschließt (Apg 2,17–18). Die ganze nachösterliche Gemeinde, die in 1,15 auf etwa 120 beziffert wird, jeder (und jede) einzelne (2,3), empfängt aus der Sicht der Apg den Heiligen Geist. Alle werden «zu Geistträgern: die Frauen genauso wie die Männer, die Jungen genauso wie die Alten, die Unfreien genauso wie die Freien»[6].

Dazu paßt, daß die Geistausgießung sonst in der Apg in enger Verbindung mit der Taufe steht. So sagt Petrus im Anschluß an die Pfingstpredigt: «Kehrt um und jeder von euch lasse sich auf den Namen Jesu Christi taufen zur Vergebung seiner Sünden; dann werdet ihr die Gabe des Heiligen Geistes empfangen» (2,38). Nachdem die Samaritaner durch Philippus bekehrt und getauft wurden, reisen Petrus und Johannes dorthin, damit sie durch ihre Handauflegung auch den Heiligen Geist empfangen (8,14–17). Petrus kann Cornelius und seinem Haus die Taufe nicht verwehren, nachdem der Heilige Geist bereits auf sie herabgekommen ist (10,44–48). Die Ausrüstung mit dem Heiligen Geist ist das entscheidende Kriterium dafür, ob jemand die «richtige» Taufe empfangen hat, wie die Episode mit den Johannesjüngern in Ephesus zeigt (19,1–6).

Die gemeinsame Geistbegabung stellt unter den Christen somit eine grundlegende Gleichheit her. Allerdings wird nirgends in der Apg der Empfang des Geistes mit dem Recht in Verbindung gebracht, in der Kirche (mit) zu bestimmen oder (mit) zu entscheiden. Sowohl 1,8 («Ihr werdet die Kraft des Heiligen Geistes empfangen ... und ihr werdet meine Zeugen sein ...») wie 2,17–18 («... und sie werden Propheten sein») weisen vielmehr darauf hin, daß der Geistempfang zum Zeugnis und zur Verkündigung des Wortes befähigt. Aber wenn die in der Apg geschilderten Entscheidungsvorgänge hervorheben, daß die ganze Gemeinde die wichtigen Beschlüsse gemeinsam faßte, und daß es dabei im Tiefsten darum ging, die Führung des Heiligen Geistes zu erspüren und zur Geltung zu bringen, kommt man kaum darum herum, diese Verbindung herzustellen: Die ganze Gemeinde ist befähigt mitzuentscheiden, weil alle den Heiligen Geist empfangen haben, der die Kirche leitet.

Die Kirche hält fest an der Koinonia

Die betonte Mitbestimmung aller Gemeindeglieder in den Entscheidungsprozessen, vor allem bei der Lösung auftretender Konflikte (6,1–7; 15,1–35), hängt ohne Zweifel auch damit zusammen, daß der Verfasser der Apg großes Gewicht auf den Gemeinschaftscharakter der Urgemeinde legt. Gerade darin soll sie der Kirche seiner Zeit als Ideal dienen. Die Koinonia (Gemeinschaft) ge-

---

6 G. Lohfink, Wie hat Jesus Gemeinde gewollt? Zur gesellschaftlichen Dimension des christlichen Glaubens, Freiburg 1982, 103.

hört zusammen mit der Lehre der Apostel, dem Brotbrechen und den Gebeten zu den vier Grundpfeilern kirchlichen Lebens, an der die Jerusalemer Urgemeinde festhält (2,42). Geradezu überschwänglich betont er in 5,32: «Die Gemeinde der Gläubigen war ein Herz und eine Seele.» Daß das eine bewußte Idealisierung ist und der lebendigen Wirklichkeit nicht ganz gerecht wird, scheint in der Apg selber an mehreren Stellen durch (vgl. etwa 5,1-11; 6,1; 11,2-3; 15,1-2.7; aber auch 15,37-39). Die Apg spricht jedoch nicht nur in allgemeinen Worten von Gemeinschaft, sondern konkretisiert das Ideal in verschiedener Hinsicht. So betont sie die Einmütigkeit im Gebet (2,46; 4,24) und die gegenseitige materielle Hilfe bis hin zur Gütergemeinschaft (2,44-45; 4,32.34-37), so daß niemand unter ihnen Not leiden muß (4,34).

Nicht zuletzt gehört die einvernehmliche Lösung von Konflikten zur Konkretisierung der Koinonia. Gerade der Umgang mit Konflikten ist ja überhaupt die Nagelprobe echter Gemeinschaft. Darum gibt sich die Apg große Mühe zu zeigen, wie schwere Konflikte, die in der Jerusalemer Gemeinde selbst (6,1) wie auch zwischen der Jerusalemer und der Antiochener Gemeinde (15,1-2) aufbrechen, in geschwisterlicher Weise gelöst werden. So rufen die Zwölf angesichts der Querelen zwischen Hellenisten und Hebräern die ganze Schar der Jünger zusammen, um eine einvernehmliche Lösung zu suchen, statt einen autoritären Entscheid zu fällen oder einfach den Standpunkt der Hebräer, zu denen sie ja selbst gehören, durchzusetzen. Und in 6,5 wird betont, daß der Vorschlag der Apostel den Beifall der *ganzen* Gemeinde findet. Die Koinonia ist durch den Einbezug aller am Konflikt Beteiligten wieder hergestellt, zum Segen der Kirche, wie 6,7 ausdrücklich feststellt.

Noch existenzbedrohender ist der Konfikt um die gesetzesfreie Heidenmission zwischen Jerusalem und Antiochien in Apg 15. Auch hier bringt der Einbezug der ganzen Gemeinden die einvernehmliche Lösung des Konfliktes. Dabei ist es eindrücklich festzustellen, wie die Verantwortlichen dafür einstehen, daß die Antiochener in Jerusalem zu Wort kommen (Petrus bewirkt, daß sie angehört werden: 15,12), und wie sie als Lösung einen für alle tragbaren Kompromiß vorschlagen (ausgerechnet durch Jakobus, der sonst mehrfach als Führer der Gesetzestreuen in Erscheinung tritt: 15,19-20). Diesen Kompromiß erhebt die *ganze* Gemeinde zum Beschluß (15,22). Um die wiederhergestellte Koinonia deutlich zu machen, wird eine gemeinsame Delegation aus beiden Gemeinden gebildet und nach Antiochien geschickt. Dort wird das Übereinkommen mit großer Freude gefeiert (15,31).

So zeigt das Apostelkonzil eindrücklich, daß aus der Sicht des Verfassers der Apg die Urkirche in einem schwierigen und bedrohlichen Konflikt die Koinonia wahren kann, weil sie in einem geduldigen Kommunikationsprozeß den Dialog aller Beteiligten fördert und einvernehmliche Lösungen sucht. Dazu tragen alle Beteiligten bei: Barnabas und Paulus ziehen nicht einfach mit Unterstützung der Gemeinde von Antiochien ihren als richtig erkannten Kurs durch, ohne sich um die Zustimmung der Jerusalemer zu kümmern. Diese wiederum lassen sich ernsthaft auf die Anliegen der Neuerer aus Antiochien ein und kommen ihnen weitgehend entgegen. Wichtig ist auch, daß die Autoritäten in Jerusalem, die Apostel und die Ältesten, besonders auch Petrus und Jakobus, die Lösung des Problems nicht kraft ihrer Autorität, sondern durch Dialog und gemeinsamen Beschluß aller suchen. Man wird annehmen dürfen, daß der Verfasser der Apg auch hier etwas idealisiert. Aber gerade so gibt er ein hervorragendes Modell, wie kirchliche Konflikte seiner Ansicht nach zu lösen sind.

Ergebnis

Nach diesem kurzen Blick auf das Kirchenbild der Apg kehren wir zur aktuellen Ausgangsfrage zurück: Was haben Kirche und Demokratie miteinander zu tun bzw. nicht zu tun? Was die Apg betrifft, konnten wir folgende Feststellungen machen:

1. Insofern Demokratie besagt, daß alle Macht vom Volk ausgeht und sich vor dem Volk legitimieren muß, ist die Kirche der Apg eindeutig keine Demokratie. Vielmehr kann man sie als «Pneumatokratie» bezeichnen. Der Heilige Geist ist es, der der Kirche den Weg zeigt und sie leitet. Kirchenleitung durch Menschen, bzw. Entscheidungen durch Menschen haben den Sinn, die Führung durch den Geist zu erkennen und zur Geltung zu bringen.

2. Wie in der Demokratie zeichnet aber auch in der Kirche alle Glieder eine fundamentale Gleichheit aus, weil alle Geistträger sind. Alle haben ihn empfangen, die Kirche als Ganze im Pfingstgeschehen, das einzelne Kirchenglied im Zusammenhang mit der Taufe. Das haben alle, Männer und Frauen, Junge und Alte, Knechte und Mägde (vgl. Apg 2,17–18) gemeinsam.

3. Daher betont die Apg sehr, daß die Kirche eine geschwisterliche Gemeinschaft, Koinonia, ist. Das zeigt sich im einmütigen Festhalten an der Lehre der Apostel, am gemeinsamen Brotbrechen und Beten. Besonders betont wird die gegenseitige Fürsorge, die bis zur Gütergemeinschaft geht.

4. Die im gemeinsamen Geistempfang begründete Koinonia zeigt sich aber auch in der Weise, wie die Leitung der Kirche wahrgenommen wird. Entscheidungen fallen im Dialog und im Konsens. Dabei haben führende Persönlichkeiten (Apostel, Älteste, Petrus, Jakobus) eine besondere Funktion. Wichtige Entscheidungen sowohl in Personal- wie in Sachfragen werden aber nicht durch Autoritäten (allein), sondern durch Beschluß und Zustimmung aller gefällt. Auch das hat die Kirche der Apg mit einer Demokratie gemeinsam.

Gerade das Kirchenbild der Apg, das oft als «frühkatholisch» bezeichnet wurde, und in dem die Apostel wichtiger sind als in irgend einer andern Schrift des Neuen Testaments, hat also ohne Zweifel vieles mit einer Demokratie gemeinsam. Daß die Kirche mit dem Wort *ekklesia* bezeichnet wird, das im griechischen und hellenistischen Staat die legitim einberufene Volksversammlung der stimm- und wahlberechtigten Bürger bezeichnete, hat daher durchaus seine Berechtigung. Angesichts der Apg wird man daher keinesfalls sagen können, Demokratie im beschriebenen Sinn sei der Kirche wesensfremd, es sei denn, man werfe dieser neutestamentlichen Schrift vor, sie verfälsche das Wesen der Kirche. Das aber stünde im Widerspruch zum katholischen Bibelverständnis.

Allerdings: Die Apg ist nur *eine* Schrift in der Vielfalt des Neuen Testaments. Die konkreten Strukturen der Entscheidungsfindung, die sie schildert, sind nur *ein* mögliches Modell, das weder allgemein verbindlich noch in unserer Zeit kopierbar ist. Unser heutiges kirchliches Handeln kann die in zweitausendjähriger Geschichte gewachsene Tradition nicht einfach überspringen, um in geschichtsvergessener Romantik ein undifferenziertes «Zurück zur Urkirche» zu propagieren, wie es gewisse christliche Gruppierungen immer wieder versucht haben und versuchen. Aber:

1. Daß alle Kirchenglieder Geistträger sind und sie so eine fundamentale Gleichheit auszeichnet und daß die Kirche daher Koinonia, eine Gemeinschaft von Brüdern und Schwestern, ist, in der alle Mitverantwortung tragen, das gehört zum bleibenden Wesen der Kirche. Das wurde im Verlaufe der Kirchengeschichte zu oft vergessen oder totgeschwiegen. Das Zweite Vatikanische Konzil hat es sehr deutlich wieder in Erinnerung gerufen.

2. Die Apg, aber auch ein unvoreingenommer Blick in die Kirchengeschichte zeigen, daß die konkreten Strukturen der Kirche veränderbar sind, und zwar viel grundlegender, als konservative Kreise wahrhaben möchten. Das macht gerade auch der große Unterschied zwischen der Kirche der Apg und des 20. Jahrhunderts sehr deutlich. Man kann aus der Apg außerdem lernen, daß kirchliche Strukturen verändert werden *müssen,* wenn sie der Sendung und dem Auftrag der Kirche nicht mehr wirklich dienen (vgl. besonders Apg 6,1–7). Daß diesbezüglich in unserer Kirche am Ende des 20. Jahrhunderts ein großer Problemstau festzustellen ist, der die Sendung der Kirche schwerwiegend beeinträchtigt, wird immer schmerzlicher spürbar. Tiefgreifende neue Schritte sind unausweichlich.

3. Aus ihrem Verständnis von Koinonia ergab sich für die Jerusalemer Urgemeinde die Folgerung, daß wichtige Entscheidungen wie in einer Demokratie von allen gefällt und mitgetragen werden. Diese Konsequenz aus dem Wesen der Kirche lebt fast nur noch in Ordensgemeinschaften weiter, die gewiß nicht die schlechteste Form von Kirche sind. Viele sind heute überzeugt, daß die Koinonia der Kirche im Umfeld unserer Gesellschaft nur mit breiter Beteiligung aller an den Entscheidungsprozessen im Großen und im Kleinen zu bewahren (oder wiederzufinden) ist. Die konkreten Strukturen sind im gemeinsamen Dialog zu suchen. Was die Entscheidungsprozesse in Ortskirchen angeht, können wir von der Urkirche, wie sie die Apg schildert, ziemlich direkt lernen. Für die Mitentscheidung aller in der Weltkirche kann uns die kleine Gemeinschaft der Jerusalemer Gemeinde hingegen nicht weiterhelfen. Große Demokratien in der heutigen Welt zeigen aber, daß es auch in zahlenmäßig sehr großen Gebilden möglich ist, funktionierende Formen der Mitbestimmung zu finden. Allerdings muß dafür der momentan überzogene Zentralismus korrigiert werden.

Diese Erneuerung der kirchlichen Strukturen auf allen Ebenen in einem gemeinsamen Suchprozeß energisch voranzutreiben, wäre ein zukunftsweisendes Projekt im Hinblick auf das Jahr 2000. Es ist leider nicht zu übersehen, daß ein solches Vorhaben im Umfeld der real existierenden katholischen Kirche momentan nicht unter besonders günstigen Vorzeichen steht. Aber der Geist ließ sich noch nie vereinnahmen. Er weht wo, wann und wie er will. Ich teile daher die Zuversicht des Jubilars Hermann-Josef Venetz, dem dieser Beitrag gewidmet ist, wenn er schreibt: «Wer behauptet, bezüglich kirchlicher Strukturen würde sich nichts mehr ändern, versucht zwar, Schrift und Tradition zu versteinern und den Geist einzufangen. Ich bin aber sicher: es wird ihm nicht gelingen»[7].

---

7   H.-J. Venetz, So fing es mit der Kirche an. Ein Blick in das Neue Testament, Zürich [4]1990, 25.

Walter Kirchschläger

«UNFEHLBARKEIT» ALS EKKLESIOLOGISCHE DIMENSION IN DEN URCHRISTLICHEN GEMEINDEN

Eine Anfrage

Um es vorwegzunehmen: «Unfehlbar» ist keine biblische Kategorie, sondern eine in der kirchlichen Tradition und Selbstauffassung hinzugewachsene Ausdrucksweise. Biblisches Reden setzt den Schwerpunkt nicht auf den (negativen) Ausschluß jeden Irrtums, sondern kennt andere Akzente. Sie schreibt das Sprechen von Wahrheit uneingeschränkt Gott zu und erkennt – z. B. im Johannesevangelium – Jesus von Nazaret als jenen, der diese Wahrheit Gottes vermittelt, um unter anderem auch darin seine in Gott verwurzelte Sendung zu unterstreichen (vgl. Joh 8,26–32; 14,6–7).

Das Kriterium ist dabei weniger die Frage der (möglichen) Fehlbarkeit, sondern eher die Suche nach der zutreffenden Beschreibung eines (religiösen) Sachverhaltes. Daß Menschen über beschränktes Wissen und daher über eine irrtumsanfällige Aussagefähigkeit im Hinblick auf Gott und sein Handeln verfügen, steht außer Frage. Diese Einschränkung wird nur dort überwunden, wo der Mensch an der Sprech- und Seinsweise Gottes partizipiert, Gott selbst ihn also in seiner Denk- und Aussagekompetenz unterstützt. In biblischer Sprache bedeutet dies: Die Fähigkeit zur untrüglich zutreffenden religiösen Rede kann dem Menschen durch das Wirken (des Geistes) Gottes übertragen werden.

An dieser biblischen Kategorie muß also weitergedacht werden. Denn ohne Zweifel kennt die Bibel verbindliche Rede, auch verbindliche Glaubensdeutung. Es fragt sich also, wann und in welcher Weise diese in der urchristlichen Kirchensituation vorliegt, wie sie begründet und in der Kirchenpraxis erlebt wird.

Sprechen im Geist und Geistzusage

In Weiterführung der Tradition aus der jüdischen Bibel wird in der neutestamentlichen Schrift mehrfach auf das Sprechen in der Kraft des Geistes Gottes Bezug genommen. Dies ist im Sinne einer prophetischen Begabung zu verstehen, wodurch in verbindlicher, zutreffender Redeweise das Verhältnis zwischen Gott und Mensch besprochen wird[1].

---

1 Vgl. dazu die systematische Entfaltung bei E. Jüngel, Zur Lehre vom Heiligen Geist. Thesen, in: Die Mitte des Neuen Testaments. Fs. E. Schweizer. Hrsg. v. U. Luz, H. Weder, Göttingen 1983, 97–118, hier 101–103.105–110.

Beispiele dafür finden sich in den lukanischen Vorgeschichten (Lk 1,41: Elisabet; Lk 1,67: Zacharias) sowie kontinuierlich in der Darstellung des Lebens der frühen Kirche aus der Sicht des Lukas, der die Kirchenentwicklung als einen vom Geist Gottes getragenen Prozeß deutet[2]. Als exemplarisch kann die Begründung für das «Aposteldekret» verstanden werden: «*Dem Heiligen Geist und uns hat es gefallen ...*» (Apg 15,28, Hervorhebung von mir). Verbindliche Rede wurzelt in der Geistbegabung. Das gilt auch für das paulinische Selbstverständnis: Seine Belehrung über die Frage des Lebensstandes, in der er sich nicht in allem ausdrücklich auf ein Wort des Kyrios berufen kann, legitimiert Paulus dennoch mit dem Hinweis: «Ich denke, daß auch ich den Geist Gottes habe» (1 Kor 7,40). Paulus formuliert dafür auch die Grundlage und Voraussetzung: Jesus als den Kyrios bekennen – und darin besteht für ihn die tiefgreifendste letztverbindliche Aussage des christlichen Glaubens (vgl. 1 Kor 1,2; Röm 10,9) – kann man nur in der Kraft des Geistes Gottes (vgl. 1 Kor 12,3).

Solche Sprechkompetenz wird nicht auf einzelne eingeengt, sondern sie wird sehr vielfältig gedacht. Im Vordergrund steht dabei nicht *in*formative Rede, also «erzählte» Welt, sondern *per*formative Rede, also «besprochene» Welt: Vorliegende Sachverhalte und Erfahrungen werden in der Kraft des Geistes Gottes gedeutet. Aufgrund dieses Weges der Deutung erhält diese glaubensbezogene Verbindlichkeit[3]. Die Vielfalt dieses Verständnisses von Geistbegabung und Geistzusage kann im einzelnen aufgezeigt werden:

Paulinische Herleitung von der Taufe

Als Getaufte sind die Glaubenden «Geheiligte in Christus Jesus» (1 Kor 1,2, zum Hintergrund vgl. 1 Kor 6,11). Sie konstituieren in besonderer Weise die von Gott ausgesonderte heilige Versammlung der jüdischen Tradition (vgl. Lev 23). Als *klete hagia* sind sie nicht mehr Sklaven der Sünde und des Todes, sondern durch das Christusgeschehen in eine neue «Sklaverei», eine unmittelbare Zuordnung Gottes hineingestellt worden (vgl. Röm 6,3–23). Diese neue Bestimmung aller Glaubenden ist nicht mehr durch ein sklavenhaftes Abhängigkeitsverhältnis geprägt, sondern sie wird vom «Geist der Kindschaft» geleitet, durch den die betreffenden Menschen zur Abba-Anrede Gottes befähigt werden. Kraft dieses Geistes formulieren sie als Gemeinde ihr Christusbekenntnis und proklamieren darin Jesus Christus als den nachösterlichen, erhöhten Kyrios. Paulus nimmt diese Kompetenz der Gemeinde u. a. in der Adscriptio seiner Briefe wahr, die sich generell an die *gesamte* Gemeinde richten (wobei Phil etwas differenziert)[4]. Diese Glaubensproklamation geschieht in aller Vielfalt, wenngleich diese (oftmals weite) Palette des Bekenntnisses und der konkreten Ausdeutung auch zurückgeführt ist auf den einen Geist (vgl. 1 Kor 12,4–11).

2   Vgl. dazu J. Kremer, Weltweites Zeugnis für Christus in der Kraft des Geistes, in: Mission im Neuen Testament. Hrsg. v. K. Kertelge. (QD 93), Freiburg 1982, 145–163.
3   Vgl. zum Ganzen W. Kirchschläger, Das Geistwirken in der Sicht des Neuen Testaments, in: Pneumatologie und Spiritualität. Hrsg. v. J. Pfammatter/F. Furger. (ThB 16), Zürich 1987, 15–52, hier bes. 47–52.
4   So H.-J. Venetz, So fing es mit der Kirche an, Zürich ⁵1992, 106.

Daraus ergibt sich zunächst zweierlei: Verbindliche Glaubensrede ist von Gottes Geist initiierte und geführte Rede. Des weiteren ist verbindliche Glaubensrede nicht monotones, sondern vielfältiges Sprechen über Gott – dies vor allem deshalb, weil Gottes Geist die verschiedenen personalen Ausdrucksweisen der vielen Menschen in ihrer persönlichen Konkretheit begabt und stützt.

Johanneische Reflexion der Geisterfahrung

Der Verfasser des Johannesevangeliums bestimmt in seinem Evangelium mehrfach den Standort und die Bedeutung der Geistbegabung für die Glaubenden. Auf diese Weise wird die entsprechende Erfahrung der ersten Gemeindegenerationen reflektiert und in der Formulierung (nachösterlicher) Herrenworte konkret festgehalten.

Der Verfasserkommentar zum Ruf Jesu am letzten Tag des Laubhüttenfestes zeigt neben der entsprechenden Osterperikope (vgl. Joh 20,19–23) die wesentliche Verknüpfung der Geistbegabung mit dem Ostergeschehen. Darin wird die vorausgehende Aufforderung Jesu zum Trinken des lebendigen Wassers (vgl. Joh 7,37–38) mit der Geistbegabung aller Glaubenden an Ostern in Beziehung gesetzt: «Dies sagte er von dem Geist, den alle empfangen sollten, die an ihn zum Glauben kamen. Denn noch nicht war der Geist, weil Jesus noch nicht verherrlicht worden war» (Joh 7,39). Für den Evangelisten ist die Begabung mit dem Geist Gottes die an Ostern gestiftete Grundlage der christlichen Existenz. Folgerichtig ist diese Form des Neu-Geborenwerdens auch die Voraussetzung für die Teilhabe an der Königsherrschaft Gottes (vgl. Joh 3,3.5; des weiteren Joh 20,22 bzw. Gen 2,7 LXX!) und für die Befähigung zur auf Gott bezogenen Kindschaft (vgl. Joh 1,12–13).

Die Wirkdimension des Geistes wird in den sogenannten «Parakletsprüchen» der Abschiedsreden umschrieben. Aufgrund ihrer Stellung in diesem Kontext erhalten die entsprechenden Aussagen testamentarischen Charakter. Sie spiegeln zugleich jene reflektierte Erfahrung, auf welche die johanneischen Gemeinden bereits zurückblicken. Insbesondere bedeutet dies: Die Gemeinden wissen bereits um die Kraft des Geistes, der in ihrem Gedächtnis das Leben und Wirken Jesu lebendig gehalten hat (vgl. Joh 14,26). Sie wissen auch um die stärkende Dimension des Geistes, der das Glaubenszeugnis über Jesus Christus weiterträgt und dazu auch befähigt (vgl. Joh 15,26). Sie wissen schließlich um die wegweisende Dynamik des Geistes, der die Gemeinschaft der Glaubenden in die ganze Wahrheit hineinführt (vgl. Joh 16,13). Damit ist «Wahrheit» nicht in einem abstrakt theoretischen Sinn angesprochen, sondern der zutreffende Einblick in die Fülle der innergöttlichen, personal gestalteten Lebensbeziehung(en), an welcher der Geist für die Glaubenden personale Teilhabe vermittelt.

Gerade das weitgehende Fehlen ausgeprägter ekklesialer Strukturen im Johannesevangelium verbietet es, die entsprechenden Aussagen auf einzelne Glaubende einzuengen. In der Retrospektive des Evangelisten ist die ganze Gemeinde Subjekt der qualifizierten Geistbegabung. Daraus ist kein genereller Autoritätsanspruch abzuleiten; zugleich warnt dieser Befund jedoch zur Vorsicht hinsichtlich einer nur restriktiven Zuerkennung verbindlicher Redekompetenz.

Leben unter der Führung des Geistes nach der Apg

Bekanntlich ordnet Lukas in seinem Doppelwerk dem Wirken des Geistes eine führende Funktion zu, in welcher auch eine grundlegende Strukturparallele zwischen dem Bericht über das Wirken Jesu und der Darstellung der Ausbreitung der Botschaft über ihn erkennbar ist (vgl. Lk 3,21–22 mit Apg 2,1–36). Für das Verständnis der lukanischen Konzeption sind mehrere Momente maßgeblich:
– Aus der Sicht des Verfassers geschieht am ersten Pfingstfest die Geistbegabung der gesamten christlichen Gemeinde. Zwar wird es in Apg 2,1–4 vermieden, das Subjekt *pantes* (alle, vgl. Apg 2,1.4) präzise zu umschreiben. Der Blick in den Kontext zeigt allerdings, daß die letzte direkte Personennennung in Apg 1,15 steht. Dort erhebt sich Petrus «in mitten der Brüder [und Schwestern]» und leitet mit seiner Rede die Ersatzwahl für Judas ein. Der Verfasser beziffert die Zahl der Anwesenden mit «ungefähr 120» Personen. Darunter fallen aufgrund der erzählerischen Weiterführung die in Apg 1,13–14 genannten Personen und Personengruppen (die Elf, die Frauen[gruppe], die Mutter Jesu, seine Geschwister oder Verwandten) und wohl andere Menschen aus der ursprünglichen Nachfolgegemeinschaft um Jesus von Nazaret. Ohne weitere Abgrenzung fährt der Verfasser dann fort, daß «alle» am Pfingsttag gemeinsam an einem Ort versammelt waren, sowie des weiteren: «Und alle wurden von heiligem Geist erfüllt ...» (Apg 2,4)[5]. Daß sich der weitere Verlauf der Pfingstperikope auf die Zwölf, unter ihnen besonders auf Petrus konzentriert, spricht nicht dagegen, daß die Geistbegabung an Pfingsten der gesamten nachösterlich verbliebenen Gemeinschaft um Jesus (und damit den Urmitgliedern der Gemeinde von Jerusalem) gilt. Die Formulierung von Apg 2,14 zeigt auch deutlich, daß Lukas den nunmehr sprechenden Petrus nicht als singulären Pol, sondern eingebunden in sein Kollegium verstehen möchte («Es stand Petrus *mit den Elfen* auf, er erhob seine Stimme und sprach zu ihnen» – Hervorhebung von mir).[6]

Das in dieser grundlegenden Perikope vorgelegte Verständnis von der umfassenden Geistbegabung der Gemeinde[7] hat für die weitere Darstellung entsprechende Konsequenzen: Dies zeigt sich in der Wiedergabe des Gebets der Gemeinde im Anschluß an die Freilassung des Petrus und Johannes nach ihrer

---

5   Vgl. dazu W. Kirchschläger, Die Entwicklung von Kirche und Kirchenstruktur zur neutestamentlichen Zeit, in: Aufstieg und Niedergang der Römischen Welt. Hrsg. v. H. Temporini, W. Haase. Bd. 26.2, Berlin 1995, 1277-1356, hier 1310, sowie 1307-1308.
6   Es ist in diesem Zusammenhang bemerkenswert, daß besonders die Ikonographie hier einem selektiven Verständnis des Pfingstgeschehens massiv Vorschub geleistet hat. Auf den meisten Darstellungen des Pfingstgeschehens sind lediglich die zwölf Apostel und die Mutter Jesu als Empfänger des Geistes abgebildet!
7   Der entsprechende Befund zur Apg ist dargestellt bei Venetz, So fing es mit der Kirche an 218–219.

ersten Inhaftierung durch den Hohen Rat. Nachdem die Gemeinde um die Kraft zur Verkündigung in Freimut und um Bekräftigung durch Zeichen für die Apostel gebetet hatte (vgl. Apg 4,24–30, bes. 4,29–30), schreibt der Verfasser weiter: «Und während sie beteten, wurde der Ort, an dem sie versammelt waren, erschüttert, und alle wurden mit heiligem Geist erfüllt, und sie sprachen das Wort Gottes mit Freimut» (Apg 4,31). Lukas differenziert in dieser Darstellung sehr genau. Keineswegs übergeht er die besondere Stellung jener, die einen besonderen Auftrag haben; zugleich aber bindet er deren Tätigkeit in das Gesamtverhalten der Gemeinde ein.

– Dieses enge Miteinander von Gemeinde und Leitungsinstanzen auch dort, wo es um grundlegende Entscheidungsfindungen geht, zeigt auch der lukanische Bericht über das Apostelkonzil[8]. Der geschilderte Ablauf kann als paradigmatisch gelten: Im Anschluß an die Wortmeldungen der führenden Persönlichkeiten und Exponenten in der vorliegenden Streitfrage (Petrus, Paulus und Barnabas, Jakobus) wird das Problem gemeinsam entschieden: «Da erschien es den Aposteln und Ältesten *mit der gesamten Gemeinde* gut» (Apg 15,22; Hervorhebung von mir). Die entsprechende Begründung im Aposteldekret verweist auf die umfassendere Dimension dieser Praxis: «Daher schien es dem Heiligen Geist und uns [den Aposteln und Ältesten] gut ...» Die Entscheidungsfindung geschieht unter Führung der Leitungsinstanzen, beteiligt daran ist die gesamte Gemeinde. Dieser Prozeß der Wahrheitsfindung wird als geistgeprägt erfahren und verstanden.

Eine ähnliche Vorgangsweise ist schon bei der Schlichtung des Streits mit den Hellenisten und der damit verbundenen Wahl der Sieben (vgl. Apg 6,1–7) zu beobachten. Während es sich dort jedoch um ein Problem der Gemeindedisziplin handelt, liegt bei der Streitfrage des Apostelkonzils eindeutig eine lehrmäßige Differenz vor. Gerade deshalb ist der Weg der Entscheidungs- und Wahrheitsfindung hier so bedeutsam, zeigt er doch einen von der gesamten Gemeinde gemeinsam getragenen Prozeß der Konsens- und Entscheidungsfindung. Vor diesem Hintergrund fällt auf, daß das Adverb *homothymadon* (gemeinsam, einmütig) in der Apg eines der Lieblingsbegriffe des Verfassers für die Umschreibung der Gemeinde und ihres Verhaltens oder Vorgehens ist.[9]

Der skizzierte Überblick zeigt, daß der Weg der Wahrheitsfindung und -formulierung aus neutestamentlicher Perspektive von zwei Momenten besonders geprägt ist: Entsprechende Entscheidungen werden nicht durch Einzelpersonen gefällt, sondern unter Einbindung mehrerer Personen bis hin zur Gesamtgemeinde wahrgenommen. Wo entsprechende Entscheidungen und Aussagen gemacht werden, führen sie die neutestamentlichen Verfasser auf das

---

8 Vgl. dazu den Beitrag von F. Annen in diesem Band, des weiteren J. Kremer, Konflikte und Konfliktlösungen in der Urkirche und frühen Christenheit, in: ders., Die Bibel beim Wort genommen, Wien 1995, 361–380, hier 363–366; J. Roloff, Konflikte und Konfliktlösungen nach der Apostelgeschichte, in: Der Treue Gottes trauen. Fs. G. Schneider. Hrsg. v. C. Bussmann und W. Radl, Freiburg 1991, 111–125, hier 120–122; W. Kirchschläger, Was das Neue Testament über den Glaubenssinn der Gläubigen sagt, in: Mitsprache im Glauben? Hrsg. v. G. Koch, Würzburg 1993, 7–24, hier 19–20.

9 Roloff, Konflikte 116, spricht diesbezüglich von einem «theologischen Axiom» der lukanischen Ekklesiologie. Vgl. auch L. Oberlinner, Das Ideal einer christlichen Gemeinde nach der Apostelgeschichte, in: A. Vögtle, L. Oberlinner, Anpassung oder Widerspruch, Freiburg 1992, 40–65, hier 48–50.

Wirken des Geistes zurück, in das grundsätzlich alle Christinnen und Christen miteinbezogen sind[10]. Vor diesem Hintergrund sind anders ausgerichtete Wege der Wahrheitsfindung zu sichten.

Der Petrusdienst

Der biblische Befund

Der Petrusdienst[11] ist biblisch als Leitungsaufgabe schon aus der vorösterlichen Evidenz begründbar. Mit großer Wahrscheinlichkeit bietet Joh 1,40–42 die dem historischen Geschehen nächstliegendste Darstellung der Berufung des Simon. Die mit dem Deutenamen verbundene Metapher ist zunächst nicht eindeutig. *Kepha* bedeutet «Stein» (auch: «harter Brocken, Klumpen»); erst in der nachösterlichen Konkretisierung wird sie auf «Fels» (*petra*) mit positiver Konnotation determiniert (so Mt 16,18). Ohne Zweifel spiegelt sich darin bereits die Stellung und Aufgabe, die Simon Petrus im vorösterlichen Jüngerinnen- und Jüngerkreis und sodann in der nachösterlichen frühen Kirche innehatte: Er fungierte als Sprecher des Zwölferkreises, war infolgedessen auch dessen Leitfigur und nahm diese Vorrangstellung über das Passions- und Ostergeschehen (d. h. hier: über Verleugnung und Rückzug/Flucht) hinweg aufgrund der besonderen Zuwendung des Auferstandenen (vgl. Mk 16,7) auch in der frühen nachösterlichen Glaubensgemeinschaft wahr. Das vermutlich älteste diesbezügliche Jesuslogion in Lk 22,31–32 spiegelt diese Entwicklung, zugleich weist es Simon selbst stets neu auf den Weg der Umkehr, um daraus seine Schwestern und Brüder im Glauben zu stärken – m. E. die wesentlichste Komponente jedweden Dienstes des Simon Petrus.

Auch die (nachösterliche) *Relecture* des Jesusgeschehens zeigt Petrus in seinem Agieren in das Zwölferkollegium integriert (vgl. z. B. Mk 8,29; Joh 6,68–69). Diese Darstellungstendenz wird auch für die Zeit der frühen Kirche beibehalten (vgl. bes. Apg 2,14). Gleiches gilt auch für die Weiterführung der Tradition des Petrusbekenntnisses: Mt 16,16 ist durch das Bekenntnis des Jüngerkreises in Mt 14,33 («Wahrhaftig, Gottes Sohn bist du!») vorbereitet, die in Mt 16,19 zugesprochene Vollmacht wird in Mt 18,18 generell auf die Gemeindeverantwortlichen ausgedehnt. Schon Gal 2,9 sowie später Apg 15 zeigen deutlich, daß der hier ohne Zweifel angesprochene Leitungsdienst in kollegiale Elemente eingebunden ist. Die in Mt 16,13–20 erkennbare singuläre (oder monarchische) Spitze sollte nicht ohne die kritische Mitlektüre der etwa zeitgleich formulierten Perikope vom Lauf des Petrus und des anderen (wohl: des geliebten) Jüngers zum geöffneten Grab (Joh 20,3–10) gelesen werden. Die johanneische Perspektive zeigt nämlich, daß es neben der petrinischen Autori-

---

10 Dazu vor allem A. Weiser, Autorität im Alten und im Neuen Testament, in: ders., Studien zu Christsein und Kirche (SBAB 9), Stuttgart 1990, 247–266, hier 260–262.

11 Vgl. dazu Venetz, So fing es mit der Kirche an 209–214, sowie vor allem P. Dschulnigg, Petrus im Neuen Testament, Stuttgart 1996, bes. 202–214; Kirchschläger, Entwicklung 1291–1294.

tät auch noch andere maßgebliche in der frühen Kirche und in den Gemeindetraditionen gegeben hat. Die Autorität des geliebten Jüngers für die johanneischen Gemeinden, jene des Paulus für die von ihm gegründeten (oder auch besuchten) Gemeinden, die Vorrangstellung des Herrenbruders Jakobus im Jerusalem nach 44 n. Chr. dürfen dabei nicht übersehen werden. Insbesondere ist zu beachten, daß von den letztgenannten Personen, besonders von Paulus und vom geliebten Jünger mehr an Lehrautorität tradiert ist, als man dies aus den Belegen der Bibel dem Simon Petrus zuordnen könnte – dies vor allem dann, wenn die Mt 16 angesprochene (Binde- und Löse-)Vollmacht vor allem jene der (disziplinären) Gemeindeleitung umfaßt[12].

Der Ort petrinischen Wirkens

Auch in diesem Bereich ist ein bereinigender Blick in die biblischen Zeugnisse vonnöten. Denn bekanntlich verschwinden Simon Petrus und sein Tätigkeitsfeld nach der wunderbaren Befreiung aus dem Kerker in den Paschatagen des Jahres 44 n. Chr. nach der Hinrichtung des (Zebedäussohnes) Jakobus weitestgehend aus den biblischen Darstellungen. Nach dem Auftrag, den Herrenbruder Jakobus von seiner Befreiung in Kenntnis zu setzen, heißt es Apg 12,17: «Und er ging hinaus, und er begab sich an einen anderen Ort». Daß Simon Petrus im Kontext des Apostelkonzils nochmals als maßgebliche Person in Jerusalem auftritt, ist zwar zutreffend, aber entsprechend zu gewichten. Denn die paulinischen Erinnerungen in Gal 2,1–10 sehen ihn dort (anders als Gal 1,18) im Dreierkollegium mit (dem Herrenbruder) Jakobus und Johannes – wobei die Aufzählung in Gal 2,9 (abgesehen von 1 Kor 9,5) als einzige diesbezügliche Liste im Neuen Testament Petrus nicht (mehr) an erster Stelle nennt. Ohne Zweifel ist die Leitungsautorität in Jerusalem an den Herrenbruder Jakobus zusammen mit einem Ältestenkollegium übergegangen. Lukas benennt Petrus zwar als den Erstredner auf der Versammlung; das ausschlaggebende Wort in Verbindung mit dem Lösungsvorschlag formuliert aber als letzter Redner bereits Jakobus. (Auch die von Lukas unterschiedlich benannten Adressaten für die paulinische Berichterstattung nach der ersten und nach der dritten Missionsreise belegen eine entsprechende Entwicklung: vgl. Apg 15,4 mit Apg 21,18–19).

Unter Umständen verweisen die Erwähnung einer Kephaspartei in Korinth (vgl. 1 Kor 1,12; 3,22) auf eine zeitweilige Präsenz des Simon Petrus in Korinth. Die Adscriptio im (pseudepigraphischen) Präskript des 1 Petr, welche an «die Auserwählten ... in Pontus, Galatien, Kappadozien, der Provinz Asien und Bithynien» gerichtet ist (1 Petr 1,1), könnte eine Erinnerung an petrinisches Wirken in diesen Gebieten spiegeln. Konkretere Informationen sind allerdings aus biblischen Quellen nicht zu erhalten[13].

---

12 Vgl. dazu P. Hoffmann, Der Petrus-Primat im Matthäusevangelium, in: ders., Studien zur Frühgeschichte der Jesus-Bewegung. (SBAB 17), Stuttgart 1994, 326–349; L. Schenke, Die Urgemeinde, Stuttgart 1990, hier 74–75.
13 Vgl. J. Blank, Petrus – Rom – Papsttum, in: ders., Studien zur biblischen Theologie. (SBAB 13), Stuttgart 1992, 181–207, hier 204–207.

Über eine allfällige Tätigkeit des Simon Petrus in Rom weiß die Heilige Schrift nichts. Eine entsprechende Gemeindegründung scheidet aus, da die Ursprünge der römischen Gemeinde schon einige Jahre vor 50 n. Chr. zurückgehen müssen, wie der Hinweis auf das Claudiusedikt bei Sueton wohl belegt[14]. Es wäre auch verwunderlich, daß Paulus dies in Röm, insbesondere in der Grußliste von Röm 16, als mögliche Verbindungslinie zur ihm unbekannten Gemeinde nicht angesprochen hätte. Erst die archäologische Tradition weiß um ein Petrusgrab in Rom in nachneronianischer Zeit. Klemens von Rom bestätigt das Martyrium in seinem Schreiben an die Korinther[15]. Er beruft sich auf diesen Lebenseinsatz, nicht auf das Wirken der beiden Apostel in der Stadt, um den Anspruch Roms zur Friedenstiftung in Korinth zu rechtfertigen.

Irenäus von Lyon verweist schließlich auf eine entsprechende Gemeindegründung[16]; er spricht allerdings davon, daß die römische Gemeinde auf Petrus *und Paulus* zurückzuführen sei. Eine Bemerkung bei Tertullian[17] bietet Auf-

---

14 Vgl. Sueton, Vita Claudii XXV 4: «Claudius vertrieb die Juden, die unter Anstiftung des Chrestus Tumult stifteten, aus Rom». Die Hinweise zu Aquila und Priszilla in Apg 18,2 unterstützen diese Annahme.
15 Vgl. 1 Clem 5: «¹ Aber wir wollen mit den alten Beispielen aufhören und wollen kommen zu den Wettkämpfern der jüngsten Zeit: Nehmen wir die edlen Beispiele unseres Geschlechts. ² Wegen Eifersucht und Neid sind die größten und gerechtesten Säulen verfolgt worden und haben bis zum Tode gekämpft. ³ Halten wir uns vor Augen die tapferen Apostel: ⁴ Petrus, der wegen ungerechtfertigter Eifersucht nicht eine und nicht zwei, sondern viele Mühen erduldet hat und der so – nachdem er Zeugnis abgelegt hatte – gelangt ist an den (ihm) gebührenden Ort der Herrlichkeit. ⁵ Wegen Eifersucht und Streit hat Paulus den Kampfpreis der Geduld aufgewiesen ...» (Text nach: Die Apostolischen Väter. Hrsg. v. A. Lindemann, H. Paulsen, Tübingen 1992, hier 87).
16 Irenäus, Adv. Haereses III: «² Aber weil es viel zu weit führen würde, in einem Buch wie diesem die Aufeinanderfolgen (der Bischöfe) sämtlicher Kirchen aufzuzählen, gebe ich die von den Aposteln stammende Tradition und den für die Menschen gepredigten Glauben (vgl. Röm 1,8) nur am Beispiel der besonders großen und besonders alten und aller Welt bekannten, *von den beiden hochgerühmten Aposteln Petrus und Paulus in Rom gegründeten und organisierten Kirche an*, wie sie durch die Aufeinanderfolge der Bischöfe auf uns gekommen ist ... Denn mit dieser Kirche muß ihrer besonderen Gründungsautorität wegen [*propter potentiorem principalitatem*] jede andere Kirche übereinstimmen, das heißt die Gläubigen ringsum [*qui sunt undique fideles*]. In ihr ist von den Gläubigen ringsum [*fideles ... qui sunt undique*: die Gläubigen der Nachbargemeinden, der zugehörigen Region] die Tradition, die auf die Apostel zurückgeht, allezeit aufbewahrt worden. ³ Als die seligen Apostel die Kirche also gegründet und erbaut hatten, legten sie dem Linus das Amt des Bischofs zur Leitung der Kirche in die Hände. Das ist der Linus, den Paulus in seinen Briefen an Timotheus erwähnt (vgl. 2 Tim 4,21). Sein Nachfolger war Anenkletos. Nach ihm bekam Clemens, von den Aposteln aus gezählt an dritter Stelle, das Bischofsamt. Er hatte noch die seligen Apostel gesehen und Kontakte zu ihnen gehabt .... Zur Zeit dieses Clemens kam es nun zu einer schweren Kontroverse unter den Brüdern in Korinth. Da schrieb die Kirche von Rom den Korinthern einen ganz bedeutenden Brief, um sie in Frieden auszusöhnen, ihren Glauben zu erneuern und die Überlieferung zu verkünden, die sie unlängst von den Aposteln empfangen hatte: ...» (Text nach: Irenäus von Lyon. Adversus Haereses. Übersetzt von N. Brox. [Fontes Christiani 8/3], Freiburg 1995, Hervorhebung von mir; vgl. zum Text den einleitenden Kommentar ebd. 8–10).
17 Tertullian, Praescr.: «21 Aufgrund dessen erleben wir also die Prozeßeinrede: Wenn Christus, der Herr, Apostel zum Predigen ausgesandt hat, so dürfen andere Prediger als es Christus angeordnet hat, nicht zugelassen werden ... Was aber der Inhalt ihrer Verkündigung ... gewesen sei, das darf ... auf keinem anderen Wege bewiesen werden, als eben durch eben dieselben Kirchen, welche die Apostel persönlich gegründet haben ... Wenn dem so ist, so steht es folglich fest, daß jede Lehre, welche mit jenen apostolischen Kirchen, den Mutter- und Stammkirchen des Glaubens, in Übereinstimmung steht, für Wahrheit anzusehen sei, indem sie ohne Zweifel dasjenige besitzt, was die Kirchen von den Aposteln empfangen haben, die Apostel von Christus und Christus von Gott ... Wir müssen also nur noch den Beweis liefern, ob diese unsere Lehre, deren Regel wir oben aufgestellt haben, von der apostolischen Überlieferung abstamme und, was sich damit von selbst ergibt, ob die übrigen Lehren aus der Fälschung entsprungen seien. Wir stehen mit den apostolischen Kirchen in Gemeinschaft ... Das ist das Zeugnis für die Wahrheit.» – «36 Wohlan denn! Willst du den Forschertrieb im Geschäfte deines Heiles in ersprießlicher Weise betäti-

schluß über das Gewicht der Notiz bei Irenäus und mahnt zur Vorsicht in der inhaltlichen Gewichtung.

Theologische Wirkgeschichte

Vor diesem nur kurz skizzierten biblischen Hintergrund ist die biblische Begründung der entsprechenden Lehraussage des I. Vatikanischen Konzils kritisch zu überprüfen[18]. Die unfehlbare Dimension des Petrusdienstes wird darin auf eine historisierende Auslegung von Mt 16,13–20 abgestützt, wobei Joh 1,42 und Joh 21,15–17 lediglich erwähnt werden. Anstelle eines Konvergenzarguments wird Partikularexegese nach der damals gängigen katholischen Praxis vorgenommen. Dabei unterlaufen leicht erkennbare Einseitigkeiten: Mt 16,18–19 ist ohne Berücksichtigung von Mt 18,18 kommentiert, zu Joh 21,15–17 bleibt Joh 20,22 unberücksichtigt. Das Anliegen einer Deutung des biblischen Befundes *ex situatione* ist erkennbar, wobei das entsprechende ideologische Anliegen in den Text eingetragen wird, ohne seine ursprüngliche Aussageintention zu berücksichtigen.

Denn keiner der biblischen Verfasser hatte die Absicht, Simon Petrus in dem von ihm ausgeübten Leitungsdienst mit einer irrtumslosen Verbindlichkeit darzustellen oder auch in der späteren *Relecture* auszustatten. Dieses Moment der Verbindlichkeit ist aus biblischer Perspektive nicht mit einem spezifischen Dienst verknüpft, sondern unterliegt anderen Voraussetzungen[19].

Consensus fidelium *als Leitkriterium für «Unfehlbarkeit»*

Ohne Zweifel schreiben die neutestamentlichen Verfasser den Gemeindeleitungsinstanzen die Verantwortung für die richtige Glaubensverkündigung zu. Zugleich aber ist deutlich, daß die gesamte Gemeinde diese Verantwortung umsetzen und leben muß. Das Bekenntnis zum Kyrios Jesus in der Kraft des Geistes (vgl. 1 Kor 12,3) ist Anliegen und Aufgabe der gesamten Gemeinde. Sie setzt dies unter kompetenter Anleitung in aller Vielfalt um, gibt aber damit nicht die grundlegende Kompetenz des Getauftseins ab, in der Kraft des Gei-

---

gen, so halte eine Rundreise durch die apostolischen Kirchen, in welchen sogar noch die Lehrstühle der Apostel auf ihrer Stelle stehen, in welchen noch ihre Briefe aus den Originalen vorgelesen werden ... Ist dir Achaia das Nächste, so hast du Korinth. Wohnst du nicht weit von Mazedonien, so hast du Philippi. Wenn du nach Asien gelangen kannst, so hast du Ephesus. *Ist aber Italien in deiner Nachbarschaft, so hast du Rom*, von wo auch uns [das ist: in Nordafrika] die Lehrautorität bereitstellt. O wie glücklich ist doch diese Kirche, in welche die Apostel die Fülle der Lehre mit ihrem Blute überströmen ließen, wo *Petrus* in der Weise des Leidens dem Herrn gleich gemacht, wo *Paulus* mit der Todesart des Johannes gekrönt, wo der Apostel *Johannes*, nachdem er, in siedendes Öl getaucht, keinen Schaden gelitten hat, auf eine Insel verbannt wird. Nehmen wir Einsicht davon, was sie gelernt, was sie gelehrt hat, was sie zugleich auch mit den afrikanischen Kirchen bezeugt.»
(Text nach: Tertullian II. Übersetzt von H. Kellner. [BKV], München o. J., Hervorhebungen von mir).
18 Vgl. DH 3050–3075.
19 Vgl. dazu die differenzierte Studie von J. Kremer, Viele «Kirchen» – eine «Kirche», in: Zentralismus statt Kollegialität. Hrsg. v. F. König, Düsseldorf 1990, 16–54, in welcher der Verfasser die sehr unterschiedliche Rezeption von Mt 16,17–19 in den ersten sechs nachchristlichen Jahrhunderten aufzeigt. Auch die anderen Beiträge des Bandes (von F. König, G. Schwaiger, P. Neuner, P. Krämer und P. Hünermann) sind für die Thematik äußerst instruktiv.

stes nach der Wahrheit zu suchen, um sie zu ringen und sie zu formulieren. Dieses Moment der Übereinstimmung des Glaubensempfindens der Glaubenden, das auf die Würde der Taufe und der damit verbundenen Gotteskindschaft aller Getauften gründet, gehört zu den Grundbefindlichkeiten von Kirche. Damit ist keinesfalls ein sogenannt «demokratisches» Kriterium der Wahrheitsfindung bezeichnet, sondern ein «konsensuelles». Die Wahrheit des Glaubens, das zutreffende Umschreiben des Handelns Gottes mit dem Menschen und der Integration des Menschen in den göttlichen Lebensvollzug entspringt nie einer dem Amtsbewußtsein entstammenden Entscheidung, sondern dem *gemeinsamen* Ringen um das Begreifen und Formulieren des Geheimnisses Gottes.

Daher ist *koinonia* ein unentbehrliches Konvergenz- und Kontrollkriterium zu einem Denken von glaubensverbindlicher Rede. Es verweist auf die «Einheit des Geistes», die der Verfasser des Epheserbriefes anmahnt (vgl. Eph 4,3), und macht zugleich deutlich, daß der Inhalt glaubensverbindlicher Rede aus dem Zusammenwirken der Vielfalt möglicher Glaubensrede einzelner herauswachsen muß. Das Bild von der vielfältigen Gestalt des Leibes kann auch in diesem Zusammenhang als tauglich Metapher dienen, vorausgesetzt, es bleibt die Grunddynamik des Bildes gewahrt: Es ist der *Geist*, der die Vielfalt prägt, belebt und zugleich zusammenhält.

Aus biblischer Perspektive ergibt sich daher: Das Sprechen von «Unfehlbarkeit» läßt sich in den biblischen Schriften nur bedingt verankern. Dies gilt der Sache nach ebenso wie bezogen auf konkrete Personen. Daher wäre einem Bedenken *verbindlicher Glaubensrede* der Vorzug zu geben und zugleich zu beachten, daß solche Rede – wie jeder Lebensvollzug von Kirche – im Wirken des Geistes gründet. Dann läßt er sich aber nicht auf einzelne in der Kirche eingrenzen, sondern muß – in durchaus differenzierter Form und Applikation – grundsätzlich auf alle Glaubenden ausgeweitet bleiben. Das bedeutet: Im Zusammenwirken der ganzen vielfältigen Fülle von Glaubenserfahrung und Glaubenswissen kann die Gemeinschaft der Kirche in der Wahrung von Gemeinschaft und Übereinstimmung die Verbindlichkeit ihres Sprechens von Gott immer neu suchen und – mit dem Geist Gottes – auch finden[20].

Die biblische Basis legt also dringend nahe, den Traditionsbefund von «Unfehlbarkeit» neu zu überdenken und ihn im Zuge einer kritisch analysierenden *Relecture* dem biblischen Ursprung anzupassen. Denn zunächst nur dort, in der verbindlichen Rede über das Christusgeschehens, «fing es mit der Kirche an».

---

20 Vgl. dazu H. J. Pottmeyer, Wahrheit «von unten» oder Wahrheit «von oben»?, in: Öffnung zum heute. Hrsg. v. U. Struppe, J. Weismayer, Innsbruck 1991, 13–30; zur dafür unerläßlichen Dialogkultur in der Kirche vgl. die beiden Sammelbände Dialogische Kirche – Kirche im Dialog. Hrsg. v. J. Pfammatter, E. Christen. (ThB 22), Fribourg 1996, sowie Dialog als Selbstvollzug von Kirche. Hrsg. v. G. Fürst, Freiburg 1997.

Norbert Greinacher

IST DIE KIRCHE NOCH ZU RETTEN?

Die Bedeutung von Religion und der Sitz im Leben der institutionalisierten Kirchen in der säkularisierten Gesellschaft von heute

Wenn ich einem Menschen die Frage stelle: Bist du noch zu retten?, dann erwarte ich keine Antwort, sondern ich will damit zum Ausdruck bringen: Bei dir ist Hopfen und Malz verloren. Dir ist nicht mehr zu helfen. In diesem Sinne ist die Frage: «Ist die Kirche noch zu retten?», *nicht* gemeint. Es ist für mich eine wirkliche Frage, die ich mir auch persönlich stelle auf dem Hintergrund der Tatsache, daß ich – wenn ich mit meiner Meßdienerzeit anfange zu zählen – etwa sechzig Jahre dieser Kirche in verschiedenen Funktionen gedient habe. Waren diese sechzig Jahre umsonst und damit die längste Zeit meines Lebens?

Zur Situation heute

Definitorische Vorbemerkungen

Unter *Säkularisation* verstehe ich jenes historische Ereignis in Deutschland, vor allem des Jahres 1803, in dessen Verlauf Territorien, welche vorher den Kirchen gehörten, durch weltliche Fürsten in Besitz genommen wurden als Ausgleich dafür, daß sie linksrheinische Gebiete an Frankreich verloren hatten. Die bis dahin größte politische und territoriale Enteignung, vor allem der katholischen Kirche in Deutschland, führte zu einem fundamentalen Bedeutungsverlust beider christlicher Kirchen.

Unter *Säkularismus* verstehe ich einen im Zusammenhang mit der Aufklärung und der Französischen Revolution stehenden geistigen und politischen Antiklerikalismus, welcher den Einfluß der christlichen Kirchen im besonderen und der Religion im allgemeinen auf das politische, kulturelle, wirtschaftliche und gesellschaftliche Leben rigoros eliminieren möchte.

Unter *Säkularisierung* verstehe ich ein soziologisches Phänomen, in dessen Verlauf immer mehr Bereiche des gesamten gesellschaftlichen Lebens sich der Bestimmung durch das Wertesystem der christlichen Kirchen und der Religion entzogen, sich emanzipierten und sich ihre eigene profane Wertbestimmung gaben.

Wertewandel

Wir befinden uns vor allem in Deutschland seit etwa 35 Jahren in einer geschichtlichen Umbruchsituation, deren Tragweite vermutlich vielen von uns noch nicht bewußt geworden ist. Dabei handelt es sich um die für einen Zeithistoriker relativ günstige Situation, die Zeit des Umbruchs ziemlich genau angeben zu können. Es waren nämlich vor allem die Jahre zwischen 1958 und 1972. Ich kann hier nur einige Indikatoren für diesen Umbruch nennen.

Es handelt sich zunächst um einen fundamentalen Einbruch im Zusammenhang mit der Verbreitung der Massenkommunikationsmittel. Die Jüngeren unter uns werden es sich kaum vorstellen können, daß erst in diesen Jahren 1958 bis 1972 in nahezu jedem Haushalt in Deutschland das Fernsehen Einzug hielt. Hinzu kam ein tiefgreifender Wandel der Mobilität der Menschen. In demselben Zeitraum setzte die Massenverbreitung des Automobils ein.

Der dritte Indikator für diesen Umbruch ist der in denselben Jahren spürbar werdende ökonomische Entwicklungsschub, bekanntgeworden unter dem Begriff des «Deutschen Wirtschaftswunders».

Diese drei Tendenzen verursachten im Rahmen dieses Umbruchs eine Grundhaltung des Konsumismus, der vor allem von Pasolini, dem italienischen Filmemacher, treffend analysiert wurde: eine Grundhaltung, die bis heute unsere Lebenswelt prägt.[1]

Mit diesen genannten, mehr äußerlichen grundlegenden Veränderungen im gesellschaftlichen Leben hängt aufs engste zusammen der fundamentale *Wertewandel*. Helmut Klages versucht, diesen Wertewandel so zu umschreiben:

> Vom Wertewandel (oder «Wertwandel») wird seit geraumer Zeit zunehmend häufig gesprochen. Man nimmt ihn als Erklärungsprinzip für eine beträchtliche Anzahl gesellschaftlicher Veränderungen in Anspruch, handle es sich hierbei um eine zeitweilige Erscheinung in der Jugend, um den Wandel der Einstellungen zur Arbeit, um die emanzipatorischen Bestrebungen der Frauen oder auch um verwirrende Entwicklungen im Bereich der politischen Kultur.[2]

Der Aufbruch der Studierenden im Jahre 1968 in Berkeley und anderswo, die Frauenbewegung, die später sich entfaltende ökologische Bewegung sowie die Friedensbewegung sind in diesem Zusammenhang zu sehen. Gemeinsam war diesen «Bewegungen», daß man nicht mehr bereit war, über traditionelle, religiös abgestützte Wertvorstellungen, über hierarchische Strukturen, über fraglose Autoritäten der Kirchen in Justiz und Staat, über traditionelle patriarchalische Vorstellungen in der Familie einfach hinwegzugehen sowie überkommene Prioritäten im religiösen gesellschaftlichen und ökonomischen Leben zu akzeptieren.

Schon 1971 hatte der nordamerikanische Soziologe Ronald Ingelhart einen Umbruch der bisher bestehenden Werthaltungen in den westlichen Industrieländern der nördlichen Hemisphäre seit den sechziger Jahren analysiert. Er

---

1 P. P. Pasolini, Freibeuterschriften. Die Zerstörung der Kultur des Einzelnen durch die Konsumgesellschaft, Berlin 1977.
2 Helmut Klages, Wertedynamik. Über die Wandelbarkeit des Selbstverständlichen, Zürich 1988, 11.

stellte die These auf, daß in einer *silent revolution* sich der Übergang von den materialistischen Werten, die auf das physische Überleben der Menschen abzielen, zu den postmaterialistischen Wertungen vollzogen hat wie z. B. Gemeinschaftsgefühl, Prestige, Lebensqualität.[3] Über diese These von Ingelhart wurde viel diskutiert. An der Tatsache aber, daß sich ein grundlegender Wertewandel vollzogen hat, ein Übergang von materialistischen zu postmaterialistischen Werten, scheint mir kein Zweifel erlaubt.

Was bedeuten diese hier kurz skizzierten Tendenzen, was bedeutet dieser Wertewandel für Religion und für die Kirchen in Deutschland?

Auf der einen Seite finden wir die Situation vor, daß die institutionalisierten Kirchen einen großen Bedeutungsverlust zu verzeichnen haben, empirisch feststellbar zum Beispiel an dem zurückgehenden sonntäglichen Gottesdienstbesuch sowohl in der katholischen wie in der evangelischen Kirche, aber auch an den steigenden Kirchenaustrittszahlen.

Für Deutschland kann man stark vereinfacht sagen, daß in den neuen Bundesländern – in der ehemaligen DDR – nur noch fünf Prozent der Bevölkerung der katholischen Kirche angehören, nur noch 25 Prozent der evangelischen Kirche, während 70 Prozent der Bevölkerung in den neuen Bundesländern sich nicht an die beiden Großkirchen binden. In den alten Bundesländern gehören rund 35 Prozent der Bevölkerung der evangelischen Kirche an, rund 35 Prozent der katholischen Kirche, während drei Prozent keine Kirchensteuer zahlen.

Hinzu kommt, daß ein wachsender Prozentsatz der Bevölkerung in der Bundesrepublik Deutschland keine Transzendenzeinstellung mehr hat. Ich meine damit die Tatsache, daß immer mehr Menschen in Deutschland weder an einen Gott glauben noch an ein Weiterleben nach dem Tode. Sie stellen ihr Leben darauf ein, daß mit ihrem persönlichen Tode alles zu Ende ist. Man kann das empirisch einigermaßen gesichert nachweisen aufgrund der «Europäischen Wertstudie»[4]. Zwar sind die ausgesprochenen Atheisten in den europäischen Ländern eine kleine Minderheit. Aber nur 57,3 Prozent der Europäer und Europäerinnen halten sich selbst für religiös, im Unterschied übrigens zu der Bevölkerung in Nordamerika, wo es 80,4 Prozent sind.

Wenn man eine etwas vereinfachende, aber nicht falsche Zusammenfassung dieser Überlegungen geben will, dann wird man auf der einen Seite sagen, daß die Bedeutung von Religion für die Menschen in der europäischen Gesellschaft aufs Ganze gesehen zwar abnimmt, die Religion ist aber immer noch von einer großen Bedeutung. Die Relevanz der institutionalisierten Kirchen in der Gesellschaft von Europa ist konstant zurückgegangen.

Von der Moderne zur Epoche der Individualität

Der Begriff «modern» stammt aus der Spätantike, wurde aber dann vor allem in der französischen Frühaufklärung des 17. Jahrhunderts als Charakterisierung

---

3 Vgl. Ronald Ingelhart, Kultureller Umbruch. Wertewandel in der menschlichen Welt, Frankfurt 1989.
4 Paul Zulehner, Hermann Denz, Wie Europa lebt und glaubt. Europäische Wertstudie, Düsseldorf 1993.

für ein neues Zeitgefühl benutzt. Die Moderne wandte sich gegen ein zyklisches Geschichtsbild der Renaissance und gründete sich auf den Erkenntnissen der damals neuen Naturwissenschaften und der Philosophie seit Kopernikus und Descartes. Zu eigen war dieser Moderne ein aus unserer heutigen Sicht zutiefst fragwürdiger Fortschrittsglaube. Es konnte alles nur besser werden. Damit einher ging ein Gefühl der Verbundenheit mit der gesamten Menschheit: «Seid umschlungen ihr Millionen». Die Frauen waren in diesem Verbundenheitsgefühl nur am Rande mitgemeint, wie der eine Leitbegriff der Französischen Revolution, die Brüderlichkeit, zum Ausdruck bringt. Diese Idee der Moderne zusammen mit ihrem Fortschrittsglauben wurde schon von Denkern wie Kierkegaard, Baudelaire und Nietzsche angezweifelt. Dieser Fortschrittsglaube geriet dann mit dem Ersten Weltkrieg in eine Krise und wurde mit dem Zweiten Weltkrieg, vor allem durch den Holocaust, geschichtlich *ad absurdum* geführt, was nicht verhindert, daß auch heute noch einzelne und auch gesellschaftliche Gruppen weiterhin vom Fortschritt sprechen und träumen. Ob man von der Epoche nach der Moderne, von der Postmoderne, sprechen soll, ist strittig.

Mir scheint für die Zeit nach der Moderne vor allem charakteristisch zu sein der Prozeß der *Individualisierung*. Ulrich Beck charakterisiert diesen Individualisierungsprozeß so:

> Die Menschen werden am Ende des 20. Jahrhunderts freigesetzt aus den industriegesellschaftlichen Lebensformen, wie sie beim Einstieg in die Industrie-Epoche freigesetzt wurden (und werden) aus den ständisch-feudalen Selbstverständlichkeiten, Lebens- und Gesellschaftsformen ... Individualisierung beruht nicht auf der freien Entscheidung der Individuen. Um es mit Jean-Paul Sartre zu sagen: Die Menschen sind zur Individualisierung verdammt ... Individualisierung heißt also: die Normalbiographie wird zur Wahlbiographie, zur Bastelbiographie.[5]

Um Mißverständnissen vorzubeugen, sei hier ausdrücklich darauf hingewiesen, daß dieser Individualisierungsprozeß sich zunächst einmal als ein faktisch vollziehender Prozeß darstellt, der aus meiner Sicht durchaus widersprechende Tendenzen in sich birgt. Auf der einen Seite enthält er wichtige Chancen im Hinblick auf die selbständige emanzipatorische Gestaltung der Menschen in dieser Gesellschaft. Auf der anderen Seite muß klar gesehen werden, daß derselbe Prozeß auch große Gefahren in sich birgt im Hinblick auf eine Überforderung des einzelnen Menschen und der Manipulation des einzelnen.

Die konfessionellen Milieus zerbrechen

Die bisher angesprochenen gesellschaftlichen Tendenzen hatten selbstverständlich ihre Auswirkungen auf die christlichen Großkirchen in Deutschland und weltweit, und haben sie auch heute noch. Diese Konsequenzen sind von fundamentaler Art. Die empirischen Daten, welche die Auflösung der tradi-

---

5 Ulrich Beck, Erfindung des Politischen. Zu einer Theorie reflexiver Modernisierung, Frankfurt 1993, 149–152.

tionellen kirchlichen Milieus belegen, sind erdrückend. Vor allem Karl Gabriel hat darauf immer wieder hingewiesen.[6]

Die Kirchenaustritte, das eindeutigste Zeichen der Abwendung von der Kirche, haben für die katholische Kirche im Jahr 1994 die Zahl 156 000 erreicht. In der evangelischen Kirche waren es im selben Jahr 290 000. In den letzten zwanzig Jahren verlor die katholische Kirche in Deutschland knapp eineinhalb Millionen Mitglieder durch Austritte, eine Zahl, die sich voraussichtlich in Zukunft in weniger als der Hälfte der Zeit erneut einstellt.

Kirchenaustritt ist aber nur der letzte Schritt. Die Abwendung von der Kirche ist auch zu einem verbreiteten Phänomen ihrer Noch-Mitglieder geworden. Ein Viertel aller deutschen Katholikinnen und Katholiken zwischen 16 und 44 Jahren gaben 1992 an, schon einmal mit dem Gedanken gespielt zu haben, aus der Kirche auszutreten[7]. Der regelmäßige sonntägliche Gottesdienstbesuch – wie Karl Gabriel sagt die Schlüsselfrage und deutliche Grenzmarkierung hinsichtlich noch bestehender Identifikation mit der Kirche – pendelt sich in der katholischen Kirche bei derzeit etwa 20 Prozent ein, nachdem es noch vor dreißig Jahren 55 Prozent waren. Dies ist ein historischer Einbruch. In der evangelischen Kirche wurden im Jahr 1994 4,5 Prozent aller evangelischen Christinnen und Christen als Sonntagsgottesdienstbesucher und -besucherinnen gezählt. Für 31 Prozent der Gesamtbevölkerung hat die Kirche für ihr Christsein nicht viel Bedeutung. 14 Prozent fühlen sich in ihren Glaubensansichten sogar ganz unabhängig von der Kirche.

Nach einer neuen Umfrage, die im Auftrage beim Emnid-Institut durchgeführt wurde, hält die Mehrheit der Mitglieder der katholischen Kirche den Papst für ein Unglück[8]. 60 Prozent der Befragten sind dezidiert der Meinung, daß Papst Johannes Paul II. durch seine starre Haltung in Moralfragen, etwa bei der Geburtenregelung oder mit seinem Ausschluß Wiederverheirateter vom Abendmahl, der Kirche Schaden zufügt. Bei der Minderheit der Katholiken, die sich noch für gläubig im kirchlichen Sinne hält, ist nicht von einer umfassenden Übereinstimmung mit kirchlichen Glaubenswahrheiten oder moralischen Werten und Normen auszugehen. Nach der Spiegel-Umfrage von 1992 glauben nur noch 32 Prozent der Katholikinnen und Katholiken an die Jungfrauengeburt sowie an das Unfehlbarkeitsdogma, und ganze sechs Prozent bejahen das päpstliche Gebot der Empfängnisverhütung durch die sogenannte Pille. Karl Gabriel resümiert:

> Man wird davon ausgehen müssen, daß eine religiös kirchliche Sozialisation im Sinne einer Vermittlung kirchlicher Wissensbestände, Normen und Überzeugungen nur noch innerhalb einer Minderheit von deutlich unter 10 Prozent gelingt.[9]

---

6 Karl Gabriel, Christentum zwischen Tradition und Postmoderne, Freiburg ²1993.
7 Untersuchungen des Instituts für Demoskopie in Allensbach im Auftrag der Deutschen Bischofskonferenz. Vgl. 10 (1993) 25.
8 Der Spiegel 26 (1992) 14.
9 Gabriel 181.

Der massive Umbruch im Verhältnis der Katholiken zu ihrer Kirche, der im Glauben und deren Verhaltensnormen insgesamt konstatiert werden kann, begann Mitte der sechziger Jahre und gelangte im kurzen Zeitraum von 1968 bis 1973 zu seiner unumkehrbaren Ausprägung. Allein in diesen fünf Jahren (1968–1973) verlor die katholische Kirche schlagartig knapp ein Drittel ihrer regelmäßigen Gottesdienstbesucher. Unter den 16- bis 24jährigen waren es sogar die Hälfte. Auf den entscheidenden Wandel im Verhalten und der Einstellung der katholischen Frauen hat Elisabeth Nölle-Neumann bereits 1973 hingewiesen. Sie schrieb damals:

> Das Stichwort, vor allem die katholischen Frauen hätten den Wahlsieg der SPD bewirkt, läßt sich aus dem Material der Allensbacher Erhebungen bestätigen. Bei den katholischen Wählern vergrößerte sich der Anteil 1972 gegenüber 1969 um 14 Prozent, und zwar bei den Männern um 8 Prozent, bei den Frauen um 75 Prozent.[10]

Karl Gabriel hat schlüssig nachgewiesen, daß die derzeitige Veränderung der Erscheinungsform des Christentums unmittelbar zusammenhängt mit dem gesellschaftlichen Umwandlungsprozeß von der modernen Industriegesellschaft hin zur entfalteten Moderne mit postmodernen Zügen.

Ab Mitte der sechziger Jahre verlor die bundesrepublikanische Gesellschaft ihre aus dem 19. Jahrhundert überkommenen traditionellen Züge, welche die klassische moderne Industriegesellschaft bis dahin mitprägt. Die Kennzeichen der Moderne: Modernisierung, Enttraditionalisierung, Differenzierung, Pluralisierung vor allem übergreifende Individualisierung begannen sich allumfassend durchzusetzen. Traditionelle Schutzräume wie das katholische oder evangelische Milieu, aber auch andere Milieus wie etwa das sozialdemokratisch dominierte Arbeitermilieu zerbrachen. An die Stelle der traditionell bestimmten religiösen Milieus, vor allem also im Deutschland des Protestantismus und des Katholizismus, trat zur selben Zeit ein breiter, oft diffus sich darstellender Markt der Weltanschauungen. Immer mehr andere Weltanschauungssysteme verschiedenster religiöser und philosophischer Herkunft bieten sich als Sinndeutungssysteme für das Leben des einzelnen und der Gesellschaft an. Darüber hinaus darf aber auch nicht übersehen werden, daß es vor allem heute eine zunehmende Zahl von Menschen in Deutschland gibt, die sich die Transzendenzfrage nach dem Woher und Wohin des menschlichen Lebens überhaupt nicht mehr stellen, zum Teil in einem dumpfen Lebensgefühl vor sich hinleben, ohne eine transzendente, das heißt in diesem Zusammenhang die empirische Wirklichkeit überschreitende Sinndeutung zu erwarten.

Diesen Gedanken zusammenfassend, läßt sich sagen: Die Zeit der christlichen Kirchen als einheitliche monopolistisch sich darbietende geschlossene Sozialform ist historisch endgültig an ihr Ende gekommen. Das Zeitalter der Volkskirche geht zu Ende. Ebenso wie der Pluralismus grenzenlos die Gesamtgesellschaft erfaßt hat, ist er auch aus dem Bereich des Christentums nicht mehr wegzudenken. Religion und Religiosität ist nicht mehr von einer unhin-

---

10 Herder-Korrespondenz 27 (1973) 87.

terfragbar maßgebenden Institution abhängig. Auch hier ist das Individuum mit seiner eigenen Reflexivität entscheidend.

Theologische Perspektiven

Orientierung an der Sache Jesu und an den Herausforderungen unserer Zeit

Wenn man sich die Frage stellt, an welche Kriterien sich die Kirche denn zu halten habe bei einer Erneuerung, dann sind es nach meiner Überzeugung vor allem zwei Maßstäbe: Auf der *einen Seite* die befreiende Botschaft des Jesus von Nazaret und *zweitens* eine Auseinandersetzung mit den bedrängenden Problemen der heutigen Weltgesellschaft.

Dringend notwendig ist es, daß die christlichen Kirchen sich den Herausforderungen der heutigen und morgigen Zeit stellen und den riesigen Problemstau in beiden Kirchen bewältigen. Diese Erneuerung darf nicht geschehen durch eine modische Anpassung, nicht durch eine postmoderne Beliebigkeit, sondern eben durch eine gleichzeitige Rückbesinnung auf die befreiende Botschaft des Jesus von Nazaret einerseits und eine Antwort auf die Probleme der heutigen Gesellschaft andererseits. Weder darf es sich um eine fundamentalistische Tradierung der biblischen Botschaft handeln, die völlig geschichtslos und unter Abstrahierung von den gesellschaftlichen Problemen vorgeht, noch um einen positions- und inhaltslosen Opportunismus.

Sich den Problemen und Herausforderungen der heutigen und morgigen Gesellschaft zu stellen, das macht die Aufgabe des praktischen Theologen so faszinierend. Er muß ein dauernder Pontifex sein, das heißt ein Brückenbauer zwischen den Fundamenten des christlichen Glaubens und der heutigen gesellschaftlichen Situation.

Christentum und Kirchentum

Schon der erste Inhaber meines Lehrstuhles in Tübingen, Johann Baptist Hirscher (er lebte von 1788–1865), machte die grundlegende Unterscheidung zwischen Christentum und Kirchentum. Er schrieb im Jahre 1823 in der «Theologischen Quartalschrift Tübingen»:

> Das Kirchentum ist nicht nur geeignet, den Zweck des Christentums auf eine ausgezeichnete Weise zu befördern; derselbe kann überhaupt gar nicht erreicht werden, außer in ihm, und durch uns. – Indes, wie man von allem in der Welt einen guten, einen mittleren und einen schlechten Gebrauch machen kann; also auch von ihm. Nicht nur lehrt die Geschichte, daß es seinen wohltätigen Einfluß auf den Zweck des Christentums zu verschiedenen Zeiten in verschiedenem Grade geäußert habe; es wirkte oft sogar störend auf diesen Zweck; und selbst in unsern Tagen übt es noch hier und dort einen schädlichen Einfluß.[11]

---

[11] Johann Baptist Hirscher, Über einige Strömungen in dem richtigen Verhältnisse des Kirchenthums zu dem Zwecke des Christenthums: Theologische Quartalschrift Tübingen 5 (1823) 193–262. 371–420, hier 193.

Was bedeutet diese Unterscheidung von Christentum und Kirchentum? Zum einen wird klar ersichtlich, daß die konkret verfaßte Kirche dem christlichen Glauben untergeordnet ist. Anders ausgedrückt: die Kirche hat dem Reich Gottes zu dienen, ist aber in keiner Weise identisch mit ihm. Erinnert sei an das Wort von Alfred Loisy: «Jesus Christus hat das Reich Gottes gepredigt, und gekommen ist die Kirche.» Zum anderen ist zu sagen: die Kirche ist die Bedingung der Möglichkeit des Kommens des Reiches Gottes. Mit allen ihren Lebensäußerungen ist die Kirche ein Instrument zur Verwirklichung des Christentums. Dem ist aber drittens hinzuzufügen, daß die konkrete Gestalt der Kirche der Verwirklichung des Christentums, das heißt dem Reiche Gottes, im Wege stehen kann. Die konkrete Gestalt der Kirche, ihre geschichtlich gewordenen und gesellschaftlich bedingten Strukturen und institutionellen Elemente dürfen nie vergöttlicht werden. Ein morphologischer Fundamentalismus der Kirche verbietet sich von hier aus. Vielmehr gilt, daß es nicht nur dogmatische und ethische Häresien gibt, sondern daß es auch *strukturelle Häresien* in der Kirche gibt, daß also, in der Sprache Hirschers, das Kirchentum der Verwirklichung des Christentums im Wege stehen kann.

Apostel und Propheten

Im Epheserbrief 2,20 lesen wir: «Ihr seid aufgebaut auf dem Fundament der Apostel und der Propheten.» – Propheten im biblischen Sinne sind entgegen der Bedeutung in unserer Umgangssprache primär nicht Personen, welche die Zukunft vorhersehen. Prophetisch reden im biblischen Sinne in Übereinstimmung mit der Bedeutung im profanen Griechisch bedeutet zunächst einmal offen heraus erklären, öffentlich bekannt machen, verkünden (analog zu der ursprünglichen Bedeutung von «Professor»).

Dem Propheten geht es um das *hic et nunc*. Der Prophet ist von seinem Wesen her ein revolutionärer Reformer. Mit seinem ganzen leidenschaftlichen Einsatz will er die Institutionen reformieren. Er will die Menschen zur Besinnung bringen; er will sie zur Umkehr rufen, zur Rückbesinnung auf den Ursprung. Er will die Institutionen wieder in den Dienst der Menschen stellen, die Entfremdung des Menschen durch die Institutionen überwinden. Deswegen ist der Prophet der Kritiker schlechthin.

Auf der einen Seite muß es in der Kirche notwendigerweise die apostolische Sukzession geben, das heißt für mich die Kontinuität im Amt. Dies ist für die Kontinuität des christlichen Glaubens in der Geschichte und für die Relevanz des christlichen Glaubens in der heutigen Gesellschaft unabdingbar notwendig. Wenn die Kirche aber dem Gesetz ihres Anfangs treu bleiben will, dann darf es nicht nur eine *apostolische* Sukzession, sondern es muß auch eine *prophetische* Sukzession geben. Mit anderen Worten: die ganze Kirche soll prophetisch sein. Eine Kirche, die diese ihre grundlegende prophetische Dimension vergißt, verrät ihre eigene Identität.

Angesichts der offenkundigen klerikalistischen Erstarrungen – in beiden Kirchen – ist die Prophetie heute dringender denn je. Die Kirche muß um ihre eigene Vorläufigkeit wissen. Sie muß sich von neuem bewußt werden und bewußt machen, daß sie nur Dienstfunktion hat. Und das apostolische Amt in der Kirche muß wissen, daß seine Funktion darin besteht, der Auferbauung der Gemeinde zu dienen. Wir brauchen heute viel mehr Raum für die Propheten und Prophetinnen in beiden Kirchen. Wir brauchen Raum für einzelne prophetische Gestalten; wir brauchen Raum für prophetische Begabungen und prophetische Gruppen in der Kirche, für verschiedene Aktionsgruppen und Spontangruppen. Damit ist nicht gesagt, daß alles gut und richtig sei, was diese Personen und Gruppen sagen und tun, sondern es gilt auch hier die paulinische Maxime (1 Tess 5,21): «Alles prüfet, das Gute behaltet.» Aber eine Kirche, die für solche prophetische Einzelpersonen, Gruppen und Bewegungen keinen Platz hat, die den *Status quo* kritisch in Frage stellen, die unter Berufung auf das Gesetz des Anfangs in der Kirche und um einer größeren Zukunft willen die Strukturen der Kirche kritisieren, harte Fragen stellen, neue Aufgaben übernehmen: eine Kirche, die solche Personen und Gruppen an den Rand, ja aus der Kirche hinausdrängt, die der Konfrontation mit solchen Gruppen und Tendenzen ausweicht, kann sich nicht auf Jesus von Nazaret und die neutestamentliche Kirche berufen, sie verrät ihren Herrn.

Die Bedeutung der kirchlichen Gemeinden

Karl Rahner hat in vorkonziliarer Zeit bereits 1956 folgendes niedergeschrieben: «Die Pfarre ist die primäre Verwirklichung der Kirche als Ereignis.» Diese fundamentale theologische These ging – wenigstens partiell – in verschiedene Dokumente des Zweiten Vatikanischen Konzils ein. Sie stellt für die katholische Kirche so etwas wie eine kopernikanische Wende in der neuzeitlichen Kirchengeschichte dar. Während in der Zeit der Gegenreformation parallel zur Entwicklung der absoluten Monarchie die katholische Kirche immer stärker zentralisiert wurde, während im Ersten Vatikanischen Konzil die katholische Kirche sich eine nicht mehr zu überbietende absolutistisch monarchistische Strukturierung gab, geschah hier eine radikale Wende. Die Kirche wurde – ganz im neutestamentlichen Sinne – von dem Kopf auf die Füße gestellt. Diese Tendenz zur Verlebendigung der Gemeinde gilt es mit allen Kräften zu fördern. Von der Lebendigkeit der kirchlichen Gemeinden hängt das Überleben der christlichen Kirchen in Deutschland und anderswo entscheidend ab.

Demokratisierung der Kirche

Ich berufe mich in diesem Zusammenhang noch einmal auf meinen Vorgänger Johann Baptist Hirscher. Sicher auf dem Hintergrund der demokratischen Bewegung um das Jahr 1848 schrieb Hirscher:

> Derselbe Geist, welcher sich auf dem politischen Gebiete geltend macht, macht sich geltend auch auf dem kirchlichen. Wie dort, so hier will man in seinen öffentlichen

Anliegen mitsprechen. Das constitutionelle und demokratische Prinzip hat die Völker durchdrungen, und wo nicht Republiken sind, sind die Monarchien wenigstens constitutionell. Reine Monarchien sind eine Unmöglichkeit der Zeit geworden. Ähnlich in der Kirche. Eine rein monarchische Verwaltung z. B. einer Diöcese widerstreitet so durchaus dem ganzen Charakter der Gegenwart, daß solche (dem constitutionellen und demokratischen Leben im Staate gegenüber) nur in dem Fall als möglich und haltbar erschiene, wenn der gesamte intelligente Teil der Bevölkerung von der Kirche abfiele, oder sich der vollsten religiösen Gleichgültigkeit hingäbe. Die schon seit langem geforderte Wiederherstellung des Synodalinstituts ist nichts anderes, als eine Frucht des allgemeinen Zeitgeistes ...»[12]

Synodale Struktur ist ein altes genuin christliches Prinzip, das der grundlegenden Vorstellung von der Kirche als dem Volke Gottes entspricht. Und deshalb ist es dringend erforderlich, die synodalen Strukturen weiterhin auszubauen und diesen Synoden auf sämtlichen Ebenen die Entscheidungskompetenz über alle wichtigen Fragen des kirchlichen Lebens zu übertragen von der Ebene der kirchlichen Gemeinde bis zur Universalkirche.

Ich bin stolz darauf hinweisen zu dürfen, daß in der Zähringischen Stadtverfassung meiner Heimatstadt Freiburg/Breisgau aus dem Jahr 1120 im Artikel 3 das Recht der Bürger, ihren Pfarrer zu wählen, verankert ist. In etlichen Kantonen der Schweiz ist die katholische Pfarrerwahl, ja sogar unter bestimmten Voraussetzungen die Abwahl des katholischen Pfarrers bis auf den heutigen Tag rechtliche Praxis. Was den Bischof betrifft, so haben die Herausgeber der «Theologischen Quartalschrift Tübingen» im Jahr 1969 folgenden Vorschlag unterbreitet:

> Die Amtszeit residierender Bischöfe soll in Zukunft acht Jahre dauern. Eine Wiederwahl bzw. eine Verlängerung der Amtszeit ist nur ausnahmsweise, und zwar aus objektiven äußeren in der kirchenpolitischen Situation liegenden Gründen möglich. Die Wahl eines Bischofs durch ein größeres Wahlgremium erscheint gerade bei der Bedeutung des Bischofsamtes und der Notwendigkeit eines lebendigen Kontaktes mit der Diözese unbedingt wünschenswert und stellt für den Vorschlag einer zeitlichen Amtsbegrenzung ein integrierendes Moment dar.[13]

Dieser Vorschlag ist auch unterzeichnet von dem damaligen Theologieprofessor an der Tübinger Fakultät, Joseph Ratzinger.

Aber auch die Papstwahl muß von neuem demokratisiert werden. Im ersten Jahrtausend wurde der Papst prinzipiell unter Beteiligung des Volkes gewählt, und noch Papst Nikolaus II., der 1059 das Wahlrecht auf die Kardinäle beschränkte, billigte dem Volk ein Zustimmungsrecht zu. Auch die Bischöfe wurden in alter christlicher Zeit vom Klerus und Volk gewählt. Papst Coelestin I. (5. Jahrhundert) schreibt: «Man soll keinen Bischof gegen den Willen des Volkes einsetzen.» Und Papst Leo der Große (ebenfalls 5. Jahrhundert) führte aus: «Wer allen vorstehen soll, soll von allen gewählt werden.»

---

12 Johann Baptist Hirscher, Die kirchlichen Zustände der Gegenwart, Tübingen 1849, 26–27.
13 Theologische Quartalschrift Tübingen 149 (1969) 11.

Notwendige Erneuerung der katholischen Kirche an Haupt und Gliedern

Ich bin fest davon überzeugt, daß eine fundamentale Erneuerung der katholischen Kirche an Haupt und Gliedern notwendig ist. Diese Forderung nach einer Erneuerung der Kirche spielte in jener Zeit eine große Rolle, als die revolutionären Kräfte der neuzeitlichen, zukunftsweisenden Ideen schon gedacht, gelehrt und niedergeschrieben wurden, die sich aber überall an den mittelalterlichen Strukturen von Kirchen und Gesellschaft stießen. Gegenüber den maßlosen Ansprüchen päpstlicher Macht, vor allem im 13. Jahrhundert, entwickelten die Kanonisten damals Formen der Kirchenregierung, welche die *Plenitudo potestatis* eingrenzen sollten. Der Gedanke an ein neues Generalkonzil klang dabei wiederholt an. Beispielhaft sei erinnert an die Erneuerungsideen des Bischofs Wilhelm Durandus des Jüngeren in Frankreich aus dem Jahr 1308 zu Händen des ökumenischen Konzils von Vienne. Seit dort durchzieht dieser Gedanke der *ecclesia reformanda* bzw. der *reformatio ecclesiae in capute et in membris* die Kirchengeschichte bis zur Reformation, wenn auch tragischerweise die Feststellung meines verstorbenen Tübinger katholischen Kollegen Karl August Fink trifft:

> Um die Mitte des 15. Jahrhunderts liegt kirchengeschichtlich gesehen der entscheidende Einschnitt zwischen Mittelalter und Neuzeit. Rom hat die Reform verhindert und dafür wenig später die Reformation erhalten.[14]

Elementarisierung des Glaubens und der Moral

Es ist eine absurde Vorstellung zu meinen, daß man in 2865 Artikeln heute den christlichen Glauben und die christliche Moral den Menschen vermitteln könne, wie es der Weltkatechismus vorlegt. Hans Küng hat in seinem Buch «Credo» auf 250 Seiten diesen Glauben überzeugender und verständlicher dargestellt als der Weltkatechismus.

Wenn das Pillenverbot wichtiger ist als die von Gott gesegnete Liebe von Frau und Mann, wenn die autoritären Kirchenstrukturen wichtiger sind als das allgemeine Priestertum der Töchter und Söhne Gottes, wenn der Pflichtzölibat und der Ausschluß von Frauen vom kirchlichen Amt wichtiger sind als die schöpfungstheologische uneingeschränkte Gleichheit von Mann und Frau und die Sorge um lebendige Gemeinden, wenn die Maßregelung von Befreiungstheologen wichtiger ist als das Elend der lateinamerikanischen Bevölkerung, wenn die Jungfrauengeburt wichtiger ist als das Leben und Wirken Jesu von Nazaret selbst, wenn die Unfehlbarkeit des Papstes wichtiger ist als die Einheit der Kirche – und man könnte fortfahren –, dann wird der christliche Glaube bis zur Unkenntlichkeit verzerrt.

---

14 Handbuch der Kirchengeschichte III, 2, Freiburg 1968, 588.

Stellung der Frau in der Kirche

Durch das apostolische Schreiben *Ordinatio Sacerdotalis* von 1994 über den Ausschluß der Frauen vom Priestertum stellt sich der jetzige Papst in eine Reihe von irrigen Aussagen aus päpstlichem Munde, welche bald obsolet, d. h. gegenstandslos, geworden sind. Selbstverständlich stellt diese Erklärung kein unfehlbares Dogma dar, wenn Papst Johannes Paul II. dies auch in einer neueren Erklärung dargelegt hat. Dieses Schreiben geht von zwei theologisch nicht haltbaren Voraussetzungen aus:

1) Der Kreis der Jünger sei identisch mit den zwölf Aposteln. Jeder Theologiestudierende in Tübingen weiß, daß es neben den Jüngern zum Beispiel die Apostel Paulus, Barnabas, Antonikus und die Apostelin Junia gab.

2) Neben den im Neuen Testament genannten Bischöfen gab es gleichberechtigt zum Beispiel die Gemeindeleiterin Phöbe und Prisca.

Der Papst hat mit diesen seinen Erklärungen der Kirche einen großen Schaden zugefügt. Ich kann nur der Aussage von Irmgard Jalowy, der Vorsitzenden der Katholischen Frauengemeinschaft Deutschlands, zustimmen, die ihr Verständnis dafür öffentlich zum Ausdruck brachte, wenn katholische Frauen jetzt aus der Kirche austreten. Sie könne verstehen, daß Menschen, die sich in einer besonders schwierigen Situation von der Kirche nicht angenommen und nicht verstanden fühlen, die Frage stellten, warum sie dieser Gemeinschaft noch angehören sollen.

Pflichtzölibat

Ich berufe mich in diesem Zusammenhang noch einmal auf meinen Vorgänger Johann Baptist Hirscher. Er setzte sich für eine sukzessive Aufhebung des Pflichtzölibats ein.[15]

Die Gedanken Hirschers über den Pflichtzölibat sind noch aktuell, vielleicht aktueller als damals. Im Hinblick auf heute ist zu sagen, daß die Aufhebung des Pflichtzölibats eine dringende pastorale Forderung im Hinblick auf das theologische Recht einer jeglichen christlichen Gemeinde auf ihren eigenen ordinierten Gemeindeleiter bzw. eine Gemeindeleiterin bedeutet. In Deutschland haben etwa ein Drittel der Pfarreien keinen eigenen Pfarrer mehr. Was dies für die Lebendigkeit des christlichen Glaubens und für die Tradierung des christlichen Glaubens an die nächste Generation bedeutet, ist offensichtlich.

Ich sehe in dieser Frage der Versorgung jeder Gemeinde mit einem eigenen ordinierten Gemeindeleiter bzw. einer Gemeindeleiterin nicht das einzige, aber das dringendste pastorale Problem der Kirche in Deutschland und anderswo. Hinzu kommt, daß die Katholisch-Theologischen Fakultäten gleichzeitig genügend gläubige, fähige, theologisch kompetente junge Erwachsene ausbilden, welche reif und willens sind, eine solche Aufgabe zu übernehmen. Ich

---

15 Theologische Quartalschrift 2 (1820) 637–670.

betrachte es als eine *strukturelle Häresie*, wenn die Kirche um eines veränderbaren Kirchengesetzes willen das Heil der Menschen hintenan setzt. Wenn das Theologumenon *salus animarum suprema lex*, mit dem das neue Kirchenrecht von 1983 endet, ernstgenommen wird, dann muß diese Situation so bald wie möglich verändert werden.

Wiederverheiratung Geschiedener

Diese Frage wurde durch den gemeinsamen Hirtenbrief der drei Bischöfe von Mainz, Freiburg und Rottenburg von 1993 wieder akut. Im Hinblick auf diese Frage gehe ich davon aus, daß es zum Kern des christlichen Glaubens gehört, die Botschaft von der Menschenfreundlichkeit und Barmherzigkeit Gottes zu bezeugen, und zwar gerade auch den Menschen, die in einer ausweglosen Situation sind, die vielleicht schuldig geworden sind vor Gott und den Menschen. Es gehört für mich zu den zentralen Inhalten des christlichen Glaubens, daß der Christ und die Christin jederzeit die Chance des Neubeginns hat. In der Sprache des Propheten Jesaja: «Wären eure Sünden rot wie Scharlach, sie sollen weiß werden wie Schnee» (1,18).

Humanisierung der Sexualmoral

Ich übernehme hier eine Forderung des «Kirchlichen Volksbegehrens». Die kirchliche Sexualmoral ist bis auf den heutigen Tag vor allem von zwei Traditionen geprägt. Auf der einen Seite war es der Platonismus, welcher den Leib als den Kerker, das Gefängnis der Seele betrachtete. Auf der anderen Seite war es der Manichäismus, eine Religion, die im dritten nachchristlichen Jahrhundert in Babylonien entstanden ist und die ausgesprochen leibfeindlich, frauenfeindlich und sexualfeindlich war. Im Gegensatz zu Jesus von Nazaret, der ein unverkrampftes Verhältnis im Umgang mit den Frauen hatte – für die damaligen Zeitgenossen ein Stein des Anstoßes –, hat sich sehr bald in der Christentumsgeschichte immer mehr eine leib- und sexualfeindliche Moral durchgesetzt. Das fing an bei den Kirchenvätern und zog sich bis in unsere Jahre hindurch. Ich habe als Theologiestudent noch gelernt, was man mit einem Menschen machen soll, der in den Beichtstuhl kommt und bekennt, er habe einen Zungenkuß ausgeübt.

Es geht um nichts anderes, als den jahrhundertealten Manichäismus im Christentum zu überwinden, von dem bereits Friedrich Heer gesprochen hat. Es ist notwendig, die spätestens seit Augustinus geforderte Verbindung zwischen geschlechtlicher Vereinigung von Mann und Frau einerseits und der Kinderzeugung andererseits zu lösen, eine Verbindung, die uns die unselige Enzyklika *Humanae vitae* aus dem Jahre 1968, die sogenannte «Pillenenzyklika», beschert hat. Es gilt zurückzufinden zu den alttestamentlichen Traditionen, die, wie mein Kollege Herbert Haag immer wieder betont und geschrieben hat, geradezu eine erotische Dimension haben.

Trennung von Staat und Kirche

Ich komme noch einmal auf Hirscher zurück. Auf dem Hintergrund des damaligen josephinistischen Staatskirchentums kritisierte Hirscher scharf eine politisch legitimierende Kirche und Theologie:

> Die Kirche sinkt auf diesem Weg zum bloßen Staatsinstitut herab. Als solches wird sie nun angesehen und behandelt und als solches soll sie sich selbst ansehen und betragen. Nun soll sie fürs erste alles, was im Staate ist oder den Gewalthabern der Erde gefällt, durch ihre Aussprüche heiligen. Ist die Despotie, ist den Republikanismus als göttlichen Willen erklären, ist diese, ist jene Finanzoperation dem Volk ins Gewissen schieben. Ist ein *Te Deum* über den Sieg in einem mutwilligen Kriege singen; ein anderes Mal die Legitimität des türkischen Sultans ausrufen und die Glaubensbrüder, welche für Existenz, Religion und Freiheit streiten, verfluchen.[16]

Ich halte es für richtig, im Sinne Hirschers heute von neuem die Frage zu stellen, ob die gegenwärtige gesellschaftliche Situation nicht eine Überprüfung des Rechtsstatus der Kirchen als Körperschaften des öffentlichen Rechts erfordern. Diese Rechtsfigur, vor allem zunächst in Preußen 1794 eingeführt durch das preußische Landrecht, entsprach weithin der sozialen Form der Volkskirchen. Wenn faktisch die ganze Gesellschaft kirchlich gebunden ist, kann es sinnvoll sein, Religion als ein allgemeines gesellschaftliches Bedürfnis und damit die Kirchen als Trägerinnen von staatshoheitlichen Funktionen anzusehen. Diese volkskirchliche Situation ist am Zerbrechen. So wird es immer problematischer, den Kirchen staatshoheitliche Funktionen zuzubilligen. Dies ist mit der Rechtsfigur der Körperschaft des öffentlichen Rechtes notwendigerweise verbunden. Demgegenüber ist zu fragen, ob die Kirchen ihre Aufgabe, in der prophetischen Tradition stehend, als kritisch befreiende Kraft in der Gesellschaft zu wirken, nicht besser erfüllen können, wenn sie von sich aus, wie es das Zweite Vatikanische Konzil nahelegt, auf ihre staatskirchenrechtlichen Privilegien verzichten und so wirklich zu einer freien Kirche in einer freien Gesellschaft werden.

Institutionelle ökumenische Wiedervereinigung der beiden christlichen Großkirchen

Mit mutigen und weitsichtigen Worten weist Hirscher auf die Notwendigkeit einer ökumenischen Versöhnung zwischen den Konfessionen hin. In diesem Zusammenhang stellt er grundsätzlich fest: «Christseyn ist das Erste; Katholik oder Protestant seyn ist das Zweite: Jenes darf nicht in diesem untergehen.»[17]

Wenn wir diesem Geist auch heute treu bleiben wollen, dann ist es höchste Zeit, ja, dann ist es der Kairos – so meine Überzeugung –, das heißt der von Gott gewollte Augenblick, auf dem Wege der ökumenischen Versöhnung entscheidende Zeichen zu setzen, ja noch mehr, entscheidende Schritte auf institutioneller Ebene zu tun. Mit ein wenig Stolz behaupte ich, daß es vor allem

---

16 Hirscher (Anm. 11) 254.
17 Theologische Quartalschrift Tübingen 5 (1823) 259.

auch Mitglieder der beiden Tübinger Theologischen Fakultäten waren und sind, welche die entscheidenden kontrovers-theologischen Hindernisse in dem Sinne aus dem Wege geräumt haben, daß sie keine konfessionstrennenden Barrieren mehr bilden.

Wir kennen vielleicht aus dem Religionsunterricht noch die klassischen Gegensätze *sola scriptura, sola fide, sola gratia.* Was die Rechtfertigungslehre betrifft, so erinnere ich an das sensationelle Vorwort von Karl Barth zu der Dissertation von Hans Küng über die Rechtfertigung: «Wenn das, was Hans Küng schreibt, die katholische Rechtfertigungslehre ist, dann kann ich dem nur zustimmen.» Das war 1957. Und so könnte man andere klassisch kontroverstheologische Probleme darstellen, nicht zuletzt durch die Veröffentlichungen der Institute für Ökumenische Forschung in Deutschland, etwa was den Petrusdienst oder das Amt in der Kirche angeht.

Der Kairos ist da. Und wir haben lange genug geredet in theologischen Kommissionen zwischen den beiden Kirchen. Jetzt müssen die ersten Schritte mit kirchenversöhnendem und kirchenorganisatorischem Ziel erfolgen im Hinblick auf die Einheit der christlichen Kirchen.

Die diakonische Dimension der christlichen Kirchen

Ich gehe mit anderen Theologen davon aus, daß es drei fundamentale Aufgaben der Kirche im allgemeinen und der christlichen Gemeinde im besonderen gibt: erstens die *Martyria* (abgekürzt gesagt die Verkündigung der frohen Botschaft nach innen und außen); zweitens die *Leiturgia* (die Feier des Gottesdienstes); und drittens die *Diakonia* (die Diakonie), den selbstlosen Dienst an den Menschen, vor allem an den Armen.

Ich bezweifle nicht, daß die christlichen Kirchen in Deutschland in der Vergangenheit und in der Gegenwart diese Diakonie oft verwirklicht haben, auch in der Geschichte. Was mir wichtig erscheint ist dies: daß Christinnen und Christen und vor allem christliche Gemeinden diese Aufgabe der Diakonie nicht wie selbstverständlich an kirchliche Institutionen delegieren und meinen, sich durch eine Geldspende von dieser grundlegenden christlichen Aufgabe freikaufen zu können.

Schluß

Ich schließe mit einem Zitat von Alfred Delp. Er war Jesuit und ein theologischer Berater der Männer und Frauen des Kreisauer Kreises im Widerstand gegen Adolf Hitler. Er wurde nach dem 20. Juli 1944 verhaftet. Er war Tag und Nacht gefesselt, und er hat mit gefesselten Händen Kassiber geschrieben, die ein wohlgesonnener Gefängnisaufseher hinausgeschmuggelt hat. In einem der letzten Kassiber kurz vor seinem Tode (er wurde am 2. Februar 1945 hingerichtet) schreibt Alfred Delp:

Das Schicksal der Kirchen wird in der kommenden Zeit nicht von dem abhängen, was ihre Prälaten und führende Instanzen an Klugheit, Gescheitheit, politischen Fähigkeiten usw. aufbringen. Wir haben durch unsere Existenz den Menschen das Vertrauen zu uns genommen. Zweitausend Jahre Geschichte sind nicht nur Segen und Empfehlungen, sondern auch Last und schwere Hemmungen. Von zwei Sachverhalten wird es abhängen, ob die Kirche noch einmal einen Weg zu diesen Menschen findet. Das eine gleich vorweg: Dies ist so selbstverständlich, daß ich es gar nicht weiter eigens aufzähle. Wenn die Kirchen der Menschheit noch einmal das Bild einer zankenden Christenheit zumuten, sind sie abgeschrieben. Wir sollten uns damit abfinden, die Spaltung als geschichtliches Schicksal zu tragen und zugleich als Kreuz. Von den heute Lebenden würde sie keiner noch einmal vollziehen. Und zugleich soll sie unsere dauernde Schmach und Schande sein, da wir nicht imstande waren, das Erbe Christi und seine Liebe unzerrissen zu hüten ... Der andere Sachverhalt meint die Rückkehr der Kirche in die Diakonie, in den Dienst der Menschheit, und zwar in einen Dienst, den die Not der Menschheit bestimmt, nicht unser Geschmack. Der Menschensohn ist nicht gekommen, sich bedienen zu lassen, sondern zu dienen. Man muß nur die verschiedenen Realitäten kirchlicher Existenz einmal unter dieses Gesetz rufen und an dieser Aussage messen, und man weiß eigentlich genug. Es wird kein Mensch an die Botschaft vom Heil und vom Heiland glauben, solange wir uns nicht blutig geschunden haben im Dienste des physisch, psychisch, sozial, wirtschaftlich, sittlich oder sonstwie kranken Menschen.[18]

---

18 Alfred Delp, Gesammelte Schriften IV, Frankfurt 1984, 318f.

Odilo Noti

KLEINES PLÄDOYER FÜR EINE MESSIANISCHE RELIGIOSITÄT

KATHOLISCHE HILFSWERKE IN EINEM VERÄNDERTEN KIRCHLICHEN UMFELD –
VERSUCH EINER VORLÄUFIGEN STANDORTBESTIMMUNG

Vorbemerkungen

Die Ostererfahrung ist nicht gleichzusetzen mit den Erfahrungen eines leeren Grabes oder von Erscheinungen. Dies hat, wie Daniel Kosch in seinem Beitrag «Auferstehung mitten am Tage» aufzeigt, die durch Gerd Lüdemann ausgelöste Auferstehungsdebatte erneut ins Bewußtsein gerückt. Oder präziser: die Debatte hat deutlich gemacht, wie sehr «Ostern» von den Erzählungen um das leere Grab und die Erscheinungen des Auferstandenen geprägt ist. Darob ist in Vergessenheit geraten, daß es im Neuen Testament Formen der Ostererfahrung gibt, die ohne Auferstehung auskommen. Ein solcher Osterglaube, wie er für die Logienquelle Q von Paul Hoffmann rekonstruiert worden ist, könnte als Option sowohl des Neubeginns als auch der Kontinuität in der Nachfolge Jesu charakterisiert werden. Er lädt als umfassende Lebens- und Glaubensentscheidung dazu ein, von einer Auferstehungserfahrung, die auf das Jenseits der Todesgrenze fixiert ist, wegzukommen und Auferstehung in der Mitte des Lebens festzumachen. Jener Religions- oder Glaubenstypus, der im nachfolgenden Beitrag im Rückgriff auf die politische Theologie von J. B. Metz als messianische Religion gekennzeichnet wird, ist in dieser Tradition der Auferstehungserfahrung zu situieren.

In den nachfolgenden Ausführungen versuche ich, ein paar persönlich gefärbte Überlegungen oder Thesen zu formulieren. Diese werden nicht frei sein von einer gewissen Einseitigkeit. Sie mögen aus der Sicht des einen oder der anderen auch überpointiert und holzschnittartig sein. Dies soll es jedoch ermöglichen, zugrundeliegende Tendenzen klarer zu benennen und die Diskussion darüber zu fördern.

Der Untertitel «Katholische Hilfswerke in einem veränderten kirchlichen Umfeld – Versuch einer vorläufigen Standortbestimmung» ist – dargestellt am Beispiel der Caritas – offensichtlich so etwas wie eine Problemanzeige. Es wird unterstellt, daß die Kirche als Institution oder der kirchlich verfaßte Katholizismus problematisch geworden ist und daß sich daraus auch Schwierigkeiten für die Caritas ergeben. Es muß aber zur richtigen Situierung des Problems sofort hinzugefügt werden, daß dieser kirchliche Kontext nicht den einzigen Bezugspunkt der Caritas bilden darf. Vielmehr befindet sich die Caritas noch in anderen Kräftefeldern. Es gibt auch ein wirtschaftliches Kräftefeld, das für ihre Arbeit entscheidend ist, ebenso einen politischen und staatlichen Kontext sowie schließlich einen kulturell-ideologischen Weltanschauungszusammenhang, der nicht-religiös und nicht-kirchlich geprägt ist. Viele Zeitgenossen mögen die Auseinandersetzung mit Religion und Kirche für eine nicht sehr bedeutsame Luxusbeschäftigung halten, weil «Religion nicht einmal mehr Privatsache» ist (J. Habermas). Der Theologe, die Theologin stimmt dieser Position selbstverständlich nicht zu. Dennoch wird man zugeben müssen, daß der religiös-kirchliche Kontext *ein* Kräftefeld unter anderen ist. Dies eine Vorbemerkung, die der Relativierung, der Entdramatisierung und der angstfreien Normalisierung der Debatte um den Zustand der kirchlich verfaßten Religion und seinen Auswirkungen auf die Caritas dienen will.

Kein Anlaß zur Beunruhigung?

Eine erste These: Religionssoziologen, die sich mit dem kirchlich verfaßten Christentum beschäftigen – wie z. B. Karl Gabriel oder Franz-Xaver Kaufmann – scheinen den Kirchen und ihren Organisationen im großen und ganzen eine beruhigende Perspektive zu vermitteln. Danach wird sich auch die Caritas keine allzu großen Sorgen machen müssen. Der Bescheid dieser Christentumssoziologen lautet, kurz zusammengefaßt: In unserer Gesellschaft ist weder das Ende der Religion im allgemeinen noch das Ende des institutionell verfaßten Christentums in Sicht. Im Gegenteil: Säkularisierungsthesen, die dieses Ende prophezeit haben, müssen als überholt gelten. Wir haben es nicht mit dem Ende, sondern vielmehr mit einem Wandel religiöser Bewußtseinsformen und Sozialgestalten zu tun.

Zwei Stichworte charakterisieren den zu beobachtenden religiösen Wandel. Das eine Stichwort heißt «Individualisierung». Es bedeutet, daß religiöse Welt- und Lebensdeutungen nicht einfach als vorgegeben anerkannt werden, sondern dem Einzelnen im Modus der Auswahl zur Verfügung stehen. Deckten sich bislang individuelle Religiosität und institutionell verfaßte Religion in hohem Maße, ändert sich dies nun: Die individuelle Religiosität begreift die offizielle, kirchliche Religion nicht mehr als unverrückbare Norm, sondern nur noch als «Material» für den «Fleckenteppich einer selbstkomponierten Religiosität» (Karl Gabriel). Die offizielle Religion verliert ihre klar umrissenen Konturen und muß ihre normativen Ansprüche mit der New-Age-Religiosität und Esoterik, mit der Psycho- und Therapiekultur sowie mit magisch-okkulten Ritualen teilen.

Das zweite Stichwort zur Charakterisierung des religiösen Wandels heißt «Pluralisierung». So gehört der uniforme, monolithische Katholizismus der Vergangenheit an. An seine Stelle sind pluriforme Ausdrucksweisen getreten. Nach Karl Gabriel können innerhalb des Katholizismus etwa folgende Sektoren unterschieden werden: 1) der fundamentalistisch-restaurative Sektor, der bei der Hierarchie einen gewissen Rückhalt findet (höchstens zehn Prozent);

2) der interaktive Sektor, d. h. der Sektor jener (stark überalteten) Katholiken, die ihre Glaubensüberzeugungen durch regelmäßige Teilnahme am kirchlichen Geschehen – etwa durch Gottesdienstbesuch – absichern; 3) der diffuse Sektor – es handelt sich um den zahlenmäßig größten Sektor; er umfaßt jene kirchlich eher locker gebundenen Katholiken, die individualisierte, synkretistisch geprägte Glaubensüberzeugungen aufweisen; 4) der Bewegungssektor – er bezeichnet so gegensätzliche Gruppierungen wie die neue charismatische Bewegung oder politisch orientierte Basisgruppen.

Zwar verleitet der mit den Stichworten «Individualisierung» und «Pluralisierung» umschriebene Wandel des Religiösen die Repräsentanten des institutionell verfaßten Christentums häufig zur beredten Klage, in der Gesellschaft sei ein umfassender Prozeß der Entkirchlichung, ja der Entchristlichung im Gange. Tatsächlich aber handelt es sich um einen Transformationsprozeß, der gerade das Beharrungsvermögen und die Stabilität der institutionell verfaßten Religion sichtbar macht. So versteht sich die individualisierte, synkretistische Religiosität keineswegs als Alternative zum kirchlichen Christentum. Dies wird unter anderem daran deutlich, daß die Kirchen mit ihren Dienstleistungen an den Lebenswenden – Trauung, Taufe, Beerdigung – ein allgemein anerkanntes Ritenmonopol besitzen. Von besonderer Bedeutung für die katholischen Hilfswerke ist, daß das sozial-karitative Engagement der Kirche bei allen genannten Sektoren des Katholizismus auf große Akzeptanz stößt. Es stellt also so etwas dar wie eine gemeinsame, verbindende Basis. Seine klarste Unterstützung jedoch findet es beim größten Sektor, dem diffusen Sektor.

Wir können daraus eine zweifache Schlußfolgerung ziehen. Zum einen: Hilfswerke wie die Caritas leisten einen wesentlichen Beitrag zur Legitimierung der Kirche in einer säkularen Gesellschaft. Gleichzeitig tragen sie dadurch auch zum Erhalt des Mitgliederbestandes der Kirche bei. Denn gerade beim diffusen Sektor bildet die Diakonie der Kirche ein entscheidendes Motiv zur Aufrechterhaltung der prekären Mitgliedschaft. Zum anderen: Das unangefochtene Ritenmonopol der Kirche hinsichtlich der Lebenswenden wirkt sich auch auf ein kirchliches Hilfswerk wie die Caritas stabilisierend aus, da es dieser als Segment aus dem Spendermarkt jenes Hinterland sichert, das in irgendeiner Weise kirchliche Bindungen unterhält.

Kurzum: trotz krisenhafter Momente, die mit jedem Bewußtseins- und Strukturwandel verbunden sind, und trotz des offensichtlich vorhandenen Modernisierungs- und Innovationsbedarfes kann die katholische Kirche und mit ihr die Caritas ruhig in die Zukunft blicken. Ihren Finanzchef müssen keine übermäßigen Sorgen quälen. Die Caritas wird sich mit einem Umsatz von 100 bis 120 Millionen Franken solide an der Spitze der Schweizer Hilfswerke etablieren. Einbrüche sind – angesichts der Überalterung des interaktiven Sektors und des damit verbundenen Rückganges an Gottesdienstbesuchern – höchstens beim Flüchtlingsopfer und beim Caritasopfer zu erwarten. Gewisse Modernisierungsschübe sind bereits eingeleitet worden, da sich die Caritas vom fundamentalistischen und interaktiven Sektor – wo sie zweifelsohne eine sehr hohe Akzeptanz besitzt – stärker zum diffusen Sektor hin bewegen muß. Diesen diffusen Sektor versucht sie zu erreichen durch ein neues Erscheinungsbild, durch ein zeitgemäßeres und intensiviertes Spendenmarketing, durch vermehrt kulturell ausgerichtete Angebote (Stichwort: Solidaritätskonzerte wie Solid'Afrique oder Solid'de Américas), durch Fernsehwerbung, durch Kooperation mit säkularen Medien (z. B. Fernsehen, Beobachter, Radio 24, Ringier-Presse) usw. Inwieweit der Bewegungssektor der Kirche unternehmenspolitisch relevant ist, müßte im Detail noch beurteilt werden. Quantitativ fällt er gewiß nicht sehr ins Gewicht; klärungsbedürftig bliebe aber die Frage nach seiner Einkommensstärke und seiner Spendebereitschaft. Mit den Kirchenleitungen schließlich dürfte eine relativ harmonische Kooperation realisiert werden, da diese die Schlüsselfunktion der Hilfswerke für das Überleben der Kirchen erkannt haben. Zu zeitweiligen Spannungen führen höchstens einzelne Modernisierungspostulate, die zur Vermeidung krisenhafter Entwicklungen von den Hilfswerken in die Diskussion eingebracht werden (so etwa Probleme der katholischen Sexualmoral wie die Empfängnisverhütung und Familienplanung, strafrechtliche Vorstellungen rund um die Abtreibungsproblematik oder die Frauenfrage bzw. die Unumgänglichkeit sogenannter Frauenquoten auch bei kirchlichen Ämtern ...).

Eine problematische Arbeitsteilung

Die Wendung ins Ironisch-Satirische zeigt an, daß ich das eben skizzierte Szenario zwar nicht für unwahrscheinlich, jedenfalls aber für problematisch halte, obwohl (oder gerade weil) es ein reibungsloses Funktionieren der Kirche und ihrer diakonischen Einrichtungen in Aussicht stellt. Mit anderen Worten: was aus soziologischer Sicht in einer ersten Annäherung eine beruhigende Zukunftsperspektive zu sein scheint, entpuppt sich bei einem zweiten Hinsehen als Anlaß zur Beunruhigung. Diese Beunruhigung – so die zweite Behauptung – hängt mit dem infolge von Individualisierung und Pluralisierung dominierenden Typus von Religion zusammen, der alle Sektoren des Katholizismus durchzieht, also auch den fundamentalistischen Sektor, in wohl exemplarischer Weise jedoch den Sektor der diffusen Auswahlreligion. Ich möchte diesen Typus von Religion im folgenden schematisch und vereinfachend umschreiben.

1. Eine Fleckenteppichreligiosität, eine Religion also, die gewissermaßen für den Eigenbedarf komponiert wird, weist zunächst einmal die Tendenz auf, daß sie das religiöse Subjekt eher bestätigt als hinterfragt, daß sie diesem stärker Antworten vermittelt als Fragen stellt, daß sie eher an vermeintlichen Sicherheiten als an ungewissen Aufbrüchen interessiert ist. Der vom Zeichen des Fisches in das Zeichen des Wassermannes mutierte Glaube ist eine Form der Religion, die die feierliche Verklärung und Überhöhung dessen, was ist, der Veränderung der Wirklichkeit im Licht des Evangeliums vorzieht. Es handelt sich tendenziell um eine quietistische, kompensatorische Gestalt der Religion. Der Bedarf nach einer derartigen Beruhigungsreligion ist in einer «Risikogesellschaft» (Ulrich Beck) wie der unseren ausgewiesen. Ihre Notwendigkeit zur

Angst- und Lebensbewältigung wird aber auch von Soziologen und Philosophen (Luhmann, Lübbe) eigens postuliert. Dieses theoretisch kreierte Religionsverständnis definiert Religion ausschließlich als sogenannte «Kontingenzbewältigungspraxis», deren Funktion es ist, «Komplexität zu reduzieren». Das Evangelium als gute Nachricht für die Armen und Notleidenden scheint mir da freilich größere und packendere Visionen sowie umfassendere Ansprüche zu haben – nicht zuletzt ist es poetischer ...

2. Die selbstkomponierte diffuse Religion neigt sodann dazu, Widersprüche und Spannungen zu verdrängen. Die Welt, unsere Gesellschaft ist voller derartiger Widersprüche. Es sei hier nur ein einziger, aber grundlegender Widerspruch genannt, die Tatsache nämlich, daß die herrschende Wirtschaftsordnung «Leben für einen kleinen Teil der Länder und soziale Unordnung und Tod für die Mehrheit der Menschen» (L. Boff) hervorbringt. Dieser tödliche Mechanismus widerspricht radikal der biblischen Verheißung von einem Leben in Fülle für alle. Die diffuse Religion sieht darüber jedoch hinweg. So weicht sie der unseligen Außenwelt durch den Absturz in die selige Innerlichkeit aus, der Endgültigkeit und Ernsthaftigkeit einer einmaligen Existenz durch den Glauben an die Wiedergeburt, der Wahrheit, die frei macht, durch die Flucht in das Dogma, das Bekenntnis und die Unterwerfung, usw. Kurz: es kann nicht sein, was nicht sein darf. Die diffuse Auswahlreligion ist irritationsfrei. Johann Baptist Metz hat sie als «bürgerliche Religion» bezeichnet. Für sie gäbe es eigentlich keine apokalyptischen Spannungen, keine Gefahren, keine Widersprüche und keine Untergänge mehr. Damit aber stellt sie, so Metz weiter, «unserer Gegenwart ungewollt ein Zeugnis der politischen und moralischen Unschuld aus, befestigt diese bürgerliche Gegenwart in sich selbst, treibt sie nicht über sich hinaus – da ja am Ende ohnehin alles gut wird und zur Versöhnung kommt».

3. Die diffuse Auswahlreligion läßt schließlich alles gelten – den indianischen Medizinmann, den Schamanen oder den Nazarener, Maharishi, Bagwan, Wojtyla oder die Stimmen aus dem Jenseits. Sie kultiviert das pluralistische Nebeneinander; auf dem religiösen Supermarkt herrscht kunstvoll arrangierte Unübersichtlichkeit. Die Auswahlreligion kann sich dieser Beliebigkeit hingeben, weil sie zur Privatsache geworden ist. Sie versteht sich nicht sozial oder politisch; sie gehört zum Freizeitvergnügen. Diese «neue Unverbindlichkeit» beschränkt sich indessen nicht auf das Religiöse. Sie ist charakteristisch für eine Geisteshaltung, die heute für gewöhnlich als Postmodernismus bezeichnet wird. Dieser stellt nach dem Soziologen und Theologen Kuno Füssel letztlich eine politisch-kulturelle Fluchtbewegung aus dem Sozialen und Gesellschaftlichen dar. Die Fluchtroute wird dabei durch den selbstauferlegten Zwang getarnt, absolut plural zu sein. So werden Entscheidungen zwischen Gut und Böse, Recht und Unrecht, Ja und Nein, Leben und Tod letztlich als Kennzeichen von Intoleranz, Fanatismus und Totalitarismus diffamiert oder eben auf jenen banalen Unterschied reduziert, der zwischen Himbeer- und Vanilleeis besteht.

Ich habe – in groben Strichen – einen *Typus* von Religion charakterisiert. Er findet sich in dieser Reinheit so nirgends. Seine Elemente und Tendenzen liegen jedoch vielen religiösen Äußerungen zugrunde, auch in den verschiedenen Sektoren des Katholizismus. Es wäre nun aber unzutreffend, zu meinen, das Soziale oder die Diakonie würde für die Träger dieser Religiosität keine Rolle spielen. Gerade bei den sogenannten distanzierten Katholiken herrscht die Meinung vor, so belegen Untersuchungen, die von der Kirche vertretene Religion und diakonische Praxis sei entscheidend für die Herausbildung eines sozialen Bewußtseins und sozialer Werte. Darum schicken diese Kirchendistanzierten ihre Kinder in den Religionsunterricht oder unterstützen sie die diakonischen Einrichtungen der Kirche mit Steuergeldern und Spenden. Auch wer den Bedeutungsverlust der Kirchen diagnostiziert, muß zugeben, daß bislang keine alternativen Institutionen sichtbar sind, die in diesem umfassenden Sinn für die Repräsentanz sozialer Werte stehen. Hinzu kommt, daß eine Reihe traditioneller Organisationen, die in eingeschränkterem Maße ebenfalls als Trägerinnen sozialer Wertmaßstäbe gelten oder galten – etwa Parteien und Gewerkschaften – sich in einer rasanten Talfahrt befindet.

Problematisch ist indessen die zu beobachtende Zweiteilung und Arbeitsteilung: hier die private, individualisierte Religion – dort die Kirche, die sich über ihre diakonischen Sonderorganisationen und Spezialisten um die sozialen Randgruppen und Benachteiligten, die Alten, die Aids-Kranken und die Arbeitslosen zu kümmern hat. Im Bereich der privaten Religiosität kommt dem Diakonischen und Sozialen nur eine sekundäre, abgeleitete Funktion zu. Genauer: es wird an die kirchlichen Institutionen abdelegiert. Die Kirche hat durch ihr soziales Engagement die Trägerin und Repräsentantin sozialer Wertbezüge zu sein. Die kirchliche und religiöse Entwicklung gehorcht damit, wie uns die Soziologen belehren, der Logik von flächendeckenden Großorganisationen. Einer kleinen, oft bürokratisch aufgebauten Kernorganisation steht die Mehrzahl von passiven, locker gebundenen Mitgliedern gegenüber, die gleichzeitig sehr hohe Erwartungen und Ansprüche an ihre Organisation haben – ohne freilich diese Erwartungen und Ansprüche auch auf sich selber zu beziehen. Eben: das einzelne Mitglied hängt einer privatisierten und individualisierten Religionsgestalt an; die Kirche und die Hilfswerke dagegen sollen stellvertretend den Dienst an den zu Kurzgekommenen realisieren.

Die Kirchen und ihre Organisationen leisten so zweifellos eine gesellschaftlich anerkannte und von der öffentlichen Hand (beispielsweise im Asylbereich und in der Entwicklungszusammenarbeit) vielfach bezahlte Arbeit. Sie werden im Bedarfsfall zur Lösung – und wohl auch zur Privatisierung – bestehender Probleme herangezogen. Es kommt ihnen also eine vereinfachende, sichernde, helfende und sozial integrierende Funktion zu. Nur muß auch jene Anfrage zur Kenntnis genommen werden, die der Pastoraltheologe Rolf Zerfaß an den deutschen Caritas-Verband richtete, die aber in ähnlicher Weise ebenfalls für die Schweiz Gültigkeit hat:

> ... Damit wird das im 19. Jahrhundert zwischen Kirche und Gesellschaft getroffene Arrangement sanktioniert, wonach die Kirche an der Entwicklung der Industriegesellschaft profitieren darf unter der Bedingung, daß sie die Opfer betreut, die diese Gesell-

schaft produziert. Mit seiner finanziellen Unterstützung der Caritas bezahlt der Staat also u. a. die Folgekosten seiner Gesellschafts- und Wirtschaftspolitik. Da die Kirchen auf diese Weise ihren sozialen Besitzstand erweitern, findet ein wirklicher Interessenausgleich statt ... Von daher erklärt sich wohl auch, daß die deutsche Caritas auffällig loyal ist. Sie arbeitet bemerkenswert lautlos. Dies kann gewiß ein Qualitätsmerkmal sein; viele Probleme werden vielleicht durch gute Lobbyarbeit politisch besser bearbeitet als durch öffentlichen Krawall. [Es ist sehr bezeichnend], wie wenig die kirchlichen Einrichtungen insgesamt ein Alternativprogramm zur Gesellschaft sind, vielmehr die Standards und Maßstäbe der Gesellschaft fast ohne kritische Nuancierungen reproduzieren.

Dieses mehr oder weniger reibungslose Auffang- und Kompensationsgeschäft, das Kirchen und Hilfswerke im Auftrag des Einzelnen und der öffentlichen Hand betreiben, ist, so möchte ich die Anfrage von Zerfaß zusammenfassen, unter anderem das Ergebnis der von mir beschriebenen halbierten Auswahlreligion.

Das Bemühen um die Rückgewinnung messianischer Religiosität

Wie aber lautet die Alternative zu dieser halbierten, weil privatisierten Auswahlreligion? Ich möchte sie – wiederum in Anlehnung an Metz – als messianische Religion bezeichnen. Auch dieser Typus von Religion ist (nicht unbedingt dominierend) im kirchlichen Leben der Vergangenheit und der Gegenwart anzutreffen. Er versteht Religion, im Rückgriff auf den Messias Jesus, als eine Praxis, welche die gebeugten und geschundenen Körper aufrichtet. Es ist jene Praxis, die Jesus in der Synagoge von Nazaret beschreibt – prophetische Traditionen aufgreifend, die das messianische Wirken benennen:

> Der Geist des Herrn ruht auf mir ... Er hat mich gesandt, damit ich den Armen eine gute Nachricht bringe; damit ich den Gefangenen die Entlassung verkünde und den Blinden das Augenlicht; damit ich die Zerschlagenen in Freiheit setze und ein Gnadenjahr des Herrn ausrufe. (Lk 4,18ff)

Es geht in den Schriften des Neuen Testaments offensichtlich um mehr und um anderes als um «Kontingenzbewältigungspraxis» ... Messianischer Glaube und messianische Nachfolge, so macht die Stelle aus dem Lukasevangelium deutlich, geben dem guten Handeln gegenüber der richtigen religiösen Theorie den Vorrang. Es geht ihnen um den Primat der Orthopraxis vor der Orthodoxie. Messianischer Religiosität kommt es nicht darauf an, die Welt zu interpretieren, sondern darauf, diese zu verändern – hin zu größerer Gerechtigkeit. Messianischer Glaube und messianische Nachfolge lassen sich deshalb nicht auf das Private und Intime beschränken. Messianische Religiosität beansprucht auch den Raum des Öffentlichen und Politischen.

Sowohl die Kirchen als auch die Hilfswerke sind herausgefordert, den Sinn der Unterscheidung für die halbierte und die messianische Form der Religiosität zu entwickeln. Ein Weltsystem, in dem die Bedürfnisse von wenigen auf Kosten von vielen befriedigt werden, trachtet danach, eine Religion, die Visionen von universaler Gerechtigkeit und Solidarität (gelegentlich bis zur Unkenntlichkeit entstellt, gelegentlich hell leuchtend) mit sich durch die Geschichte schleppt, ins folgenlos Private abzudrängen. Die halbierte Religion nimmt jene kompensatorische Funktion wahr, die ihr diese Welt zugedacht hat – damit um so ungehemmter andere Formen der Religion entwickelt werden können, auf deren Altären Menschen geopfert werden: die Religion der Ware, des Geldes, des Marktes, des Konsums. Eine Gesellschaft aber, in der die messianische Religion verschwindet, verliert auch ihre Utopien und die gefährliche Erinnerung daran, daß die bestehenden Verhältnisse weder die Endgültigkeit des Paradieses noch – wahrscheinlicher – die Definität der Hölle besitzen. Und die Menschen würden zu geschichts- und sehnsuchtslosen Wesen, zu angepaßten und dressierten Affen.

Die Kirchen und ihre Hilfswerke müssen sich also gemeinsam um die Rückgewinnung messianischer Religiosität bemühen. Wie dies zu geschehen hätte, müßte ausführlich erörtert werden. Ich möchte jedoch auf ein Beispiel aus der Mitte der achtziger Jahre hinweisen, worin mir dieses Bemühen wenigstens im Ansatz geglückt scheint. Es handelt sich um die Asylproblematik. In zwei klaren, mutigen Memoranden äußerten sich die drei Landeskirchen zur Asyl- und Flüchtlingspolitik der Schweiz. Memorandum I (1985) formulierte unter dem Titel «Auf der Seite der Flüchtlinge» sozialethische Leitlinien und kirchliche Standpunkte. Das Positionspapier kritisiert ausdrücklich «besonders auch jene Politiker, die zur Lösung der Asylprobleme eine Politik der Abschreckung propagieren». Statt dessen habe die Schweiz vermehrt der Respektierung der Menschenwürde nachzuleben und der internationalen Solidarität Genüge zu leisten. Namentlich die Kirchen sollten das Flüchtlingselend als «Zeichen der Zeit» erkennen. In der Nachfolge Christi könne «ihr Platz dabei nur auf der Seite der Flüchtenden, auf der Seite der benachteiligten Menschen sein». Memorandum II (1987), «Für eine menschliche Asylpolitik», bezog neben grundsätzlichen Erwägungen auch in einem ablehnenden Sinne Stellung zur zweiten Asylgesetzrevision. Vor allem wurde der Abbau von Verfahrensrechten sowie die durch die Revision drohende Verletzung von Grundrechten beanstandet. In der Folge engagierten sich nicht nur die drei Landeskirchen, sondern auch verschiedene Kantonalkirchen und zahlreiche kirchliche Organisationen und Bewegungen gegen die Asylgesetzrevision. Die Revision wurde in der Volksabstimmung vom April 1987 freilich deutlich angenommen.

Die beiden ökumenischen Memoranden hatten für das asylpolitische Engagement der Kirchen zweifellos richtungsweisenden Charakter. Sie trugen entscheidend dazu bei, daß die Kirchen konsequenter eine Position vertreten, in deren Zentrum die Perspektive der Migranten (Wirtschaftsmigranten, Flüchtlinge und Asylsuchende) steht. Sie heben sich damit entschieden von den offiziellen Abschottungsstrategien gegenüber Migranten und Asylsuchenden ab. Nicht zuletzt vor diesem Hintergrund äußerten sich 1994 mehr als zwanzig katholische Organisationen in einer ausführlichen Stellungnahme unter dem Titel «Dem Geist der Verfassung treu bleiben» gegen die Zwangsmaßnahmen im Ausländerrecht.

Zu ihrer vergleichsweise offenen Haltung wurde die – katholische – Kirche nicht zuletzt durch traditionelle Eckpfeiler der katholischen Soziallehre verpflichtet. So etwa durch das Grundprinzip, wonach Menschenwürde und Menschenrechte unteilbar sind. Zugleich haben aber auch das praktische Engagement und das daraus hervorgehende Problembewußtsein der Hilfswerke Stellungnahmen wie die beiden Memoranden ermöglicht. Auch wenn die Kirchen durch das Abstimmungsergebnis in die Minderheitsposition versetzt wurden, ist unverkennbar, daß sie im Verein mit ihren diakonischen Organisationen in dieser Auseinandersetzung – mindestens ansatzweise – die Position einer messianischen Religiosität vertreten haben.

Eine ähnliche Entschiedenheit wäre heute im Hinblick auf die Problematik der Arbeitslosigkeit oder der sozialen Sicherheit anzustreben. Die Ökumenische Konsultation zur sozialen und wirtschaftlichen Zukunft der Schweiz, die im Januar von der Schweizer Bischofskonferenz und vom Schweizerischen Evangelischen Kirchenbund lanciert worden ist, muß sowohl vom sozialen Verbandskatholizismus als auch von den Pfarreien als Möglichkeit zur konstruktiven Einmischung wahrgenommen werden.

«Suchet zuerst die Gerechtigkeit der Herrschaft Gottes ...»

Vielleicht ist der Eindruck entstanden, ich hätte zwar sehr viel Grundsätzliches formuliert, mich jedoch hinsichtlich Strategien und unternehmenspolitischen Belangen sehr zurückhaltend gezeigt. Diese Einschätzung trifft zu. Vorschnelles und hyperaktives Reagieren und Handeln kann jedoch auch eine Verdrängungsfunktion haben, damit die Konfrontation mit den entscheidenden Fragen und Weichenstellungen unterbleibt. In diesem Sinne plädiere ich dafür, zunächst einmal die richtigen und entscheidenden Fragen zu stellen, bevor man sich gemeinsam, mit Kreativität und Kalkül, einfältig wie die Tauben und klug wie die Schlangen, suchend und irrend auf den Parcours begibt. Diese Fragen lauten m. E.: Wollen wir als Kirchen und Hilfswerke das Bestehende feierlich mit Weihrauch verklären und erträglich machen oder die Wirklichkeit im Lichte des messianischen Evangeliums verändern? Geht es uns neben der Umkehr der Herzen auch um eine Veränderung der Verhältnisse hin zu größerer Gerechtigkeit? Glauben wir eine Hoffnung, die bloß zur Bestätigung und Bestärkung für die bereits Habenden und Besitzenden gerät, oder ist es ein Glaube, der unsere etablierte Bedürfniswelt durchkreuzt und der auch jene Habenichtse und Beraubten hoffen läßt, die im Finstern sitzen? Mit solchen Fragen haben wir uns im Zusammenhang von Caritas und Kirche zunächst auseinanderzusetzen, bevor wir nach unternehmerischer Selbstbehauptung, nach betrieblicher Expansion oder nach zeitgemäßem Spendenmarketing fragen. Oder wenn es der Leser, die Leserin gerne biblisch haben möchte: «Suchet zuerst die Gerechtigkeit der Herrschaft Gottes, und alles übrige wird euch dazu gegeben!» (Mt 6,33)

Literatur

Leonardo Boff, Der Markt und die Religion der Ware, in: Concilium 28 (1992) 195–197.
Alfred Dubach, Wolfgang Lienemann (Hg.), Aussicht auf Zukunft. Auf der Suche nach der sozialen Gestalt der Kirche von morgen. Kommentar zur Studie «Jede(r) ein Sonderfall? Religion in der Schweiz», Bd. 2, Zürich–Basel 1997.
Kuno Füssel, Dorothee Sölle, Fulbert Steffensky, Die Sowohl-als-auch-Falle. Eine theologische Kritik des Postmodernismus, Luzern 1993.
Karl Gabriel, Christentum zwischen Tradition und Postmoderne (Quaestiones disputatae, Bd. 141), Freiburg–Basel–Wien 1992.
Karl Gabriel, Verbandliche Caritas im Postkatholizismus, in: Caritas 91 (1990) 575–583.
Reimer Gronemeyer, Wozu noch Kirche?, Berlin 1995.
Otto Kallscheuer (Hg.), Das Europa der Religionen. Ein Kontinent zwischen Säkularismus und Fundamentalismus, Frankfurt 1996.
Franz-Xaver Kaufmann, Religion und Modernität. Sozialwissenschaftliche Perspektiven, Tübingen 1989.
Franz-Xaver Kaufmann, Arnold Zingerle (Hg.), Vatikanum II und Modernisierung. Historische, theologische und soziologische Perspektiven, Paderborn 1996.
Kölner Zeitschrift für Soziologie und Sozialpsychologie, Sonderheft «Religion und Kultur», Nr. 33, 1993.
Michael Krüggeler, Fritz Stolz, Ein jedes Herz in seiner Sprache ... Religiöse Individualisierung als Herausforderung an die Kirchen. Kommentar zur Studie «Jede(r) ein Sonderfall? Religion in der Schweiz», Bd. I, Zürich–Basel 1996
Kursbuch, Glauben, Nr. 93, September 1988.
Heiner Ludwig, Wolfgang Schroeder (Hg.), Sozial- und Linkskatholizismus. Erinnerung – Orientierung – Befreiung, Frankfurt 1990.
Johann Baptist Metz, Jenseits bürgerlicher Religion. Reden über die Zukunft des Christentums, München–Mainz 1980.
Johann Baptist Metz, Zum Begriff der neuen Politischen Theologie. 1967–1997, Mainz 1997.
Odilo Noti, Das neue Leitbild der Caritas Schweiz, in: Caritas. Zeitschrift für Caritasarbeit und Caritaswissenschaft 92 (1991) 539–542. Wiederabgedruckt in: Deutscher Caritasverband (Hg.), Zeit für ein Leitbild, Freiburg i. Br. 1994, 10–13.
Schweizer Bischofskonferenz (SBK), Schweizerischer Evangelischer Kirchenbund, Welche Zukunft wollen wir? Ökumenische Konsultation zur sozialen und wirtschaftlichen Zukunft der Schweiz – Diskussionspapier, Bern 1998
Dorothee Sölle, Mystik und Widerstand. «Du stilles Geschrei», Hamburg 1997.
Hermann Steinkamp, Diakonie – Kennzeichen der Gemeinde. Entwurf einer praktisch-theologischen Theorie, Freiburg i. Br. 1985.
Hermann Steinkamp, Sozialpastoral, Freiburg i. Br. 1991.
Transit – Europäische Revue, Das Europa der Religionen, Heft 8, Frankfurt 1994.
Dietrich Wiederkehr (Hg.), Wie geschieht Tradition? Überlieferung im Lebensprozeß der Kirche. Mit Beiträgen von Karl Gabriel, Susanne Heine, Peter Hünermann, Hermann Josef Pottmeyer, Jörg Traeger, Siegfried Wiedenhofer (Quaestiones disputatae, Bd. 133), Freiburg/ Basel/Wien 1991.
Rolf Zerfaß, Lebensnerv Caritas. Helfer brauchen Rückhalt, Freiburg/ Basel/Wien 1992.
Rolf Zerfaß, Das Proprium der Caritas als Herausforderung an die Träger, in: Caritas, Jahrbuch 1993, 27–40.

Knut Walf

GEMEINDEETHOS UND AKTUELLES KIRCHENRECHT

Ein Rückblick in die Geschichte

Am Beginn will ich gerne gestehen, daß es für mich als Kirchenrechtler nicht einfach war, etwas Passendes zum Gesamtthema dieser Festschrift zu schreiben. In Frage kam dann das hier vorgestellte Thema.

«Gemeinde» ist ein althochdeutsches, also germanisches Wort. Wer sich nur ein wenig mit kirchlicher Rechtsgeschichte befaßt, erkennt dann auch bald, daß der sprachliche Ursprung des Wortes natürlich eng verknüpft ist mit dem Inhalt oder gar den Inhalten, die es transportiert. Und auch bald wird deutlich, daß bis zum heutigen Tage die offizielle Sprache der römischen Kirche diesen Begriff nicht akzeptiert hat. Was man in den deutschsprachigen Ländern oder auch im Niederländischen (*gemeente*) Gemeinde nennt, heißt im lateinischen Kirchenrecht *parochia*, also Pfarrei. In der zweiten Auflage des tonangebenden «Lexikon für Theologie und Kirche» (1960; Band IV, Sp. 644) wurde übrigens unter dem Stichwort «Gemeinde/Pastoraltheologisch» schlicht nach Pfarrei verwiesen. In den mittelalterlichen Weistümern, die das lokale und regionale Recht germanischer Gebiete zusammenfaßten und wiedergaben, stehen auch Ordnungen der *Gemain*, die – wie heute auch – zunächst die «zivile» Gemeinde betreffen. Da sich aber die damalige kirchliche Organisation auf lokaler Ebene mit der «Gemain» im allgemein deckte, wurde dieser Begriff auch für den rein kirchlichen Organisationsbereich verwendet. Das hatte Folgen. Denn Mitglied der «Gemain» war nur der Markgenosse, und Organ der Gemain war die Versammlung der Markgenossen. Gerade in der Schweiz lebt ja noch vieles von diesem Organisationsmodell bis zum heutigen Tag fort.

Diese Organisationsstruktur mußte zu Spannungen mit der herkömmlichen Kirchenstruktur der römischen Kirche führen; diese lehnte sich nämlich weitgehend an die zentralistischen, ja zentripetalen Organisationsformen des Römischen Reiches an. Das heißt, Macht wurde durch den Kaiser und dessen Beamte ausgeübt. Ähnlich in der Kirche Roms. Sie hat schon früh unter Einfluß dieses Organisationsmodells den Charakter einer Bischofs-, später dann den einer Papstkirche erhalten. Gemeinde, genauerhin Pfarrei ist in diesem Modell Teil einer Diözese (vgl. jetzt c. 374 § 1 CIC), und das Bistum bzw. die Diözese, ein Begriff der römischen Reichseinteilung, ist Teil der Gesamtkirche (c. 368 CIC).

Die Inkulturation der christlichen Kirche bei den germanischen Völkern dürfte auch darum so langwierig verlaufen sein, weil es diese organisatorischen oder strukturellen Unvereinbarkeiten gab. Es kam hinzu, daß in einigen Gebieten von Herrschern («Könige») die mit der Kirche transportierten, vereinheitlichenden Strukturen verwendet wurden, eine Art Staatsgebilde zu schaffen. Dies tat etwa mein Namenspatron, der heilige Knut, König von Dänemark. Es bekam ihm nicht gut. Er wurde von seinen Gegnern ermordet (1086).

Die tragende Organisationsform der christlichen Kirche des Westens, also der lateinischen bzw. römischen Kirche, traf bei den germanischen Völkern, die mit nachhaltigem Erfolg ja erst durch römische Missionare zum christlichen Glauben bekehrt wurden, auf keine analoge Struktur, an die diese Kirche anknüpfen bzw. auf die sie ihre gewohnte Organisation aufbauen konnte. Insbesondere in den «deutschen» Gebieten war die tragende gesellschaftliche Organisationsform die Sippe (*tribus*). Darin lebten mehrere Familien unter Leitung des Sippenhauptes. Diese Sippen stifteten und erbauten nun häufig Kirchen. Sie behielten sich das Recht vor, die Seelsorger an ihren Kirchen selbst zu bestimmen. Man kannte deshalb eigentlich bis zum Konzil von Trient, Mitte des 16. Jahrhunderts, in den deutschsprachigen Ländern keine Pfarrorganisation. Die Bezeichnung *pastor* (Pfarrer) taucht erst auf diesem Konzil auf. Davor sprach man von Seelsorgern (*curati*), ein Ausdruck, der in den deutschsprachigen Gebieten des Südens ja noch im Titel «Kurat» fortlebt.

Die Kirche des Mittelalters war also in den Regionen mit germanischer Rechtstradition weitgehend durch dieses sogenannte Eigenkirchenwesen geprägt. Als sich dann später, besonders während des Spätmittelalters, größere Organisationsformen als jene der Sippe durchsetzten (geplante Siedlung, vornehmlich im Osten, und Verstädterung), bildeten sich Gemeinden, die genossenschaftliche («demokratische») Elemente der germanischen Rechtstradition beibehielten, insbesondere die freie Wahl ihrer Seelsorger. Reste dieses Systems bestanden noch bis vor wenigen Jahrzehnten in Deutschland und gibt es noch immer in der Schweiz. Es ist gut, sich auch dieses Systems der sogenannten Genossenschaftskirchen zu erinnern. In diesem Zusammenhang kann zwar nicht die gesamte, selbstverständlich äußerst komplexe und regional auch unterschiedlich verlaufene Entwicklung beschrieben werden. Es soll lediglich deutlich gemacht werden, daß «Gemeindetheologie» nicht etwas «Reformatorisches» ist oder gar in den Frühzeiten der Kirche anzusiedeln ist. Die Gemeinde, deren Angehörige Rechte besitzen und tatkräftig ausüben, ist auch Bestandteil unserer Rechtstradition, auf die wir wegen ihrer «demokratischen» Elemente mit Selbstbewußtsein zurückblicken können. Diese Tradition ist allerdings durch die Reformation in der Auseinandersetzung mit Rom verteidigt, neu durchdacht und damit belebt worden.

Der kirchenrechtliche Status quo

Welchen Stellenwert aber besitzt die Gemeinde oder Pfarrgemeinde im System des katholischen Kirchenrechts, im *Codex Iuris Canonici* (CIC) von 1983? Es ist wichtig, im Kontext des hier erörterten Themas auf den Konnex zwischen dem letzten Konzil und dem Codex von 1983 hinzuweisen. Wenn nämlich der Codex der Gemeinde bzw. der Pfarrei kaum Aufmerksamkeit schenkt, hat dies (auch) damit zu tun, daß sich das letzte Konzil kaum mit der Gemeinde befaßt hat. Es wird in den Konzilsbeschlüssen allenfalls von der Pfarrei gesprochen. Dabei stehen die Aussagen über die Person des Pfarrers im Vordergrund. Bezeichnenderweise handelt darüber dann das «Dekret über die Hirtenaufgabe der Bischöfe in der Kirche»(nn. 30ff). Auch das «Dekret über das Apostolat der Laien» kennt eine Passage über die Mitarbeit der Laien in der Pfarrei (n. 10); darin wird jedoch die Pfarrei eher als eine «Zelle» des Bistums gesehen denn als eigenständige Gemeinschaft. Der Begriff «Gemeinde» taucht lediglich einmal am Rande im «Dekret über die Missionstätigkeit der Kirche»(n. 37) auf!

Das II. Vatikanische Konzil sollte ein pastorales Konzil sein, sich also vornehmlich auf die Bewältigung der Gegenwartsprobleme der Seelsorge richten. Das I. Vatikanische Konzil hatte jedoch eine wichtige Frage der Struktur der Kirche offen gelassen, nämlich das Verhältnis von Primat und Episkopat (Papst und Bischöfen) neu zu bestimmen. Man hat heute den Eindruck, das Konzil habe sich so ausschließlich auf die Lösung dieser Frage gerichtet, daß Lösung oder Beantwortung anderer Fragen in den Hintergrund gedrängt worden sind. Nicht, daß das Konzil keine Lösungsversuche in anderen Fragen angestrebt hätte! Das schon. Aber es blieb vielfach bei wohlklingenden Absichtserklärungen. Ausgenommen das Verhältnis Primat – Episkopat wurde im Bereich der Ekklesiologie (Lehre über die Kirche) wenig Wesentliches auf dem Konzil beschlossen (etwa Beschlüsse über die individuelle Religionsfreiheit).

Das hatte Folgen für die nachkonziliare Entwicklung und schließlich auch für die Neufassung des Kirchenrechts auf der Grundlage der konziliären Beschlüsse. Wenn man nämlich – übrigens zutreffend – die Struktur der katholischen Kirche gelegentlich mit einer Pyramide vergleicht, muß man sagen, daß über deren breite Basis weder in den Aussagen des II. Vatikanischen Konzils noch in denen des heutigen kirchlichen Gesetzbuches allzu viele Aussagen gemacht werden. Hingegen wird häufig und ausführlich über die nach oben schmal zulaufende Spitze der Pyramide und insbesondere über deren Gipfel, den Primat, gesprochen.

Um diese Behauptung zu stützen, sei einmal daraufhin der Codex von 1983 betrachtet. Dabei zeigt sich – rein statistisch oder numerisch erfaßt – folgendes Bild:

Von den 1752 canones (Bestimmungen) des heutigen *Codex Iuris Canonici* befassen sich ganze 38 (cc. 515–552) mit «Pfarreien, Pfarrer und Pfarrvikare». Das wären also knapp 2,2 Prozent. Wie aber der Titel bereits andeutet, handelt dieses Kapitel nicht allein über die Pfarreien, sondern auch über Pfarrer und Pfarrvikare. Nun zeigt sich, daß die große Mehrzahl dieser 38 canones über die Letztgenannten spricht. Über die Pfarrei handeln lediglich die cc. 515–520, also ganze 0,3 Prozent des Codex! Natürlich, manche der canones über den Pfarrer sowie andere Bestimmungen des Gesetzbuches betreffen direkt oder indirekt die Pfarrgemeinde. Dennoch, das Gesamtbild der Unterbewertung der Pfarrei oder Gemeinde wird dadurch nicht wesentlich verändert.

Gemeindeethos gegen Kirchenstruktur?

Ein Kirchenrechtler, der die Bemühungen insbesondere unserer Pastoraltheologen um ein neues Gemeindebild während der letzten dreißig Jahre beobachtet hat, dürfte wohl öfters das Gefühl gehabt haben, hier werde so manche Idee eher in prophetischer Schau denn in Verbindung oder Anknüpfung an die Realitäten entwickelt. Auch wenn man rechtliche Strukturen als sekundär betrachtet, sie möglicherweise überhaupt ablehnt, muß man doch auch – sofern man nicht jeglichen Sinn für Realitäten verloren hat – davon ausgehen, daß sie zumeist sehr zäh sind und sich nicht so rasch verändern lassen. Recht und Gesetz sind ja nicht interessenfrei, können also nicht gleich abstrakten Denkmodellen widerstandslos verändert werden. Das Recht schützt eben u. a. auch sehr konkrete Interessen, letztlich Macht, zumeist Interessen und Macht wirtschaftlich-finanzieller Art von Individuen oder Gruppen. Und die sind natürlich an deren Aufrechterhaltung interessiert.

In der traditionellen und auch heute noch vorherrschenden Kirchenstruktur gilt das Territorialprinzip. Das heißt, die Kirche ist in territoriale Einheiten strukturiert. Dies bedeutet, daß jeder Kirchenangehörige aufgrund seines Wohnsitzes Angehöriger einer bestimmten Ortsgemeinde bzw. eines Bistums ist. Traditionelle Großinstitutionen und -organisationen bevorzugen dieses Organisations- und Strukturprinzip wegen seiner Einfachheit und Übersichtlichkeit. Selbst moderne Wirtschaftsunternehmen und besonders deren Verkaufsorganisationen präferieren dieses Prinzip. Das Territorialprinzip besitzt jedoch nicht nur Vorteile. Es ist auch starr und kann demgemäß nicht flexibel genug auf Entwicklungen reagieren. Wird dieses Strukturprinzip auch noch sakralisiert, wie es in der Kirche geschieht, kann es selbst anachronistische Züge erhalten. Man denke etwa an die imaginären Bistümer *in partibus infidelium* (in den heidnischen Gebieten), also Bistümer in ehemals christlichen Ländern, etwa in Kleinasien, Nordafrika oder Skandinavien, auf deren Titel heute noch die sogenannten Titularbischöfe (Weihbischöfe) geweiht werden.

Dem Territorialprinzip steht das Personalprinzip als Alternative gegenüber. Manche Organisationen bevorzugen es wegen seiner größeren Flexibilität und Funktionalität. Eine derartige Organisation ist also in Gruppen untergliedert. In der Kirche orientieren sich im allgemeinen die Orden an diesem Prinzip, und zwar seit alters her. Wenn auch heute noch in vielen Orden und ordensähnlichen Gemeinschaften ein offeneres und liberaleres Lebens-und Arbeitsklima herrscht als in der hierarchisch strukturierten Bischofskirche, hat dies wohl auch mit dieser flexibleren Organisationsform zu tun.

Was hier aber mehr interessiert, sind drei Entwicklungen, die sich in den letzten Jahrzehnten immer deutlicher abzeichnen und ein faktisches Abrücken vom herkömmlichen bzw. bislang vorherrschenden Territorialprinzip signalisieren:

1) Der Trend zur Personalgemeinde. Im Zuge der zunehmenden Verstädterung der Länder des nordatlantischen Raumes und gefördert durch die rasante Verbesserung und Verschnellung der Kommunikations- und Verkehrsmittel

nehmen die sozialen Bindungen der Leute an ihre Wohnumgebung ab. Wem die dortigen lokalen Sozialeinrichtungen, kulturellen Angebote usw. nicht genügen oder nicht zusagen, kann sich in der Regel anderweitig orientieren und möglicherweise etwas Passendes finden. Diesen Trend bekommt natürlich auch die Kirche zu spüren. In einigen Ländern ist diese Entwicklung u. a. durch politische, also außerkirchliche, aber gelegentlich auch durch innerkirchliche Maßnahmen gefördert worden. Was die politischen Faktoren betrifft, ist für die Vergangenheit etwa an die Zeit des Nationalsozialismus zu denken. Damals sahen sich nicht wenige Christen, insbesondere in den evangelischen Kirchen, gezwungen, sich nach Pfarrern, Predigern und Gottesdiensten umzuschauen, die ihrer politischen Option am ehesten entsprachen. Ähnliche, wenn auch vergleichsweise weniger bedeutende Umstände veranlassen bis heute Christen, sich eine ihnen auch politisch zusagende kirchliche bzw. gemeindliche Umgebung zu suchen (Anfang der fünfziger Jahre war es etwa die Auseinandersetzung um die Wiederbewaffnung in der Bundesrepublik, heute mag es z. B. der Einsatz für die Friedensbewegung, für die sogenannte Dritte Welt oder den Umweltschutz sein).

Aber auch kirchliche Organisationsmaßnahmen haben diesen Trend gefördert, nämlich der Ausbau der sogenannten kategorialen Pastoral (Jugend-, Alters-, Krankenseelsorge u. ä.). Die kategoriale Pastoral konnte von Beginn an nur auf übergemeindlicher Ebene organisiert werden; durch den zunehmenden Priestermangel hat sich dieser Trend aber noch auffallend verstärkt. Zahlreiche pastorale Aufgaben, die früher recht oder auch schlecht auf Gemeindebasis organisiert waren, wurden inzwischen durch (kirchliche) Organisationen auf Wohnviertel- oder Dekanatsebene übernommen.

2) Das Entstehen von Basisgemeinden. Der Trend zur Personalgemeinde hat gelegentlich auch zur Gründung von Basisgemeinden geführt, insbesondere in den Niederlanden und Italien, aber auch in der Bundesrepublik, Frankreich oder den USA, unter anderen gesellschaftlichen und politisch-sozialen Bedingungen in vielen lateinamerikanischen Ländern und in Ungarn. Sie sind Personalgemeinden in reiner Form, da nicht mehr äußere Faktoren, also etwa territoriale Grenzen, ihre Organisation bestimmen, sondern vielmehr Übereinstimmung hinsichtlich der Ziele und Überzeugungen ihrer Mitglieder. Dementsprechend können auch mehrere Basisgemeinden in einer Stadt oder Region nebeneinander bestehen, ohne sich gegenseitig Konkurrenz zu machen.

Die kirchliche Hierarchie hatte bislang große Mühe, die Basisgemeinden als Organisationsform innerhalb der Kirche zu akzeptieren. Natürlich mag dazu auch die Tatsache beigetragen haben, daß deren Ziele der Kirchenleitung aus theologischen und/oder politischen Gründen unannehmbar erscheinen. Es ist aber aus gutem Grund auch anzunehmen, daß die abweichende Organisationsform als Hindernis empfunden wird. Damit wird ja der hierarchische Instanzenzug und Aufbau der Kirche verlassen. Die Basisgemeinden und besonders deren Seelsorger sind für die Kirchenleitung schwerer erreichbar, da diese sich dem Zugriff der kirchlichen Behörden in sehr flexibler Weise entziehen können.

3) **Die Personalprälatur.** Das Territorialprinzip wird im Codex von 1983 auf höherer Ebene, nämlich der des Bistums, durch die Bestimmungen über die sogenannte Personalprälatur (cc. 294–297) durchbrochen. Dahinter stand insbesondere das Streben der Organisation «Opus Dei», der die Sympathien des derzeitigen Papstes gehören. Personalprälaturen bestehen aus Priestern und Diakonen des Weltklerus, wie es in sprachlich wenig vollendeter Weise in c. 294 heißt. Ihr können sich aber auch Laien «widmen» (c. 296), so daß Personalprälaturen in oder besser gesagt: neben den Bistümern eine autonome oder exemte Einheit bilden, die dem Heiligen Stuhl direkt unterstellt ist! An ihrer Spitze steht «ein Prälat als eigener Ordinarius» (c. 295 § 1).

Daß den Personalprälaturen eine weitgehende Autonomie von der Gewalt des Bischofs zugestanden worden ist, muß erstaunen, handelt es sich dabei doch um ordensähnliche Organisationen. Die traditionelle Autonomie (Exemtion) der Orden von der bischöflichen Gewalt wurde nämlich durch den Codex von 1983 erheblich beschnitten bzw. aufgehoben. So heißt es etwa in c. 678 § 1:»Die Ordensleute unterstehen der Gewalt der Bischöfe, denen sie in treu ergebenem Gehorsam und mit Ehrerbietung begegnen müssen, in dem, was die Seelsorge, die öffentliche Abhaltung des Gottesdienstes und andere Apostolatswerke betrifft».

Die Personalprälatur stellt also so etwas wie ein Bistum dar, das nach dem Personalprinzip strukturiert ist. Prinzipiell können in derselben Region o. ä. mehrere Personalprälaturen nebeneinander bestehen. Es ist festzuhalten, daß es dabei einen Qualitätssprung gibt gegenüber der seit langen Zeiten bestehenden Situation in manchen Regionen, wo nebeneinander mehrere Bistümer verschiedener Riten existieren (etwa im Libanon, in den USA oder Kanada). Denn diese Bistümer sind gleichfalls territorial abgegrenzt, nicht gegenüber den Bistümern anderer Riten, wohl aber gegenüber Nachbarbistümern des eigenen Ritus.

Gemeindestruktur contra Kirchenstruktur?

Aus dem bisher Gesagten kann man dreierlei schließen:
1. Die Kirche ist im Prinzip territorial gegliedert.
2. Ausnahmen von diesem Prinzip wurden und werden von der Kirchenleitung bislang noch am ehesten für die Pfarr- oder Gemeindeebene zugestanden.
3. Eine neuere Entwicklung, die auch im Kirchenrecht von 1983 ihren Ausdruck findet, läßt Ausnahmen auch auf höheren Organisationsebenen zu.

Daraus kann man wiederum schließen, daß die katholische Kirche bzw. deren Leitung dem Territorialprinzip den Vorzug gibt. Ausnahmen, und zwar von der Kirchenleitung abgesegnete Ausnahmen, werden aus plausiblen Gründen zugelassen. Diese Ausnahmen fanden sich bislang nur auf Pfarr- oder Gemeindeebene und wurden offensichtlich nicht als eine Bedrohung der Kirchenstruktur erfahren.

Durch die neuere innerkirchliche Entwicklung begünstigt und gefördert, stellt sich die Spannung zwischen Gemeindeethos und Kirchenstruktur jedoch anders dar. Man erkennt zwei Entwicklungen:
– Zum einen gibt es Tendenzen, die man als Gemeinde-, ja teilweise sogar als Kirchenbildungen in der Kirche bezeichnen kann: Kirchliche Erneuerungsbewegungen unterschiedlicher Art (Basisbewegungen, charismatische Strömungen, Lefebvre-Anhänger, Opus Dei u. ä.).
– Zum anderen hat sich ein eigentliches Gemeindeethos in vielen Teilkirchen erst während der letzten beiden Jahrzehnte entwickelt. Betrachtet man etwa nur einmal die entsprechende Entwicklung in den deutschsprachigen Ländern und den Niederlanden in diesem Zeitraum, kann man davon sprechen, daß sich in diesen Ländern die Kirche von einer Bischofs- zu einer Gemeindekirche verändert hat.

Auch die Territorialgemeinde, die viele noch als kirchliche Heimat, durchaus auch als einen Freiraum erfahren, trägt nicht selten bereits Züge einer Personalgemeinde. Die Anziehungskraft, die von einem Seelsorger ausgeht, hat ja nicht selten zwei Folgen: Zum einen fühlen sich dann auch Gläubige anderer Pfarreien von einer derartigen Gemeinde angezogen. Zum anderen kann im Falle, daß der Pfarrer diese Gemeinde verläßt, eine derartige geistliche «Heimat» rasch verfallen. Anders gesagt: Territorialgemeinden mit personalgemeindlichen Zügen sind häufig stark auf die Person des Pfarrers zentriert. Und dies entscheidet nicht selten über ihr Schicksal.

So beeinflußt in der Tat die vorherrschende Gemeindestruktur das Kirchenbild und damit natürlich die Struktur der Kirche. Letztlich stellt eine Gemeindekirche im Sinne einer Personalgemeinde (*Low Church*) eine hierarchisch strukturierte Kirche (*High Church*) in Frage, wie sie die katholische Kirche nun einmal ist.

Gemeinde in der Kirche

Es ist an der Zeit, sich in der katholischen Kirche deutlicher der Folgen bewußt zu werden, mit denen in einer hierarchisch strukturierten Kirche gerechnet werden muß, wenn eine theoretische Gemeindetheologie in die Praxis umgesetzt wird. Es hat wenig Sinn, Hoffnungen und Erwartungen zu wecken, die in der katholischen Kirche mit ihrer derzeitigen Struktur nicht erfüllt werden können. Das Gesetzbuch der katholischen Kirche von 1983 reagiert(e) bereits mit einer Fülle von Bestimmungen auf die neueren Entwicklungen auf Gemeindeebene. Derartige oder vergleichbare Bestimmungen kannte der Codex von 1917 nicht, weil damals dazu ganz offensichtlich keine Notwendigkeit bestand.

Nicht nur allein an diesem Segment kirchlichen Lebens und kirchlicher Wirklichkeit läßt sich zeigen, daß das geltende Gesetzbuch der katholischen Kirche nur wenig mit dem heutigen Leben in der Kirche verbindet. Das hat nun alles mit der Auffassung von Recht und insbesondere von der Funktion des Gesetzes in der Kirche zu tun. Zum einen geht der kirchliche Gesetzgeber traditionell davon aus, er könne und müsse das kirchliche Leben gestalten, und zwar in alleiniger Verantwortung. Damit entspricht er nicht der altehrwürdigen Rechtsweisheit, daß das Recht dem Leben folgt (*ius sequitur vitam*). In gewisser Weise betrachtet der kirchliche Gesetzgeber die Kirchenangehörigen, insbesondere die Laien, als Unmündige, als «Schutzgenossen» – wie es einmal bislang unübertroffen Ulrich Stutz, ein protestantischer Kirchenrechtler, ausgedrückt hat. Zum anderen steht der kirchliche Gesetzgeber trotz formaler Würdigung der Gewohnheit dieser ablehnend und mißtrauisch gegenüber.

Und doch liegt genau hier der Ansatzpunkt des Kirchenrechtlers, der die Kraft des Lebens ernst nimmt und an die Zukunft der Kirche oder, anders gesagt, an die Vermittlung des Glaubens an die folgende Generation denkt. Was sich in den letzten Jahrzehnten in nicht wenigen Teilkirchen und Gemeinden an dynamischem Leben entwickelt hat, darf – und kann! – das Recht nicht durch ein neues Gesetzbuch beschneiden oder gar aus der Welt schaffen. Sieht man nämlich einmal von Ausnahmen ab, handelt es sich doch um Entwicklungen und Bemühungen von Laien wie Klerikern, die sich für ihren Glauben und auch für ihre Gemeinden und ihre Kirche verantwortlich fühlen. Gerade was die Gemeinde(n) betrifft, ist in der Tat ein Ethos, auch eben ein Ethos der Verantwortung entstanden.

Zweifellos hat das verantwortliche Handeln vieler Laien und Kleriker an der Basis zu Spannungen und Problemen mit der geltenden Kirchenordnung geführt. Und deshalb natürlich auch zu Konflikten zwischen Basis und Hierarchie. Was in solchen Konfliktsituationen aber in der katholischen Kirche fehlt, also strukturell nicht vorgesehen ist, sind Gremien oder Mechanismen, die zu einer konfliktreduzierten Lösung beitragen. In den wenigen Teilkirchen, in denen nach dem II. Vatikanischen Konzil Synoden stattfanden, kamen gerade bei diesen Gelegenheiten auch die kirchenrechtlichen Probleme zur Sprache, die sich aus der Spannung zwischen einem neuen Gemeindeethos und dem allgemeinen Kirchenrecht ergeben. Was die Kirche in Deutschland betrifft, findet sich diese Spannung im Beschluß der Würzburger Synode über «Die pastoralen Dienste in der Gemeinde» vom Mai 1975, insbesondere in den Voten zu diesem Beschluß. Die Lektüre dieses Beschlusses und der Voten sowie eine Beschäftigung mit den entsprechenden Normen des heutigen kirchlichen Gesetzbuches können sehr gut verdeutlichen, daß es bislang nicht gelungen ist, tragfähige Brücken zwischen der traditionellen Kirchenstruktur und neuen Gemeindestrukturen zu bauen. Letztlich wurde von Rom aus auf die Bitten und eben ganz konkret auf die Voten der Würzburger Synode nicht positiv reagiert. Wann und auf welche Weise es gelingen wird, diese Spannung(en) aufzulösen, erscheint inzwischen ein utopisches Unterfangen. Auch das muß wohl gesagt werden.

Stephan H. Pfürtner

WIE ICH MIR KIRCHE WÜNSCHE

«So fing es mit der Kirche an» – mit diesem Titel hat Hermann-Josef Venetz durchblicken lassen, wo sein Herz schlägt, auch als neutestamentlicher Wissenschaftler. In der Verbundenheit mit unserer Kirche, vielleicht sogar in Enthusiasmus für sie und ihre ursprüngliche Gestalt hatten wir uns in dem Reformaufbruch, den das Zweite Vatikanische Konzil (1962–65) für diese Kirche insgesamt und den die «Synode 72» für die Schweizer Bistümer signalisierten, getroffen. Getroffen: das meint zunächst unsere Begegnungen (die gar nicht sehr häufig waren) etwa zwischen 1972 und 1974 während meiner Lehrtätigkeit in Freiburg i. Ue. Das meint danach ein inneres Zusammentreffen. Denn fast wortlos fand zwischen uns die Begegnung in einer Gesinnungsgemeinschaft statt, die aus der Hoffnung oder der Freude lebte, eben einer Kirche des Aufbruchs anzugehören und in ihr wirken zu können. So jedenfalls habe ich es wahrgenommen, daß uns unausgesprochen Freude an jener Kirche verband, die von der Menschen befreienden Kraft einer unüberholbaren Botschaft in Bewegung gehalten wurde: der Botschaft des Evangeliums Jesu, des Christus Gottes (Mk 1,1).

Zum grundsätzlichen Zusammenhang der folgenden Geschichte

Das Auf und Ab der großen Kirchenbewegung, deren beglückende Wirkungen oder deren Rückschläge mit den tiefen Enttäuschungen, die sie auslösten, sollen hier nicht weiter behandelt werden. Auch will ich nicht mit meiner Thematisierung einer höchst fragwürdigen Mentalität Vorschub leisten, so als ob das eigentliche Thema der Kirche oder engagierter Christen die Kirche sei. Wer davon redet, daß die Welt auf die Kirche hin erschaffen wurde und «die Kirche das Ziel aller Dinge ist» («Weltkatechismus» 1993, Nr. 760)[1], der trägt unverantwortlich zur Verwirrung der Sprache und der Geister bei, wenn er nicht ausdrücklich hervorhebt, daß er damit die Kirche der ewigen Herrlichkeit, das kommende himmlische Jerusalem, nicht aber die empirisch vorfindbare Kirche meint. Leider spricht der neue römische Katechismus ohne eine derartige Klärung und trägt damit zur theologisch unverantwortlichen Mystifizierung der Kirche und ihrer Amtsträger bei. Offenkundig oder heimlich (unheimlich) wird damit die empirische Kirche zum Zweck ihrer selbst ge-

---

[1] Katechismus der katholischen Kirche. Deutsche Übersetzung Oldenburg: Benno-, Paulus- und Veritasverlag 1993.

macht. Es wird so getan, als drehe sich alles in der Weltgeschichte letztlich um die Kirche und als sei diese mit ihren Worten das kritische Maß der Wahrheit in aller Sprache. Ich habe die Folgen einer derartigen Sprachverwirrung an anderer Stelle behandelt und möchte sie hier nicht wiederholen.[2]

Die Kirche hat zuerst und zuoberst den Menschen in ihrem Glauben zu dienen: dem Glauben daran, daß sie vom unendlichen Gott angenommen, von ihm gewollt und geliebt sind und deshalb «in Ewigkeit nicht zuschanden werden». Sie hat sie in ihrer Lebenshoffnung und -zuversicht so wie in ihrer wahrhaft menschlichen Solidarität miteinander zu unterstützen – quer durch alle Feindschaften und alle Krisen ihrer Geschichte hindurch. Die Kirche steht zuerst und zuoberst im Dienst an Gottes lebendigem Wort, das heißt zugleich im Dienst am Leben der Menschen in ihrem Gott. Darin liegt der Sinn aller wahren Religion. Das war der entscheidende Inhalt der von den Reformatoren neu offenbar gemachten paulinischen Rechtfertigungsbotschaft. Wenn die Kirche sich selbst, ihre Autoritäts- und Wahrheitsansprüche, ihre Institutionskrisen und Ämterstreitigkeiten in den Vordergrund schiebt, verfehlt sie ihren Auftrag. Dann suchen sich die Menschen ihre Religion außerhalb der institutionellen Kirche – wie es inzwischen weit verbreitet geschieht. Der Trend zur Esoterik oder zu fundamentalistischen Bewegungen oder auch einfach die Kirchenaustrittsbewegungen zeugen auf ihre Weise davon. Die Menschen unserer Zeit sind keineswegs weniger religiös als die vergangener Epochen. Sie verlangen jedoch nach wahrer Religiosität.

Wie bedrohlich der Verlust des eigentlich religiösen Primats für die Kirche nicht zuletzt in der vatikanischen Administration und ihrer Theologie ist, macht die Entwicklung in ihrem ökumenischen Dialog deutlich. Der Vatikan hat – bis zum jetzigen Papst hin – bekannt, daß die Einheit der Kirchen und ihres gemeinsamen Zeugnisses in der Weltgesellschaft vom Streit um das Amt in der Kirche, näherhin um das Papstamt, überschattet wird. Rom fordert die Anerkennung des Lehr- und Jurisdiktionsprimates des Papstes für die gesamte Christenheit. Die nichtkatholischen Kirchen können – und werden – sich diesem Ansinnen nie anschließen[3]. Darüber dürften sich auch die Vertreter im Vatikan klar sein.

Nun hat Johannes Paul II. zwar – im ökumenischen Diskurs viel beachtet – erklärt, daß er sich einer besonderen Verantwortung bewußt sei, «eine Form der Primatsausübung zu finden» – und «alle Bischöfe und Theologen unserer Kirchen» an der Suche danach zu beteiligen –, die «... sich einer ganz neuen Situation öffnet»[4]. Aber er hat dabei zugleich betont, keineswegs «auf das Wesentliche ihrer Sendung» (der Primatsausübung) zu verzichten. Fragt man nach dem, was für ihn zum «Wesentlichen» gehört, so findet man es wenige

---

2 Stephan H. Pfürtner, Glaubenseinheit durch die Sprache «heiliger Herrschaft»? Zum «Weltkatechismus» und zur päpstlichen Moralenzyklika «Veritatis splendor». In: Abschottung statt Dialog? Das Lehramt der Kirche und die Moral. Hrsg. und Verlag: Edition Exodus Luzern 1994: 75-128; hier 116ff.
3 Reinhard Frieling, Ökumene: Gemeinschaft mit, nicht unter dem Papst – ein evangelisches Votum zur Einheit der Kirche. In: epd-Dokumentation Nr. 26a/96 vom 17. Juni 1996: 8-16.
4 Johannes Paul II., Enzyklika *Ut unum sint* vom 25. Mai 1995, Nr. 95. Deutsche Übersetzung, in: Verlautbarungen des Apostolischen Stuhles, Nr. 121. Sekretariat der Deutschen Bischofskonferenz. Bonn 1995.

Sätze vorher in demselben Schreiben. Der Papst betont nämlich, daß der päpstliche Lehr- und Jurisdiktionsprimat im Sinne des I. Vatikanums «zum Glaubensgut gehört» und sein diesbezügliches Amt «dem Willen Christi entspricht»[5]. Von daher erhebt sich die Frage, ob die von ihm gesuchte neue Form der Primatsausübung nicht doch nur eine Angelegenheit der Kosmetik römischer Amtsführung bedeutet.

Die offizielle Kirche in Rom stolpert deshalb über ihre Streitsteine, weil sie vor ihren eigentlichen Auftrag, nämlich ihren Dienst am Gottesverhältnis der Menschen wahrzunehmen und die Sache Jesu in unserer Zeit zu vergegenwärtigen, den Streit um die Anerkennung ihrer Institution geschoben hat. Man muß gleichsam auch an die Kirche in ihren derzeitigen Institutionen glauben, ebenso wie an Gottes Zusage in Jesus Christus. Die Sache Jesu ist jedoch nichts anderes als Gottes befreiende Rechtfertigung in Jesus Christus unter den Menschen. Sein rettendes Evangelium sowie den Glauben daran unter den Menschen zu vergegenwärtigen, verliert aber den unzweideutigen Vorrang, wenn ihm die Anerkennung der kirchlichen Amtsautorität gleichgesetzt wird. Ich stehe nicht an, dem jetzigen Papst seinen Lebenseinsatz für die Sache Jesu zu bestreiten. Sie ist für mich auf verschiedenen Ebenen bewundernswürdig. Aber dieser Einsatz wäre für unzählige Menschen um vieles glaubwürdiger, wenn sie nicht fürchten müßten, es ginge ihm zugleich immer auch um seine eigene Sache, d. h. um die Sache des Papsttums.

Johannes Paul II. hat bei seinem ersten Besuch in Deutschland 1980 eine ebenso entlarvende wie schwerwiegende Bemerkung vor Vertretern der reformatorischen Kirchen gemacht. Er hob zuerst positiv würdigend Luthers Rechtfertigungsbotschaft dahingehend hervor, daß es Luther darin um das gegangen wäre, «was Christi ist». Dann fuhr er fort: «Wenn es bei den Dingen, die zwischen uns stehen, lediglich um die «von Menschen eingesetzten kirchlichen Ordnungen» ginge (vgl. CA VIII; *Confessio Augustana*), könnten, müßten die Schwierigkeiten alsbald ausgeräumt sein. Nach katholischer Überzeugung betrifft dieser Dissens das, «was Christi ist» , «was sein ist»; seine Kirche und ihre Sendung, ihre Botschaft und ihre Sakramente sowie die Ämter, die in den Dienst von Wort und Sakrament gestellt sind»[6]. Mit der Kirche und ihren geschichtlich gewachsenen Ämtern ist nicht zuletzt das Papstamt gemeint. Johannes Paul II. setzte somit die Sache seiner eigenen Amtsautorität und ihrer Anerkennung mit der Sache Jesu und dem Glauben an seine rettende Sendung unter den Menschen gleich. Diese Identifikation verkehrt den eigentlichen Sinn von Kirche in ihrer Zuordnung, dem Gottesverhältnis der Menschen zu dienen. Die Beziehung zur Kirche wird zum obersten religiösen Maßstab. Das Verhältnis zur Kirche rückt an die Stelle des Gottesverhältnisses. Damit aber gerät die Kirche zum religiösen Selbstzweck. Solange eine theologisch so un-

---

5   Ebd. Nr. 94 u. 95.
6   Johannes Paul II., Ansprache bei der Begegnung mit Vertretern des Rates der EKD im Dommuseum in Mainz am 17. November 1980; in: Predigten und Ansprachen von Papst Johannes Paul II. bei seinem Pastoralbesuch in Deutschland ... Verlautbarungen des Apostolischen Stuhls, Nr. 25. Hg. Sekretariat der Deutschen Bischofskonferenz Bonn o. J. (1980): 79–82; hier: 81.

differenzierte Sprache geführt wird, macht Kirche sich selbst unter den Menschen unglaubwürdig. Denn sie verdeckt das, wozu sie selbst eigentlich da ist, nämlich den Menschen die rettende Gegenwart ihres Gottes in ihrem Leben zuzusagen.

Die Geschichte, die von eigener Erfahrung mit der Kirche hier zu erzählen ist

Hat Johannes Paul II. mit der eben referierten Sprache *die* katholische Überzeugung eingebracht? Ich muß das bestreiten. Zugegeben, er gab vorhandene katholische Mentalitätsmuster wieder. Aber hat er wirklich das getroffen, was katholischen Glaubenssinn ausmacht? Meine eigenen Erfahrungen mit dieser Kirche sprechen dagegen. Ich meine jene Erfahrungen, die mir den Glauben dieser Kirche so teuer gemacht und meine Lebensgeschichte in manchmal schweren, ja, schwersten Phasen entscheidend getragen haben. Ich bin katholisch groß geworden, «sozialisiert», wie man heute oft sagt. Dabei habe ich mich während der nationalsozialistischen Diktatur bisweilen leidenschaftlich für meine Kirche eingesetzt und dafür gestritten, daß sie frei ihr Wort unter den Menschen sagen konnte, allem damaligen Terror zum Trotz. Aus diesen Erfahrungen sind mir Vorstellungen über das erwachsen, was Kirche eigentlich ist und was sie sein soll. Die dadurch aufgebrochene Hoffnung auf das Kommen der wahren Kirche Gottes unter den Menschen, das heißt auch auf die Zukunft meiner eigenen empirisch vorfindbaren Kirche, konnte bis auf den heutigen Tag nicht ausgelöscht werden.

Als das christliche Bildungswerk «Die Hegge», zwischen Paderborn und Warburg gelegen, mich zu einer Wochenendveranstaltung vom 23.– 25. Februar 1996 unter dem Rahmenthema «Kirche Gottes – aus Menschen, für die Menschen» einlud, habe ich gern zugesagt. Ich habe auf der Tagung davon zu sprechen versucht, wie ich mir eigentlich Kirche denke oder wünsche, und wählte dafür den Titel: «Kirche als Ort der Freiheit und des Vertrauens». Natürlich war ich mir im klaren darüber, daß ich damit bei vielen auf Skepsis oder gar Kopfschütteln stoßen mußte. Standen nicht auch meine eigenen Erfahrungen einer derartigen Kennzeichnung der Kirche entgegen, zum mindesten wenn die gewählte Überschrift als Ist-Aussage gelesen wird? Ich mußte also erklären, wie ich das Thema verstanden wissen wollte, nämlich als Soll-Satz, oder als Aussage darüber, wie ich mir eine Kirche wünsche, in der ich gern leben würde. Doch hiermit geriet ich weiter in Bedrängnis. Ich hatte mich nämlich der – eigenen und von anderen kommenden – Nachfrage zu stellen, ob ich mit meinen Wunschvorstellungen nicht einer Illusion aufsäße, die zwar schön, auch begreiflich, aber eben doch ein leerer Wunschtraum sei. Jedenfalls wird meine Kirche zur Zeit von vielen gerade nicht als Raum der Freiheit erfahren, ebenso wenig als ein Lebensraum, in dem Menschen ungetrübt auf Vertrauen setzen können.

Diese kritische Nachdenklichkeit schickte mich auf die Suche darüber, wie sich mein Kirchenverständnis gebildet habe. Woher war denn eigentlich diese meine Wunschvorstellung gekommen? Hatte ich sie einfach aus einem inneren Bedürfnis auf die Kirche projiziert? War sie aus einem Stück Romantik-Natur in mir entstanden, aus der ich mir irgendeine Nische von mitmenschlicher Nähe, Solidariät und Treue in einer Gemeinschaft von Menschen erdacht hatte, mitten in der wirklichen Welt, in der Menschen mit Menschen wahrhaft nur all zu oft ganz anders miteinander verfahren? War ich nur einer Traumwirklichkeit aufgesessen, die der Realität – auch in der Kirche – auswich?

«Ich hatte einen Traum ...» – spätestens seitdem mir diese Worte von Martin Luther King in den Ohren klingen und ich weiß, wie sie die gesellschaftliche Wirklichkeit in Amerika veränderten, schätze ich zwar diese Art Traumvisionen keineswegs gering. Aber ich grub noch weiter. Dabei stellte ich fest, daß es die Botschaft der Kirche selbst war, die in mir, in meiner Familie, in meinen Freunden die angesprochene Vorstellung erweckt hatte. Sie hatte entsprechende Hoffnung nicht zuletzt auch auf das aufkeimen lassen, was Kirche eigentlich sein könnte.

Mir fielen leicht Texte aus ihrer Botschaft ein, die ich oft gelesen und die mich immer wieder ergriffen, ja, in bestimmten Situationen der Trauer zutiefst berührt hatten. So zum Beispiel Offb. 21 «Siehe da, das Zelt Gottes unter den Menschen». Es folgt die Schilderung der «neuen Erde und des neuen Himmels», und es heißt dann:

> Er wird bei ihnen wohnen, sie werden sein Volk sein, und er, Gott, wird bei ihnen sein. Er wird jede Träne von ihren Augen wischen. Es wird keine Trauer, keine Klage und kein Schmerz mehr sein. Denn was einst war, ist vergangen.

Man könnte von dieser Sprache und ihrem Zusammenhang her einwenden, hier ginge es um eine Endzeit-Schau der neuen Schöpfung, die Kirche in ihrer gegenwärtigen geschichtlichen Existenz sei hier nicht Thema. Aber das wird dem Text nicht umfassend gerecht. Einmal ist von «seinem Volk» ausdrücklich die Rede. Das geschieht wohl im Blick auf seine eschatologische Wirklichkeit. Aber das Eschaton, dieses Letzte, will doch begriffen sein als das, was schon jetzt anbricht: als Reich, das erst kommt, das aber im Kommen doch schon da ist.

Die visionäre Sprache der Geheimen Offenbarung macht die Zusage Gottes an sein Volk kund, seinen Indikativ an die Kirche. Sie redet von dem, was sie durch seine Bestimmung und Verheißung ist. Im Glauben an sein Wort so Kirche erhoffen, ist keine menschliche Illusion oder Projektion. In vielen weiteren Texten kommt dasselbe aus anderen Perspektiven zum Ausdruck. Eph 5,8f:

> Einst wart ihr Finsternis. Jetzt aber seid ihr Licht im Herrn. Wandelt nun als Kinder des Lichtes. Die Frucht des Lichtes zeigt sich in lauter Güte, Gerechtigkeit und Wahrheit.

Oder zur neuen umfassenden Solidarität in seinem Volk, Gal 3,27ff:

> Durch den Glauben seid ihr alle in Christus Jesus Kinder Gottes ... Da gilt nicht mehr Jude oder Heide, nicht mehr Knecht oder Freier, nicht mehr Mann oder Weib. Ihr seid alle einer in Christus Jesus.

Aus der Freude an dieser neuen Nähe und Verbundenheit untereinander erwuchs die Schilderung der jungen Jerusalemer Gemeinde durch den lukanischen Schriftsteller (Apg 2,44–47):

> Alle Gläubiggewordenen aber waren beisammen und hatten alles gemeinsam; und sie verkauften die Güter und Habe und verteilten sie unter alle, je nachdem einer es nötig hatte. Und täglich verharrten sie einmütig im Tempel, und abwechselnd von Haus zu Haus brachen sie das Brot und nahmen Speise zu sich mit Frohlocken und Lauterkeit des Herzens, lobten Gott und hatten Gunst bei dem ganzen Volk.

Hier hatte die eschatologische Vision von Kirche doch ihre empirische Wirklichkeit geprägt. Daß diese Wirklichkeit bereits in den neutestamentlichen Gemeinden auch andere Seiten aufwies, tut dem keinen Abbruch. Der Indikativ Gottes, auf den wir in unserem Glauben an die Kirche setzen, ist immer zugleich auch Imperativ für ihre Praxis. Sie erhält ihre Wesensbestimmung durch die sie begründende Verheißung Gottes, muß sich dann freilich auch bei ihr behaften lassen. Auf diese biblische Botschaft habe ich meine Erwartungen an die Kirche gestützt, wenn ich von ihr erhoffte und erhoffe, daß sie ein «Ort» der Freiheit und des Vertrauens in unserer oft so entgegengesetzten gesellschaftlichen Wirklichkeit ist.

Aber diese Vision von Kirche hat sich nicht nur durch die biblischen Schriften und ihr Zeugnis in mir ausgebildet. Als ich danach suchte, wo denn der große Traum seine ersten Spuren im eigenen Leben aufwies, geriet ich an verschiedene andere Eindrücke. Ich schreibe zur Zeit etwas eigene «Lebensgeschichte». Kurzversuche dazu habe ich früher schon gemacht, habe von dem erzählt, wie ich als 19/20jähriger mit den «vier Lübecker Geistlichen» zusammentraf, von dem, wie ich Kirche in einer halbjährigen Einzelhaft der GESTAPO mit ihnen erlebte oder im Prozeß vor dem Volksgericht am 23./24. Juni 1943 im Lübecker Amtsgericht erfuhr: Kirche, die für die Würde des Menschen und den Respekt vor seiner Freiheit eintrat, Kirche als Gesinnungs- und Hoffnungsgemeinschaft im Angesicht des Todes.[7]

Aber ich habe den Zuhörern in der «Hegge» einen weniger außergewöhnlichen Vorgang berichtet, in dem ich «Kirche als Zelt – als Haus – Gottes unter den Menschen» erfuhr. Er geschah etwa zehn Jahre vor dem Lübecker Prozeß im Rahmen meiner jugendlichen Familienerfahrungen.

Zunächst muß ich kurz in die damaligen Verhältnisse unseres Familienlebens einführen. Meinen Eltern war es Ende der zwanziger Jahre gelungen, uns in Langfuhr, einem Vorort von Danzig, bei einem mittleren Wohlstand ein warmherziges Zuhause zu bereiten. «Uns», das waren meine fünf Geschwister und ich. Dann änderten sich die Verhältnisse. Im Gefolge der Weltwirtschafts-

---

[7] Vgl. meine Stellungnahme in «Widerstand oder Anpassung? Katholische Kirche und Drittes Reich», hrsg. von Georg Denzler. Piper Verlag München 1984: 146–150; Else Pelke, Der Lübecker Christenprozeß 1943. Mit einem Nachwort von Stephanus Pfürtner OP. Matthias Grünewald Verlag Mainz 1961; s. auch Brigitte Templin, Ingaburgh Klatt, «Lösch mir die Augen aus ...». Leben und gewaltsames Sterben der vier Lübecker Geistlichen in der Zeit des Nationalsozialismus. Hrsg. Burgkloster zu Lübeck, Amt für Kultur der Hansestadt Lübeck, 1994.

krise, vor allem aber mit der Liquidierung der freien Presse in Danzig durch die Nationalsozialisten, wurde mein Vater arbeitslos. Er war bei der «Danziger Landeszeitung» in der kaufmännischen Abteilung tätig gewesen und hatte noch bis 1933 gut verdient. Fast über Nacht brach die Armut in unsere Alltagswelt ein. Sie brachte meine Eltern an das, was heute Armutsgrenze heißt. Diese bedeutete damals bei dem kaum entwickelten sozialen Auffangnetz eine existentielle Gefährdung für die Familie. Die 90 Gulden Stempelgeld (1 Danziger Gulden hatte etwa die Kaufkraft von 1 Reichsmark), die der Vater im Monat für die achtköpfige Familie nach Hause brachte, reichten vorn und hinten nicht. Die Miete konnte nicht mehr gezahlt werden. Gas und Wasser sollten abgestellt werden. Das Geld für Kleidung und Essen wurde äußerst knapp. Eines Tages, als wir von der Schule nach Hause kamen, hatten wir buchstäblich nichts mehr auf dem Mittagstisch. An dieser Stelle setzt die folgende Geschichte der biographischen Aufzeichnungen ein. Ich riskiere auch hier, sie wiederzugeben:

Die Eltern hingen vorn und hinten in den Schulden. Der Vater ging anfangs noch auf Jobsuche, kam jedoch immer wieder ohne Erfolg zurück – und dann ging er nicht mehr. Da faßte meine Mutter den Entschluß, ihrerseits Arbeit zu suchen. Warum sie es nicht in ihrem gelernten Beruf als Hauslehrerin oder auf ähnlicher Ebene tat, weiß ich nicht. Sie hatte vielleicht den Anschluß verpaßt und wähnte sich deshalb dafür nicht mehr geeignet genug. Oder sie sah auf diesem Weg aus anderen Gründen keine Chance. Jedenfalls kam sie eines Tage von einem Gang in die Stadt nach Hause und erklärte uns: «Wir müssen uns im Haushalt jetzt etwas umstellen. Vater wird hierbleiben und kochen. Ich werde arbeiten gehen.» Wir sahen sie etwas ungläubig an. «Und was willst du tun?» lautete unsere Frage. «Ich habe keine große Auswahl mehr. Wir können nicht lange zuwarten. Ich gehe als Wasch- und Aufräumfrau, das kann ich. Ich habe schon zwei Stellen. Morgen fange ich bei Bansemer an.» Bansemer war unser Bäcker im Brunshofer Weg, gute 15 Minuten zu Fuß von uns entfernt (er muß später sein Geschäft in die Hauptstraße – alias Adolf-Hitler-Straße – verlegt haben). Am nächsten Morgen ging sie um 5.30 Uhr aus dem Haus, um 6 Uhr sollte die Arbeit beginnen. Damit fing ein neuer mehrjähriger Abschnitt unseres Familienlebens an. Dieses bekam Schritt für Schritt ein anderes Gesicht als vorher. Es war 1934, ich sollte in Kürze meinen 12. Geburtstag feiern.

Die Mutter hatte sich bald ein Netz von Arbeitsstellen aufgebaut, ihre erste Chefin sagte es den eigenen Bekannten, oder sie selbst ging zu ehemaligen Freundinnen, die wohlhabend genug waren, und fragte an. Die Wochentage waren für sie bald besetzt. Dazu erledigte sie noch den wichtigsten Einkauf. Sie ging meist früh morgens aus dem Haus und kam spät abends wieder. Ein Acht-Stunden-Tag gab es bei derartigen Jobs nie. All das kostete natürlich seinen hohen Preis, für sie zuerst, danach für ihren Ehepartner und für uns Kinder. Sie geriet nicht selten bis an den Rand ihrer Kräfte.

Ein Abend ist mir dabei in besonderer Erinnerung. Es war ein nebliges Novemberwetter. Ich hatte mit ihr vereinbart, daß ich sie abholen würde. Die Bäckerei Bansemer war wieder dran. Ich wußte von den vergangenen Wochen, wie besonders erschöpft sie von dieser Stelle zurückkam. «Das sind keine schlechten Leute, besonders Frau Bansemer ist sehr freundlich zu mir», sagte sie, «aber der Bäckereibetrieb verlangt eben so viel. Diese Kleider und Kittel, verschwitzt von der Hitze der Backstube und verklebt von den überall reingedrückten Teigresten sind so schwer sauber zu kriegen.» Natürlich gab es in den kleineren Betrieben damals keine Waschmaschinen. (Ob sie überhaupt schon erfunden waren, weiß ich nicht, jedenfalls habe ich nirgendwo bei Verwandten oder Freunden in den Haushalten irgend soetwas gesehen). Viele hatten nicht einmal «Wäscherubbeln», jene Bretter mit gewellten Böden aus Aluminium, auf denen die Frauen dann die Wäsche hin- und herwalken mußten. Die Stücke wurden bei Rechtshändern vielmehr einfach auf den linken Arm gelegt, von der rechten Hand in der Faust gegen den Arm gedrückt und auf ihm gerieben. Meine Mutter hatte in der letzten Zeit ihre Hauswäsche zwar selbst gemacht, aber an eine so intensive und gleichmäßige Belastung war ihre Haut nicht gewöhnt. Als Folge davon bekam sie bald blutunterlaufene Arme und Fäuste; besonders die beißende Seifenlauge tat dabei das ihrige. Ich sah es einmal zu Hause, als sie sich für die Nacht etwas Zinksalbe zur Linderung darauf strich: Auf dem ganzen linken Unterarm lag das blanke Fleich offen da. Entsetzt wandte ich mich ab: «Das kannst Du doch nicht so weiter machen, das ist ja schrecklich», redete ich auf sie ein. Aber sie winkte ab. Die Haut würde sich daran gewöhnen, man müsse nur am Anfang achtgeben, daß es keine Entzündungen gäbe – und damit basta. Sie ging also weiter waschen, auch zu Bansemer. Ich wollte sie am besagten Abend abholen.

Wir hatten uns für 6 Uhr vor der Bäckerei im Brunshöfer Weg verabredet. Der Laden war noch hell erleuchtet. Leute kamen in letzter Minute, um sich noch ihre notwendigen Backsachen zu besorgen. Ich hatte einen dunkel gestreiften Lodenmantel an, ein Geschenk von meinem Freund Ulf Krischen, der aus ihm herausgewachsen war. Es war um Null Grad herum, der kalte Nebel zog feucht durch den faden Stoff hindurch. Ich wartete und zog den Gürtel, der am Mantel war, enger, so als ob es dadurch wärmer würde. Wer nicht kam, war meine Mutter. Es dauerte eine halbe, eine dreiviertel, eine ganze Stunde. Dann öffnete sich schließlich die Tür in einem Seiteneingang neben dem Geschäft. Eine kleine Gestalt bewegte sich auf mich zu. Meine Mutter war kaum größer als ich damals, war für ihre Figur von durchaus kräftiger Gestalt, wirkte zugleich aber eher zierlich. Durch ihre Aktivität, aber auch durch den geringen Essenskonsum hatte sie – wie die meisten Menschen der Nachkriegszeit – kaum ein Gramm Fett zu viel. Ich erkannte sie direkt an ihrem unverwechselbaren Gang: Ein Bein von ihr war von Jugend an verkürzt, der Fuß etwas verkrüppelt; dadurch humpelte sie, aber nur ein wenig, denn sie glich den Eindruck durch ihre flotte Gangart weitgehend aus. Sie hatte inzwischen sechs Kinder geboren, das Jüngste war 4 Jahre, sie 37. Sie hatte ihren dünnen, schwarzen Mantel an, den sie nun schon Jahre tagaus/tagein benutzte. «Essigmäntelchen» nannten wir ihn. Auf dem Kopf trug sie einen unscheinbaren schwarzen Hut, in der Linken ihre Arbeitstasche, in der Rechten eine große Tüte mit nicht verkauftem Gebäck. Frau Bansemer hatte es ihr mitgegeben und dabei gesagt: «Für Ihre Kinder». Sie war inzwischen mehr als 14 Stunden auf den

Beinen, eine kleine Mittagspause ausgenommen. Jetzt schwankte sie eher als daß sie ging. Ich war sprachlos darüber, wie erschöpft sie aussah. Ich nahm ihr eine Tasche ab und flüsterte: «Mama, das kannst du so nicht weiter machen. Das ist auch kein Weg, dann müssen wir eben alle von der Schule und müssen arbeiten gehen.» Ich weiß nicht, ob sie meine Worte überhaupt gehört hat. Sie sagte nur hilflos: «Ach, Junge ...» und ging dann schweigend an mir vorbei, nicht in Richtung zu uns nach Hause, sondern in den Schwarzen Weg hinein. Ich folgte ihr. «Und wo willst du jetzt hin?» – «In die Kirche», antwortete sie matt, «in die Kirche, ich muß mich erst ein wenig ausruhen.»

Die Herz-Jesu-Kirche lag wenige Schritte entfernt, heute in diesigen Nebel gehüllt, das Eingangsportal von einer Laterne dürftig beleuchtet. Sie war nach katholischer Sitte den ganzen Tag über offen. Kirchendiebstähle gab es damals kaum; allenfalls wurde mal ein Opferstock aufgebrochen. («Dann bekommen die, für die er ohnehin bestimmt ist, gleich seinen Inhalt», hatte Pfarrer Wienke einmal verschmitzt gesagt). Der Raum war uns vertraut von unseren Gottesdienstbesuchen, nur daß er jetzt fast völlig dunkel war. Aber eben nur fast! Denn ein paar Kerzen im rechten Seitenschiff am Marienalter, von frommen Seelen für irgend eines ihrer Anliegen aufgestellt, flackerten leicht und warfen ihr Licht in den großen Raum. Ebenso brannte vorn neben dem Altar das «ewige Licht», für gläubige Katholiken das Zeichen dafür, daß Christus im «verwandelten Brot» der Eucharistiefeier verborgen gegenwärtig sei.

Wir lebten aus diesem Glauben. Aber auch jetzt? In diesem Augenblick, für meine Mutter so am Rande der Erschöpfung? Wir setzten uns hinten in eine der Bänke. Andere Menschen waren nicht in der Kirche. Sie seufzte zwei, drei Male neben mir auf. Dann wurde es still. Ihr Gesicht konnte ich nur in Umrissen sehen, wenn ich mich verstohlen zu ihr wandte. Über uns ragte das Deckengewölbe in die Nacht. Das Dunkel ließ seine Bögen immer weiter in die Höhe entschwinden, da man durch das kaum noch merkbare Licht der flackernden Kerzen kein Ende in der Kuppe sah. Wie lange wir so gesessen hatten, vermag ich nicht mehr zu sagen. Aber eine Gewißheit wuchs uns wortlos zu – so meinte ich damals und die Erinnerung daran ist mir bis heute geblieben –, die Gewißheit, daß wir, jeder für sich, und wir miteinander verbunden, uns immer mehr loslassen konnten, loslassen in die Hände eines Anderen, des Verborgenen, des Unendlichen, des Allgegenwärtigen, der keinen Namen mehr hat, weil er über allen Namen lebt, der unbegreiflich höher als das undurchdringliche Nachtgewölbe über uns war, und den wir doch ganz nahe erfuhren in diesem Raum. Nach einer gewissen Zeit stand meine Mutter dann auf und sagte halblaut aber fest: «So, nun ist es gut. Jetzt wollen wir nach Hause gehen.» Wir zogen los, ohne zu reden, bogen in die Baumbachallee ein und gelangten zum Langfuhrer Markt. Er war heller erleuchtet als die anderen Straßen. Eine «Elektrische» aus Oliva quietschte beim Halten in ihren Gleisen, besetzt mit Fahrgästen nach Danzig. Licht, Lärm und die Menschen machten uns wieder wacher. Da wandte ich mich behutsam meiner Mutter zu und fragte: «Mama, wieviel hast du nun heute verdient?» – «Fünf Gulden», sagte sie, «fünf Gulden», und ging wortlos weiter.

Ich will hiermit schließen, in der Annahme, die Geschichte könnte hinreichend zur Sache sprechen und darüber berichten, wie ein Traum in mir seinen Anfang nahm: ein Traum von der Kirche als einer weltweit umspannenden Gemeinde von Glaubenden auf der Erde, der Traum von einer Gemeinde derjenigen, die die Hoffnung an die befreiende Gegenwart ihres Gottes unter ihnen nicht aufgeben.

Dietmar Mieth

EHE UND EHELOSIGKEIT IM ZEICHEN DER AUFERSTEHUNG

Die folgenden knappen Überlegungen gehen von zwei Anstößen aus, die für mich spannend genug und vielleicht in dieser Wahrnehmung auch anstößig sind. Zum einen äußert sich Jesus, selten genug, explizit zur Frage nach der Auferstehung – unabhängig von seinem eigenen Schicksal und von der tröstenden und belohnenden Verheißung einer besseren Welt – und gleichsam, am gegebenen Anlaß, nebenbei zu Ehe und Ehelosigkeit, was alle drei Synoptiker, für den Nichtexegeten ziemlich einheitlich, überliefern (vgl. Mk 12, 18–27; Mt 22, 23–33; Lk 20, 27–38).

Die zentrale Stelle des Textes in der narratio theologica *des Evangeliums*

Markus und Matthäus betten die Perikope zwischen Steuerfrage und Liebesgebot, Lukas, der darüber schon gehandelt hat (10, 25–37), läßt die Messiasfrage, die nach dem Liebesgebot folgt, direkt anschließen. Nimmt man die markinische Reihenfolge, dann sieht man Jesus in Jerusalem auf einem abschließenden Kollisionskurs. Nach der Manifestation gegenüber der akklamierenden Gesellschaft (Hosianna-Einzug) und nach dem Kontrapunkt der Vergeblichkeit und Ungeduld (Jesus sucht am Feigenbaum zur Unzeit nach Früchten und verflucht ihn) folgt auf einen metaphysischen Fluch die gewalttätige Tempelaktion sowie die Konfrontation mit den Pharisäern und Sadduzäern auf argumentativer (der Analogieschluß zur Sendung des Johannes) und unheilsprophetischer Ebene (die bösen Winzer werden getötet und entmachtet). Dann bekommen die Zeloten ihr Fett ab in der Steuerfrage. Die einen fürchten ihn daraufhin, die andern wollen ihn verhaften lassen, die dritten (Zeloten?) sind «erstaunt» (12,17: enttäuscht?). Dann versuchen es die Sadduzäer mit einem nominalistischen Ladenhüter aus der Auseinandersetzung mit den Pharisäerfundis, um Jesus zu «orten». Aber er wählt die Antwort auf die Auferstehungskasuistik so, daß er trotz der Gemeinschaft mit den Pharisäern im Auferstehungsglauben nicht bei deren Ideologie der Auferstehung als neuem Kanaan mit Sex, Milch und Honig (für Männer?) landet. So düpiert er die Lager, in denen er Unterstützung oder ein Nest finden könnte. Triumphaler Einzug, sagt die *narratio theologica*, aber eine miese politische Nutzung der Möglichkeiten. Außer bei Lukas folgt ein retardierendes Moment in dieser dramatischen Steigerung: Jesus erweist sich im Liebesgebot als kompetenter Dialogpartner der Schriftgelehrten. Es dauert aber nicht lange, da haut er wieder drauf: auf die scheinheiligen Schriftgelehrten (fromme, prestigebewußte Ausbeuter, 12,37 b–40), denen er eine arme Witwe als Vorbild vor die Nase setzt (12,41–44). Dann folgen die Ankündigungen der Tempelzerstörung, der endzeitlichen Nöte, des Kommens des Menschensohnes (kein «Sohn Davids», vgl. 12,35ff) – es geht ab Kapitel 13 resolut auf das Ende zu. Die Komposition ist, wie ich angedeutet habe, höchst dramatisch, Pfeile schwirren sozusagen in der Luft, und kunstvoll ist diese «Theodramatik» auch noch. Die Frage: was lehrt Jesus über die Auferstehung, kann also kaum mit einer irgendwie doktrinären Antwort rechnen, wir sind in einer *story* oder auf einer «Bühne», narrativ-dramatisch in praktisch-didaktischer Absicht, das Denken – und Jesus ist hier scharfsinniger Dialektiker – ist Paradigma der Geschichte. Denn es naht der Tag, «an dem ich von neuem davon trinke im Reich Gottes» (14,25). Bis heute wüßten wir gerne, was das ist, dieses kommende Reich Gottes. Also sind wir wie die Pharisäer, die das Rasiermesser des sadduzäischen Zweifels an der Kehle haben. Erst «in aller Frühe ..., als eben die Sonne aufging» (16,2) geht es los. Die Jünger fliehen vor der realen Auferstehung ebenso wie vor dem Kreuz (16,8). Mit ihrer Furcht endet der authentische Text des Markusevangeliums. Sie reagieren ziemlich modern; Dürrenmatt hätte seine Freude daran gehabt. Aber gerade der Tragödie letzter Akt (Kapitel 14–16) verweist uns wieder zurück: «Gott ist nicht ein Gott von Toten, sondern von Lebenden. Ihr (auch die Jünger?) irrt euch sehr.» (12,27) Dies ist also der eine Anstoß: die zentrale Stellung des Textes in der *narratio theologica* des Evangeliums. Das Bild der neuen Welt, nicht nach dem Muster der Erwartungen gestrickt. Dabei geht es um ziemlich sinnliche Dinge: Essen und Trinken Ja, Sex und Ehe Nein? Jesus, der Weintrinker und Ehelose, ein Vorbild der *civitas clericalis*? Wir werden sehen!

Anstoß genug, aber es gibt noch einen zweiten Anstoß. Er liegt in der Rezeptionsgeschichte der Antwort Jesu auf die Sadduzäerfrage. Dabei wird Jesus natürlich aus der *occasio proxima* der *narratio* herausgeholt, als klärender Rabbi betrachtet oder als thronender Lehrer in der Apsis der Basilika. Heraus kommt dabei die sogenannte *vita angelica*: «Wenn nämlich die Menschen von den Toten auferstehen, werden sie nicht mehr heiraten, sondern sie werden sein wie die Engel im Himmel.» Wo steht übrigens, daß Engel asexuell sind? Gewiß, sie haben einerseits ein ziemlich funktionales, gotttransparentes Botenwesen. Aber sie sind auch die Geselligkeit Gottes, die man sich, nach Karl Barth, ja nur Mozart spielend und hörend, vorstellen soll. Und der ist ja nun weder verbal, noch musikalisch, noch existentiell ein Propagandist der *vita angelica*. Dennoch: in der kirchlichen Tradition, in der Geschichte von Spiritualität, Aszetik und Mystik sind die Ehelosen die Engel auf Erden, und Augustinus hat uns ja ein Leben als narratives Paradigma der Sexualitätssublimierung geschenkt, mindestens ein literarisches Leben ...

Die Argumentation Jesu

Ist dieses Evangelium, die Perikope der sogenannten Sadduzäerfrage, wirklich ein Anlaß für höchste Sublimierungskünste, von Augustinus bis zu Paul Claudels «Seidenem Schuh»? Es ist nicht so schwer, von diesem Anstoß her eine Über-Interpretation zu entlarven. Jesu Antwort auf die Geschichte mit den sieben Brüdern enthält zunächst eine Gegenthese, basierend auf der Schrift und auf dem rechten Gottesbild: «Ihr irrt euch!» Die Begründung wird abgeschlossen mit «Ihr irrt euch sehr!»

Argument 1 (12,25) besagt etwa: Ich verstehe eure Intention. Ihr wollt mit dieser Trickkiste die Pharisäer aufs Kreuz legen, indem ihr sie bei den Vorstellungen packt, die sie von der neuen Welt haben: paternalistische Familie *in aeternum* ... Aber da stehe ich nicht. Seitenhieb auf die Pharisäer: der Himmel ist nicht von Hochzeitsglocken erfüllt. Das Hochzeitsbild vom Reich Gottes liebt Jesus jedoch an anderen Stellen, also geht es hier weniger um Hochzeit-Liturgisches, sondern um Aufhebung einer institutionellen Gliederung: Ehe und Familie. Alle sind Singles (wie die Engel; Sex oder nicht Sex, das ist hier nicht die Frage, so wenig wie, Wein oder nicht Wein!). Jesus ist ohnehin ein Berufer und Erwähler von einzelnen. Nichts gegen die Familie, aber sie darf sich nicht davor, höchstens (im Haus des Petrus in Bethanien, im Haus des Lazarus und seiner Schwestern in Bethanien) dahinter stellen.

Argument 2, «wie die Engel sein», ist also anti-institutionell gemeint – gegen die pharisäische Vorstellung: keine Institutionengarantie. Engel sind schwach organisiert, allbezüglich, offen.

Argument 3 ist von größerem Gewicht: die wichtigste Selbstaussage Gottes in der Heiligen Schrift: ich war nicht, ich bin der Gott der Väter (vgl. Ex 3,6). Bleibendes Präsens, bleibende Präsenz! Ein solcher Gott ist das Zugleich auf der historischen Linie und der Einbruch einer Querzeit in den Ablauf der historischen *narratio* von den sieben Brüdern. Kompetentes Unterbrechen der falschen Geschichte ist angesagt.[1]

Argument 4 ist eine Interpretation: wenn Gott der Lebendige ist, leben in ihm alle, deren Gott er zugleich ist, denn sie haben den Anteil am göttlichen Leben allemal, zu jeder Zeit. Ähnlich sieht dies Marius Reiser:

> Jesus leitet ... die Tatsache des Lebens nach dem Tod ... (merkwürdigerweise) aus Ex 3,6 ab; ... Er hält es für absurd, anzunehmen, Gott bezeichne sich selbst als Gott von längst Verstorbenen, von leblosen Schatten im Land des Schweigens. Anzunehmen, der Mensch könne Gottes Herrschaft und Fürsorge einfach dadurch entzogen werden, daß er stirbt, hieße gering denken von der Macht Gottes. Der Satz von der Auferstehung des Menschen und seinem Weiterleben nach dem Tod folgt aus seinem Gottesbegriff.[2]

Die Struktur der Argumentation ist übrigens syllogistisch. Es gibt einen falschen Syllogismus, der mit sich in Widerspruch gerät. Obersatz: Gott gehört zum Bereich des Lebens, nicht des Todes. Untersatz: die Väter sind aber tot. Schlußfolgerung: also ist Gott nicht (mehr) ihr Gott. Überprüfung am Text: Gott sagt aber das Gegenteil, ich bin ihr Gott. Damit muß der Syllogismus lauten: Obersatz, wo Gott ist, da ist Leben; Untersatz: die Väter sind, wo Gott ist, denn er ist ihr Gott. Schlußfolgerung: die Väter leben. Freilich: anders, als

---

1 Vgl. dazu J. B. Metz, Kleine Apologie des Erzählens, in: Concilium 9 (1973) 334–341.
2 Zit. nach Informationen, Diözese Rottenburg–Stuttgart, Nr. 250, November 1990, 8.

ihr, die Pharisäer, euch das vorstellt. Aber: das eschatologische Freudenmahl, das *hic et nunc* der Hohen Zeit, der Hochzeit, ist ein Bild des Ereignisses, nicht der Institution. Das Reich Gottes ist in Raum-Zeit-Vorstellungen einzubetten, die quer zu unserem Raum-Zeit-Bewußtsein stehen.

Göttliche Lebendigkeit

Deshalb, und damit komme ich zur ersten Schlußfolgerung meiner Gedanken, sind hier weder Ehe noch Ehelosigkeit so gefragt, wie man sie sich als Lebensformen und/oder als Institutionen vorstellt. Man kann dies radikaler weiterdenken: keine hierarchischen Formen einer *ecclesia triumphans*, kein neuer Staat als Neues Jerusalem. Es geht eben nicht, *mutatis mutandis*, einfach so weiter, auf höherem Niveau, einer Art Kanaan des Himmels. Es ist leicht, eine Formulierung aus dem zentralen Auferstehungstext des Paulus hier heranzuziehen, 1 Kor 15, 49.50: Verwandlung ist angesagt, nicht Auszahlung in irdischer Währung (die es freilich auch gibt, vgl. gerade Markus 10,30!).

Eine irdische *vita angelica* oder gar eine zölibatäre Institution können in diesem Text nicht Fuß fassen. Im Horizont der Auferstehung geht es um eine göttliche Lebendigkeit, die das Beschädigte aufrichtet und vor dem Tod nicht halt macht. Gott und Leben sind für Jesus eine Einheit. Das ist die Einheit, welche in der Rückerinnerung an die erschütternde Begegnung mit dem irdisch lebenden Jesus die Todesschranke im Glauben überwinden läßt. Gott enthält in der Beziehung zum Menschen sein Dasein und darum sein Leben nicht vor. Auferstehung ist eine Konsequenz der Gottesidentität in Vorstellung und Begriff, eine Folge der Selbsttreue Gottes in seiner Bestimmung als Gott der Väter. Auferstehung ist also eine Gotteserfahrung, die in Kontinuität zum Gotteserfahrungselement des Mose (Dornbusch und Sinai) sich befindende spezifische Gotteserfahrung Jesu, die eine Entwicklung der Offenbarung als Selbstmitteilung in der fortschreitenden Gotteserkenntnis und -erfahrung radikalisiert. Jesu Auferstehungshoffnung ist ganz und gar theo-logisch, gottbezogen, formuliert und ganz und gar nicht auf anthropologische Erwartungshorizonte bezogen. Das Wort vom Unverheiratetsein (als anderem Zustand im Sinne des Engelvergleichs, nicht als anthropologische Alternative formuliert) löst die Reich-Gottes-Konzeption als am gelobten Land anknüpfende Überbietung ebenso auf wie das Reich Gottes als – im Sinne Hegelscher Begrifflichkeit – «bestimmte» Negation, in welcher die Ablehnung irdischer Fehlformen für die kontrafaktische Erwartung bestimmend wirkt: Sage mir, was du ablehnst, und ich sage dir, was du erhoffst.

Kommunikative Erfahrung

Wenn wir von daher einen Blick auf Ehe und Ehelosigkeit im Sinne christlicher Lebensformen, wie sie sich aus den Motiven des Neuen Testamentes weiter entwickelt haben, zu werfen versuchen, so zeigt sich, daß wir uns hier ganz im Bereich irdischer Nachfolgegestalten bewegen, christlicher Lebensformen als Realisierungsgestalten der praktischen Glaubensvergewisserung zwischen persönlicher Biographie und christlicher Gemeinschaft.

Paulus, der früheste Zeuge, rät hier (vgl. 1 Kor 7) zur Ehelosigkeit, ohne die Ehe negativ einzuschränken, schon gar nicht aus Leib- und Lustfeindlichkeit, aus folgenden Gründen: aus eigener Erfahrung; aus der Unterschiedlichkeit der Berufungen; wegen der bevorstehenden Not (7,26), irdischen Nöten (7,28), der kurzen Zeit (doppeldeutig 7,29); wegen der Sorgen (*merimna*, vgl. Lk 10,41); wegen der Ungeteiltheit (7,33) und Ungestörtheit (7,35). Dies alles sind teleologische Konvenienzgründe: sie argumentieren mit Folgebilanzen, nicht mit grundsätzlichen Pflichten, also nicht deontologisch. Auch die Indikativ-Imperativ-Formulierung bei Paulus (du bist, also willst und sollst du) fehlt. Es klingt geradezu heilsutilitaristisch, wenn der Weg der Ehelosigkeit «besser» oder «glücklicher» (7,38.40) sein soll. Unterbaut wird die teleologische Argumentation mit der Betonung der Reichweite und der Einschränkung paulinischer Erfahrungsautorität: «auch ich habe den Geist Gottes» (7,40), aber es ist nur «meine Weisung» (7,17), d. h., es gibt auch andere, deren Autorität nicht von vorneherein bestritten wird. Der Ruf zur Ehelosigkeit ist an der «Kraft», dementsprechend zu leben, erkennbar (7,37). Von Rechten wird dabei kein Gebrauch gemacht (vgl. 9,5 und dazu Mt 9,12), so wenig Paulus von seinem Recht auf Arbeitsverzicht Gebrauch macht (vgl. 9,6).

Diese paulinische Paränese berührt sich mit Jesu Worten: Wer es fassen kann – manche haben sich selbst dazu gemacht (vgl. Mt 19,12). Ohne die Beweise der Kraft wäre eine solche Anforderung, die durch die Selbstbestimmung hindurch geht, falsch. Man muß also sehr aufpassen, daß man nicht nachträgliche spirituelle Ideologien und Sehnsüchte hier hinein legt. Dies wird schon darin deutlich, daß bei Mt nach der Eherede (19,3–11) und dem einen Vers, der die Ehelosigkeit einschiebt (19,12), die Kindersegnung (19,13–15) folgt. Hat Jesus vergessen, woher die Kinder kommen? Wohl kaum! Wir haben hier also weder eine normative Spiritualität vor uns oder ein höherbewertes Modell der Nachfolge. Vielmehr geht es um spirituelle Selbstbestimmung im Horizont des Gottesreiches, d. h. auch, im Horizont der Vorläufigkeit aller Modelle.

Kein objektiver Mehrwert unter den christlichen Lebensformen

Zwischen Ehe und Ehelosigkeit werden oft folgende «Verhältnisse» diskutiert: die Hierarchie (gut – besser), die Alternativik und die wechselseitige Implikation. Um welche Erfahrung geht es dabei: um eine komparative, eine geteilte oder eine kommunikative?

Mir scheint, es geht um eine kommunikative, ineinander übersetzbare Erfahrung. Denn: was besagt z. B. Jesu Ehelosigkeit, von welcher er nicht das geringste Aufheben macht, die wenig Aufsehen erregt und welche ihm seine Gegner, was immerhin möglich wäre, nicht vorwerfen? Mir scheint, es läßt sich leicht nachweisen, daß für ihn die institutionell vorgeformte Familienbindung (Mutter, Brüder, Schwestern) das größere Problem darstellte. Die Provokation der Eheworte ist eine Provokation der männlichen Doppelmoral und zugleich der Familienbindung. Die neue Stellung des Mannes in der Ehe (vgl. Mt 19,10.11) ist offensichtlich nicht mehr eine Sache für alle, sondern nur noch für diejenigen, die es fassen. Sollte in Jesu Hinweis auf die Ehelosigkeit gar etwas Humor gesteckt haben? Jedenfalls sind folgende Äußerungen gänzlich unzutreffend, die man im spirituellen, sich wissenschaftlich gebenden Kontext finden kann:

> Das Neue Testament zeigt Jesus als den Urheber der jungfräulichen Lebensform, da er einzelne Menschen rein aus Gnade dazu beruft, sein eheloses Leben in Armut und Gehorsam um des Vaters und um seines Reiches willen zu teilen.[3]

Hier könnte man hinter jede Teilaussage ein Fragezeichen machen. Vor allem aber stimmen die von Ahlbrecht angeführten Belege nicht: Bei Mt 10,37 geht es um Blutsbande in der Familie, aber nicht um die Ehe; ebenso bei Lk 18,29. Natürlich kann man den jüdischen Zusammenhang von Ehe und Familie nicht einfach in postmodernen Zeiten splitten, aber man muß doch darauf verweisen, daß die Familienbindung, auch als religiöser Ort, von Jesus in Frage gestellt wird. Mit der neuen Sammlung entsteht ja auch ein neuer Ort von Familiarität, gegründet auf dem Geist, nicht auf der Güte der Verwandtschaft.

Das biblische Zeugnis gelebter Ehelosigkeit ist selektiv und schwach. Die innerbiblische Rezeption in den pastoralen Spätschriften, etwa in 1 Tim 2 und 3, rechnet überhaupt nicht mit der Lebensform Ehelosigkeit (vgl. auch Tit 2; Hebr 13,4; 1 Petr 3,1–7). Wie Barbara Ahlbrecht angesichts dieses Befundes in ihrem Artikel mit fast stets unpassenden Bibelzitaten Jungfräulichkeit, Ehelosigkeit anthropologisch, christologisch, eschatologisch abheben kann, ist mir völlig unverständlich. Aber auch, wenn Gerhard Lohfink und der ihm zustimmende Gisbert Greshake[4] die «Pflege des Charismas der Ehelosigkeit» als Bedingung für eine Revision der kanonischen Zölibatsgesetzes verlangt, so kann man fragen: Wo ist denn diese Pflege in den Gemeinden des Neuen Testamentes? Tragen ein Satz bei Jesus und ein paar Sätze bei Paulus den ganzen Aufwand? Geben sie z. B. genug her, um etwa die Ehelosigkeit an die Seite der «Option für die Armen» zu stellen?

Diejenigen, die auf wenigen selektiven Bibelstellen vollmundig herumspekulieren in der Frage der sogenannten evangelischen Räte, müssen sich fragen lassen, ob sie die Bibel noch nüchtern lesen können oder so trunken sind von gewissen späteren Traditionen, daß sie nicht mehr sehen, was jedes unbefangene Kind sieht: daß nämlich dieser Kaiser keine Kleider anhat. Damit sollen nicht spätere Traditionen mit ihren Sinnentwürfen verunglimpft werden, aber es geht doch um eine konstruktiv-kritische Rezeption dieser Traditionen heu-

---

3 Barbara Ahlbrecht, Jungfräulichkeit, 693–696, hier: 694.
4 Vgl. Priestersein, Freiburg i. Br. 1982, 137; vgl. auch G. Lohfink, 12 Thesen zum Zölibat, in: Christ in der Gegenwart 33, 1981, 77.

te. Die positiven Elemente der biblischen Selbstformung, des Mönchtums, der Frauenbewegung und des im Zölibat zum Austragen kommenden kirchlichen Antifeudalismus müssen wieder aufgegriffen (wie z. B. in der Form von Taizé), aber die ideologischen Variationen müssen zurückgenommen werden: die Spiritualität der Selbstinstrumentalisierung des Menschen, die Hoffnung auf eine versuchungsarme, engelhafte Lebensform, die Illusion der eschatologischen Vorwegnahme und die damit verbundene Tendenz zur Teilung und Hierarchisierung der Lebensformen (*Divide et impera!*). Dabei ist der Priesterzölibat nicht nur zu relativieren, sondern auch zu enttabuisieren. Es gibt keinen biblisch begründbaren Auftrag, noch in diesem Zusammenhang eine unverzichtbare katholische Identität, noch eine positive Bilanz im Sinne früherer «Zeichen der Zeit» (die Bildung neuer Lebensgemeinschaften in Konkurrenz zur Familie, die neuen Freiheiten der Frauen von den Männern oder der Antifeudalismus).

Ehe und Ehelosigkeit – gleich an Würde

Umgekehrt gilt auch, daß wie in Mt 19 auch die christliche Ehe nicht selbstverständlich und nicht leicht zu «fassen» ist. Sie bleibt aber ein Zeichen im Sinne zeitgemäßer Unzeitgemäßheit, gelebter Schöpfungswahrheit und erfahrener Bewährung von Glaube, Hoffnung und Liebe von Angesicht zu Angesicht.[5]

Einen objektiven Mehrwert gibt es unter den christlichen Lebensformen nicht, wohl aber eine subjektive bessere Befähigung oder auch eine subjektive Unfähigkeit und Begrenztheit, die man anerkennen muß. Der Streit, ob die Parthogenität des Klerus ein Preis der Freiheit und der Liebe ist oder ob sie ein unzumutbares Opfer für viele Berufene darstellt, entscheidet sich daran, ob die Kirche in eine Gnade verwandeln kann und darf, was eigentlich ein Verbrechen ist: ohne Zeichen der Kraft eine Lebensform zu übernehmen und zu gestalten. Für die Ehe unter dem jesuanischen Anspruch gilt dies freilich ebenfalls. Die sakramentale (d. h. zeichenhafte) Lebensform der Ehe (bezeugt als Form Intensität und Treue der Liebe Gottes zu den Menschen; ihr korrespondieren Vaterschaft und Mutterschaft als Zeichen der Vereinbarkeit von Intensität (exklusiver Erwählung) und Extensität (alle umfassend) der Liebe, die aus Gott stammt; ferner die Ehelosigkeit im Nachfolgemotiv als Zeichen der Universalität. Im Sinne Pauli: jeder trachte danach, Kraft, Sinn und Fruchtbarkeit zu zeigen; die Teleologie der Lebensformen ist ihre eschatologische Form des Wettbewerbes: nicht gleich an Sinn und Wert für die Betroffenen, aber gleich an Würde.

Über die Auferstehungshoffnung, um zum Anfang unseres Anstoßes zurückzukehren, läßt sich nichts zur Wahl der Lebensformen aussagen. Daß Ehelosigkeit um des Reiches Gottes willen sein kann, ist keine exklusive For-

---

5 Vgl. dazu das Synodenpapier der Würzburger Synode 1975.

mulierung. Daß man im Himmel nicht heiratet, ist keine Beförderung des Zölibates, sondern dient der Zurückweisung eines falschen Gottesbegriffes und einer falschen Vorstellung vom Leben bei Gott. Ehe und Ehelosigkeit haben im Zeichen der Auferstehung manches zu hoffen, indem sie von sich weg verweisen auf die Größe der göttlichen Lebendigkeit, die im Tod keine Grenze findet.

Noch ein abschließender Gedanke soll den Scherz mit dem klerikalen Leben als weinselige Ehelosigkeit (s. o.) aufgreifen. Das Bild von der himmlischen Hochzeit ist ja bekanntlich bei Jesus sehr präsent. Essen und Trinken sowie das Zueinander von Mann und Frau sind Schöpfungsbilder, welche die Bibel von den ersten Kapiteln der Genesis bis zu den letzten Kapiteln der Apokalypse erinnert. Wir bewegen uns mit diesen über sich hinaus verweisenden und dazu befähigten Bildern in einer Dimension, die vor allen menschlichen institutionellen Regelungen liegt und nur die Daseinsform des Menschen als leiblich-sinnliche und als festliche zum Ausdruck bringt. Das Nicht-Heiraten im Himmel weist die Kontinuität der Rechtsstrukturen zurück, nicht die jesuanischen Bilder der Schöpfungserinnerung und der darauf basierenden Vision der Neuschöpfung (vgl. 2 Kor 5,16).

Urs Jecker

«ZERSTÖRT MIR MIT EUREM GOTT NICHT MEINE SPRACHE!»

Ein Plädoyer für bewussteres theologisches Reden

> Es sind in Deutschland die Theologen,
> die dem lieben Gott ein Ende machen.
> (Heinrich Heine)

Am Anfang war das Wort. Dann kamen die Theologen und mit ihnen die Bibliotheken. In Tausenden von Bänden finden sich dort deren Abhandlungen über das «Wort». Doch Beschäftigung mit Nomen, Adverb oder Adjektiv, mit Satz oder Sprache ist ihre Sache nicht. Vielmehr geht es den Theologen um die standesgemäßere Annäherung an den *logos*, an das göttliche Geheimnis schlechthin. Fast grenzenlos sind sie, die Huldigungen, die dem *logos* zuteil werden, teils spekulativ, teils apologetisch, immer aber mit heiligem Eifer. Aschenbrödelhaft hingegen wird das wirkliche Wort, die Sprache behandelt; aus Gedankenlosigkeit, Unvermögen oder aus Überheblichkeit. Sie ist bestenfalls *angelos*, mehr oder weniger geachteter Bote metaphysischer Gedanken, notwendiges Vehikel theologischer Verkündigung halt. Irdische Zudienerin für himmlische Huldigungen. Doch weil sich eine allzu liederlich vernachlässigte Dienerin am Tisch der theologischen Huldigungen nicht eben vorteilhaft ausnimmt, kommt sie meist als säuselnd-parfümiertes Püppchen daher, die mitunter dürftigen Inhalte barockartig auftakelnd. Doch der barocke Schein trügt. Die Sprache hat im Salon theologischen Nachdenkens kaum Platz. Ihr Platz ist in der Küche. Gerufen wird sie, um auf- oder abzutragen, wenn man sie braucht. Nur wenige Theologen merken, daß sie damit den Gedanken über Gott und Glauben selber das Grab schaufeln. Wird der Gedanke nicht Wort, bleibt er isoliert. Werden aber aus dem Gedanken nur noch Wörter, zerstört er sich selbst und die Sprache gleichermaßen. Wer aber die Sprache aus Mißachtung oder gar Mißhandlung zerstört, bedroht das Reden von Gott, die Theologie.

Mögen Theologen und Theologinnen noch so ehrbar und reinen Herzens leben, so sündigen sie in dieser Hinsicht, was das Zeug hält. So haben theologische Werke, seien es exegetische Puzzlearbeiten, dogmatische Spitzfindigkeiten, Werke missionarischer Verkündigung, sei es Heulen und Wehklagen über Lasterhaftigkeit, Sünde und Gottlosigkeit in ihrem Angesicht eine Verwandtschaft: Stets sind sie verbal ausladend, umfangreich wolkig und mit unerträglicher Sanftheit getränkt. In diesen Werken herrscht überall *Freude* und *Betroffenheit*, *Liebe* und *Vergebung*, *Gnade* und *Trost*. Es wird stets *gedient* und *geschenkt*, *gehofft* und *gebittet*, *verziehen* und *erbarmt*. Nächstenliebe und Zuwendung, Fürsorge und Anteilnahme nehmen in den meisten Texten fast beängstigende verbale Ausmaße an. Erst die Verteidigung Gottes und der Kirche gegen den modernen Unglauben oder die eindringlich beschworene Sexualmoral verleihen dem sanften Wortschaum einen Stich ins Drohfingerhafte. Doch selbst der Drohfinger wird meist mit verbaler Watte umgeben, darf nicht sein, was er wirklich ist. Die Sanft-Wut als Theologenkonstrukt. Es gibt keine modernen Fluchpsalmen und Donnerpredigten mehr. Wo aber Wut und Zorn in Sanftheit umgegossen werden, wird nicht nur der Gedanke, sondern auch die Sprache per-vertiert.

Die meisten dieser Werke entstehen in weltweit ähnlichen Theologenküchen. Da werden die Inhalte unter stetem Schlagen und Rühren in die Sprache eingegossen, bis sie als luftige Schaummasse etwas darzustellen scheinen. Verantwortlich für diese sprachlich aufgeblasene Betty-Bossi-Theologie sind die nicht selten anämisch wirkenden theologischen Inhalte. So gilt in mancher Pfarrküche die Rezeptur: Je dünner der Inhalt, desto üppiger die Wortwahl. Was der Inhalt nicht schafft, macht das Volumen. Und so ergibt sich umgekehrt: Je aufgeblasener ein Text, desto magerer dessen Aussagen. Die Erklärung und Deutung Gottes mißt sich, so scheint es, am Wortreichtum und Seitenumfang theologischer Rede und Schreibe. Auch wo wenig zu sagen ist, braucht es offenbar viele Worte. Selbst zum Thema Schweigen gibt es dicke Bücher. Aber, so glauben die Theologen: Der philosophische Totschlag Gottes durch die Atheisten ruft nach verbaler Reanimation durch die Theologen, die sprachliche Kirchenschändung durch modernistische Freigeister nach pfarrherrlicher Restauration. Und diese rechtfertigt scheinbar selbst langweilige, nichtssagende und unverständliche Bücher, nicht enden wollende Reden oder einschläfernde Predigten. So sind es tatsächlich die Theologen selber, die dem lieben Gott ein Ende machen. Und es sind auch die Theologen, die umgekehrt mit ihrem Gott die Sprache bedrohen. Rufen Theologen zu Recht den Literaten, Journalisten und Philosophen zu: *Zerstört uns mit Eurem Reden nicht unseren Gott*, so sei ihnen von eben diesen umgekehrt zugerufen: *Zerstört uns mit Eurem Gott nicht unsere Sprache*!

Heerscharen von Theologen und Theologinnen versuchen stets aufs neue, das Unaussprechliche auszusprechen, sich dem *totaliter aliter* sprachlich zu nähern, das Unfaßbare in Worte zu kleiden. Die Theologensprache verrät, daß es dabei nie nur um Annäherung an die gesuchte Wahrheit geht. Sie will selbst Wahrheit sein. Ein nicht nur theologisch, sondern auch sprachakrobatisch unmögliches Unterfangen. Mit umfassend-definitorischen Wort- und Satzungeheuern soll Wahrheit nicht gesucht, sondern definiert werden. Die Intention der theologischen Wahrheitsverteidigung und -verwaltung schlägt sich in einer mitunter grotesken Sprache nieder:

In der Liturgie, besonders im heiligen Opfer der Eucharistie, vollzieht sich «das Werk unserer Erlösung», und so trägt sie in höchstem Maße dazu bei, daß das Leben der Gläubigen Ausdruck und Offenbarung des Mysteriums Christi und des eigentlichen Wesens der wahren Kirche wird, der es eigen ist, zugleich göttlich und menschlich zu sein, sichtbar und mit unsichtbaren Gütern ausgestattet, voll Eifer der Tätigkeit hingegeben und doch frei für die Beschauung, in der Welt zugegen und doch unterwegs; und zwar so, daß dabei das Menschliche auf das Göttliche hingeordnet und ihm untergeordnet ist, das Sichtbare auf das Unsichtbare, die Tätigkeit auf die Beschauung, das Gegenwärtige auf die künftige Stadt, die wir suchen. (Aus dem Vorwort zur «Konstitution über die heilige Liturgie»).

Inhaltlich bedeutet ein solcher Satz alles und zugleich nichts mehr. Das theologische Vollprogramm wird zum grammatikalischen Ungetüm, zum hechelnden Gedankenmarathon, zur quälenden Geistesübung, welche die Sprache als Kommunikationsmittel zerstört. Trotzdem glauben viele Theologen, in der «Erfindung» immer neuer Sprachschöpfungen kreativ, ja geradezu künstlerisch tätig zu sein. Doch da irren Theologen und Theologinnen gewaltig. Nur wenige merken nämlich, daß hiezu (theologische) Methode und (sprachliche) Mittel nicht ausreichen. Ihre vermeintlichen Sprachschöpfungen entpuppen sich oft als die reihenweise Aushöhlung vorhandener Begriffe, als die Suche nach dem sprachlich Unverbrauchten, nach neuen sprachlichen Reizen für die stets gleichen Inhalte. Es sind inhaltliche Variationen und Permutationen, die sprachlich mit immer denselben Variablen arbeiten. Beliebig austauschbar. X wird Y, Alpha wird Omega. Theologenalgebra.

Dies gilt für die wissenschaftliche Theologensprache gleichermaßen wie für die verkündigende Predigersprache. Das Wortungeheuer *Transsubstantiation* beispielsweise, dereinst kreiert, um das Geheimnis der Wandlung von Brot und Wein zu benennen, mußte demjenigen der *Transsignifikation*, dieses schließlich dem nicht minder ungeheuerlichen der *Transfinalisation* weichen, obwohl das inhaltlich Gemeinte im wesentlichen das Gleiche blieb. Verstanden wurde die Substanz-Wandlung dadurch nicht besser. Sie wurde lediglich neu benannt. Prediger machen aus *Heil* ein moderneres *Glück*, aus *Erbarmen* machen sie *Mitleid*, aus *selig* schließlich ein *ewig glücklich*. Dereinst werden sie aus *Glück* ein *Wohlergehen*, aus *Mitleid* ein *Mitgefühl*, aus *ewig glücklich* einen *himmlischen Seinszustand* machen. Durchaus keine kreativen Neuschöpfungen, sondern die Reaktion auf die von ihnen selbst produzierten Worthülsen. Die Inhalte bleiben die gleichen, allein die Verpackung ändert sich. Wie Dominosteine fallen die Verpackungsbegriffe und bleiben, für Jahrhunderte unbrauchbar geworden, liegen. Durch diese Zerstörung von Begriffen entzieht sich die Theologie selbst ihr wichtigstes Werkzeug. Gleichzeitig zerstört sie damit die Möglichkeit, das theologisch Gedachte andern erschließbar zu machen, weil es dieser Wortrührerei nicht gelingen kann, die eigentlichen Inhalte zu transportieren. Das theologische Reden reduziert sich auf das Wiederholen oder Austauschen von Worthülsen. So könnte für die theologische Aussage der Wesensverwandlung von Brot und Wein durchaus noch heute der Begriff *Transsubstantiation* dienen, wenn es den Theologen gelänge, den Inhalt des Gemeinten verständlich zu machen. Und warum sollte der ganzheitliche Glückszustand eines Menschen nicht mehr als *Heil* bezeichnet werden können? Warum muß ein (scheinbar veraltetes) *Erbarmen* durch *Mitleid* ersetzt werden? Vielleicht würden ein paar Vorlesungen in Etymologie der Theologie dienlicher sein als rhetorische Übungen, wie man möglichst lange über Nichts predigt. Damit reiht sich die Theologie in den Reigen anderer Institutionen ein, welche der Sprachzerstörug frönen: politische Parteien, Medien oder Werbeagenturen. So wie die postmoderne Gesellschaft kaum mehr auf Parteiparolen mit *ihren* entleerten Begriffen wie *Freiheit, Verantwortung* oder *Zukunft* zu reagieren mag, so mag sie auch von *Jungfräulichkeit, Demut* und *Gnade* nichts mehr hören, mag sich von *Heiligkeit, Auferstehung* oder *Erlösung* nur noch verabschieden, weil die Begriffe bestenfalls noch ein paar Sonntagsgefühle hervorrufen. Theologische Kernbegriffe werden zu nicht mehr beachteten Chiffren, die noch nach Orgel und Kirchenglocken tönen, jedoch nichts mehr bedeuten.

Leerformeln, Floskeln und zerstörte Begriffe

Blödelkomiker Otto, Satiriker Hanns-Dieter Hüsch oder Kabarettist César Keiser, alle haben sie sich der Theologensprache angenommen. Applaus auf der Bühne ist ihnen dabei so sicher wie das Amen in den Kirchen. Es genügt nämlich, ein paar Leerformeln mit der entsprechenden Klerikalgestik von Händen und Kopf zu paaren. Allein die Abbildung der Realität übertrifft in ihrer Wirkung jede satirisch-ironische Erfindung. Es gibt Predigten, die, würden sie nicht vom Pfarrer in der Kirche, sondern von Franz Hohler auf der Bühne vorgelesen, zu Lachsalven führen würden. Was sonntags von der Kanzel herab mit ernster Miene hingenommen wird, wird montags auf der Bühne belacht und beklatscht. Das müßte den Theologen und Theologinnen eigentlich zu denken geben. Denn dahinter steckt keineswegs die latente Ungläubigkeit des Volkes, wie sich Theologen gerne in die Tasche lügen. Vielmehr steckt die Tatsache dahinter, daß die Sprache der Kleriker selbst zu einem satirisch-komischen Ding geworden, zu einem leeren Füller im Gottesdienst verkommen ist.

Die behauptete Zerstörung der Begriffe geschieht vor allem durch deren inflationären und stereotypen Gebrauch. Namentlich in der verkündigenden Theologie werden theologische Grundbegriffe wie *Gott, Erlösung, Himmel*, aber auch *Liebe, Auferstehung* oder *Ewigkeit*, um nur einige zu nennen, munter über den Text hin verstreut. Sie werden bedeutungsschwer hervorgehoben, eindringlich betont und mahnend wiederholt. Dutzendfach wird Sonntag für Sonntag die theologische Tatsache beschworen, daß «*Gott die Liebe*» sei. Und weil die Tragweite dieser Aussage letztlich unfaßbar bleibt, wird sie vom Prediger lediglich wiederholt. Sie wird zur Formel. Fast in jeder Predigt hören wir, daß «*Gott in seinem Sohn und durch den Heiligen Geist*» wirke. Doch auch die wöchentliche Repetition dieses theologischen Einmaleins vermag den Inhalt nicht zu erschließen. Unten in den Bänken weiß man zwar, daß die Chiffre «*durch Christus unseren Herrn*» in die Kirche gehört und somit aus dem Munde eines Pfarrers stammen muß, doch weiß kaum jemand, was sie beinhaltet. Es ist eine klassische Theologie «von oben», welche zum reinen Klang, zum getragenen Sing-Sang mutiert. Die Worte werden zu Nur-Noch-Begriffen einer pfarrherrlichen Welt, die nur in der Kirche stattfindet und mit dem Leben nichts mehr zu tun hat. Diese Kirchenformeln nehmen den Begriffen ihre Spannkraft. Man beginnt sie zu überhören wie eine hundertmal wiederholte Ermahnung des Lehrers oder der Eltern. Was zurückbleibt, ist lediglich ein diffuses Gefühl von «*der Herr Pfarrer het schön gredt*».

So sprechen denn sonntags die Herren Pfarrer, und zunehmend auch die Damen Pfarrerinnen, getragen und schön über solch edle Dinge wie den Sonntag selbst. Dieser sei der Tag der *Gottesfreundschaft*, wußte ein Prediger unlängst seinen Schäfchen zu berichten. Doch sei zu beklagen, daß gerade diese *Gottesfreundschaft* unserer Zeit abhanden gekommen sei. Dabei stehe diese *Gottesfreundschaft* in guter jüdischer Tradition: Schon der Sabbat sei ein *Tag der Freude* gewesen. Deshalb ruft der Prediger auf zur *Besinnung auf Gott*, zum Begreifen, daß der Sonntag ein *Geschenk Gottes* sei, daß an diesem ersten Tag der Woche die *Auferstehung Christi* gefeiert werde und der Sonntag ein *Herrentag* und schließlich ein *Gedächtnis an die Schöpfung* sei, daß es für die *Menschlichkeit des Sonntags* einzustehen gelte. Deshalb sei der Sonntag der *Tag der Gottesfreundschaft*. Schöneres, so schließt der Prediger, gebe es nicht zu sagen. Wahrlich nicht. Aber mehr! Die Predigt strotzt von Sonntagsbegriffen und schönen Worten. Leerformeln in Fülle. Allein der Begriff der *Gottesfreundschaft* wird innerhalb von zehn Minuten fünf- oder zehnmal wiederholt. Was der Sonntag, was eine solche *Gottesfreundschaft* mit dem Leben eines vielleicht zweifelnden und suchenden Menschen zu tun haben könnte, bleibt offen. Übermüdung und Langeweile machen sich breit. Ein Radiogerät würde man nun abstellen, ein Buch zuklappen. Nur die Höflichkeit verbietet es, die Kirche zu verlassen. Außer, daß es zehn Minuten gedauert hat, bleibt nichts haften. Derselbe Herr Pfarrer jedoch wird die Worthülsen im Kirchenschiff zusammenwischen, textbausteinmäßig neu mixen und eine Woche später als theologische Mogelpackung in Form einer neuen alten Predigt erneut über den Köpfen ausstreuen. Sprache als Garnitur einer theologischen Nullaussage. Theologensprache als Ersatz der Gebetsmühle. Das Symptom ist zwar auch in Klerikerkreisen durchaus bekannt, doch als Gefahr für Theologie und Sprache wird es nicht empfunden.

So treffen wir sie denn in Büchern und auf Kanzeln, die festgefügten Phrasen und Floskeln. Zusammengeklumpt zu Predigten und Vorträgen, zu Aufsätzen und Briefen, geklont schließlich zu wesensgleichen Immerwiederpredigten. Makromoleküle der Kleriker. So wie die Worte aus den immer gleichen Buchstaben gebildet werden, so entstehen die Predigten aus den immer gleichen Satzteilen*: durch unseren Herrn Jesus Christus, die Krise als Chance nutzen, zu-*

sammen auf den Weg gehen, gerade Jesus Christus wollte von uns, daß wir ..., sollten wir uns nicht einmal überlegen ...?, ist es Ihnen nicht auch schon so ergangen, daß ...?, am jünsten Tag werden wir mit Leib und Seele auferstehen, Gott ist auch im Leiden mit uns, Christus hat uns erlöst. Viele Predigten verlieren sich schließlich in rhetorischen Fragereien, die zu nichts führen und alle mit einem Fragezeichen enden. Das häufigste Satzzeichen am Ende von Predigten übrigens. Damit stellen die Theologen jedoch nicht wirkliche Fragen! Es ist nur der sprachliche Ausdruck theologischer Hilflosigkeit, die sich aber nicht als solche offenbaren darf. Denn, so glaubt man weiterum, die Theologie hat Antworten zu bieten oder zumindest «*den Menschen etwas mitzugeben*». So werden die rhetorischen Fragereien selbst zu Scheinantworten in der Verkündigung, zu Nichtantworten auf nicht gestellte Fragen, zum reinen Stilmittel klerikalen Sprechens.

Pervertierte Begriffe

Nicht nur der übermäßige Gebrauch oder das leierhafte Wiederholen von Begriffen ist ein Merkmal verkündigender Theologensprache, sondern auch deren Pervertierung. Einen bewußten Umgang mit Sprache als Transportmittel eines Inhalts kann nur pflegen, wer sich des Inhalts ganz klar ist. Inhaltliche Mogeleien jedoch schlagen sich als sprachliche Mogeleien nieder. Die seltsame Stellung des Dorfpfarrers oder eines Bischofs beispielsweise, angesehen und meist geschätzt, wenn nicht gar verehrt, führt dazu, daß der solchermaßen «Erhobene» und dadurch auch mit Kompetenz und Macht Ausgestattete stets darauf bedacht sein muß, sich als «Diener» oder zumindest als «Bruder» zu deklarieren, um die Sache und Stellung Jesu nicht gänzlich zu verraten. Kaum ein Kleriker also, der sich nicht darum bemüht, sein Amt als Dienst zu deklarieren, da Macht und Erhabenheit im Dienste Christi etwas Anrüchiges haben. Kaum ein Kleriker, der sich nach außen hin nicht den Anschein geben möchte, er sei ja nichts Besseres als die Gemeindemitglieder. Kaum ein Kleriker jedoch, der nicht spüren würde, daß er kraft seines Amtes immer noch eine Sonderstellung in der Gemeinschaft einnimmt. Wie aber soll ein ehrlicher Pfarrer aus diesem Dilemma – als Diener «zuoberst» zu stehen – würdig herauskommen? Viele tun dies durch den Tatbeweis. Ihr Handeln und Reden stimmt überein. Solche Kleriker werden denn auch kaum je über das Dienen predigen und ihre Aufgabe stets als Dienst deklariert wissen wollen. Andere jedoch versuchen sich mit verbaler Akrobatik aus diesem Dilemma zu befreien. Dies wird dannzumal zum peinlichen Schauspiel, wenn sich der betreffende Kleriker – und davon gibt es eine nicht kleine Anzahl – in dieser würdevollen Sonderstellung mit allen damit verbundenen Privilegien durchaus gefällt. Nicht selten besteht ihr Dienst im Herrschen. Sie bestimmen gleichermaßen die Liednummern im Sonntagsgottesdienst, das Ausflugsziel des Frauenvereins oder die Farbe des neuen Tabernakels. Dies nicht selten auf eine Art, wie sie es selber an der römischen Kirchenleitung kritisieren. Von ihnen sind denn auch die merkwürdigsten Predigten über das Dienen zu hören. Wortreich und überschwänglich versuchen sie sich als kleine, willige und ergebene Diener Gottes hinzustellen, als müßten sie sich selber lauthals davon überzeugen. Dies gilt auch für das Oberhaupt der katholischen Kirche, welches, ohne Zweifel mit Machtfülle ausgestattet, sich den Titel *servus servorum* (Diener aller Diener) zulegt. Welch seltsame Umkehrung der Werte und Worte findet statt, wenn dieser Diener von sich nur im *Pluralis maiestatis* und in Großbuchstaben spricht und wenn viele Kleriker einmal jährlich öffentlich ihren Untergebenen rituell die Füße waschen, sich die übrigen 364 Tage im Jahr aber bedenkenlos bedienen lassen! *Dienen* erhält somit einen schalen Beigeschmack. Es meint nicht mehr, was es bedeutet.

Ähnliches gilt für den Begriff der *Demut*. Nicht selten wird in Demuts-Predigten gegen den eigenen Hochmut angepredigt. Kritische Anfragen oder «brüderliche» Kritik wird meist als freche Majestätsbeleidigung zurückgewiesen, derweil die Gläubigen dazu ermahnt werden, in Demut Gott und dem Nächsten zu begegnen. Die gepredigte *Nächstenliebe*, das angemahnte *Verzeihen, Vergeben* und *Erbarmen*, die verkündigte Option für die *Armen*, das *Teilen*, der Einsatz für gesellschaftliche *Randgruppen* sowie der Aufruf zur *Gerechtigkeit* nehmen sich nicht nur inhaltlich, sondern auch sprachlich recht seltsam aus, wenn Spannungen und Streit in den Pfarreien, für Bettler verschlossene Pfarrhaustüren und Hartherzigkeit mitunter den Alltag prägen. Das Wegweisersyndrom, der Pfarrer weist den richtigen Weg, ohne ihn selber zu gehen, wird zum Sprachproblem. Der Sinn all dieser Worte wird pervertiert. Zwischen Alltagsverhalten und sonntäglichem Reden klafft eine Lücke. Ein Umstand, den viele Gläubige richtig spüren und teilweise nicht mehr ertragen.

Zurück zum Menschen

Nun kann der Sprachzerstörung nicht damit begegnet werden, zu stets raffinierterer Sprache zu finden. Denn die Sprachmisere hat ihren Ursprung in der Theologie selbst. Sie hat sich in den Elfenbeintürmen vom Reden über Gott, und dadurch auch über den Menschen, zum Rechthaben in Sachen Gott entwickelt. Dabei ging bei den meisten Theologen auch die Optik des Menschen verloren, auch wenn sie mitunter das Gegenteil behaupten. Wer immer in der Theologie nur bei Gott ansetzt und wieder zu Gott zurückfinden möchte, wer nur das Reden über den Menschen letztlich auf diesen verkündigten Gott hin fokussiert, wird kaum je anders reden. Eine absolut theozentrierte Theologie wird diese menschenfremde Sprache kreieren, weil sie sich letztlich immer im Bereich der Spekulation bewegen wird. Eine solche Theologie wird nie mehr sein können als eine akademische Insiderübung. Wer jedoch die Optik der Theologie in Frage stellt, wird neu denken, neu sehen und neu sprechen. Nur wenige moderne Theologen beherrschen diese erfrischende Neusicht. Man mag Eugen Drewermann fachlich vorwerfen, was man will. Drewermann beherrscht die Kunst, die Leute nicht anzupredigen, sondern anzusprechen, nicht *über* sie, sondern *von* ihnen zu sprechen. Und wer seine immense Zuhörerschaft neidvoll als Fanclub diskreditiert, mag sich daran erinnern, daß die von ihm ehrfurchtsvoll als Jüngerschar bezeichneten Menschen als erstes von den *Erzählungen* des Rabbi Jesus fasziniert waren.

Sinn für die Zusammenhänge zwischen Theologie, Optik des Menschen und Sprache hat auch Hermann-Josef Venetz. Entsprechend erfrischend seine Texte. Obwohl Prediger und Dozent, also in den klassischen Diensten der Theologie tätig, ist seine Grundhaltung nicht die eines Inhaltsmissionars, sondern diejenige eines dialogischen Gedankenspielers. Nicht die Verkündigung von Bibeltexten ist seine Primärabsicht, sondern das Suchen nach Berührungspunkten zwischen Alltagsleben und Bibel. Für Venetz hat die Theologie die Lebenswirklichkeit des Menschen – und nicht diejenige von Gott – zu interpretieren. Allein schon diese Grundhaltung verhindert ein leeres Theologisieren, welches die theologischen Inhalte zu Chiffren degradiert. Venetz weiß um die Problematik einer «abgehobenen» Theologie, welche zur Sprachzerstörung führt. Doch stürzen sich seine Kritiker meist nur auf die Korrektheit und Vatikankompatibilität der transportierten Inhalte. Daß Venetz es zustande bringt, wissenschaftliche Gedanken auf eine geradezu spannende Art in den Alltag zu übersetzen, weil er ebendiesen Alltag als ebenbürtige, ja integrierte Größe der Theologie ernst nimmt, wird zu wenig hervorgehoben. Venetz kann Gott und Sprache nebeneinander stehen lassen, miteinander verbinden, ohne dem einen oder anderen Gewalt antun zu müssen.

Auch der Prediger Venetz unterläßt es, die angesprochenen Glaubensinhalte inhaltsleer und bar jeglicher Bodenhaftung über die Köpfe auszustreuen. Immer fragt Venetz nach den geschichtlichen Zusammenhängen und somit nach dem Menschen und seinen Lebenssituationen. Er kann auch zugeben, wenn er mit einem Bibeltext Mühe hat. Dies bewahrt ihn – und uns – vor der reinen, unfruchtbaren Spekulation über Gott, welche *sprachlich* meist im Wolkenkuckucksheim stattfindet. Immer hat man bei Venetz das Gefühl, er wisse, worüber er spricht und worüber er sprechen möchte. Immer erhält man bei ihm das Gefühl, daß dieser Gott tatsächlich etwas mit den Menschen und mit unserer Geschichte zu tun haben könnte. Weil er nicht nur Gott, sondern auch den Menschen ernst nimmt. Dies ist bei vielen Predigern nicht der Fall. Entsprechend frisch und erdig kommt Venetz' Sprache daher. Entsprechend sperrig und unangenehm oft deren Inhalt. Der theologische Gedankenspieler hat sein Ziel erreicht. Er provoziert Nachdenklichkeit und wirkliche Fragen. Er macht die Sprache zu dem, was sie sein sollte: Wichtiges Instrument der Theologie. Er behandelt sie mit der ihr gebührenden Ehrfurcht und Sorgfalt. Denn letztlich ist sie, theologisch gesprochen, ein Geschenk Gottes, mit welchem wir eben diesem Gott begegnen können. Es ist unbekannt, ob Hermann-Josef Venetz ein Heinefan ist. Anzunehmen ist jedoch, daß Heine ein Venetzfan gewesen wäre.

Othmar Keel

MUSIKALISCHE MEDITATION ZU «KÖNIG DAVID» VON RENÉ MORAX UND ARTHUR HONEGGER

Kleine Einleitung

1908 hatte der Waadtländer Dichter René Morax in Mézières, einem Bauerndorf 12 km nördlich von Lausanne, das *Théâtre du Jorat* gegründet. Die Bühne wollte mit Stücken aus der Schweizer Geschichte die Tradition des Volkstheaters neu beleben. Während des Ersten Weltkriegs kam der Betrieb zum Erliegen. 1921 wollte Morax mit einem Stück zum Thema «König David» neu anfangen. Morax' Hauskomponist, Gustave Doret, lehnte ab. Dadurch verzögerte sich der Arbeitsbeginn. Ernest Ansermet empfahl den jungen Schweizer Komponisten Arthur Honegger (1892–1955). In rund acht Wochen komponierte dieser 27 Nummern. Einige Mühe bereitete ihm die Vorgabe, die Musik für 100 Chorstimmen und 17 Bläser zu schreiben, alles Amateure. Die Premiere am 11. Juni 1921 war ein großer Erfolg. Morax, der anscheinend geahnt hat, daß der bleibende Wert des Stückes in der Musik von Honegger lag, schlug diesem vor, das Drama zu einem Oratorium umzuschreiben. So wurde aus dem «biblischen Drama» ein «sinfonischer Psalm», in dem ein Erzähler das dramatische Geschehen zusammenfaßt und die musikalischen Stücke durch kurze Texte verbindet. Honegger paßte die Instrumentierung der Aufführung als Oratorium an. Als Oratorium, nicht als Drama ging das Stück in den «Kultur-Kanon» ein. Hans Reinhard übersetzte den französischen Text ins Deutsche.

1996 entschlossen sich der Fernsehredaktor Erwin Koller, der Dirigent Armin Brunner und der Regisseur Adrian Marthaler, den «König David» 75 Jahre nach seinem Entstehen als «Musikalische Meditation» zur Aufführung zu bringen. Das Genus «Musikalische Meditation» ist 1985 von dieser Gruppe konzipiert und zum ersten Mal für das Fernsehen DRS verwirklicht worden. «König David» war die 18. Produktion dieser Art. Die Idee war und ist, daß aufgrund von Erfahrungen dieses Jahrhunderts ein Dialog mit geistlichen Stücken, hauptsächlich mit ihren Texten, geführt werden sollte. Weder Exegesen noch Musikkritiken waren und sind gefragt. Bei den bisher aufgeführten Stücken handelte es sich hauptsächlich um Vertonungen von Bach und Mozart. Aber auch solche von Händel, Haydn, Brahms, Schubert, Mendelssohn, Mahler und Arvo Pärt kamen zur Aufführung. Zum Dialog wurde die Theologin Dorothee Sölle und wurden Theologen wie Hans Küng, Leonardo Boff, Ernesto Cardenal, der Dalai Lama und Eugen Drewermann eingeladen. Aber auch die Schriftstellerin Luise Rinser und Schriftsteller wie Peter Bichsel,

Wolfgang Hildesheimer, Adolf Muschg und Leute aus dem Geistesleben ganz generell wie Johan Galtung oder Margarete Mitscherlich kamen zu Wort. Für den «König David» war eigentlich der ungarische Schriftsteller György Konrád vorgesehen. Mitte Januar, rund zwei Monate vor der Premiere vom 19. März 1997, sollte der Text vorliegen. Als Ende Februar noch kein brauchbares Manuskript eingetroffen war, bat mich Erwin Koller – schon ziemlich nervös – einzuspringen. Da die alte David-Überlieferung mich schon früher fasziniert hatte, und in Erinnerung an die gute Zusammenarbeit mit Erwin Koller, als ich Wort-zum-Sonntag-Sprecher war (1980–1984), sagte ich zu. Eine erste Lektüre des Textes ließ vor meinen Augen zwei Themenkreise deutlich hervortreten: das ungebrochene Verhältnis dieser Texte bzw. ihres David und seines Gottes zu Gewaltanwendung, Krieg und Feindvernichtung und merkwürdig unverbunden daneben stehend die eher vage Sehnsucht nach einer besseren Welt. Schon wenige Tage nach der Zusage, 14 Tage vor der Aufführung, kamen Erwin Koller und Urs Meier am 4. März nach Freiburg, um mein «Konzept» zu diskutieren. Zwar hatten sich schnell allerhand Einfälle und Gedankensplitter eingestellt, aber aus diesem Rohmaterial ein einigermaßen kohärentes Ganzes zu gestalten, erwies sich als fast unlösbare Aufgabe. Einige Passagen gewannen zwar schnell eine für mich akzeptable Gestalt. Viele blieben bis zuletzt unbefriedigend und wechselten dauernd «von einem Bein aufs andere».

Bei der konzertmäßigen Premiere vom 19. März 1997 im Zürcher Großmünster wurde das Oratorium ungekürzt aufgeführt, und ich konnte mich auf der Zwingli-Kanzel relativ frei entfalten. Für die Fernsehfassung in der Abbatiale von Payerne mußte rigoros gekürzt werden, da der Vertrag mit anderen Fernsehanstalten, die mitproduzierten, auf eine Sendung von 60 Minuten lautete. In der Ausstrahlung von Auffahrt (8. Mai 1997; Wiederholung an Pfingsten, 18. Mai 1997; auch ein Video ist erhältlich) sah es zwar so aus, als wäre die Aufnahme bei einer Aufführung in Payerne gemacht worden. In Wirklichkeit ist die «Aufnahme» aus verschiedensten Teilen zusammengeschnitten. Die Musik wurde in einem Studio aufgenommen, in dem vor jedem Sänger und jeder Sängerin ein Mikrophon aufgepflanzt war. Von diesen ist in der Sendung nichts zu sehen. Als am Sonntagmorgen, den 23. März, der Chor ohne Mikrophone vor Publikum aufgenommen wurde, mimte er seinen Gesang nur, der ab Band gespielt wurde (*play-back*). Erst in einem zweiten Durchgang bekam das Publikum dann eine wirkliche Aufführung zu hören, während der nur das Publikum aufgenommen wurde. Ich trug meine Meditation am Samstagmorgen, den 22. März, in einer fast leeren Kirche den Stühlen vor. Ich mußte meinen Text in dieser künstlichen Umgebung anfänglich ziemlich hervorwürgen. Am Sonntag konnte ich ihn dann recht frei nochmals dem Publikum vortragen. Er wurde dabei nicht aufgenommen. Beim endgültigen Schnitt wurden die verschiedenen vorfabrizierten Elemente zusammenkomponiert. Vor allem mußte bei Musik und Text nochmals tüchtig gekürzt werden.

Hermann-Josef Venetz hat unzählige Texte für das Radio verfaßt und gesprochen. Ich freue mich, ihn zu seinem 60. Geburtstag mit dieser Gelegenheitsarbeit aus einem verwandten Medium grüßen und ihm für alles danken zu können, was er für die Kirche, für die Fakultät, für das Institut oder genauer für viele Menschen und bei mancher Gelegenheit auch für mich ganz persönlich getan hat.

Die «Meditationen»[1]

Marschieren

Das Oratorium «König David» von René Morax und Arthur Honegger ist im Juni 1921 in Mézières, einem Bauerndorf im Hinterland von Lausanne, uraufgeführt worden. Es war drei Jahre nach dem Ende des Ersten Weltkriegs. Nach dem Zweiten Weltkrieg wurden in großem Stil friedenerhaltende Aktionen lanciert, die UNO gegründet, die Perspektive einer Europäischen Union eröffnet. Ähnliche Bemühungen hatte es schon nach dem Ersten Weltkrieg gegeben. Aber sie stießen damals nur auf ein halbherziges Echo. 1921, fünf Jahre nach der Massenschlächterei von Verdun, waren bereits wieder jene Leute auf dem Vormarsch, die weiterhin auf Gewalt setzten und Gewalt das probateste Mittel fanden, Probleme zu lösen.

1921 errangen Mussolinis Faschisten den Wahlerfolg, der im folgenden Jahr den Marsch auf Rom ermöglichte. In Deutschland marschierten 1921 zum ersten Mal die nationalsozialistischen Sturmabteilungen auf, die SA. 1921 marschierten die Bolschewiken in die Äußere Mongolei ein, um von dort die letzten Reste der Weißen Armee zu vertreiben. Allenthalben wurde marschiert, so auch im Oratorium «König David»: Marsch der Philister, Marsch der Hebräer. David wird zum Führer erwählt. Positionen werden bezogen, Gegner erschlagen, die Philister verjagt. «Heil David, Heil!» singt der Chor.

«Heil David!» ist keine biblische Formel. Sie ist typisch für unser Jahrhundert. Es stellt sich die Frage, wie weit der Text des Oratoriums «König David» vom biblischen Text, von den biblischen Geschichten über David geprägt ist und wie weit der Verfasser den Denk- und Sprachmustern der Zeit folgt, in der er geschrieben hat, 1921. So wie ich den Denk- und Sprachmustern meiner Zeit folge. Wir bewegen uns also auf drei Ebenen, der Ebene der alten biblischen Erzählungen über David, der Ebene der Zeit um 1920, als der Oratoriumstext verfaßt wurde, und auf unserer eigenen Ebene.

Jede Zeit glaubt, bei der Wahrheit angekommen zu sein. Sie ist aber nur bei ihrem Bild der Wahrheit angekommen. Wir müssen uns von Vorgängen und Menschen ein Bild machen. Anders können wir uns nicht orientieren. Aber wir müssen uns immer wieder fragen, woher die Farben stammen, mit denen wir unsere Bilder malen. Ob sie denen, die wir abbilden, gerecht werden, ob sie die Personen, die wir darstellen, nicht allzu grob verfärben. Wir müssen immer wieder neu versuchen, der Realität gehorsam zu sein.[2] Dazu müssen die Bilder

---

[1] Im folgenden wird die ungekürzte Textfassung wiedergegeben.
[2] Anspielung auf einen Satz von Bruder Klaus in seinem Schreiben an den Rat von Bern vom 4. Dezember

miteinander im Gespräch bleiben, mein Davidbild mit dem Davidbild des Oratoriums, das des Oratoriums mit dem der biblischen Erzählungen und alle drei gemeinsam mit der aspektreichen und scheuen Wahrheit, deren wir nie nackt ansichtig werden.

Heroismus und Gottvertrauen

(Nach *Erzähler:* «Und wieder sammeln sich die Philister», und dem *Gemischten Chor:* «Gott, mein Herr ... mein Herz fürchtet nichts».)
«Wann hat die Nacht, o Herr, ein Ende?» wird der Tenor singen.
In den frühen 40er Jahren bin ich als Kind wiederholt nachts aufgewacht und habe gehört, wie Truppen schlurfend vorbeimarschierten und verhalten sangen: «Die Nacht ist ohne Ende, der Himmel ohne Stern ...».
Für solche Nächte voll beklemmender Angst und Ungewißheit bietet das Oratorium zwei Verhaltensmuster an: Gottvertrauen, unbeschränktes Gottvertrauen und Kampfentschlossenheit.
Eine Bedrohung, die als nah und umfassend wahrgenommen wird, scheint kaum andere Möglichkeiten der Reaktion zuzulassen als Resignieren oder Kampfbereitschaft und Vertrauen auf Gott bzw. das Schicksal.
Beide Muster, Kampfentschlossenheit und Gottvertrauen, sind während des Ersten und Zweiten Weltkriegs tausendfach praktiziert worden. Sie haben sich zu einprägsamen Bildern verdichtet.
Die Kampfentschlossenheit etwa in dem kleinen Buch von Max Frisch mit dem Titel «Blätter aus dem Brotsack», 1940 erschienen. Frisch beschreibt da seine Teilnahme an der Grenzbesetzung 1939. Er schildert, wie die Freude an den Waffen selbst die lauten Kriegsverächter überkommt. Wie seine Kameraden und er in die kleine Kanone, die unsere Armee zur Tankabwehr hat, förmlich verliebt sind ... Wie sie noch in die Pause hinein üben. Und wie den Feind, falls er kommen sollte, schon heute ein Ingrimm und eine Wut erwarten, die geschlossener, fragloser nicht sein könnten ... und die, herausgefordert, zu jeder Grausamkeit fähig wären (S. 23 und 46f).
Das komplementäre Muster, das grenzenlose Vertrauen, hat im gleichen Jahr, in dem Frischs Buch erschienen ist, in der Vision von der schützenden Hand Gestalt angenommen: Am Pfingstmontag, am 13. Mai 1940, drei Tage, nachdem die deutsche Wehrmacht in Holland und Belgien eingefallen war, wollen im Waldenburgertal, unweit von Basel, Dutzende von Soldaten und Zivilpersonen ganz unabhängig voneinander, am Abend zwischen 9 und 10 Uhr, ungefähr eine halbe Stunde lang, am wolkenlosen Himmel eine riesige, recht naturalistische, ausgestreckte Hand gesehen haben, die von einem verklärenden Glanz umgeben war. Evangelische Christen haben in der Hand die schützende Hand Gottes erkannt. Die Katholiken hatten Gründe anzunehmen, es sei die

1482, in dem er diesem für 40 Pfund für seine Kaplaneistiftung dankt: «Gehorsam ist die größte Ehre, die es im Himmel und auf Erden gibt, weshalb ihr trachten müßt, einander gehorsam zu sein» (W. Durrer, Dokumente über Bruder Klaus, Luzern 1947, 116). Es ist erstaunlich, mit welcher Selbstverständlichkeit der durch ein hierarchisches Verständnis pervertierte Begriff hier seine Würde zurückgewinnt.

Hand des Bruder Klaus gewesen, die Hand jenes Eremiten, dessen Intervention die Eidgenossenschaft im 15. Jahrhundert vor einer Katastrophe bewahrt hatte.

Im Oratorium retten David angesichts einer erdrückenden Übermacht sein Gottvertrauen und seine Kampfbereitschaft. Aber das ist nur im Oratorium so. Nach dem biblischen Text hat ihn weder das eine noch das andere gerettet. Der biblische David wehrt sich zwar tapfer, aber angesichts der erdrückenden Übermacht Sauls gibt er auf, setzt sich zu den Philistern ab, die damals die Todfeinde der Israeliten waren. Er kollaboriert mit ihnen, er wird ihr Söldner, und er zahlt so einen hohen Preis für sein Überleben. Die Bibel erzählt es ohne Häme, mit ein paar entschuldigenden Erklärungen, aber auch ohne wesentliche Beschönigungen. Wie so oft ist auch hier die Größe der Bibel ihr sachlicher Realismus, der frei macht.

Der Umgang der offiziellen Schweiz mit der neueren Geschichte folgte bis in allerneueste Zeit weniger diesem Realismus, eher dem Muster des Oratoriums: Gottvertrauen und Kampfbereitschaft! Nichts als Gottvertrauen und Kampfbereitschaft.

David haben sie nicht gerettet. Hätten sie uns gerettet? Daran mochte kaum jemand so recht glauben, weder die Verantwortlichen noch das Volk. Nur wenige, sehr menschliche Menschen hatten ernsthaft etwas dagegen, mehrere zehntausend Juden und Jüdinnen der wild gewordenen Bestie zu überlassen. Zu tief saß der jahrhundertelang praktizierte Antijudaismus. Wie in der Legende vom Drachen, der die Stadt zu zerstören droht, wenn man ihm nicht eine unschuldige Jungfrau opfert, beeilte man sich, sie zu opfern, zumal manche sie für nicht ganz unschuldig hielten. Manche mögen sich heimlich sogar gefreut haben, daß sie beseitigt wurde, ohne daß man einen Finger rühren mußte. Jedenfalls wollte man sie nicht bei sich haben. Darauf weist die perfide Forderung nach dem «J» in den Pässen von Personen jüdischer Abstammung. Den wenigen, die wie der heilige Georg der Legende die Jungfrau zu retten versuchten, schlug Haß entgegen. Alter, unreflektierter Haß. Aus Angst geborener Haß. Parallel dazu wuchs die Gier, vom wachsenden Goldschatz des Drachen einen Teil zu bekommen. Gold riecht nicht. Als das Abwehrdispositiv der Bestie löchrig wurde, lieferte man – Neutralität hin oder her – Flabkanonen und anderes Kriegsgerät in Mengen. Es wurde bezahlt.

Offiziell waren es Kampfbereitschaft und Gottvertrauen, die uns gerettet haben, so wie es im Oratorium steht. Inzwischen ist das eine unhaltbare Position geworden. Es macht uns nur menschlicher und freier, unhaltbare Positionen aufzugeben. Und doch fällt der Abschied von schönen Fassaden, auch wenn sie zusehends brüchiger werden, schwer, sehr schwer.

Wo bleibt der neue Mensch?

(Nach *Erzähler:* «David reifte zum Mann ... um Schutz und Hilfe an», und *Tenor:* «Gnädiger Gott ... Laß mich Ihn preisen, Ihn, den ew'gen Gott».)
Gläubige verwechseln sich leicht mit ihrem Gott. Sie halten ihre Meinungen für Meinungen Gottes und deklarieren ihr Tun als *Opus Dei*, als Werk

Gottes. Wenn David mit der Bundeslade seines Gottes in Jerusalem einzieht, zieht Gott in Jerusalem ein.

In der gotischen Kathedrale von Freiburg ist rechts vom Eingang ein großes Fenster mit Glasmalereien in wunderschönem Jugendstil zu sehen. Sie sind 1918 vom polnischen Künstler Jozef Mehoffer geschaffen worden.[3] Im Vordergrund steht eine Gruppe Männer, mit langen Schwertern an der Seite, ihre Hände zum Treueschwur erhoben. Er gilt den zwei Matronen: LIBERTAS und PATRIA, Freiheit und Vaterland. Sie sehen von einem prunkvollen Gebilde, halb Säule, halb Empore herab. Im Hintergrund links ist Bruder Klaus als Familienvater mit seinen Angehörigen im Gebet vor einem Wegkreuz versammelt. Das Kreuz wird von der prunkvollen Ornamentik der Empore mit der LIBERTAS halb verdeckt. Rechts kniet Bruder Klaus als Eremit in der Ranft-Schlucht und hebt seine Hände zum Gebet. Die Stelle, wo das göttliche Gegenüber zu sehen sein sollte, wird von der PATRIA eingenommen.

Schon der 80 Jahre früher (1841) gedichtete und komponierte Schweizerpsalm, die heutige Schweizer Nationalhymne «Trittst im Morgenrot daher», hat Gott im Vaterland und im Vaterland Gott gefunden. Sie hallt im Oratorium deutlich nach.

Der nahezu göttliche, unantastbare Status des Vaterlandes hat dazu beigetragen, auch unsere nationale Vergangenheit zu idealisieren. Dieser Status hat in der Nachkriegszeit mehr und mehr zu bröckeln begonnen. Tell wurde vom heroischen Helden zur komischen Figur. Einen konsequent realistischen Umgang mit der eigenen Geschichte hatte das nicht zur Folge. Und warum nicht? Wahrscheinlich war die lateinische Verhaltensregel wirksam: *De viventibus nil nisi bene (dicendum)!* «Über die Lebenden (sagt man) nichts außer Gutes!»[4] Langsam sterben die Akteure des Aktivdienstes. Die Archive können aufgehen. Das Demontieren der verstorbenen Väter (die Frauen hatten kein Stimmrecht) hat seinen Reiz. Man wird die Überväter los, samt ihren fragwürdigen Maßstäben, und kann diskret ihre Position einnehmen. Denn wer über die Schuld der anderen zu Gericht sitzt, vertritt das Gesetz, ist das Gesetz. Der Unterschied zwischen denen, die fast jede Schuld bestreiten, und denen, die über die Schuld der Väter zu Gericht sitzen, ist nicht *so* groß, wie es auf den ersten Blick scheint. Die einen meinen, der ganze Handel und das ganze Handeln hätten als absolut normal zu gelten. Moralische Fragen wischen sie mit einer Handbewegung beiseite. Zu entschuldigen gebe es nichts. Erst wenn ihnen die Rechnung für ihre Geringschätzung der Moral präsentiert wird, haben sie moralische Begriffe gleich reihenweise zur Hand: «Unfair, ungerecht, erpresserisch!» Selbstgerecht und wehleidig ist ihnen nicht einmal die Kinderentschuldigung zu billig: «Ich nicht! Die anderen auch!» Wir hingegen geben

---

3   Zum Werk von J. Mehoffer, besonders zu den Glasfenstern in der Kathedrale von Freiburg vgl. G. Bourgarel, G. Tomczak, A. Pasquier, Jozef Mehoffer, De Cracovie à Fribourg, ce flamboyant art nouveau polonais (Repères Fribourgeois 7), Fribourg 1995.

4   Das lateinische Sprichwort *De mortuis nil nisi bene (dicendum)* ist hier der Realität angepaßt worden. Zur Geschichte der ursprünglichen Fassung vgl. G. Büchmann, Geflügelte Worte. Der Zitatenschatz des deutschen Volkes, Berlin 1964, 464.

die Schuld der Vorfahren großzügig zu und suggerieren, wir seien besser – und wir sind es nicht.

Jene hatten die Bestie vor der Haustür und opferten Unschuldige. Wir haben keine Bestie vor der Haustür und schließen unsere Türen trotzdem, etwa im mitleidlosen Dreikreisemodell sogar für altgediente Hilfskräfte, z. B. in der Gastronomie, weil sie aus Ländern mit großen Problemen kommen und uns mit ihren Problemen stören. Wir wollen ungestört bleiben und reagieren auf solche Störungen noch viel empfindlicher als die, die vor uns waren.

Wir leben in einem viel größeren Wohlstand als unsere Väter und Großväter und wollen dennoch nicht auf Gelder verzichten, die z. B. von einem Mobutu den Armen gestohlen worden sind. Auch unsere heutige Realität hat sehr schmutzige Stellen.

Das längste Stück des Oratoriums, die Überführung der Bundeslade, endete schon 1921 nicht mit dem Marsch der vereinigten Priester und Soldaten, nicht mit der lauthals verkündeten Selbstgerechtigkeit, sondern mit einem vom Sopran gesungenen Lied der Sehnsucht nach dem neuen Menschen. Schon für René Morax und Arthur Honegger muß der Gott im heimatlichen Strahlenmeer und Sternenheer nicht ganz glaubwürdig und nicht die ganze Realität gewesen sein. Wer dieser neue Mensch ist, den sie die Zeit Davids erwarten lassen, wird nicht deutlich gesagt. Sie müssen im Rahmen der Tradition Jesus gemeint haben. Er hat sich selber nur einen einzigen Ehrentitel gegeben: «Mensch», in Bibeldeutsch «Menschensohn». Er war ein Mensch und hat sich menschlichen Unzulänglichkeiten, selbstverschuldeten und unverschuldeten, menschlichen Sünden und menschlichen Krankheiten nicht entzogen. Er hat sie an sich herankommen lassen, sie geheilt oder zu lindern versucht und ist von ihnen wie von einer Lawine fast erdrückt worden. An diesem Maßstab gemessen sind wir so wenig unschuldig wie die, die vor uns waren. Unser Menschsein köchelt auf Sparflamme. Gott führt auch im relativierten Vaterland ein Asylantendasein.

Bewunderung für die Gewalt und Verachtung für die Liebe

(Nach *Sopran*: «David, Du wirst nicht selbst es sein ... Er wird ein Sohn des David sein», und *Chor*: «Halleluja».)

Der biblische David ist früh menschlich geworden. Als Kollaborateur mit den Philistern hat er allen Absolutheitsanspruch verloren. Im Oratorium kommt die Menschlichkeit Davids spät zum Zug, erst mit der Batseba-Geschichte. Nach der biblischen Überlieferung hat David als König in Jerusalem dank erhöhter Position auf der Palastterrasse eine schöne Frau beobachten können, die sich wusch. Die ältere europäische Kunst (z. B. Lukas Cranach) stellt sie meist bekleidet dar, beim Waschen ihrer Füße. Seit dem Manierismus wird es üblich, sie als eine Art Playmate zu präsentieren, die eitel ihre präparierte Nacktheit zur Schau stellt. David tritt in den Hintergrund, der Betrachter nimmt seine Stelle ein. Mit einer Mischung aus Voyeurismus und moralischer Entrüstung nimmt dieser die «Verführerin» wahr. Vielfach ist die so veränderte Geschichte in der abendländischen Kunst zu finden. Dieser Tradition folgt auch der Text des Oratoriums. Deutlich ist von der nackten und hinreißenden Schönheit Batsebas die Rede, von der sich David verführen läßt, um dann gleich in ein Lamento darüber auszubrechen, daß er sein reines Herz befleckt hat.

Die biblische Geschichte hat die Akzente anders gesetzt. Die eigentliche Sünde ist nicht Davids Anfälligkeit für Batsebas Schönheit, sondern die hinterhältige und brutale Beseitigung ihres Mannes, der bei der Vertuschung von Davids Schwäche nicht mitwirkt. An dieser eigentlichen Sünde war die abendländische Tradition seit dem 16. Jahrhundert kaum mehr interessiert. Jedenfalls gibt es keine bedeutende künstlerische Darstellung, die zeigt, wie David Urias, dem Mann Batsebas, schlau und zynisch den Brief mitgibt, der das Todesurteil des Überbringers enthält. Es gibt keine Darstellung, die zeigt, wie der naive Mann den Brief seinem Feldherrn überbringt, den Brief, der den Feldherrn auffordert, ihn, den Überbringer, in der Schlacht so zu plazieren, daß er fallen muß. Davids eigentliche Sünde, die von der Bibel breit erzählt wird, ist die zynische Beseitigung eines loyalen Untergebenen. Das Oratorium versteckt dieses Verbrechen in den vier Wörtchen «Urias ließ er töten.» Fünf Jahre nach Verdun, wo Nationen und ihre Generalitäten, die das Gesicht nicht verlieren und keine Schwäche zeigen wollten, Hunderttausende von denen, die ihnen unterstellt waren, in die Blutmühle geschickt haben, fünf Jahre nach Verdun, hätte Davids skrupellose Opferung eines Untergebenen Aktualität gehabt.

In Davids Liebe wird seine Bedürftigkeit, seine Verletzlichkeit offenbar. In seinem Mord an Urias sein Anspruch, das Gesicht zu wahren, keine Schwäche zu zeigen, sich nicht entschuldigen zu müssen. In der abendländischen Kultur sind Liebe und Erotik zunehmend zur Sünde *par excellence* geworden, Gewalttätigkeit und Zynismus zu Gentlemandelikten. «Schaf» und «Kuh» sind Schimpfwörter, «Löwe» und «Wolf» Ehrenbezeichnungen. Das Harmlose, mütterlich Sorgende wird lächerlich gemacht, das Aggressiv-Parasitäre gefeiert. Die Folgen dieses pervertierten Ethos, nach dem Lieben Sünde und Töten Tugend ist, haben sich darin gezeigt, daß Wehrmachtsoldaten, die den Tag damit verbrachten, wehrlose Juden und Jüdinnen zu erschießen, darin weiter nichts als die Ausführung eines Befehls sahen. Das schlechte Gewissen kam, wenn sie abends mit einer Frau schliefen, die nicht die ihre war.

Die verwirrten Zuwendungen der Liebe können – auch wenn das häufig nicht geschieht – durch mehr Liebe gut gemacht werden. Der liebesbedürftigen Sünderin, die Jesus die Füße wäscht und küßt, wird vergeben, weil sie viel geliebt hat.

Wie aber kann gut gemacht werden, Menschen in den Tod geschickt, Menschen dem Tod überlassen zu haben?

Eros und Glaube als Geschwister

(Nach *Erzähler*: «Und Gott strafte David ... und David beweinte seinen Sohn», und *Sopran* und *Frauenchor*: «Bäume von Ephraim ... daß ich es küssen kann».)

Als nächstes Lied singt der Chor: «In großer Liebe werd ich mich ergeben dir, dessen Arm so herrlich mich beschirmt.» – Ist das der Anfang eines Kirchen- oder eines Liebesliedes?

In einem der Liebeslieder der «Carmina Burana» singt eine Frauenstimme in den obersten Tönen: *Dulcissime! Totam tibi subdo me!* «Süßester! Ganz gebe ich mich dir hin!»

Und im Kirchenlied *Adoro te devote* heißt es sehr ähnlich: *Tibi se cor meum totum subjicit, quia te contemplans totum deficit.* «Dir unterwirft sich mein Herz ganz, denn schaue ich dich an, verliert es sich ganz.»

Die der Liebe eigene totale Hingabe, dieses selige «Sich dem Geliebten, der Geliebten vertrauensvoll ganz überlassen», findet sich in gleicher Weise in der religiösen und in der erotischen Kunst.

Während Jahrhunderten benutzte die Kirche, benutzten Mystiker und Mystikerinnen die erotischen Liebeslieder des Hohenliedes, um ihre Liebe zu Gott, zu Christus, zu Maria zur Sprache zu bringen.[5]

Von Liebe erfüllt liegt Berninis heilige Theresia von Avila mit geschlossenen Augen und halboffenem Munde da.

Die als Pietà bezeichneten Kunstwerke zeigen häufig eine Frau, die viel zu jung ist, um die Mutter des toten Christus sein zu können. Viel eher ist es die Geliebte des Toten, die um die nie gelebte Liebe trauert. Rilke hat das in seinem Gedicht «Pietà» mit verwirrender Direktheit zur Sprache gebracht. Er läßt statt der Mutter die Sünderin aus Lukas 7 den toten Jesus in ihrem Schoß halten und klagen:

So seh ich deine niegeliebten Glieder
zum erstenmal in dieser Liebesnacht.
Wir legten uns noch nie zusammen nieder,
und nun wird nur bewundert und gewacht.[6]

Honeggers Oratorium ist voll von Klagen um ungelebte Liebe, die Klage um Saul und Jonathan, die Klage um Absalom.

Meist aber wurde und wird die enge Verwandtschaft zwischen den äußersten religiösen und erotischen Gefühlen nicht wahrgenommen.

---

5   Vgl. z. B. die Beiträge von H. Keul, J. Seiler und P. Menting in «Bibel und Liturgie» 70/2 (1997). Es ist mir von dieser Tradition her unbegreiflich, warum Bischof Walter Kasper der Theologin Silvia Schroer das «Nihil obstat» für einen Lehrstuhl an der Universität Tübingen u. a. deshalb verweigern konnte, weil sie in einem Aufsatz über die Taubengestalt des Heiligen Geistes dieser von ihrer Herkunft her eine erotischsinnliche Komponente zugesprochen hatte (vgl. jetzt: S. Schroer, Die Weisheit hat ihr Haus gebaut. Studien zur Gestalt der Sophia in den biblischen Schriften, Mainz 1996, 150–152). Ich habe zwar in meinem Hohelied-Kommentar (Zürich ²1992, 14–20 und 45) gegen die Allegorisierung des Hohenliedes durch Synagoge und Kirche als Babylonische Gefangenschaft polemisiert. Eigentlich ist nichts dagegen einzuwenden, daß die Gottesliebe erotische Sprache benützt, wie das Hohelied sich mythisch-religiöser Metaphern und Symbole bedient (vgl. z. B. Hld 4,8; 5,14f; 6,10). Die religiöse Sprache hat dadurch viel an Intensität und Wärme gewonnen. Nach wie vor ärgerlich finde ich aber, wenn Kirchenväter und andere religiöse Schriftsteller gegen die erotisch-sinnliche Liebe polemisieren, während sie gleichzeitig die von ihr inspirierte Sprache benützen, um ihre unendlich «besseren» Gefühle auszudrücken.

6   Das ganze Gedicht bei: Rainer Maria Rilke, Gedichte. Auswahl und Nachwort von Dietrich Bode, Philipp Reclam jun., Stuttgart 1997, 101.

Häufig wurde im Laufe der christlichen Tradition ein krasser Gegensatz zwischen Eros und Glaube statuiert. Diese Tendenz erreichte einen Höhepunkt am Ende des letzten und zu Beginn dieses Jahrhunderts. Unter den schon genannten Jugendstil-Fenstern Mehoffers in der Kathedrale von Freiburg zeigt eines zwei schöne Frauen, eine mit blondem, eine mit schwarzem Haar, die kopfabwärts nackt unter riesigen Blumen liegen. Ihr Hals ist durchschnitten. Sie sind verblutet. Märtyrerinnen. Heiligkeit als getötete Erotik.

Mittelalter und Barock haben dagegen immer wieder die Gemeinsamkeit von Eros und Glauben gesehen. Beiden gemeinsam ist die Abkehr vom Geiz, die Großzügigkeit, die Bereitschaft, sich selber auf- und hinzugeben, und beiden gemeinsam ist die Sehnsucht. Die geliebte Gottheit ist immer nur in Zeichen anwesend. Die Körper, Instrumente der Verbindung, machen auch die Trennung fühlbar, die Unmöglichkeit zu verschmelzen, und so bleiben dem Eros und dem Glauben immer nur die Sehnsucht als des Menschseins bester Teil.[7]

Visionäre Sehnsucht und Realismus

(Nach *Erzähler:* «Und David sprach ... ein Lied des Dankes und der Zuversicht», und *Gemischter Chor:* «In großer Liebe ... und mein Befreier du».)

Im Anschluß an die letzten Worte Davids läßt das Oratorium ein zweites Mal den Sopran von Künftigem singen. Die Gegenwart gehört den Märschen der Männer. Die Klage und die lichtere Zukunft intonieren Frauenstimmen. Diesmal singt der Sopran in prophetischer Attitüde nicht von Jesus als neuem Menschen, sondern vom schöpferischen Wehen des Geistes. Der weltverändernde Geist weht, wie das Evangelium sagt, wo er will. Manchmal als aufheiternder spielerischer Luftzug, manchmal steigert er sich zum Orkan.

Ein spielerischer «inspirierter» und inspirierender Luftzug war Friedrich Dürrenmatts «Romulus der Große», 1947 entstanden, zwei Jahre nach dem Ende des zweiten großen Schlachtens in unserem Jahrhundert. Dürrenmatt imaginiert den letzten römischen Kaiser als Landesverräter in der Maske des Hühnerzüchters, der das große Römische Reich bewußt demontiert und die Demontage in einer pathetischen Rede rechtfertigt. Sie ist an einen römischen Offizier gerichtet, der für das Reich gelitten hat. Romulus argumentiert:

> Du stehst vor einem unsichtbaren Thron, vor dem Thron der römischen Kaiser, deren letzter ich bin. Soll ich deine Augen berühren, daß du diesen Thron siehst, diesen Berg aufgeschichteter Schädel, diese Ströme von Blut, die auf seinen Stufen dampfen, die ewigen Katarakte der römischen Macht? Was erwartest du für eine Antwort von der Spitze des Riesenbaus der römischen Geschichte herab? Was soll der Kaiser zu deinen Wunden sagen, thronend über den Kadavern der eigenen und der fremden Söhne ...? (3. Akt).

---

7 Der Satz wandelt einen Vers aus Goethes «Faust» II, 1. Akt ab. Der Vers heißt: «Das Schaudern ist der Menschheit bestes Teil.» «Menschheit» meint hier bei Goethe «Menschsein». Das «Schaudern» ist durch «Sehnsucht» im Sinne des «Prinzips Hoffnung» ersetzt, die ich als Gegengift gegen eine der klassischen Hauptsünden verstehen möchte, gegen die *Acedia*, den «Überdruß, die Lustlosigkeit», oft verharmlosend mit «Trägheit, Faulheit» wiedergegeben.

Dürrenmatt war überzeugt, eine Utopie imaginiert zu haben, die utopischer nicht sein konnte. Kein Imperium und kein Imperator schafft sich freiwillig ab. Alle verteidigen, was sie zusammengerafft haben, mit dem letzten Zahn und der letzten Klaue.

Vierzig Jahre nach der Uraufführung des Romulus konnte Dürrenmatt in einer Laudatio auf Michail Gorbatschow in deutlicher Anspielung auf seinen Romulus den Großen feststellen:

> Um das Wettrüsten zu beenden, handelte Gorbatschow, indem er nicht handelte. Er ... ließ die Staaten des Warschauer Paktes selber entscheiden, welches System und welche Ideologie sie wählen wollten ... Er hat dadurch wie kein anderer Staatsmann die heutige Welt verändert.[8]

Ohne Realismus gibt es keine Gegenwart. Ohne Visionen keine Zukunft. Es gab Zeiten, da hat man die Medizinische Fakultät gering und die Theologische hoch geschätzt, weil man der Meinung war, daß das Irdische so oder so seinen kurzen Lauf gehe und es nicht wert sei, sich bei ihm aufzuhalten, «um es am Ende (doch) gehen zu lassen, wie es Gott gefällt.» Die ganze Aufmerksamkeit richtete sich auf die vollkommene Welt der Ideen. Auf die Vorstellung, sich selber auf ewig in der seligen Gemeinschaft eines selig liebenden Gottes zu finden. Heute gilt die Medizinische Fakultät alles und die Welt der Ideen wenig. Das kann sich wieder ändern. Der Realismus der perfekt eingerichteten Intensivstation als letzter Sinnhorizont kann auf die Dauer auch nicht recht befriedigen. Wohin immer die Zukunft uns führt, das verhaltene Schluß-Halleluja der Bibel und des Oratoriums gelten der tapfer ausgehaltenen Dialektik aus furchtlosem Anpacken des unvollkommenen Realen und aus der wach gehaltenen Sehnsucht nach dem vollkommenen Imaginierten und allem, was aus dieser heiligen Hochzeit hervorgeht.

Das Lob gilt heute jeder Frau und jedem Mann, die während des Zweiten Weltkriegs gegen das Gesetz Todbedrohten über die Grenze geholfen haben. In ständiger Angst vor Denunziation und vor dem Haß, der seinerseits aus Angst geboren war. Jene Leute haben *real* und d. h. in beschränktem Umfang gehandelt, aber aus einer weitherzigen *Vision* der Menschlichkeit.

---

8 F. Dürrenmatt, Kants Hoffnung, Zürich 1991, 46f.

Adrian Holderegger

POLITIK AUS CHRISTLICHER INSPIRATION

D̲ie schwierige V̲ermittlung christlicher V̲isionen – ein E̲ssay

Die folgenden Überlegungen gehen zwar nicht unmittelbar auf die ethische Relevanz christlicher Auferstehungshoffnung ein, aber auf das Thema, wie christliche Grundüberzeugungen, ohne sich den Fallstricken der Trends und Moden, aber auch festgefahrener Sehweisen auszuliefern, in die Politik hinein vermittelt werden können. Die folgenden Überlegungen spiegeln in gewisser Weise Erfahrungen wider, die ich im Laufe der letzten Jahre als theologischer Ethiker im Zusammenhang der Öffentlichkeitsarbeit mit christlichen Parteien und deren Kommissionen und in politischen Beratungs- und Entscheidungsgremien gemacht habe. – Wer sich als Christ in Politik und öffentlich-politischer Beratung betätigt, steht immer wieder vor der Frage, wie zentrale Aussagen der christlichen Botschaft und Tradition – gleichsam die großen Scheine – im politischen Alltagsdiskurs und im politischen Interessenausgleich in kleinere Münzen umgewechselt werden können, ohne daß dieser Wechselvorgang selbst Substantielles preisgibt. Es geht mir daher im folgenden um einige typische Problemfelder, mit denen sich christlich-politisches Engagement immer wieder schwer tut, wenn es versucht, die christlich-eschatologische Vision vom ganzen und heilen Menschen und von der ganzen Schöpfung und ihre Verpflichtungen in die Alltagspolitik prägend einfließen zu lassen. Allerdings verstehe ich meine nachfolgenden Überlegungen nicht als eine nach wissenschaftlichen Regeln wohlkomponierte Abhandlung, sondern als Essay – im ursprünglichen Sinne des Wortes als «Kostprobe» – d. h. als versuchsweise, tastende Annäherung an den Gegenstand.

Politik – soziales Handeln besonderer Art

Politik ist für das christliche Handeln eine ambivalente, manchmal irritierende, kaum einfache Herausforderung. Denn das Bild der Politik wird einerseits bestimmt vom Streit der Interessen, vom Kampf um Einfluß und Macht, von offener Herrschaftsausübung und verwirrenden Durchsetzungsmanövern und Intrigenspielen. Und nicht selten erfolgen solche Aktionen unter Anwendung äußerster Möglichkeiten legaler Mittel. Dies ist eine reale Seite der «Tätigkeit im Staat» (C. Schmitt), die nicht beschönigend heruntergespielt werden darf, da sie zum politischen Alltag Einzelner wie einzelner Parteien gehört, ja zum Wesen der politischen Machtausübung zu gehören scheint. In solchen Prozessen ist nicht ohne weiteres zu erkennen, wie dieses Geschäft mit lebenspraktischen, christlichen Vorstellungen und einer christlichen Praxis in Einklang zu bringen ist. Andererseits steht die Politik – und dies ist die andere, nicht zu verleugnende Seite – unter dem «kategorischen» Imperativ, am Gemeinwohl orientiertes Handeln zur Führung und Gestaltung der gemeinsamen Angelegenheiten einer Gesellschaft zu sein. Oder kurz und lapidar formuliert: Politik hat in der Vielheit und in Verschiedenem Freiheit zu garantieren (H. Arendt). Hier läßt sich schon viel eher ein Aufgabenfeld entdecken, das mit der christlichen Botschaft in Zusammenhang gebracht werden kann. Will man nun der Frage nachgehen, welches die Verpflichtung des Christlichen in der Politik sein soll und wie sich Christen und Christinnen in die Politik einzumischen haben, dann wird man gut daran tun, beide Seiten, die zueinander im Widerspruch zu stehen scheinen, als zwei Seiten einer Wirklichkeit zu sehen. Der *Sinn* und die *Aufgabe* der Politik, aber auch die *Mittel* der Realisierung derselben sind unlösbar miteinander verquickt.

Politik ist demnach ein soziales Handeln ganz besonderer Art. Denn politische *Konflikte* um Fragen, was für alle verbindlich geregelt werden soll, wer dies tun soll und wer dies wie und mit welchen Mitteln tun soll, sind unausweichlich und stellen ein zentrales Charakteristikum dieses Handelns dar. Es handelt sich ja in der Regel um kontroverse Fragen, die aber in einem Interessenausgleich in einen Konsens überführt werden müssen. Aber dieses im Prinzip auf Konflikte angelegte soziale Handeln steht im Schnittpunkt der Fähigkeit der Menschen zu vernünftigem Umgang miteinander und der Notwendigkeit, Übergriffe auf den anderen zu verhindern und auszuschalten. Das eine macht politisches Handeln möglich; das andere macht es notwendig.

Diese Ambivalenz, die notwendigerweise in den Raum des Säkularen, des Zwiespältigen und Undurchsichtigen hineinzieht, mag es gewesen sein, welche dem Christentum seit seinen Anfängen immer wieder einen radikal antipolitischen Charakter aufzuprägen versucht hat. Geschichtlich gesehen ist es wohl erst Augustinus, dem es gelingt, antipolitisches Theologieverständnis so zu transformieren, daß eine Art christliche Politik aus einem theologischen Grundgedanken heraus und nicht als «sündige» Konzession an die *condition humaine* möglich wird. Die hier entstandene Neudeutung des Politischen ist wohl für die gesamte Tradition des Abendlandes von entscheidender Bedeutung geworden, und zwar nicht bloß für die Tradition der Theologie, sondern auch für den Rahmen, innerhalb dessen sich Geschichte ereignete. Indem Augustinus die *Communio* der Gläubigen als *Civitas Dei*, als Gottesstaat begreift, nimmt er an, daß das Leben der Menschen – selbst unter nichtirdischen Bedingungen – politisch bestimmt ist. In Augustins Gedanken ist es ebenfalls die menschliche Grundsituation der Pluralität, welche eine politische Ordnung erforderlich macht. Allerdings ist hier nicht das antike Motiv des Einsatzes die Furcht, von Schlechteren bestimmt und regiert zu werden, sondern das Motiv, die Last des Politischen auf sich zu nehmen, ist die Liebe zum Nächsten und nicht die Furcht vor ihm. Seither steht eine christlich inspirierte Politik im wesentlichen vor der zweifachen Aufgabe, einerseits durch

Einfluß auf säkulare Politik das Evangelium der Bewährung aussetzen zu müssen und andererseits zu verhindern, daß die weltgebundene säkulare Politik selbst zum ausschließlichen, quasireligiösen Innenraum wird. Der Glaube braucht eine Politik, und zwar sowohl die weltliche Politik säkularer Mächte wie auch die religiös gebundene innerhalb des kirchlichen Bereiches. Dieses Augustinische Vermächtnis gilt es gegenüber spirituellen Rückzügen geltend zu machen wie auch gegenüber jener Auffassung, welche (christliche) Politik nur durch das (klassische) Motiv der Gewalteindämmung und nicht durch das Motiv der «geschwisterlichen Liebe» bestimmt sieht. Politischer Welt-, Bruder- und Schwestern-Dienst gehört demnach zum Glaubens- und Hoffnungszeichen der Gläubigen. Und wenn diese Welt Schöpfung Gottes ist – verdankt, unabgeschlossen und der Vollendung fähig – dann ist sie der «würdige» Vollzugsort unseres politischen Handelns; sie ist damit mehr als das Material für unsere Daseinsgestaltung. Als Schöpfung erinnert uns die Welt daran, daß die Schöpfungsmacht Gottes nur dann richtig anwesend ist, wenn die mit der Schöpfung «gegebenen» Grundverbindlichkeiten in der Freiheit der Annahme und in der Autonomie der befreiten Geschöpfe Präsenz gewinnen. Ein Glaube, der in diesem Sinne nicht politisch ist, ist kein authentischer Glaube, weil er der Präsenz Gottes einen unerläßlichen Ort in der Welt entzieht, den unerläßlichen Ort innerhalb göttlich beanspruchter Freiheit und mitmenschlichen Engagements und Zu-Wendung.

Keine schlechte Unmittelbarkeit

Hier gilt es allerdings zu beachten: Die Neuzeit hat im Vergleich zum Mittelalter für das Verhältnis von christlicher Botschaft und Politik, von Kirchengemeinschaft und politischer Ordnung neue Bedingungen geschaffen, die auf der einen Seite dieses Verhältnis differenziert erscheinen lassen und die dementsprechend auf der anderen Seite einfache Imperative für eine christlich inspirierte politische Praxis verbieten. Für den modernen Verfassungsstaat, so wie er sich im 19. Jahrhunderts herausgebildet hat, gilt, daß es nicht zulässig ist, aus der Tatsache, daß *christliche Forderungen* im und aus dem Glauben verbindlich sind, daraus Verbindlichkeiten *unmittelbar* auch für den Staat und seine Gestaltung abzuleiten. Während sich Kirche und Kirchenleitung die Kehrseite dieser Grundwahrheit immer zu eigen gemacht haben, indem sie in Wort und Tat bezeugten, daß es nicht Sache der Kirche und ihrer Leitung sei, sich mit bestimmten politischen Ordnungen zu identifizieren, taten sie sich immer schwerer mit der unmittelbaren Einsicht dieses Grunddatums, nur dem Glauben zugängliche Verbindlichkeiten als allgemein verbindlich zu erklären. Die Bestreitung, daß die christliche Existenz auch unter dem Imperativ stehe, verantwortlich an politischen Ordnungen mitzuarbeiten, wäre nicht ohne den Preis der Halbierung des Christentums zu haben. Und niemand wird wohl bestreiten wollen, daß Christen und Christinnen das Recht haben, sich zu politischen Parteien zusammenzuschließen, um gemeinschaftlich diesen Imperativ in konkreten Strukturen zu realisieren. Auch ihnen soll die Chance und das Recht zustehen, Motive und Inhalte der Botschaft in die Gestaltung staatlicher Gesetze und in die Gestaltung der Alltagspraxis der Politik einzubringen. Insofern sich der Staat und seine Macht rational legitimieren, bleibt allerdings für sogenannte christliche Politik kein anderer Weg, ihre Forderungen mit Vernunftgründen so zu vertreten, daß sie in der Gesellschaft Anerkennung und im politischen Prozeß Zustimmung finden können. Ihre Forderungen müssen demnach propositionalen, d. h. argumentativen, nach Gründen aufweisbaren Charakter haben. Das meint, daß politische Forderungen so formuliert sein müssen, daß sie auch von Menschen, die die Glaubensvoraussetzung nicht teilen, zumindest nachvollzogen werden können, auch wenn sie letztlich nicht zu einer Zustimmung finden. Diese Rücknahme des Glaubens auf einen argumentierbaren Kern – eine Grundoption der katholischen Soziallehre – ist ein schwieriges Postulat, da man vor dem Forum der Öffentlichkeit grundsätzlich rechenschaftspflichtig wird. Manch einer flüchtet daher lieber ins Bekenntnis, in die Beschwörung von Überzeugung und Tradition.

Dies wiegt um so schwerer, als heute die Adressaten politischer Forderungen an die Institution «Staat» in der «modernen» pluralistischen Gesellschaft nicht bloß Organe und Instanzen sind, sondern Staatsbürger mit unterschiedlichen Überzeugungen und gesellschaftliche Kräfte mit unterschiedlichen Interessen. Aus Glaubensüberzeugungen, sofern sie politisch relevant sind, lassen sich keine unmittelbaren politischen Verbindlichkeiten ableiten, es sei denn, sie werden im Medium der politischen Ethik vermittelt. Wenn es also für die christlich inspirierte Politik keinen anderen Weg gibt, als ihre Forderungen durch sozialpolitische Kategorien der praktischen Vernunft zu vermitteln, dann ist einerseits zu sehen, daß nicht der ganze Glaubensinhalt im Sinne der Weltanschauung über dieses Medium transportiert werden kann – ein gängiges Mißverständnis – und daß zweitens christlich motivierte Politik ein Geschäft der äußersten Vernunftmöglichkeit ist. Christliche Politik bedeutet gerade nicht die Zurücknahme der Vernunft zugunsten fundamentaler Überzeugungen, denen dann nur noch im Glauben zuzustimmen ist, sondern die Steigerung der Vernunft im Hinblick auf die Anerkennung politischer Standpunkte.

Die vernünftig-kluge Übersetzung der Motive und Forderungen des Glaubens in die für die Politik charakteristische Art und Weise des Handelns ist unumgänglich. Die christliche Botschaft ist keine lückenlose Sammlung von Einzelanweisungen für politisches Handeln, sondern sie verleiht diesem in erster Linie Motiv und Antrieb, aber auch einige Grundlinien, die als «Einsatzzeichen» (F. Böckle) für politisches Handeln zu gelten haben. Folglich kann es nicht eine «christliche Politik» im Sinne eines eindeutig und einzig aus dem Evangelium ableitbaren politischen Programmes geben. Auf der andern Seite darf die Bedeutung der christlichen Botschaft nicht auf den Bereich der Motive beschränkt werden, so als wären inhaltliche Orientierungen beliebig und austauschbar. Vielmehr gibt es inhaltliche Prämissen, die dem politischen Handeln als Auftrag und Möglichkeit aufgegeben sind. Bestimmte Grundaussagen des Evangeliums und Elemente des christlich bestimmten

Menschenbildes haben als Vorgaben politischen Handelns zu gelten. Auch wenn sich nicht abschließend ein solches «Set» an Vorgaben artikulieren läßt, so kann doch gesagt werden, daß sich christlich motivierte Politik z. B. an den Grundrechten der Menschen zu orientieren hat, für soziale Gerechtigkeit und Frieden einzutreten hat, das Gemeinwohl vor partikulare Einzelinteressen zu stellen hat, Minoritäten zu schützen und Benachteiligte zu fördern hat. Dieses sind gleichsam die «hermeneutischen Orte», von denen her gedacht und gehandelt werden muß.

Es genügt jedoch nicht, eine Anzahl moralischer Mindestforderungen, die unter dem Anspruch dieser «Orte» sind, in der Gesellschaft zu sichern. Vielmehr gehört die «ethische Phantasie» (D. Sölle) zur christlichen Politik, in der Perspektive der Grundüberzeugungen die «Dringlichkeiten der Zeit» erkennen zu können wie auch geeignete Lösungen zu finden. Von der Klugheit heißt es, sie wäre ein Tugend, die der Einübung und der dauernden Ausübung bedarf. Dies gilt im gleichen Maße für die politisch-ethische Phantasie, die einem ebenso wenig in den Schoß fällt wie die Tugend der Klugheit.

Die Selbständigkeit der Politik

Mittlerweile ist in den Lehrbüchern der Theologischen Ethik – gleichsam als Ergebnis der Auseinandersetzung mit der Neuzeit – nachzulesen, daß die Ethik gegenüber dem Glauben eine eigenständige, wenn auch wechselseitig bezogene Dimension darstellt. Dieser Grundsatz gilt in analoger Form ebenfalls für das Verhältnis Politik – Ethik: Politik ist nicht Ethik, und Ethik ist nicht Politik. Oft gewinnt man den Eindruck, Politik hätte im Sinne der Durchsetzung von Interessen im sozialen Verband und im Sinne der formalen Sicherung erworbener Positionen sozusagen praktisches Abbild der Ethik zu sein. Gewiß muß Politik nach ethischen Maßstäben beurteilt werden, aber dennoch kann die Moral nicht an die Stelle der Politik treten. Beides sind eigenständige, wenn auch aufeinander bezogene Wirklichkeiten. Dies scheint eine undiskutable Selbstverständlichkeit zu sein, die aber ihre Kraft in der politischen Alltagswirklichkeit zu verlieren scheint. Regelungsbedürftige, im christlichen Verständnis gewiß wichtige Fragen (Schwangerschaftsabbruch, Euthanasie, Gentechnik) sind anschauliche Beispiele, daß nicht immer in *ethische* Regeln und *rechtspolitische* Regelung unterschieden wird. Letzteres verlangt ein präzises Abwägen politischer Vor- und Nachteile in einer grundsätzlich pluralistischen Gesellschaft, das unter dem Kriterium der *Effizienz* der Sicherung ethischer Grundgüter und der Wahrung der *Würde* der Betroffenen zu geschehen hat. Dies führt zur scheinbar paradoxen Situation, daß die gleiche ethische Position zu unterschiedlichen rechtspolitischen Regelungen führen kann. Wenn beispielsweise in der Frage des Schwangerschaftsbbruches das Indikationenmodell und das Beratungsmodell gegeneinander ausgespielt werden, dann muß dies nicht an einer unterschiedlichen ethischen Überzeugung liegen, sondern an der unterschiedlichen Einschätzung der Effizienz einer bestimmten Lösung. An der jüngst geführten Debatte läßt sich die Vermischung moralischer und rechtspolitischer Argumente sehr schön zeigen. Es gibt eine «Autonomie der Politik», die durch die Moralisierung ebenso gefährdet ist wie durch den ethischen Opportunismus.

Gewiß bedarf die Frage nach der «Autonomie der Politik» weiteren Nachdenkens. Und gewiß ist die Bereichsabgrenzung in Politik und Ethik ein subtiler Vorgang, der sich bewegt zwischen den Extremen der unmittelbaren Durchsetzung von weltanschaulichen Interessensstandpunkten und der unmittelbaren Durchsetzung rein macht- und interessensbestimmter Positionen. Aber gerade deshalb darf darauf nicht verzichtet werden. Diesem schwierigen Balance-Akt sind insbesondere christliche Parteien ausgesetzt. Man gewinnt den Eindruck, daß diesem Vorgang bzw. dieser Reflexionsarbeit nicht (immer) der gebührende Stellenwert zugemessen wird und daß fundamentale Unterscheidungen oft vermischt werden. Nicht zuletzt ist auch christlich engagierter Politik in Erinnerung zu rufen, daß die demokratisch verfaßten Gesellschaften im Staat kein Wahrheitsmonopol besitzen, und daß daher im Akt der Abstimmung nicht über (ethische) Wahrheiten entschieden wird, sondern nur über das, was demokratisch durchgesetzt werden kann. Etwas paradox formuliert: die Wahrheit liegt dem Staat und dem eigentlich demokratischen Akt (der Abstimmung) voraus; in Entscheidungs-Prozeduren muß eine die Grundrechte verletzende Willkür verhindert, aber eine unter pluralistischen Bedingungen stehende Gesellschaft ermöglicht werden. Eine christliche Versuchung besteht in der Maximalisierung der Demokratie – ein Vorgang, der sich in neueren kirchenamtlichen Verlautbarungen nachweisen läßt –, indem das politisch Durchsetzbare zugunsten ethischer Wahrheit zurückgedrängt wird.

Der «postmoderne» Kontext

Diese Unterscheidung ist für die kluge Übersetzung der Motive und Gehalte christlichen Glaubens für die Politik unumgänglich. Diese Übersetzung ist eine hohe Leistung, zumal in einer wertpluralen Gesellschaft. Soweit es notwendig oder beabsichtigt ist, christliche Gehalte in die Politik einzubringen, kann man sie nicht unmittelbar umsetzen – und dies ist eine Binsenwahrheit – ohne den heutigen Kontext zu beachten. Ich gewinne den Eindruck, daß man dies durchaus zur Kenntnis nimmt, aber sich zu wenig über die Strukturen dieses Kontextes Rechenschaft gibt. – Es hat sich eingebürgert, unsere gegenwärtige Epoche als «postmoderne Zeit» zu charakterisieren. Auch wenn sich Soziologen und Kulturtheoretiker keineswegs darüber einig sind, ob wir den gegenwärtigen Zeitabschnitt als Verfallsgeschichte, als Übergangszeit, als Umbruchzeit oder als Zeit des Aufbruchs zu bezeichnen haben, so scheint man sich dagegen relativ leicht auf das Etikett «postmodern» einigen zu können. Dieser Begriff ist zugegebenermaßen nicht sehr aussagekräftig; er zeigt eher ein Problem an, als daß er ein analytisches Programm verspricht.

In der «Postmoderne» stellt sich der scheinbare Wertewandel als eine Pluralisierung der Wertwelten dar. Das heißt, daß sich offensichtlich nicht so sehr das gesellschaftliche Wertgefüge als Ganzes verändert, sondern daß immer wahrnehmbarer verschiedene Wertauffassungen nebeneinander als sinngebende Wertbilder existieren. Ausgeprägter als früher zeigen sich offensichtlich innerhalb verschiedener Gruppen der Gesellschaft unterschiedliche Wertkonstellationen. Diese Pluralisierung in dieser Forciertheit ist sicherlich einmalig, doch entspricht sie einer gesellschaftlichen Entwicklung. Wird nun das Augenmerk auf die Verhältnisbeziehung dieser verschiedenen Gruppierungen gelenkt, dann konstatiert man auf der einen Seite eine hohe Sensibilität für die Unterschiede – sie werden nicht einfach ignoriert, sondern sehr aufmerksam zur Kenntnis genommen –, auf der andern Seite aber gibt es das, was die Soziologen als «Struktur des Nichtverstehens» bezeichnen. Die entwickeltere Fähigkeit, Unterschiede in Auffassungen, Lebensstilen und Moralen wahrnehmen zu können, bringt eigenartigerweise nicht mehr Verständnis für das Andersartige und Fremde hervor, sondern im Gegenteil scheint das Unverständnis zu wachsen. Damit verbindet sich das Bedürfnis, sich abzugrenzen, sich zu unterscheiden, sich zu definieren in der Absetzung von anderen. Wenn daraus eine erste Konsequenz zu ziehen ist, dann bedeutet dies, daß es eine Ausdünnung des Bezuges des Denkens und Handelns zur gesellschaftlichen Gesamtwirklichkeit gibt und daß kollektive Gesamtvisionen schwieriger geworden sind. Die Moderne definiert sich u. a. durch gesamtgesellschaftliche Projekte (z. B. Menschenrechte, demokratischen Rechtsstaat) und durch ihre Fähigkeit für gruppenübergreifende Visionen. In diesem Zeichen stand sicherlich die Errichtung der Industriegesellschaft der 60er Jahre, in der nach außen gerichtete Werte wie Aufstieg, materielle Mehrung der Güter, soziale Anerkennung im Vordergrund standen; in diesem Zeichen stand aber auch der Kulturkonflikt, der sich in den 70er Jahren daran anschloß: Parteien, Institutionen, Kirchen gerieten damals unter einen Modernisierungsschub. Entscheidend war, daß in dieser Phase die gesellschaftlichen und sozialen Milieus in einer engen und konflikthaften Beziehung standen. Und daraus konnten Werke und Werte entstehen, die offensichtlich eher gesamtgesellschaftlich getragen wurden. Wenn es stimmt, daß die nach außen gerichtete soziale Wahrnehmung zurückgenommen wird, dann stellt sich als vorrangiges Problem die Frage – und dies ist gleichsam die Gretchenfrage für eine Politik – wie gesellschaftliche Belange erstens ins Bewußtsein gehoben und zweitens durchgesetzt werden können. Wo und wie sollen Impulse Platz finden, wenn es darum geht, Gerechtigkeit und Solidarität durchzusetzen, Minoritäten zu schützen, wenn sich das Ich-Welt-Verhältnis zugunsten des Ichs verschiebt, wenn Bilder der Gesamtwirklichkeit mehr und mehr aus dem Bewußtsein verdrängt werden?

In diesem Zusammenhang wird oft die fortschreitende Individualisierung, der Verlust sozialer Verantwortung, die Solidaritätsunfähigkeit, die «kühler gewordene Gesellschaft» (U. Beck) beklagt. Gewiß ist die These von der fortschreitenden Individualisierung ein Gemeinplatz. Wenn wir sie aber als weitere

Charakteristik der «Postmoderne» vertiefen, wird sie auch aussagekräftig: Der Übergang von der Knappheitsgesellschaft zur Überflußgesellschaft der späten 70er und der 80er Jahre hat zu einem tiefgreifenden Wandel der Lebensauffassungen geführt. Der Anstieg des Lebensstandards, die Zunahme der Freizeit, die Zunahme der Ausbildungsmöglichkeiten führten zu einer zunehmenden *Innenorientierung* der Menschen. Mehr und mehr ist die Idee der Gestaltung eines interessanten und schönen Lebens, eines subjektiv als lohnend empfundenen Lebens in den Vordergrund gerückt, gleichsam zuungunsten von außenorientierten Zielen: der Beschaffung der materiellen Lebensgrundlagen, der Erreichung eines bestimmten gesellschaftlichen Ranges. – Wir könnten folgendermaßen sagen: Der selbst konstruierte Lebensentwurf tritt als Selbstzweck in den Vordergrund. Während das Handeln früherer Generationen eher Reaktion auf vorgegebene objektive Situationen war – das Lebensprojekt war vorgegeben; die Erfahrung stand unter dem Zeichen der Knappheit der Lebensgüter –, steht heute jedoch die Erfahrung im Vordergrund, daß das eigene geplante Lebensprojekt, und damit der Sinn des Lebens, als eigenes Werk autonom, aber verwundbar ist. Der Wert der Selbstbestimmung, der Autonomie, tritt als tragendes ethisches Grundmuster des fragilen Lebensentwurfes auf.

Die zunehmende Innenorientierung schafft einen enormen Orientierungsdruck. Der eigene Lebensentwurf muß angereichert werden mit Elementen, die als subjektiv sinnvoll empfunden werden. Die Ich-Ausrichtung macht die Orientierung keineswegs überflüssig. Im Gegenteil: sie ist um so gefragter, je weniger Lebensentwürfe aus dem gesellschaftlichen Angebot übernommen werden können. Es gehört nun zur postmodernen Charakteristik, daß die gesellschaftlich existierende Vielfalt an Sinnorientierungen als Möglichkeit der Auswahl wahrgenommen wird. Mit andern Worten: universale Werte (z. B. Personwürde) oder durch die Tradition erprobte und ausgewiesene, subjektive Werte (z. B. Zivilcourage) verlieren an Selbstverständlichkeit. Pointiert ausgedrückt: Werte werden nicht schon deswegen als Werte akzeptiert, weil sie gemeinhin als Werte gelten, sondern erst dann und in dem Maße, als sie subjektiv für sinnvoll gehalten werden *und* in einem gewissen Zusammenhang mit dem eigenen Lebensprojekt stehen. Wir könnten hier von einer «Subjektivierung» von Werten sprechen; in einem gewissen Sinne werden sie erst in der subjektiven Aneignung verbindlich.

Auf der andern Seite ist die zunehmende individuelle Vielfalt auf einen gesellschaftlichen und staatlichen Rahmen angewiesen, der selbst eine gewisse Verbindlichkeit aufweist. Hier zeigt sich die Eigentümlichkeit, daß Werte und Normen, die für eine Vielzahl von Situationen Geltung haben sollen, nur noch auf einem hohen Abstraktionsniveau formuliert werden können, andernfalls kommen sie sehr schnell an die Grenze der Akzeptanz. Die Balance-Leistung und das Kunststück der Politik bestehen nun gerade darin, Orientierungen so zu formulieren, daß sie auf der einen Seite eine verpflichtende Ausrichtung geben und daß sie auf der andern Seite möglichst viele darunter vereinigen.

Auch Parteien unterliegen dem gesellschaftlichen, postmodernen Trend der Individualisierung bzw. der Gruppenzusammenschlüsse nach relativ partikulären Motiven. Insofern überrascht dieser Prozeß nicht, als er genau eine spiegelbildliche Entsprechung in der Gesellschaft hat. Dieser Prozeß ist in mancherlei Hinsicht nicht hilfreich, weil dadurch insbesondere der Bezug der Parteien zur Gesamtgesellschaft ausgedünnt wird. Vielmehr sollten die Parteien insgesamt eine Gegenbewegung zu jenen Trends darstellen, welche nicht mehr transparent sind auf gesamtgesellschaftliche Belange hin. Kohäsion meint nun in diesem Sinne genau nicht Partikularisierung, sondern Aneinanderbindung und Rückbindung an markante Leitideen. Wäre dies nicht Bestandteil einer authentischen Integrationskultur?

Für die Christlichdemokratische Volkspartei (CVP) ergibt sich hier eine besondere Problematik. Die Begründer der CVP wollten eine Volkspartei, die sich ausrichtet an der christlichen Wertetradition, also an einer Wertetradition, die das Abendland zutiefst geprägt hat. Man wollte keinen Konfessionalismus und man wollte kein institutionelles kirchliches Christentum parteipolitisch verankern. Dies war – und dies zeigt die Geschichte im nachhinein – richtig so. Es gibt Leute, die der Meinung sind, es wäre nun an der Zeit, das «C» – nachdem der Konfessionalismus verabschiedet wurde – ebenfalls aus der Partei zu streichen, gleichsam als Tribut an die Postmoderne. Dies hieße aber m. E. verkennen, daß das Christentum von seinem Wesen her trotz aller konfessorischen Partikularität immer auf anthropologische und ethische Universalität hingedrängt hat. Das heißt: Die christliche Wertetradition weist ein Weltethos auf, das universal und argumentierbar, einsichtig und vernünftig ist, also nicht einfach geglaubt werden muß. Dieses Welt-Ethos ist in seinem Kern – so sagen wir heute – vernunftrechtlich begründbar (vgl. Personprinzip, Gerechtigkeits-, Solidaritäts- und Subsidiaritätsprinzip). Allerdings muß die Partei deutlicher machen, daß sie sich auf den Humanismus des Christentums bezieht, daß sie also nicht die ganze Fülle des Christentums zur Darstellung bringen, und daß sie noch weniger der verlängerte Arm einer bestimmten Kirche oder Konfession sein will. Nun kann eingewendet werden, daß sich de facto die ethischen Grundwerte auch anderswo finden lassen. Dies muß so sein und ist glücklicherweise so. Denn ein wesentliches, aber nicht ausreichendes Kriterium der Christlichkeit sollte sein die Menschlichkeit, also das, was mehr Freiheit, Gerechtigkeit und Liebe freisetzt. Und dies ist nicht etwas exklusiv Christliches. Allerdings wird heute diese Menschlichkeit selbst zum Streitpunkt, doch nicht in der Abstraktheit, sondern in der Konkretheit. In exponierten Problemen wie dem des Lebensschutzes, der Umweltbewahrung, der sozialen Absicherung im Arbeitsprozeß nicht mehr Integrierter liegt die Bewährungsprobe. Hier liegen die Unterschiede zu einem liberalen Humanismus, der den Grundsatz der Freiheit teilt, aber den Grundsatz der Solidarität nicht als gleichursprünglich betrachtet. Es gibt Felder, in denen sich der christliche Humanismus durchaus mit Überzeugungen anderer Provenienz deckt. Ein eigenes Profil schält sich aber erst da heraus, wo die Menschlichkeit kontrovers wird, z. B. in den Folgeproblemen der sozialen Marktwirtschaft, im instrumentalisierenden Umgang mit dem menschlichen Leben im Bereich der Fortpflanzungsmedizin. In der christlichen Wertetradition gibt es Menschlichkeit nur mit der Option für die Benachteiligten. Gewiß ist es ein Dach, unter dem viele und vieles Platz haben dürfen; das «Christliche» wäre aber dann verspielt, wenn es in parteistrategischer Perspektive bloß noch eine formale Klammer sein würde, die das Ganze ausschließlich nach formalen Gesichtspunkten zusammenhält; die «Menschlichkeit» der Christlichkeit ist ein «parteilicher» Orientierungspunkt, der unterscheiden hilft, der sehen und entscheiden lernt. Das Spezifische dieses Humanismus muß sich in Programmen und Entscheidungen durchschlagen, an denen eine christliche Partei auch gemessen werden kann. Die Distanziertheit gegenüber religiösen Implikationen dieses Humanismus, der oft beklagt wird, hat nichts zu tun mit einer Kapitulation gegenüber der christlichen Tradition. Die Berufung auf die Humanitas in der Christianitas ist legitim. Damit verbindet sich schließlich auch die Hoffnung, daß in der «Postmoderne», die geneigt ist, humane, allgemein-ethische Verbindlichkeiten aufzukündigen, sich ethisch Bewegte und Motivierte finden, die Belange des Gemeinwohls, Unterpriviligierter und der Schöpfung gleichsam wider den Zeitgeist durchsetzen.

Barbara Ruch

«EHRFURCHT GEBÜHRT ALLEM LEBENDIGEN UND SEINEM WACHSTUM» (RUTH C. COHN)

In meinem Beitrag möchte ich versuchen, die Bedeutung der Themenzentrierten Interaktion (TZI) für die kirchliche Erwachsenenbildung aufzuzeigen, insbesondere deren befreiende und emanzipatorische Dimension. Ich gehe dabei von aktuellen praktisch-theologischen Fragestellungen und meinen eigenen persönlichen Erfahrungen aus. Das Konzept der TZI stelle ich in aller Kürze dar und versuche, einen Zusammenhang mit der Praxis kirchlicher Erwachsenenbildung herzustellen.

Kirchliche Erwachsenenbildung: ein Teilbereich praktischer Theologie

Die Bedeutung von Gruppen für die Gemeindebildung und für die Tradierung unseres Glaubens ist in der praktisch-theologischen Diskussion heute unbestritten. Diese Wichtigkeit verstehe ich nicht einfach als kurzfristige Antwort auf die heutige Krise, in der die Kirche, wie viele anderen Großinstitutionen auch, steht. Eine Theologie, die die menschliche Realität, die «Freude und Hoffnung, Trauer und Angst der Menschen von heute» (Pastoralkonstitution) ernst nimmt und zum Ausgangspunkt ihrer Reflexion macht, die also induktiv vorgeht, weiß um die Relevanz von Kommunikation und Verständigung. Wir reden in diesem Zusammenhang von einem Paradigmenwechsel in der Theologie. Erwachsenenbildung kann dazu einen Beitrag leisten, wenn sie selbst diesen Wechsel im Verständnis von Lernen und Lehren anstrebt. Bildung kann dann nicht mehr weiter im Dienste der Herrschenden stehen. Im Gegenteil: Bildung trägt zur Emanzipation der Menschen bei, befreit sie aus einer «Kultur des Schweigens» (Paulo Freire) und ermöglicht ein aktives, selbstverantwortetes Handeln. Sie ist ein Beitrag zur Ermächtigung von Frauen und Männern, ihre Geschicke selbst in die Hand zu nehmen. Oder mit der biblischen Geschichte gesprochen: sein Bett zu nehmen und zu gehen (Mt 9,6b).

Unter kirchlicher Erwachsenenbildung verstehe ich das Initiieren und Begleiten von Gruppen, deren Lernprozesse eine gelingende (Glaubens-)Verständigung ermöglichen und zu einer neuen befreienden Praxis führen. Es geht darum, sich mit Menschen auf einen Lern-Weg zu begeben, der ein verbindliches Miteinander in einer Gruppe eröffnet. Die Praktische Theologie, verstanden als Handlungswissenschaft, reflektiert die Bedingungen der Möglichkeit solcher Gruppenbildungen und Lernprozesse. Wer die Diskussion in der Fachliteratur der letzten Jahrzehnte verfolgt hat, kann den dort sich abzeichnenden Paradigmenwechsel in Kürze so beschreiben: Es findet ein Perspektivenwechsel vom Objekt zum Subjekt der Theologie statt. Eine Bewegung von der Fremd- zur Selbstbestimmung. Das impliziert u. a. eine Absage an das väterlich-patriarchale Autoritäts- und Leitungsverständnis, den Verzicht auf den Alleinanspruch auf Wahrheit, den Abbau von Asymmetrien in Beziehungen. Anstelle von Glaubensdogmen werden Glaubensbiographien ins Zentrum gerückt. Eine Rückbesinnung auf die Anfänge und Wurzeln christlicher Gemeinden ist festzustellen. Wenn es also um Subjektwerdung, um die Wiederentdeckung des Ichs als glaubendes und theologietreibendes Subjekt, geht, muß der Mensch, die Frau, der Mann, in ihrer, seiner Ganzheit angesprochen werden. Dabei bekommen die kommunikativen Prozesse und die gegenseitige Verständigung ein besonderes Gewicht. Gelingende Kommunikation, als Wesen des Glaubens überhaupt, steht im Mittelpunkt praktisch-theologischer Reflexion. Hier setzt meine persönliche Such-Bewegung ein. Als praktische Theologin beschäftige ich mich mit den Prozessen der Kommunikation, die der befreienden Dimension der christlichen Botschaft gerecht werden. Es ist die Frage nach der Umsetzung von existientiellen Themen, wie «unbedingtes Angenommensein», «Menschwerdung», «Schuld und Versöhnung», «aufrechter Gang», «Tod und Auferstehung». Es geht mir um die Suche nach der größtmöglichsten Übereinstimmung von Inhalt und dessen Vermittlung.

Der vorgängig beschriebene Paradigmenwechsel ist m. E. in der Reflexion vollzogen, in der Praxis erfahre ich jedoch noch viel Hilflosigkeit. Ein Grund dafür könnte sein, daß dieser Wechsel in den Köpfen (an den Hochschulen) stattfindet, nicht aber in den Herzen, Händen und Füßen der Menschen. Gelingende (Glaubens-)Kommunikation kann nicht rational allein gelernt werden. Es bedingt, daß ich mich einlassen muß auf einen Prozeß, mit anderen in Beziehung trete, und so eine Veränderung riskiere. Die konstatierte Unsicherheit hängt auch damit zusammen, daß die in der kirchlichen Bildung Tätigen diesen Lern-Prozeß in der Ausbildung selber nicht machen konnten. In Fort- und Weiterbildungen jedoch müßte diese Möglichkeit unbedingt einen festen Platz bekommen. Persönlich beschäftige ich mich seit längerer Zeit mit der Themenzentrierten Interaktion TZI. Sie ist für mich zu einer solchen Möglichkeit und Herausforderung geworden. Die Axiome und Postulate der TZI liegen für mich am nächsten bei den Anliegen, Zielen und dem Bild von Frau und Mann, die ich in der Befreiungstheologie, speziell in der feministischen Theologie finde. Die offene, suchende Haltung, der Respekt vor der Würde jedes/jeder einzelnen beeindruckt mich in der TZI immer wieder von neuem. Es ist der Versuch, den in unserer Kultur tiefsitzenden Dualismus zwischen Geist und Körper, Intellekt und Gefühl, Mann und Frau, Kultur und Natur, Aktion und Kontemplation zu überwinden.

Meine Absicht ist nicht, die TZI zu vereinnahmen, wie es da und dort für «christliche Zwecke» gemacht wird. Ich kann für mich sagen, daß die Beschäftigung mit der TZI mich meinen vitalen theologischen und spirituellen Themen nähergebracht hat. Denn ich bin überzeugt, die lebenswichtigen, existentiellen Themen sind auch für die Theologie von unbedingter Relevanz.

Biographischer Zugang zum Thema

Früher als Religionslehrerin und heute als Theologin und Erwachsenenbildnerin bin ich mittlerweile einundzwanzig Jahre in der kirchlichen Bildungsarbeit tätig. Diese zwei Jahrzehnte sind mir in Erinnerung als eine Zeit des Umbruchs und der Veränderungen. Das II. Vatikanische Konzil und die Synode 72 waren dafür ausschlaggebend. In dieser Aufbruchszeit bin ich religiös mündig geworden. Religion und Kirche wurden für mich zu einem Feld von Neuentdeckungen und Experimenten. In Erinnerung bleiben mir lebhafte Jugend- und Familiengottesdienste, die Mitarbeit im neu geschaffenen Pfarreirat.

Ich lernte zuerst den Beruf einer Kauffrau und machte im Handel meine ersten beruflichen Erfahrungen. Mit dreiundzwanzig Jahren wechselte ich zur Kirche. Nach meiner Ausbildung als Katechetin absolvierte ich die Akademie für Erwachsenenbildung und studierte später Theologie. Viele Jahre unterrichtete ich auf der Oberstufe, arbeitete in einem Pfarreiteam mit, die ersten Basisgruppen entstanden ...

Mit den wachsenden beruflichen Erfahrungen in der Kirche hat sich auch mein Bewußtsein als Frau geschärft. Vor allem zwei Strömungen innerhalb der Theologie haben mich beeinflußt: die Theologie der Befreiung und die feministische Theologie. Letztere hat mein theologisches Reflektieren, mein Selbstverständnis als Frau in der Institution Kirche sowie meine Theorie und Praxis kirchlicher Erwachsenenbildung am stärksten geprägt und verändert. Für mich war es der Beginn eines langen, nicht immer leichten Prozesses, den ich als Befreiungsweg bezeichnen kann. Ein Weg, auf dem ich lerne, mich immer mehr als Subjekt zu verstehen und mich als ein solches anderen zuzumuten. Durch die feministische Theologie wurde ich auch politisiert, d.h. ich wurde mir der politischen Dimension meines persönlichen Erlebens bewußt. Ich lernte, die strukturelle Seite von individuellen Erfahrungen ernst zu nehmen. Zusammen mit anderen Frauen konnten so viele Projekte ins Leben gerufen werden. Die Frauenkirchenbewegung ist aus diesem kollektiven Aufbruch der Frauen in der Kirche erwachsen. Bei all diesen Projekten stand für mich von Anfang an eine Frage im Mittelpunkt: Wie müssen unsere gemeinsamen Lernsituationen beschaffen sein, damit sie den Anliegen der feministischen Theologie gerecht werden können? Auch als Religionslehrerin und Erwachsenenbildnerin stellte sich mir immer dringender die Frage nach der Bedingung der Möglichkeit heilsamer und befreiender Lernerfahrungen. Ich suchte nach Wegen der Vermittlung, der Verständigung, die dem Inhalt gerecht werden konnten. Diese didaktische Frage führte mich auf die Suche nach Gefäßen, Wegen und Strukturen, die Leben- und Glauben-Lernen in ihrer befreienden Dimension fördern.

Für mich gibt es keinen anderen Weg, als diese Erfahrungen selber machen zu können. Ich selber bin geprägt durch meine eigene Lernbiographie. Wie viele andere mußte ich schmerzlich erfahren, daß Lernen auch Indoktrination, Anpassung und Fremdbestimmung bedeuteten kann. Lernen habe ich selten unter dem Aspekt der Selbstverantwortung, dem Entdecken meiner Möglichkeiten erfahren. Im Gegenteil, als Unwissende wurde ich von Wissenden, meistens Männern, gelehrt. Wissen bedeutet Macht, das habe ich am eigenen Leib erfahren. Autorität zeichnete dieses Mehr aus. Auch meine katechetische und theologische Ausbildung war zum Teil von jener Fremdheit gekennzeichnet, die mein Verstehen und meine Eigenständigkeit nicht unbedingt förderte. Meine Auseinandersetzung mit den Väter-Autoritäten begann in meiner Ausbildung zur Erwachsenenbildnerin. Ein spannendes Feld eröffnete sich. Ich entdeckte Zusammenhänge zwischen meinem Lernen und meiner Emanzipation.

In dieser Zeit kam ich zum ersten Mal in Kontakt mit der Themenzentrierten Interaktion von Ruth C. Cohn. In einem Methodenkurs habe ich mich vertraut gemacht mit deren Anliegen. In Karl Aschwanden fand ich dann einen Lehrer-Freund, mit dem zusammen ich nach vielen Jahren noch spannende Entdeckungen machen kann. Lebendiges Lernen ist für mich seither zu einem Lebensbegriff geworden. Bis heute beschäftigt mich das in seiner Einfachheit und Stringenz bestechende Konzept der TZI. Sie hat bei mir einen Bewußtseinsprozeß angestoßen, der nie abgeschlossen sein kann, weil er zu immer tieferen Erkenntnissen führt und mir Sprache verleiht. Immer mehr bin ich überzeugt von der Wichtigkeit und Dringlichkeit dieses Ansatzes gerade für meine Arbeit mit Gruppen. Beeindruckt bin ich vor allem auch durch die ethische und geistig-spirituelle Dimension der TZI. Keine andere Lerntheorie kommt meines Erachtens dem näher, was wir, theologisch gesprochen, mit der «Erfahrung des lebendigen, befreienden Gottes in der Geschichte mit uns Menschen» meinen. Die TZI hat mir Räume eröffnet, in denen ich lernen und wachsen kann. Ich darf heute sagen, daß dadurch meine Spiritualität, mein Glaube, reifer und tiefer geworden ist. Daß die TZI in kirchlichen Räumen in der Schweiz mehr oder weniger ein Schattendasein führt, macht mich nachdenklich. Ob es damit zusammenhängt, daß die TZI nicht im Schnellverfahren als Methode angelernt werden kann, sondern eine Auseinandersetzung mit unserem Menschenbild, mit unseren politischen Vorstellungen, unseren Werthaltungen – unserer Spiritualität beinhaltet?

Axiome, Postulate, Strukturmodell und Hilfsregeln der TZI [1]

Die Begründerin der TZI, Ruth C. Cohn, wurde 1912 in Berlin geboren. Sie studierte in Heidelberg Nationalökonomie und Psychologie. 1933 floh sie vor den Nazis nach Zürich. 1941 Einwanderung in die USA. Seit 1974 wohnhaft in Hasliberg-Goldern. Sie ist Mitarbeiterin an der Ecole d'Humanité. Auf ihr Werk angesprochen meint sie:

---

[1] Axiome, Postulate, Strukturmodell und Hilfsregeln zitiere ich aus einem Aufsatz von Matzdorf, P, Cohn, Ruth C., Das Konzept der Themenzentrierten Interaktion, in: Löhmer, C., Standhart, R. (Hrsg.), TZI. Pädagogisch-therapeutische Gruppenarbeit nach Ruth C. Cohn, Stuttgart 1995, 39–92.

Ich habe versucht, die jüdisch-christliche Botschaft von Versöhnung und Liebe als humanistische Wertvorstellung in meiner Weise für unser Jahrhundert auszudrücken und wünsche mir, daß TZI und anderes, was weiterführt, sie ins 21. Jahrhundert hineintragen wird.[2]

TZI ist ein Modell der Gruppenarbeit, das aus den Erkenntnissen der Psychoanalyse und den Einflüssen der Gruppentherapie während der fünfziger und sechziger Jahre in den USA entstanden ist. TZI, so Ruth Cohn:

> ... war für mich von Anfang an der Ausdruck einer Idee, daß es doch etwas geben müsse, was wir mitten im Grauen der Welt tun können – ihm etwas entgegenzusetzen, kleine Schritte, kleine winzige Richtungsänderungen ...[3]

Diese kleinen Schritte gehen zusammen mit einer Bewußtwerdung im täglichen Leben. Bewußtwerdung ist nicht ein einseitig intellektueller Vorgang, sondern sie «bezieht sich auf das gefühlsmäßige, körperliche, geistig-intellektuelle wie meditativ-intuitive Gewahrsein seiner selbst und der Umwelt; es meint also einen biopsychischen Zustand von Wachheit, Aufmerksamkeit und innerer und äußerer Sensibilität, an dem der ganze Organismus beteiligt ist»[4]. Die TZI ist demnach nicht eine Methode, die schnell angeeignet, hier und dort in passenden Situationen eingesetzt, quasi inszeniert werden kann. TZI fördert die persönliche, ganzheitliche und soziale Aufmerksamkeit. Es geht um Wertschätzung sich und anderen gegenüber. Die TZI ist zuerst nicht eine Methode, sondern eine Haltung. Grundlegend für das System der TZI sind drei Axiome. Am Anfang jeder Begründung stehend, sind sie die Grundvoraussetzung für alles Folgende. Diese Axiome werden verstanden als wesensmäßig humane Sätze, als unabdingbare Voraussetzungen. Sie sind wertgebundene Aussagen und bieten eine Wertbasis für humanes Handeln, sind Ausgangspunkte der Reflexion über den Menschen.

Das erste (existentiell-anthropologische) Axiom:

> Der Mensch ist eine psychobiologische Einheit und ein Teil des Universums. Er ist darum gleicherweise autonom und interdependent. Die Autonomie des Einzelnen ist um so größer, je mehr er sich seiner Interdependenz mit allen und allem bewußt wird.

Es geht also um die Bewußtwerdung der Verschränkung von Eigenständigkeit und Anteilhaftigkeit. Es geht um das Sowohl-als-Auch und nicht um ein Entweder-Oder. Eine Herausforderung nicht nur denkerischer Art. Das Bewußtsein meines Angewiesenseins bewahrt mich vor einem Autonomiebestreben, das heute oft sehr narzißtische Züge trägt. Die Balance zu finden zwischen diesen beiden Polen ist eine lebenslange Aufgabe und führt uns schließlich zu einem ausgeglichenen Zugang zur eigenen Macht. Ich bin dann weder ohnmächtig noch allmächtig, sondern partiell mächtig.

2 Herrman, Helga, Ruth C. Cohn – Ein Portrait, in: Löhmer C., Standhart R. (Hrsg.): TZI. Pädagogisch-therapeutische Gruppenarbeit nach Ruth C. Cohn, Stuttgart 1995, 33.
3 Matzdorf, P., Cohn, Ruth C., Das Konzept der Themenzentrierten Interaktion, in: Löhmer, C., Standhart, R. (Hrsg.): TZI. Pädagogisch-therapeutische Gruppenarbeit nach Ruth C. Cohn, Stuttgart 1995, S. 41.
4 Ebd. 42.

Das zweite (philosophisch-ethische) Axiom:

Ehrfurcht gebührt allem Lebendigen und seinem Wachstum. Respekt vor dem Wachstum bedingt bewertende Entscheidungen. Das Humane ist wertvoll; Inhumanes ist wertbedrohend.

Es geht um die Bewußtwerdung unserer Werte und um die bewußte Entscheidung. – Das dritte (pragmatische) Axiom:

Freie Entscheidung geschieht innerhalb bedingender innerer und äußerer Grenzen. Erweiterung dieser Grenzen ist möglich. Freiheit im Entscheiden ist größer, wenn wir gesund, intelligent, materiell gesichert und geistig gereift sind, als wenn wir krank, beschränkt oder arm sind oder unter Gewalt und mangelnder Reife leiden.

Der TZI zugrunde liegt der Respekt vor Selbstbestimmung, Würde und dem Lebensgeheimnis des Menschen. Entwicklung und Wachstum – seelisch, intellektuell, geistig, einstellungsmäßig – ist möglich und notwendig.

Auf diesen Axiomen bauen die folgenden existentiellen Postulate und das Konzept der Methode auf. Angesprochen wird dabei der ganze Mensch, als psychosomatisches Wesen, ernstgenommen als geistiges, intellektuelles und fühlendes Wesen.

Postulate

Zwei Postulate stehen den drei Axiomen zur Seite: 1. «Sei deine eigene Chairperson»: Es geht um das Gewahrwerden der inneren und äußeren Gegebenheiten. Ich werde mir meiner körperlichen Empfindungen, meiner Gefühle, meiner Phantasien und Intuitionen, meiner Wertungen und Absichten gewahr. In jeder Situation kann ich bewußt entscheiden. Ich übernehme Verantwortung für mein Tun und Lassen. Ich leite mich selbst und gestehe anderen ihre Selbstleitung zu. 2. «Beachte Hindernisse auf deinem Weg, deine eigenen und die von anderen. Störungen und Betroffenheiten haben Vorrang; ohne Lösung wird Wachstum verhindert oder erschwert.»

Strukturmodell der TZI

Jede Interaktion in der Gruppe enthält vier Faktoren: das *Ich* (die Person und ihre Anliegen, Wünsche und Bedürfnisse); das *Wir* (die Gruppe und ihre Interessen, die Gruppendynamik); das *Es* (das Thema oder die gemeinsame Aufgabe); und den *Globe* (das nähere und fernere Umfeld der Gruppe).

Es geht darum, in der Interaktion die dynamische Balance der vier Faktoren zu finden. Ebenso zwischen den kognitiven, ethischen, sozialen, emotionalen Aspekten, zwischen bewußten und unbewußten Lernprozessen, zwischen rationalem und kreativem Denken. Dieses Strukturmodell bringt die Sachebene und die Beziehungsebene zusammen.

Die dynamische Balance der vier Faktoren bildet das wesentliche Arbeitsprinzip der TZI. Sie gehört zum ganzheitlich verstandenen Gruppen- und Lebensverlauf. Je nach Situation erhalten die vier Faktoren eine unterschiedliche Intensität.

TZI-Hilfsregeln

Diese Hilfsregeln dienen der Kommunikation und der Intervention:
1. Vertritt dich selbst in deinen Aussagen; sprich per «Ich» und nicht per «man».
2. Wenn du eine Frage stellst, sage, warum du fragst und was deine Frage für dich bedeutet. Sprich für dich selbst und vermeide das Interview.
3. Sei authentisch und selektiv in deinen Kommunikationen. Mache dir bewußt, was du denkst, fühlst und glaubst, und überdenke vorher, was du sagst und tust.
4. Halte dich mit Interpretationen von anderen so lange wie möglich zurück. Sprich statt dessen deine persönliche Reaktion aus.
5. Sei zurückhaltend mit Verallgemeinerungen.
6. Wenn du etwas über das Benehmen oder die Charakteristik eines anderen Teilnehmers aussagst, sage auch, was es dir bedeutet, daß er/sie so ist, wie er/sie ist.
7. Seitengespräche haben Vorrang. Sie stören und sind meist wichtig. Sie würden nicht geschehen, wenn sie nicht wichtig wären.
8. Beachte Signale aus deiner Körpersphäre, und beachte diese auch bei anderen Teilnehmern.

Das Thema

Das Thema spielt in der TZI eine fundamentale Rolle. Ziel ist es, mit Menschen zusammen ein Thema zu bearbeiten. Der Formulierung der Themen wird deshalb viel Sorgfalt zugemessen. Das Thema steht im Vordergrund, nicht etwa wie in der Gruppendynamik der Gruppenprozeß. Die persönliche Aneignung von Themen, Sachen und Aufgaben ist im Verständnis der TZI von großer Bedeutung:

> Wir sind erst wirklich menschlich, wenn wir uns auf Themen beziehen und einlassen, zumal auf solche, die unsere reine Personalität überschreiten.[5]

Es kommt darauf an, unpersönliche, sachliche Themen zu menschenbezogenen Themen zu verwandeln. Paulo Freire spricht in diesem Zusammenhang von «generativen Themen»[6]:

---

[5] Kroeger, Matthias, Anthropologische Grundannahmen der Themenzentrierten Interaktion, in: Löhmer, C., Standhart, R. (Hrsg.), TZI. Pädagogisch-therapeutische Gruppenarbeit nach Ruth C. Cohn, Stuttgart 1995, 112.
[6] Freire, Paulo, Pädagogik der Unterdrückten. Bildung als Praxis der Freiheit, Stuttgart 1971.

> Es geht darum, gerade den ausgeblendeten, nicht sozialisierten, in Sprach- und Bewußtlosigkeit verharrenden Themen eine Sprache anzubieten.[7]

Die Kunst der Themenformulierung ist es, Beziehung und Perspektiven herzustellen. Das Spannungsfeld menschlichen Lebens darf zum Ausdruck kommen. Haben Themen diese menschenbezogene, vitale Dimension, so sind sie in der Bearbeitung wie Sonden zu dem großen menschlichen Thema – dem Leben. Themenfindung, Themensetzung, Themenformulierung und Themeneinführung sind in der Regel die Aufgabe der Leitung. Gearbeitet wird in der TZI-Gruppe mit Thema, Struktur und authentisch-partizipierender Leitung.

Das Leitungsverständnis der TZI

Welche Bedeutung kommt der Leitung in der TZI zu, wenn wir davon ausgehen, daß jede/r seine eigene Chairperson ist? Im TZI-Leitungsverstädnis ist jede/r Leiter/in zugleich leitend als auch teilnehmend. Dieses partizipatorische Verständnis von Leitung ist bezeichnend für die TZI. Die Leitung gibt die passende Struktur vor. Mit Struktur sind die Arbeitsformen gemeint. Gute Strukturen ermöglichen eine befriedigende Bearbeitung der Themen. Wenn die Strukturen personen- und aufgabengerecht sind, erhöht sich die Möglichkeit kooperativer Beziehungen, das Vertrauen wächst. Die Leitenden sind partizipierende Mitglieder. Ihre Aufgabe ist es, die Verantwortung für Strukturen, die dynamische Balance im Prozeß und die Beachtung der einzelnen wahrzunehmen. Der/die Leiter/in ist nicht höhergestellt als die anderen Gruppenmitglieder. Leitung ist nicht an einen Status gebunden, sondern an eine Funktion.

Relevanz der TZI für eine kirchliche erwachsenenbildnerische Praxis

Kein anderes Methodenkonzept hat mich in meiner Bildungsarbeit so sehr herausgefordert wie die TZI. Die Bewußtseinsprozesse, die sie bei mir ausgelöst hat, möchte ich nachstehend aufzeigen.

TZI, in der kirchlichen Erwachsenenbildung angewandt, ist eine kritische Unterbrechung der in unseren Kirchen noch vorherrschenden «oben-unten» Schematik. Die Bearbeitung meiner verinnerlichten «Oben-unten»-, «Besserschlechter»-Wertungen ist Voraussetzung für die bewußte Bearbeitung der auftretenden Autoritätskonflikte. Es ist vor allem die feministische Theologie, die darauf aufmerksam gemacht und dies in ihre theologiekritische Analyse miteinbezogen hat. Im kirchlichen Kontext gewinnt die Aufhebung von Hierarchien an Brisanz. An oberster Stelle der Macht-Pyramide steht in der herrschenden Theologie Gott-Vater selbst. Mit ihm begründet sie die männliche Über- und die weibliche Unterordnung. Angewandte TZI ist demnach Theo-

---

7 Scharer, Matthias, TZI in kirchlicher Praxis, in: Löhmer, C., Standhart, R. (Hrsg.), TZI. Pädagogisch-therapeutische Gruppenarbeit nach Ruth C. Cohn. Stuttgart 1995, 354.

logiekritik. Für die erwachsenenbildnerische Praxis bedeutet dies die Aufgabe der Distanz zu den Menschen zugunsten einer Nähe, einem Kontakt mit ihnen und ihren lebensrelevanten Themen. Sie steigt herab vom Podest, von der Kanzel, und setzt sich zu den Menschen. Sie hilft den Sprachlosen, eine Sprache zu finden, gibt den Stummen eine Stimme. In der Frauenbewegung habe ich diese Prozesse am eindrücklichsten erlebt. Aber gerade da braucht es das geschärfte Bewußtsein für mögliche Wiederholungen patriarchaler Muster auch innerhalb der Frauenbewegung. Diesen Grundkonflikt zu bearbeiten ist eine lebenslange Aufgabe.

Die in der TZI eröffnete Freiheit und Selbstverantwortung macht erfahrungsgemäß zuerst einmal Angst und verunsichert, besonders in Glaubenssachen. Eine Auseinandersetzung mit tradierten Gottesbildern, die Menschen unfrei machen und sie ihrer Verantwortung berauben, ist unausweichlich. Die Ambivalenz der Freiheit wird so deutlich spürbar. Es ist oft leichter, Verantwortung zu delegieren, sich in die Abhängigkeiten zu begeben, als sich der komplexen, auch widersprüchlichen Wirklichkeit bewußt zu werden und für sein Tun und Lassen Verantwortung zu übernehmen. Als Leiterin einer Gruppe werde ich in verschiedenste Autoritätskonflikte involviert. Ich muß mich deshalb mit meinen eigenen Ohnmachtsgefühlen und meinen geheimen Machtansprüchen auseinandersetzen. Diese Auseinandersetzung führt mich zu einem realistischeren Umgang mit meiner eigenen Macht.

Das Ernstnehmen der Realität der Menschen und ihres Umfelds, des *Globe*, bewahrt mich davor, in abstrakte, pseudo-religiöse, weltferne Dimensionen abzudriften. «Realität ist Autorität», sagt Ruth Cohn. Diese Zurückbindung an das Konkrete teilt auch die feministische Theologie. Die Einbeziehung des *Globe* gibt der TZI eine politische Dimension. Das dynamische Ausbalancieren der vier Faktoren bewahrt mich auch vor dem einseitigen Bearbeiten von Gruppenprozessen. Heute beobachte ich vielerorts, daß die Gruppe zum Selbstzweck wird, daß dabei die Aufgabe, das Thema verloren geht. Mit der TZI ist ein Rückzug in die «spirituelle Kuschelgruppe» nicht möglich.

Das Finden und Formulieren von existentiell bedeutungsvollen Themen braucht von mir als Leiterin sehr viel Aufmerksamkeit und fordert mich heraus. Themen so zu formulieren, daß sie niemanden ausschließen, nicht zu weitschweifig sind und alle zur Sprache kommen lassen, ist eine Kunst. Wie oft werden Themen von LeiterInnen rasch formuliert, nicht wissend, was sie verhindern bzw. fördern können.

Das sorgfältige Formulieren eines Themas ist wichtig. Ich habe vorher in meiner beruflichen Praxis den Focus vor allem auf den Ablauf, das Programm gelegt. Das gab mir ein Gefühl der Sicherheit und der Kontrolle. TZI lehrt mich dagegen die behutsame Vorbereitung im Formulieren des Themas und dem gezielten Setzen der Struktur. Im Prozeß selber braucht es meine wache Aufmerksamkeit und Präsenz.

Das Bewußtwerden unserer Einzigartigkeit und gleichzeitiger Teilhaftigkeit am Ganzen, die Achtsamkeit gegenüber den Gefühlen, das Wissen um eine unser Sein transzendierende Wirklichkeit sind für mich Facetten einer

Spiritualität, der es in unserer Kirche so dringend wieder bedarf. Viele meiner TZI-Lernprozesse kann ich als spirituell benennen, weil sie mich mit meinen vitalen Lebens- und Glaubensthemen in Kontakt brachten.

Was mich an der TZI ebenfalls anzieht, ist ihr positives Menschenbild, das sich im Glauben an die ganzheitliche Entwicklungsfähigkeit und das Wachstum von Menschen zeigt. Der Titel eines Gedichtbandes von Ruth C. Cohn, «Zu wissen, daß wir zählen», bringt es auf den Punkt. Dieses Menschenbild steht im Gegensatz zu demjenigen der herrschenden Theologie. Dort ist es der schuldhafte, sündige Mensch, der der Vergebung bedarf. Daß dieses Menschenbild im Interesse der Herrschenden mißbraucht werden kann, zeigt die feministische Theologiekritik. Wer die Verantwortung für sein Handeln übernimmt, weiß um die Möglichkeit, schuldig zu werden. «Zu wissen, daß wir zählen» steht für mich am Anfang eines jeden Glaubensweges. Diese Gewißheit eröffnet mir auch den Weg der Umkehr.

In der TZI geht es um bewußte Einstellungen und Wertungen. Dieses Stellungbeziehen bedeutet die Abkehr von einer angeblichen Wertneutralität. In der theologischen Diskussion gewinnt dieses Stellungbeziehen immer mehr Bedeutung. Gott selbst hat sich auf die Seite der Kleinen und Ausgestoßenen gestellt. Wir können diesen Gott nicht bezeugen, ohne selber Stellung zu beziehen.

Wenn ich davon ausgehe, daß die jüdisch-christliche Botschaft ihrem Wesen gemäß nur in Lebens- und Glaubenskommunikation weitergegeben werden kann, kann die TZI helfen, zu einer kommunikativen Praxis anzustiften, die der Botschaft vom menschgewordenen und in jedem Menschen anwesenden Gott des Lebens entspricht. In einer solchen intersubjektiven Glaubenskommunikation werden die Betroffenen selber fragende, suchende und glaubende Menschen, Frauen und Männer, Priester und Laien in den interaktionalen Prozeß als gleichberechtigt und mitverantwortlich eingebunden.

Für die kirchliche Erwachsenenbildung könnte das bedeuten, daß in Gemeinden und in übergemeindlichen Zusammenhängen sich Gruppen bilden, die für eine bestimmte Zeit sich in verbindlichen Zusammenkünften mit dem beschäftigen, «was sie unbedingt angeht». Für mich wäre dies ein Auszug aus der momentanen Resignation, eine Gegenbewegung zur Lethargie, die sich in kirchlichen Kreisen breit zu machen droht. Die TZI bringt nicht das Heil. Mir hat sie jedoch Erfahrungsfelder eröffnet, die mich ein Stück weit dem näher gebracht haben, was ich, theologisch gesprochen, auch unter «Auferstehung» verstehe: mir und anderen zuzutrauen, «ein eigener Mensch» (Elisabeth Moltmann-Wendel) zu werden, eine eigene Frau, ganz und gar lebendig.

ANHANG

Daniel Kosch

DEM LEBEN AUF DER SPUR

Zum Werk von Hermann-Josef Venetz[1]

Die Bibel braucht einen Resonanzboden

Meine erste Begegnung mit der Arbeit von Hermann-Josef Venetz reicht in das Jahr 1981 zurück, in dem sein wohl bekanntestes Buch «So fing es mit der Kirche an» erschien[2]. Ich habe es damals von einem Studienkollegen geschenkt bekommen und in einem Zug gelesen, obwohl ich vom Autor nicht mehr wußte, als daß er Neutestamentler in Freiburg i. Ue. ist. Am tiefsten eingeprägt haben sich bei mir merkwürdigerweise ein paar originelle Zwischentitel, wie «Korinth ist nicht Palästina ... und Tokio ist nicht Flamatt» oder «Die Bibel ist kein Alibi ... aber auch kein Rezeptbuch»[3], sowie ein Abschnitt unter der Überschrift «Schlechte Musik»[4]. Darin wird ein wichtiges Anliegen veranschaulicht: Wer Jesus, die Bibel und die Theologie ohne ihren Zusammenhang mit der gesellschaftlichen, politischen, sozialen Situation betrachtet und aus der Verklammerung mit der heutigen Zeit löst, trennt sie von ihrem Resonanzboden:

> Und was geschieht, wenn man bei einer Geige die Saiten vom Gehäuse trennt? Die Saiten geben wohl noch Töne von sich, wenn man sie gut spannt, aber es sind keine Geigentöne mehr. Eine Musik von Saiten ohne Gehäuse ist langweilig, flach, eintönig, geht nicht ans Herz ... Ja, man kann sich fragen, ob das überhaupt noch Musik ist.

Die Sprache der Bibel, die Gleichnisse Jesu, die Briefe des Paulus usw. kommen dann zum Klingen, werden erst dann wirklich verständlich, spannend und interessant, wenn sie mit dem Lebendigen, mit der Situation in Zusammenhang gebracht werden. Ewige Wahrheiten, die ohne diesen Resonanzboden in Sätze und Wörter verpackt werden, gehen auf Kosten des Lebens:

> Freilich: über Sätze und Wörter läßt sich leichter reden und diskutieren als über das Lebendige. Lebendiges ist sehr komplex.

---

1 Überarbeiteter Text der Laudatio für den «Preis des religiösen Buches», der Hermann-Josef Venetz am 31. 10. 1996 in Bern überreicht wurde.
2 So fing es mit der Kirche an. Ein Blick in das Neue Testament, Zürich 1990 (4. überarb. Auflage)
3 Ebd. 89f, 277f.
4 Ebd. 71f.

Mit Gespür für das Leben und für das Lebendige

Einige Jahre später habe ich Hermann-Josef Venetz einmal gefragt, ob er nicht ein neues Buch plane, und die Antwort erhalten, im Zeitalter des Waldsterbens sei jedes Buch, das geschrieben werde, ein großes ökologisches Problem. Man müsse sich fragen, ob es gerechtfertigt sei, daß für ein Buch so viele Bäume gefällt werden. Wie ernst seine Antwort gemeint war, weiß ich nicht, aber tatsächlich kenne ich ihn eher als Leser, als Gesprächspartner, Prediger und Dozent, und keineswegs als Vielschreiber. Wer etwas schreiben will, das mit dem Leben zu tun hat und ans Lebendige geht, kann und will nicht ständig neue Bücher veröffentlichen. Und daß es ihm mit der Ökologie ernst ist, hat er mit seiner Auslegung des «Vaterunser» gezeigt, die nach Tschernobyl und Schweizerhalle mit dem Untertitel «Gebet einer bedrängten Schöpfung» erschien, übrigens als Ergebnis einer Predigtwoche[5].

Wenn ich schon von diesem Büchlein spreche, muß ich anfügen, daß ich einen Vorwurf, den man Hermann-Josef Venetz hie und da gemacht hat, nie verstanden habe; nämlich den, er sei zu kritisch und zu wenig fromm, zu wenig spirituell. Am Ende mancher der Predigten zum «Gebet einer bedrängten Schöpfung» stehen nämlich Gebete, die mich sehr beeindruckt haben und die wiederum vom Gespür für das Leben und für das Lebendige geprägt sind. Eines davon lautet:

> Guter Gott,
> Vater und Mutter aller Menschen,
> Schöpfer des Himmels und der Erde.
> Wir bitten dich:
> daß doch dein Wille geschehe;
> daß doch deine liebende Absicht mit uns Menschen
> mit allem, was lebt, sich verwirkliche.
> Mach, daß wir dir nicht wie unartige Kinder
> im Wege stehen,
> sondern daß wir als erwachsene Söhne und Töchter
> Verantwortung übernehmen füreinander
> und für die ganze Schöpfung.
> Laß uns einstimmen in deinen Willen,
> der Freude hat am Leben.
> Laß uns einstimmen in deine schöpferische Kraft,
> in deine Phantasie und Zärtlichkeit.
> Laß uns einstimmen in deine Freude
> an allem Geschaffenen.
> Laß uns atmen mit dir,
> mit unseren Freundinnen und Freunden.
> Laß uns atmen mit den Fremden unter uns
> und mit unserer kranken Nachbarin.

Dieser Gebetstext und das Bild von der schlechten Musik, die entsteht, wenn man die Saiten vom Gehäuse trennt und ihnen so den Resonanzboden nimmt,

---

5 Das Vaterunser. Gebet einer bedrängten Schöpfung (Theologie aktuell 9), Fribourg–Brig 1989, Zitat 61f.

sind typisch für die bilder- und abwechslungsreiche Sprache, für die Anschaulichkeit und die Liebe zum Konkreten, die die Texte von Hermann-Josef Venetz oft auszeichnen.

Eine neue Form des biblisch-theologischen Sachbuches

Sein Wille, die traditionellen Formen des Beschreibens und Argumentierens aufzubrechen, ist schon im 1981 erschienenen Buch «So fing es mit der Kirche an» erkennbar. Einen eigentlichen Durchbruch hin zu einer anderen Form des biblisch-theologischen Sachbuches aber stellt sein gemeinsam mit Sabine Bieberstein verfaßtes Buch «Im Bannkreis des Paulus» dar[6]. Zwei literarische Gestalten, Hannah und Rufus, berichten aus den Gemeinden des Paulus, wo nicht nur lebhaft diskutiert, sondern auch gegessen und gefeiert wird. Briefe, konkrete Beschreibungen der Örtlichkeiten, Schilderungen urchristlicher Rituale, Lieder und Gespräche zwischen biblisch bezeugten und historisch imaginierten Frauen und Männern, Zitate aus Paulusbriefen, Einblicke in die politische und wirtschaftliche Situation kleiner Leute, die unter dem römischen Herrschaftssystem leiden, ein Anhang mit Plänen, kritischen Anmerkungen und Literatur usw. schaffen mehr als bloß einen Resonanzboden, damit der Bibeltext zum Klingen kommt. Sie entführen Leserinnen und Leser in eine Welt, in der die oft als theoretisch und abgehoben wahrgenommenen Paulusbriefe Teil des Alltags sind. Die unübersehbaren Entsprechungen zwischen damaliger und heutiger Lebenswirklichkeit, zwischen den Fragen der ersten Christinnen und Christen und uns heute führen dazu, daß man das Buch nicht nur mit distanziertem Interesse liest, sondern selbst in die Geschichten hineinverwickelt wird.

Dabei fehlt es übrigens nicht an einer kritischen Distanz zu Paulus: Glaubhaft wird dargelegt, daß sich schon im Frühchristentum manche mit einigen seiner Auffassungen schwer taten, und das Autorenduo selbst legt am Ende des Buches in einem Brief an Paulus sorgfältig und differenziert über seine Erfahrungen Rechenschaft ab. Da ist zum bekanntlich problematischen Verhältnis des Paulus zu den Frauen unter anderem zu lesen:

> Wir möchten nicht so weit gehen und sagen, Du hättest Angst vor den Frauen, aber eine gewisse, beinahe übertriebene Distanzierung dürfte wohl kaum zu leugnen sein ... Wir sind zu der Überzeugung gelangt, daß Frauen in Deiner unmittelbaren Umgebung sowohl Deine Predigt wie auch Deine Theologie bereichern würden. Zwar hast Du Dich – wenigstens theoretisch – zur Partnerschaftlichkeit von Mann und Frau durchgerungen. Wenn es aber darauf ankommt oder wenn diese Partnerschaftlichkeit den Gemeinden und ihren Verantwortlichen Mühe macht, bist Du dann doch wieder bereit, von Deinem Ideal abzurücken ... [Das] läßt auch Zweifel aufkommen an Deiner eigenen Überzeugung: Opportunismus ist gerade in so wichtigen Dingen am wenigsten gefragt.[7]

---

6 H.-J. Venetz, S. Bieberstein, Im Bannkreis des Paulus. Hannah und Rufus berichten aus seinen Gemeinden, Würzburg 1995.
7 Ebd. 343f.

Wahlverwandtschaft mit Paulus

Schon das erste allgemeinverständliche Buch von Hermann-Josef Venetz war übrigens Paulus gewidmet. Es trägt den Titel «Der Glaube weiß um die Zeit» und beschäftigt sich mit dem Verständnis der «letzten Dinge» bei Paulus[8]. Obwohl ihn neben Paulus die Evangelien mit der Bergpredigt, den Gleichnissen usw. und die Frage nach der Gestalt der Kirche im frühen Christentum intensiv beschäftigt haben, gibt es vielleicht eine Art Wahlverwandtschaft zwischen Hermann-Josef Venetz und Paulus von Tarsus. Diese Wahlverwandtschaft hat mit einer ganzen Reihe von gemeinsamen theologischen und kirchenpolitischen Optionen zu tun. In einem schönen Aufsatz über den «Umgang mit Widersprechenden in den neutestamentlichen Gemeinden»[9] hat Hermann-Josef Venetz im Jahr 1982 eine ganze Reihe von Gesetzmäßigkeiten formuliert, die er weitgehend aus dem Vergleich zwischen Paulus, den Pastoralbriefen und anderen neutestamentlichen Texten ableitet. Diese Gesetzmäßigkeiten sind für innerkirchliche Konflikte und Widersprüche, an denen es uns bis heute wahrlich nicht mangelt, von einigem Interesse. Deshalb fällt auch der Brückenschlag vom Neuen Testament zu den Anliegen, für die Hermann-Josef Venetz mit seiner Arbeit eintritt, leicht. Ich gebe das eine oder andere Beispiel dieser Gesetzmäßigkeiten:

> ... 3. Literarische und rhetorische Vielfalt bietet dem Widersprechenden eine größere Chance des Verstanden- und Ernstgenommenwerdens als Widerspruch, Zurechtweisung und Verweigerung des Dialogs. 4. Theologische Kompetenz und Kreativität behandeln den Widersprechenden duldsamer als theologische Inkompetenz, die sich mit Formeln, Wiederholungen und Zurechtweisungen behelfen muß. 5. Ein Glaube, der sich als Vertrauen versteht und sich so der eigenen Ungeschultheit und Unverfügbarkeit bewußt ist, wird mit Widersprechenden großmütiger umgehen als ein Glaube, der sich inhaltlich klar definiert weiß ... 8. Je weniger sich Verantwortliche mit einem bestimmten Amt innerhalb einer bestimmten Struktur identifizieren, desto größer ist die Gewähr einer duldsamen Auseinandersetzung mit Widersprechenden ... 10. Wer bereit ist, einer Gemeinde Mündigkeit und geistige Regsamkeit zu attestieren, wird Widersprechenden in ihr eher gerecht als wer einer Gemeinde moralisch und intellektuell nur wenig zuzutrauen vermag. ... 12. Ein dynamisches und offenes Einheitsverständnis ist Widersprechenden gegenüber toleranter als ein statisches oder geschlossenes Einheitsverständnis, das in der Hauptsache bestrebt ist, das Erreichte festzuhalten und zu vereinheitlichen.

Sensibilität für konkrete Notsituationen

Mit diesem Einsatz für eine andere Kirche ist auch ein Einsatz für mehr Gerechtigkeit in der Gesellschaft verbunden. Dazu wäre z.B. im Buch über die Bergpredigt[10] einiges nachzulesen, aber mindestens so stark wie das grundsätz-

---

8 Der Glaube weiß um die Zeit. Zum paulinischen Verständnis der «Letzten Dinge» (Biblische Beiträge 11), Fribourg 1975.
9 Der Umgang mit den Widersprechenden in den neutestamentlichen Gemeinden, in: Concilium 18 (1982) 578–588.
10 Die Bergpredigt. Biblische Anstöße, Düsseldorf–Freiburg/Schweiz 1987.

liche Eintreten für die Armen, für einen anderen Umgang mit Geld und Besitz, mit Macht und Gewalt prägt eine hohe Sensibilität für konkrete Notsituationen die Texte, die sich durch eine gewisse Scheu und eine gehörige Portion Skepsis gegenüber dem Allgemeinen, dem Grundsätzlichen und Programmatischen, dem Abstrakten und Immer-Wahren auszeichnen. So sucht man vergeblich nach Sätzen wie «Der Mensch und wahre Menschlichkeit stehen im Mittelpunkt der Botschaft Jesu», die anderen leicht aus der Feder fließen. Aber mehrfach stößt man auf die Geschichte vom Mann, dessen Hand gelähmt war, der nicht mehr arbeiten konnte und wahrscheinlich auch Hunger litt und den Jesus im Synagogengottesdienst in die Mitte stellt und heilt (Mk 3,1–6). Das Kommen des Reiches Gottes und der arbeitslose hungernde Mann bzw. «Gott und die Armen lassen sich nicht auseinanderdividieren» heißt es dazu einmal[11]. Und anderswo lese ich: «Herrschaft Gottes ist nicht etwas, worüber man viele Worte macht. Herrschaft Gottes ereignet sich sehr konkret – oder aber sie ist gar nicht.»[12]

Vier hermeneutische Voraussetzungen ...

Aufgrund dieses Überblicks über wichtige Themen, Anliegen und formale Merkmale der Veröffentlichungen von Hermann-Josef Venetz habe ich mich gefragt, welches denn eigentlich die Voraussetzungen oder Prämissen sind, von denen er in seiner Arbeit ausgeht, und bin dabei auf vier Dinge gestoßen:
  1. Ein großes Vertrauen in die biblischen Texte, denen er mit «kritischer Sympathie» begegnet.
  2. Ein großes Vertrauen in die Möglichkeit, den Sinn dieser Texte durch ihre Einbettung in ihren historischen und soziologischen Entstehungszusammenhang erheben zu können.
  3. Ein großes Vertrauen in die Mündigkeit heutiger Leserinnen und Leser.
  4. Ein großes Vertrauen in die Übersetz- und Übertragbarkeit der Botschaft der Bibel in unsere Zeit.

... und vier Rückfragen

Natürlich könnte ich nun – wenigstens rhetorisch – die Gegenposition des Skeptikers einnehmen und gegen so viel Vertrauen radikalen Zweifel stellen. Das tue ich aus Überzeugung nicht. Aber ich möchte diesen vier Prämissen ebensoviele Anfragen gegenüberstellen.
  1. Manchmal geht mir das Vertrauen in die biblischen Texte, gehen mir Verständnis und Sympathie für deren Autoren und ihre Situation doch etwas zu weit. Manchen Traditionen gegenüber benötigen wir nicht nur eine wohlwollende «Hermeneutik des Verdachts», sondern Sachkritik oder sogar Wider-

---

11 Im Bannkreis des Paulus 106.
12 So fing es mit der Kirche an 53.

spruch. Eine amerikanische feministische Theologin spricht von *texts of terror* und ich denke, es ist kein Zufall, daß Frauen diese Problematik heute viel radikaler formulieren als Männer.

2. Manchmal ist mir das Zutrauen in die Erklärungskraft sozialgeschichtlicher Bibelauslegung zu hoch. Wir wissen leider oft weniger, als wir gerne wissen möchten. Und manchmal benötigen wir den Mut einzugestehen, daß wir nicht viel mehr haben als einen alten, fremden Text und unsere Logik, unsere Phantasie und unsere Intuition. Moderne Sprachtheoretiker sprechen von der «Konstruktion» von Text, von Sinn, von Geschichte und sogar von Gott.

3. Manchmal zweifle ich an der Mündigkeit und Urteilsfähigkeit der Menschen und verzweifle an ihrer mangelnden Bereitschaft mitzudenken, und an ihren autoritären Fixierungen, unter denen Theologie und Kirche, aber auch die politische Kultur und unsere Gesellschaft zunehmend leiden. Warum lernen so viele in der Kirchenleitung so wenig und so langsam aus Büchern wie «So fing es mit der Kirche an»? Warum beten viele täglich «Dein Wille geschehe» und tun nichts dagegen, daß die Armen immer ärmer werden, was diesem Gotteswillen offenkundig widerspricht? Aber im Grunde habe ich wie Hermann-Josef Venetz diesem Zweifel nichts entgegenzusetzen als die Hoffnung, daß ernsthafte und zugleich phantasievolle Bildungs- und Aufklärungsarbeit nicht vergebens geleistet wird.

4. Manchmal geht mir die Übersetzung und Übertragung der biblischen Botschaft in unsere Zeit zu leicht. So habe ich zum Beispiel das Paulusbuch mit Begeisterung und viel Zustimmung gelesen, aber wenn ich dann allein oder mit einer Kursgruppe wieder auf den Bibeltext selbst zurückkomme, spricht er plötzlich nicht mehr oder verlangt uns größte Anstrengungen ab, um auch nur schon zu verstehen, was da steht. Manchmal wäre es entlastend, auch in den Büchern lesen zu können: Dies oder jenes ist wahrscheinlich gemeint, aber ich habe keine Ahnung, was uns das heute zu sagen hat. Manche Texte und Vorstellungen der Bibel sind Findlinge aus einer anderen Zeit und sollen ihre Fremdheit behalten.

Dialogische Texte

Schließen aber möchte ich nicht mit Fragen, sondern mit den Stärken der Bücher und Texte von Hermann-Josef Venetz: Seine Bücher sind bibeltreu, ohne die Bibel zu vereinnahmen. Sie sind gegenwartsbezogen, ohne sich bei den Leserinnen und Lesern anzubiedern. Sie sind fromm, nicht frömmelnd. Sie informieren, aber nicht von oben herab. Sie sind kritisch, aber nicht polemisch. Sie sind engagiert, wirken aber nicht moralisierend oder überfordernd. Sie sind in Sprache, Form und Inhalt erfrischend, originell und phantasievoll, wirken aber nicht gekünstelt. Mit einem Wort: Es sind gute religiöse Bücher!

BIBLIOGRAPHIE HERMANN-JOSEF VENETZ (AUSWAHL)

Hermann-Josef Venetz hat unzählige kleinere und größere Artikel an zum Teil recht entlegenen Orten publiziert. Das hat es für uns nahezu unmöglich gemacht, alledem auf die Spur zu kommen. Dennoch hoffen wir, in dieser Auswahl die wichtigsten Publikationen erfaßt zu haben.

S. Bieberstein, D. Kosch

1970–1979

- Ein Leben nach dem Tod? Bern o. J. [1971].
- Widerspruch und Nachfolge. Zur Frage des Glaubens an Jesus nach Mk 8,27–10,52, in: FZPhTh 19 (1972) 111–119.
- *gemeinsam mit Fritz Oser und René Merz*: Ich hatte einen Traum. Die literarische Gattung des Traumes. Sprache und Bedeutung des Traumes in der Bibel und in der persönlichen Erfahrung. Grundfragen der Methodik des Religionsunterrichts (modelle 2), Olten / Freiburg i. Br. 1972.
- «Christus anziehen». Eine Exegese zu Gal 3,26–27 als Beitrag zum paulinischen Taufverständnis, in: FZPhTh 20 (1973) 3–36.
- Die Quinta des Psalteriums. Ein Beitrag zur Septuaginta- und Hexaplaforschung (Publications de l'institut de recherche et d'histoire des textes. Section biblique et massorétique. Collection Massorah. Ser. 1 No. 2), Hildesheim 1974.
- Der Glaube weiß um die Zeit. Zum paulinischen Verständnis der «Letzten Dinge» (Biblische Beiträge 11), Freiburg 1975.
- Kindheitsgeschichten für Erwachsene. Zur Bedeutung der neueren Exegese für die Verkündigung, in: Diakonia 7 (1976) 390–402.
- Zeuge des Erhöhten. Ein exegetischer Beitrag zu Joh 19,31–37, in: FZPhTh 23 (1976) 81–111.
- Gedächtnis der Verstorbenen, Freiburg 1977.
- Gott ist größer, Freiburg 1978.

1980–1989

- Bittet den Herrn der Ernte. Überlegungen zu Lk 10,2 // Mt 9,37, in: Diakonia 11 (1980) 148–161.
- Das Ärgernis des Todes und die Hoffnung des Christen, in: Agazzi, Evandro / Neumann, Peter Horst / Sprumont, Pierre / Venetz, Hermann-Josef (Hgg.), Le sens de la mort. Vom Sinn des Todes (Défis et dialogues. Herausforderung und Besinnung 5), Fribourg 1980, 53–73.

- So fing es mit der Kirche an. Ein Blick in das Neue Testament, Zürich 1981; vierte, überarbeitete und erweiterte Auflage 1990; fünfte, überarbeitete Auflage 1992, Übersetzungen ins Französische, Italienische und Portugiesische.
- Theologische Grundstrukturen in der Verkündigung Jesu? Ein Vergleich von Mk 10,17–22, Lk 10,25–37 und Mt 5,21–48, in: Casetti, Pierre / Keel, Othmar / Schenker, Adrian (Hgg.), Mélanges Dominique Barthélemy. Études bibliques offertes à l'occasion de son 60e anniversaire (Orbis biblicus et orientalis 38), Freiburg / Göttingen 1981, 613–650.
- Das Neue Testament als Anrede Gottes an den Menschen heute, in: Guido Schüepp (Hg.), Handbuch zur Predigt, Zürich / Einsiedeln / Köln 1982, 153–186.
- Der Umgang mit den Widersprechenden in den neutestamentlichen Gemeinden, in: Concilium 18 (1982) 578–584.
- Provokationen der Freiheit. Bergpredigt heute, Freiburg 1982.
- «Durch Wasser und Blut gekommen.» Exegetische Überlegungen zu 1 Joh 5,6, in: Luz, Ulrich / Weder, Hans (Hgg.), Die Mitte des Neuen Testaments. Einheit und Vielfalt neutestamentlicher Theologie (FS Eduard Schweizer), Göttingen 1983, 345–361.
- Vom Umgang mit Widerspruch. Was lehren Gemeindeerfahrungen des NT?, in: Orientierung 47 (1983) 117–121.
- Warum bist du so fern? Gott und das Leid, Freiburg 1983.
- «Ein alter Mann möchte junge Rebellen ermutigen ...» Zu einem Buch von Ernst Käsemann, in: Orientierung 47 (1983) 117–121.
- Der Beitrag der Soziologie zur Lektüre des Neuen Testament. Ein Bericht, in: Pfammatter, Josef / Furger, Franz (Hgg.), Methoden der Evangelien-Exegese (Theologische Berichte 13), Zürich 1985, 87–121.
- Der lehramtliche Umgang mit der Bibel. Eine Analyse. In: Venetz, Hermann-Josef / Vorgrimler, Herbert (Hgg.), Das Lehramt der Kirche und der Schrei der Armen. Analysen zur Instruktion der Kongregation für die Glaubenslehre über einige Aspekte der «Theologie der Befreiung», Freiburg / Münster 1985, 77–104.
- Die vielgestaltige Kirche und der eine Christus. Was an Amts- und Gemeindeverständnis der Bibel (nicht) zu entnehmen ist, in: Diakonia 16 (1985) 41–52.
- «Mit dem Traum, nicht mit dem Wort ist zu beginnen.» Tiefenpsychologie als Herausforderung für die Exegese?, in: Orientierung 49 (1985) 192–195 (nachgedruckt in: Benedikt, Bernadette / Sobel, Alfred (Hgg.), Der Streit um Drewermann. Was Theolog(inn)en und Psycholog(inn)en kritisieren, Wiesbaden / Berlin 1992, 28–38).
- Exegese und Tiefenpsychologie, in: Katechetische Blätter 111 (1986) 609–613.
- *gemeinsam mit Rita Egger und Toni Steiner* (Hgg.), Die Bibel lebt. 21 Erfahrungsberichte aus der Schweiz. Festschrift zum 50jährigen Bestehen des Schweizerischen Katholischen Bibelwerks, Zürich 1986.

- Die Bergpredigt. Biblische Anstöße, Düsseldorf / Freiburg 1987 (2. Aufl. 1989, 3. Aufl. 1995).
- Die Ehe unter dem Anspruch der Bergpredigt. Neue Kommentare zum Matthäusevangelium, in: Orientierung 52 (1988) 229–233.
- Kirche – gesellschaftliche Banalität oder ethische Überforderung, in: Diakonia 18 (1988) 15–26.
- «Selig, die Frieden stiften; denn sie werden Söhne Gottes heißen», in: Bibel heute 96 (1988) 185–187.
- Das Vaterunser. Gebet einer bedrängten Schöpfung (Theologie aktuell 9), Freiburg / Brig 1989 (2. Aufl. 1990).
- Zwischen Unterwerfung und Verweigerung. Widersprüchliches im Neuen Testament? Zu Röm 13 und Offb 13, in: Bibel und Kirche 43 (1988) 153–163. In erweiterter Fassung erschienen in: Volker Eid (Hg.), Prophetie und Widerstand (Theologie zur Zeit 5), Düsseldorf 1989, 142–165.

Seit 1990

- Die Suche nach dem «einen Notwendigen». Beobachtungen und Verdächtigungen rund um die Marta-Maria-Perikope (Lk 10,38–42), in: Orientierung 54 (1990) 185–189.
- Neuer Bund – Neue Schöpfung, in: Paulus-Ruf 38/4 (1991) 4–7.
- Von Klugen und Dummen, Waghalsigen und Feigen und von einem beispielhaften Gauner. Gleichnisse Jesu für heute, Düsseldorf 1991 (2. Aufl. 1992).
- Die Bibel – «Wort Gottes»? Ein Plädoyer für einen «lockeren» Umgang mit der Schrift, in: Schifferle, Alois (Hg.), Miteinander. Für die vielfältige Einheit der Kirche (FS Anton Hänggi), Basel / Freiburg / Wien 1992, 169–178.
- Vergessene Jüngerinnen. Frauen um Jesus, Freiburg 1993 (in einer kürzeren Fassung zuerst erschienen im «Dossier», der Beilage der Pfarrblätter von St-Maurice).
- «Wort Gottes»?! Vom dialogischen Umgang mit der Heiligen Schrift, in: Diakonia 24 (1993) 29–35.
- Amt und Besoldung. Impressionen aus der Urkirche, in: Theologisch-praktische Quartalschrift 142 (1994) 113–122.
- Stephanas, Fortunatus, Achaikus, Epaphroditus, Epaphras, Onesimus & Co. Die Frage nach den Gemeindevertretern und Gemeindegesandten in den Paulinischen Gemeinden. In: Kessler, Andreas / Ricklin, Thomas / Wurst, Gregor (Hgg.), Peregrina Curiositas. Eine Reise durch den orbis antiquus. Zu Ehren von Dirk Van Damme (NTOA 27), Freiburg / Göttingen 1994, 13–28.
- *gemeinsam mit Sabine Bieberstein*: Im Bannkreis des Paulus. Hannah und Rufus berichten aus seinen Gemeinden, Würzburg 1995.
- Dem Leben auf der Spur, in: Gott mit allen Sinnen erfahren. Ein ganzheit-

licher Bibelparcours zu den fünf Sinnen Schmecken – Tasten – Sehen – Riechen – Hören (Hg. Bibelpastorale Arbeitsstelle SKB), Zürich 1996, 7–14.
- Vielfältige Leitungsmodelle im Neuen Testament, in: Lebendige Seelsorge 46 (1995) 188–193.
- Vom Beten Jesu, in: Lebendige Seelsorge 47 (1996) 5–10.
- Vom Zerbrechen der alten Ideale angesichts der neuen Wirklichkeit, in: Lebendige Seelsorge 47 (1996) 70–75.
- Der Geist stiftet Kirche, in: Lebendige Seelsorge 48 (1997) 80–85.
- Jesus und Paulus. Bibeltheologische Elemente eines «Kirchenspiegels», in: Schifferle, Alois (Hg.), Pfarrei in der Postmoderne? Gemeindebildung in nachchristlicher Zeit (FS Leo Karrer), Freiburg / Basel / Wien 1997, 117–128.
- Die Geburt einer neuen Zeit. Gedanken zu Advent und Weihnachten, Freiburg 1997.
- «Er lehrte wie einer, der Vollmacht hat» (Mk 1,22). Anstößiges aus Galiläa. Stuttgart 1998.

AUTORINNEN UND AUTOREN

Franz Annen, Professor für neutestamentliche Exegese und biblische Einleitung an der Theologischen Hochschule Chur.

Johannes Brantschen, Professor für Fundamentaldogmatik an der Universität Freiburg/Schweiz.

Klaus Bieberstein, Oberassistent des Schweizerischen Nationalfonds zur Förderung der wissenschaftlichen Forschung am Biblischen Institut der Universität Freiburg/Schweiz.

Sabine Bieberstein, Pastoralassistentin in Bern.

Urs Eigenmann, Pfarradministrator in Worb, Tätigkeit in der theologischen Fortbildung.

Richard Friedli, Professor für Vergleichende Religionswissenschaft an der Universität Freiburg/Schweiz.

Kuno Füssel, Theologe und Mathematiker, Religionslehrer in Koblenz.

Norbert Greinacher, emeritierter Professor für Praktische Theologie in Tübingen.

Hans Hirschi, Religionslehrer und Rektor an der Kantonsschule Luzern.

Adrian Holderegger, Professor für Moraltheologie an der Universität Freiburg/Schweiz.

Urs Jecker, Redaktor bei Schweizer Radio DRS, Redaktion Religion.

Othmar Keel, Professor für Altes Testament und Biblische Umwelt an der Universität Freiburg/Schweiz.

Walter Kirchschläger, Professor für Exegese des Neuen Testaments an der Theologischen Fakultät in Luzern, Rektor der Universitären Hochschule Luzern.

Christian Kissling, Deutschsprachiger Sekretär der Schweizerischen Nationalkommission Iustitia et Pax in Bern.

Daniel Kosch, Leiter der Bibelpastoralen Arbeitsstelle Schweizerischen Katholischen Bibelwerks in Zürich.

Max Küchler, Professor für Neues Testament und Biblische Umwelt an der Universität Freiburg/Schweiz.

Dietmar Mieth, Professor für Theologische Ethik – Sozialethik an der Katholisch-Theologischen Fakultät der Universität Tübingen.

Odilo Noti, Leiter des Bereichs Kommunikation und Mitglied der Geschäftsleitung von Caritas Schweiz.

Stephan H. Pfürtner, emeritierter Professor für Sozialethik in Marburg.

Barbara Ruch, Bildungsleiterin im Seminar- und Bildungshaus Mattli, Morschach/Schwyz.

Pietro Selvatico, Professor für Systematische Theologie an der Universität Freiburg/Schweiz.

Regula Strobel, Frauenbeauftragte der Kirchgemeinde Biel/Bienne.

Adrian Schenker, Professor für Altes Testament an der Universität Freiburg/Schweiz.

Silvia Schroer, Professorin für Altes Testament und biblische Umwelt an der Universität Bern.

Gerd Theißen, Professor für Neues Testament an der Universität Heidelberg.

Clemens Thoma, Professor für Bibelwissenschaft und Judaistik, Leiter des Instituts für jüdisch-christliche Forschung an der Universitären Hochschule Luzern.

Christoph Uehlinger, Oberassistent am Lehrstuhl für Altes Testament und Biblische Umwelt an der Universität Freiburg/Schweiz.

Benedict T. Viviano, Professor für Neues Testament an der Universität Freiburg/Schweiz.

Knut Walf, Professor für Kirchenrecht an der Universität Nijmegen.